이코노미스트
2026 세계대전망

이코노미스트 지음

The World Ahead: 2026

© 2025 The Economist Newspaper Limited.
From The World Ahead: 2025 magazine,
translated by Hankyung Magazine&Book Inc.
All rights reserved.

Neither this publication nor any part of it may be reproduced, stored in retrieval system,
or transmitted in any form or by any means, electronic, mechanical,
photocopying, recording or otherwise without the prior permission of the
Economist Newspaper Limited.
Korean Translation Copyright © 2025 by Hankyung Magazine&Book Inc.
The Korean Edition published by arrangement with
The Economist Newspaper Limited, London.

Where option is expressed it is that of the authors and
does not necessarily coincide with
the editorial views of the publisher of The Economist.
All information in this magazine is verified to the best of the authors' and
the publisher's ability. However, The Economist Newspaper Limited
does not accept responsibility for any loss arising from reliance on it.

이 책의 한국어판 저작권은 The Economist와의 독점계약으로
(주)한경매거진앤북에 있습니다.
신 저작권법에 의해 한국 내에서 보호를 받는 저작물이므로
무단 전재와 무단 복제를 금합니다.

책을 펴내면서

From the editor

톰 스탠다지(Tom Standage) | 《2026 세계대전망》 총괄 에디터

지금 세계는 도널드 트럼프(Donald Trump) 미국 대통령의 세상이다. 우리는 그 안에서 살아가는 주변 인물에 지나지 않는다. 이런 혼란을 야기한 주인공은 2025년 세계정세를 뒤흔들었으며, 그가 백악관에 머무는 한 이 상황은 계속될 것이다. 기존 질서를 깨는 그의 접근 방식은 무역 등 일부 분야에서 혼란을 야기했지만, 가자지구에서처럼 외교적 성과를 거두기도 했고, 유럽 방위비 지출 같은 필요한 변화를 이끌어내기도 했다. 트럼프 돌풍이 계속 휘몰아치는 가운데 2026년 주목해야 할 10가지 흐름과 주제를 소개한다.

1. **미국 건국 250주년**

건국 250주년을 기념하는 미국의 공화당과 민주당은, 타협점을 찾기 어려운 방식으로 같은 나라를 전혀 다르게 묘사하며 미국의 과거, 현재, 미래에 대해 극명하게 엇갈린 의견을 내놓을 것이다. 유권자들은 11월 중간선거에서 미국의 미래를 결정할 것이다. 하지만 민주당이 하원을 장악하더라도 트럼프 대통령의 강압적 태도와 관세 정책, 행정명령은 계속될 것이다.

2. 지정학적 표류

외교정책 분석가 사이에서는 의견이 엇갈린다. 세계가 미국과 중국이 이끄는 블록 간의 신냉전 상태에 처하거나, 트럼프식 거래로 세계가 미국과 러시아, 중국의 '영향권'으로 나뉘어 세 나라가 자국의 뜻대로 행동하는 시대가 올 것으로 달리 전망하는 것이다. 어느 쪽도 기대하지 않는 편이 나을 수 있다. 트럼프 대통령은 거창한 지정학적 패러다임보다 본능에 기반한 거래 방식을 선호한다. 규범에 기반한 기존의 글로벌 질서는 계속 표류하고 쇠퇴할 것이다. 하지만 '의지의 연합(coalitions of the willing, 우크라이나를 지원하는 서방 국가)'이 방위, 무역, 기후 등 일부 분야에서 새로운 협정을 맺게 될 것이다.

3. 전쟁 또는 평화? 둘 다 가능하다

운이 좋다면 가자지구에서 아슬아슬하게 유지되고 있는 평화는 계속 이어질 것이다. 하지만 우크라이나, 수단, 미얀마에서는 갈등이 계속될 것이다. 러시아와 중국은 북유럽과 남중국해에서 '회색지대 도발(grey zone provocation, 전면전의 문턱을 넘지 않으면서도 불안정을 초래하는 행위-옮긴이)'로 동맹국에 대한 미국의 헌신을 시험할 것이다. 전쟁과 평화의 경계가 그 어느 때보다 모호해지면서 북극, 우주 궤도, 해저, 사이버 공간에서 긴장이 고조될 것이다.

> **부유한 국가들이 분수에 넘치는 지출을 하면서 채권시장에 위기가 올 위험이 커지고 있다.**

4. **유럽이 마주한 문제들**

    이 모든 상황은 유럽을 특별한 시험대에 올려놓는다. 유럽은 방위비를 늘리고, 미국과의 관계를 유지하며, 경제 성장을 촉진하고, 막대한 재정 적자를 감당해야 한다. 하지만 긴축 정책은 강경 우파 정당들에 대한 지지를 높일 위험이 있다. 유럽은 자유무역과 친환경 정책의 선도적 지지자로 남고 싶어 하지만, 이 모든 목표를 한꺼번에 이룰 수는 없다. 방위비 지출을 늘리면 경제 성장에 도움이 될 수는 있지만 그 효과는 크지 않을 것이다.

5. **중국에 주어진 기회**

    중국은 디플레이션, 성장 둔화, 산업 과잉 등 자체적인 문제를 안고 있지만, 트럼프 대통령의 '미국 우선주의' 정책은 중국이 글로벌 영향력을 강화할 수 있는 새로운 기회를 열어준다. 중국은 특히 글로벌 사우스(Global South, 개발도상국이나 남반구 국가들)에서 일련의 무역 협정을 체결하며 보다 신뢰할 수 있는 파트너로 나서고 있다. '대두'나 '반도체 칩' 같은 부문에서 트럼프 대통령과 전략적 거래를 기꺼이 추진하고 있다. 중요한 것은 미국과의 관계를 대립적이 아닌 거래적 관계로 유지하는 것이다.

6. **경제적 우려**

   지금까지 미국 경제는 트럼프 대통령의 관세 정책에도 예상보다 강한 회복력을 보이고 있다. 하지만 관세는 세계 경제 성장을 둔화시킬 것이다. 또 부유한 국가들이 분수에 넘치는 지출을 하면서 채권시장에 위기가 올 위험이 커지고 있다. 2026년 5월 예정된 제롬 파월((Jerome Powell) 미국중앙은행(Fed) 의장의 후임 인선이 중요한 변수일 것이다. Fed의 정치화는 금융시장의 대혼란을 촉발할 수 있다.

7. **AI 포비아**

   인공지능(AI) 인프라에 대한 막대한 투자는 미국 경제의 취약성을 숨기는 역할을 하고 있을지도 모른다. 이 거품은 결국 터질까? 철도, 전기, 인터넷과 마찬가지로 가치 폭락이 일어난다고 해서 그 기술의 가치가 없다는 뜻은 아니다. 하지만 경제 전반에 두루 영향을 미칠 수 있다. 어느 쪽이든 일자리, 특히 대졸자의 일자리에 미치는 AI의 영향에 대한 우려는 더욱 커질 것이다.

8. **복합적인 기후 전망**

   산업화 이전 대비 지구 평균 기온 상승폭을 1.5°C 이내로 제한하는 것은 사실상 물 건너갔고, 트럼프 대통령은 재생에너지를 싫어한다. 하지만 전 세계 탄소배출량은 정점을 찍었을 가능성이 높고, 글로벌 사우스에서는 클린테크(친환경 기술)가 급성장하고 있다. 기업들은 기후 목표를 달성하거나 초과 달성할 것이다. 다만 트럼프 대통령의 분노를 피하기 위해 이를 조용히 진행할 것이다. 지열 에너지는 주목할 만한 가치가 있다.

9. **스포츠의 가치**

스포츠는 언제나 정치로부터 잠시 숨 돌릴 수 있는 여유를 제공한다. 맞는 말일까? 2026년에는 그럴 수 없을지도 모른다. 2026 FIFA 북중미 월드컵 공동 개최국인 미국, 캐나다, 멕시코의 관계가 껄끄러운 탓에 팬들이 외면할 수도 있다. 한편 라스베이거스에서 열리는 '인핸스드 게임(Enhanced Games, 도핑 허용 스포츠 대회)'은 보다 큰 논란을 불러올 수 있다. 이 대회에서는 선수들이 경기력을 향상시키는 약물을 사용할 수 있기 때문이다. 이것은 부정행위일까, 아니면 그저 방식이 다른 것일까?

10. **진화한 버전의 오젬픽(Ozempic)**

보다 효과적이고 저렴한 GLP-1 계열 체중 감량제들이 출시될 예정이며, 이번에는 알약 형태도 제공된다. 이로 인해 접근성이 확대될 것이다. 그런데 이런 약물을 사용하는 것이 반칙일까? GLP-1 계열 약물은 경기력 향상 약물에 대한 윤리적 논쟁을 운동선수나 보디빌더를 넘어 훨씬 더 광범위한 집단으로 확대시키고 있다. 올림픽 무대에는 소수만 나갈 수 있지만, '오젬픽 게임'에는 누구나 출전할 수 있다.

경기력 향상 약물에 대해 어떤 입장이든 간에 《2026 세계대전망》이 여러분이 미디어를 소비하는 데 있어 명료함과 통찰력을 더해주는, 가치 있고 효과적인 보충제가 되길 바란다.

THE WORLD AHEAD 2026
차례

003 　책을 펴내면서 | 톰 스탠다지

● 리더스　　　　　　　　　　　　　　　　　　　　LEADERS

017 　새로운 세계가 떠오른다 | 자니 민턴 베도스
023 　미국에 대한 낙관적인 시나리오 | 존 프리도
027 　중국이 오만에 빠지는 한 해 | 패트릭 파울리스
031 　러시아가 치러야 할 대가 | 에드워드 카
036 　가자 이후 | 조시 델렙
040 　어려움을 이겨내며 나아가다 | 헨리 커
044 　호황, 붕괴, 또는 반발? | 라챠나 산보그
048 　폭풍 속을 항해하는 세계가 얻어야 할 통찰 | 캐서린 닉시

● 국제　　　　　　　　　　　　　　　　　　　INTERNATIOANL

053 　얼음을 부수는 것들 | 안톤 라 과르디아
057 　1.5라는 수치와 작별할 시간 | 레이철 돕스
060 　주목해야 할 분쟁들 | 손드르 울번드 솔스타드
066 　전략무기감축협정(START) 대화의 스톱 또는 스타트 | 안톤 라 과르디아
069 　우주를 지배하기 위한 경쟁 | 샤샹크 조시
072 　2025년 우리의 예측은 어떠했나? | 톰 스탠다지

● 비즈니스   BUSINESS

- 077   진입 장벽 | 헨리 트릭스
- 081   반도체 경쟁이 뜨거워지고 있다 | 샤일레시 치트니스
- 084   모든 게 뒤죽박죽 | 돈 웨인랜드
- 087   전략 요소 | 안자니 트리베디
- 090   다음엔 또 뭘까? | 가이 스크리븐
- 093   가솔린과 전기 | 사이먼 라이트
- 096   천둥소리가 울릴 때 | 벤델린 폰 브레도우
- 098   프리킥 | 톰 웨인라이트
- 101   다시 반짝이다 | 아반티카 칠코티
- 104   뜨거운 물 | 비제이 바이테스워런

● 금융   FINANCE

- 109   시장 규율에 대비하라 | 헨리 커
- 114   바닥을 뚫을 수도 | 매튜 파바스
- 116   흔들리는 자유무역, 멈추지 않는 흐름 | 알렉스 도마시
- 120   스테이블코인: 정말 안정적인가? | 마이크 버드
- 123   질투로 물든 달러화 | 세리언 리치먼드 존스
- 126   방 안의 코끼리 | 레오 미라니
- 129   초대석 안개 속을 항해하며 | 크리스탈리나 게오르기에바

● 과학 & 기술   SCIENCE & TECHNOLOGY

- 133   밥 한 그릇 추가 | 나탸샤 로더
- 137   전 세계로 퍼지는 체중 감량 열풍 | 샤일레시 치트니스
- 139   '약물 주사', 논란을 유발하다 | 나탸샤 로더
- 143   다시 달로 향하는가? | 알록 자
- 146   당신의 형상 | 알렉스 헌

| 149 | 숙취를 피하는 방법 | 알렉스 헌
| 152 | 초대석 백신 전망을 불투명하다 | 하이디 라슨

● 문화   CULTURE

| 155 | 절반쯤 빈 와인잔 | 알렉산드라 스위치 배스
| 159 | 대단한 소장품들 | 레이철 로이드
| 162 | 하드 모드로 플레이 중인 게임 산업 | 톰 웨인라이트
| 166 | 팟캐스트의 새로운 에피소드 | 케이틀린 탤벗
| 169 | 이미 다 본 거라고? | 레이철 로이드
| 172 | 귀 기울여 | 알렉스 셀비-부스로이드

● 미국   UNITED STATES

| 177 | 파이트 클럽 | 제임스 베넷
| 181 | 이런 친구들과 함께라면 | 안톤 라 과르디아
| 183 | 민주당의 재건 | 케넷 베르너
| 186 | 실험의 결과 | 아치 홀
| 189 | 과잉 단속 | 에이린 브라운
| 192 | 초대석 트럼프는 2026년 선거 결과를 뒤집으려 할 것인가 | 잭 골드스미스·밥 바우어
| 195 | 자충수 | 케넷 베르너
| 197 | 믿음직한 대법원 | 스티븐 메이지
| 201 | 자책골 | 존 패스먼
| 204 | 초대석 도금시대의 교훈 | 리처드 화이트

● 유럽　　　　　　　　　　　　　　　　　　　　　　EUROPE

- 207　총, 성장 그리고 초목 | 크리스 록우드
- 211　방화벽 뚫기 | 톰 누탈
- 214　우크라이나를 넘어 | 아르카디 오스트로프스키
- 218　헝가리 게임 | 스탠리 피그날
- 221　나쁘기만 한 것은 아니다 | 크리스티안 오덴달
- 224　벼랑 끝에 서서 | 소피 페더
- 227　초대석　규칙과 도구, 가치 | 카야 칼라스

● 영국　　　　　　　　　　　　　　　　　　　　　　BRITAIN

- 231　최종적인 것은 아니다 | 존 피트
- 235　득세하는 극단 세력들 | 매튜 홀하우스
- 238　사방에서 벌어질 국왕 살해 | 던컨 로빈슨
- 242　어려운 문제 피하기 | 톰 새시
- 245　게임 오버 | 조지아 반조

● 미주　　　　　　　　　　　　　　　　　　　　　　THE AMERICAS

- 249　축구와 자유무역 | 세라 버크
- 253　아르헨티나는 드디어 정상화될까? | 킨리 살몬
- 256　중도여, 굳세어라 | 아나 랑케스
- 258　이 나라를 가엾게 여기소서 | 할 호드슨
- 261　철권 통치자 | 세라 버크
- 264　세계인의 플레이리스트 | 세라 버크
- 268　초대석　가변 구조의 시대 | 마크 카니

● 중동 & 아프리카　　　　　　　　　　　　　MIDDLE EAST & AFRICA

- 271　정체와 변화 | 그렉 칼스트롬
- 276　팔레스타인 사람들은 이제 어떻게 될까? | 니콜라스 펠햄
- 278　이스라엘, 내부를 돌아보다 | 안셀 페퍼
- 281　재건의 시간 | 가레스 브라운
- 283　평화를 향한 간절한 외침 | 톰 가드너
- 286　형식적인 절차만 밟아가며 | 톰 가드너
- 289　아프리카만의 힘으로 | 존 맥더모트
- 293　동쪽을 향해! | 오레 오군비이

● 아시아　　　　　　　　　　　　　　　　　　　　ASIA

- 297　중국이 이야기한다 "우리는 믿어도 됩니다!" | 애런 코넬리
- 301　새로운 방향? | 비슈누 파드마나반
- 304　인구 조사 | 레오 미라니
- 308　혈통은 있어도 영토는 없다 | 수린 웡
- 311　가족계획 | 모에카 이이다
- 314　돌격, 앞으로! | 이선 우
- 318　초대석 AI가 인도에, 인도가 AI에 가지는 의미 | 난단 닐레카니

● 중국　　　　　　　　　　　　　　　　　　　　CHINA

- 321　글로벌 무대에서 중국에 찾아온 기회 | 데이비드 레니
- 325　친환경, 출산율, 그리고 첨단기술? | 가브리엘 크로슬리
- 328　지속되는 경기 둔화 | 사이먼 콕스
- 331　라부부만 있는 게 아니다 | 돈 웨인랜드
- 334　하하하! | 세라 우
- 337　다른 구도에서 펼치는 경쟁 | 코빈 던컨
- 340　아나콘다 전략 | 샤샹크 조시

● **2026년 세계 주요 지표**   THE WORLD IN NUMBERS

343   2026년 숫자로 본 국가별 전망
381   2026년 숫자로 본 산업별 전망

● **특별 섹션**   SPECIAL SECTION

397   Mapping 2026

● **부고**   OBITUARY

409   페니의 종말 | 앤 로

415   슈퍼 예측
418   2026년 세계 주요 일정

PART 1

**LEADERS
INTERNATIONAL
BUSINESS
FINANCE
SCIENCE & TECHNOLOGY
CULTURE**

KAL Drawing on 2026

LEADERS

리더스

새로운 세계가 떠오른다

2026년 말에는 21세기 지정학적 윤곽이
보다 뚜렷해질 것이다

자니 민턴 베도스(Zanny Minton Beddoes) | 〈이코노미스트〉 편집장

2025년은 세계 정치의 오래된 질서가 종말을 맞은 해였다. 도널드 트럼프 미국 대통령은 백악관 재편만큼이나 극적으로 수십 년간 유지돼 온 규범과 제도를 무너뜨렸다. 그의 관세 정책은 다자간 무역 체제를 위협했다. 유엔부터 해외 원조에 이르기까지 국제 외교 기구들은 미국의 예산 삭감으로 타격을 입었다. 오랜 안보 동맹들은 미국의 군사적, 경제적 영향력을 돈으로 환산하는 방식의 거래적인 관계로 재편됐다. 미국 내에서는 트럼프 대통령이 한 세기를 통틀어 가장 광범위한 행정권 행사를 단행했다. 민주당이 우세한 도시들에는 군대가 투입됐고, 대학들은 위협과 예산 삭감으로 길들여졌으며, 미국중앙은행(Fed)의 독립성은 공격받았다. 정부 조직

은 대통령의 정적들을 겨냥하는 데 동원됐다.

이런 조치들은 어지러울 정도로 빠르고 광범위하게 이뤄져 궁극적으로 무엇을 의미하는지 파악하기가 어려웠다. 이것은 굳어진 체제를 깨는 데 필요한 혁신이었을까, 아니면 미국 민주주의의 근간에 대한 공격이었을까? 거래 중심의 접근 방식은 일을 추진하는 새로운 혁신적 방식이었을까, 아니면 장기적인 전략적 통찰 대신 마피아식 술책이 승리한 결과였을까? 〈이코노미스트〉를 비롯한 여러 매체에서 보호무역주의, 부패, 독립 기관의 정치화 등 위협에 대한 경고음을 울렸으며, 시간이 갈수록 트럼프 행정부가 법의 구속을 받지 않는다는 불안감은 더욱 짙어졌다.

물론 대통령의 〈소프라노스(Sopranos)〉식 리더십(범죄 조직 보스처럼 위협과 거래를 앞세운 강압적이고 개인 중심적인 통치 방식-옮긴이)은 실제로 몇 가지 성과를 냈다. 가장 뚜렷한 성과는 가자지구에서의 휴전이었다. 이는 새로운 시작의 가능성을 열었고, 그동안 조롱받아온 뉴욕 부동산 개발업자 스타일의 외교 방식을 정당화했다.

> 2026년에는 세 가지 주요 영역에서 새로운 세계의 윤곽이 한층 뚜렷해질 것이다.

북대서양조약기구(NATO, 나토) 동맹국들에 대한 강경한 태도는 1년 전만 해도 상상하기 어려웠던 수준의 방위비 예산 증액으로 이어졌다. 소규모 국가들 사이의 갈등에서도, 노벨 평화상을 갈망하는 트럼프 대통령은 관세 위협과 압박을 서슴지 않으며 분쟁을 해결하거나 적어로 미봉책으로 가리는 데 기여했다.

하지만 분명한 실패들도 있었다. 전략적으로 볼 때, 인도(표면적으로는 러시아산 원유를 구매했다는 이유로)와 브라질[자이르 보우소나루(Jair Bolsonaro) 전 대통령을 재판에 회부했다는 이유로]에 징벌적 관세를 부과한 것은 설득력이 부족했다. 이 결정들은 두 나라를 중국과 더 가까워지게 만들 것이다. 트럼프 대통령은 블라디미르 푸틴(Vladimir Putin) 러시아 대통령과의 관계에서 별다른 진전을 이루지 못했다. 시진핑(Xi Jinping) 중국 국가주석에게는 역량에서 밀렸다. 2025년 무역의 벼랑 끝 대치에서 분명한 승자는 중국이었다.

다행히도 관세 정책이 세계 경제를 침몰시키지 않았다. '해방의 날' 이후 6개월이 지난 시점에서 관세로 거둔 세수를 보면 미국의 실질 평균 관세율은 10%를 약간 넘긴 수준으로, 4월 예상치보다 훨씬 낮았다. 보복 조치는 제한적이었고, 1930년대식 무역 전쟁은 피할 수 있었다. 그 대신 각국은 협상을 통해 타협점을 찾았고, 관세 부담은 대부분 수입업자들이 떠안았다. 한편 트럼프 행정부의 과감한 규제 완화, 암호화폐에 대한 열정, 인공지능 경쟁에서 미국이 반드시 승리해야 한다는 강력한 의지가 주목할 만한 주식 시장 호황을 이끌어냈다. 이는 놀라울 정도로 탄력적인 경제를 뒷받침했다.

이 같은 호황과 보복에 대한 두려움이 맞물리면서 기업인들 사이에서 하나의 공통된 견해가 형성됐다. 세계가 어느 방향으로 나아가든 미국 경제는 번영할 것이라는 집단적 인식이었다. 우려의 목소리를 내는 사람은 거의 없었고, 공개적으로 비판하는 사람은 더욱 찾아보기 어려웠다.

기존 질서가 무너진 가운데, 2026년에는 세 가지 주요 영역에서 새로운 세계의 윤곽이 한층 뚜렷해질 것이다. 첫 번째는 서구 자유민주주의의 미래다. 11월에 치러질 중간선거 결과에 따라 미국이 준(準)권위주의(quasi-authoritarianism) 체제라는 심각한 위험에 처할 가능성을 가늠할 수 있을 것이다. 민주당이 하원을 장악하게 되면 트럼프 행정부에 대한 실질적인 견제가 가능해진다. 역사적 전례에 비추면 민주당의 승리가 예상되지만, 지금은 결코 평범한 시기가 아니다. 민주당의 인기도는 트럼프 대통령보다 더 낮은 수준이다. 게다가 행정부가 미국의 선거 절차에 개입을 시도할 가능성도 배제할 수 없다.

대서양 건너 유럽에서는 2026년에 미국 우선주의(MAGA)식 포퓰리스트 민족주의자들이 주요 경제국들에서 권력의 문턱에 다가갔는지 여부를 알 수 있을 것이다. 영국에서는 나이절 패라지(Nigel Farage)의 영국개혁당(Reform UK)이 여론조사에서 선두를 달리고 있으며, 이 지지율이 실제 표로 이어지는지는 지방선거 결과가 보여줄 것이다. 이는 다음 총선에서 패라지 내각이 탄생할 가능성을 가늠하는 지표이기도 하다. 프랑스에서는 최근의 정치 상황을 고려할 때 2026년에 또다시 정부가 붕괴될 가능성이 크다. 그렇게 되면 의회 선거가 불가피하고, 어쩌면 조르당 바르델라(Jordan Bardella)가 우파 포퓰리스트 출신 첫 프랑스 총리가 될 수도 있다. 독일에서는 강경 우파 정당 '독일을 위한 대안(AfD)'을 막아온 일종의 '방화벽'이 과연 유지될 수 있을지 명확해질 것이다.

> 미국 외교 정책의 향방을 가장 분명하게 보여줄 신호는 아시아와 라틴아메리카에서 나타날 것이다.

윤곽이 뚜렷해질 두 번째 영역은 지정학이다. 2026년 트럼프식 거래주의는 세계 곳곳에서의 변덕스러운 평화 중재, 미국 뒷마당에서의 강력한 군사 개입, 핵심 공급망을 둘러싼 기회주의적 거래가 혼합된 기묘한 형태로 진화할 것이다. 트럼프 대통령은 노벨 평화상을 향한 열망으로 중동 문제에 계속 관여할 것이다. 이스라엘이 가자지구에서 전면전을 재개하지 못하도록 막고, 베냐민 네타냐후(Binyamin Netanyahu) 총리에 대한 사면과 명예로운 정치적 퇴진을 추진할 수도 있다. 또 희토류 거래를 이끌어낼 수 있는 지역 등 다른 곳에서도 중재자로 나설 수 있다. 하지만 푸틴 대통령의 비협조적인 태도를 맞아, 미국은 우크라이나의 미래를 유럽에 맡길 것이다. 유럽은 포퓰리스트 우파의 부상으로 역량이 분산돼 그 책임을 제대로 수행하지 못할 수도 있다.

미국 외교정책의 향방을 가장 분명하게 보여줄 신호는 아시아와 라틴아메리카에서 나타날 것이다. 아시아에서는 중국과 거래하려는 트럼프 대통령의 의지가 대만에 대한 미국의 지지를 위협할 정도로 약화시킬 가능성이 있다. 미국의 전략적 모호성은 점차 의도적인 무관심으로 바뀔 수 있으며, 특히 미국 경제가 약세를 보일 경우 트럼프 대통령에게는 중국과의 대규모 무역 협상이 더욱 중요해질 것이다.

반면 라틴아메리카에서는 미국이 강압적으로 권력을 행사할 것이다. 아르헨티나의 하비에르 밀레이(Javier Milei), 엘살바도르의 나이브 부켈레(Nayib Bukele) 같은 이념적 동지들에 대한 지지와, 반대 이념을 가진 이들에 대한 노골적인 압박이 포함된다. 베네수엘라에서는 정권 교체 시도가 있을 것으로 예상되며, 콜롬비아 등에서는 선거 개입 시도가 나타날 수 있다. 라틴아메리카에서의 공격적인 태도는 이민, 범죄, 마약 문제에 강경한 모습을 보이고자 하는 대통령에게 유용한 지렛대가 될 것이다.

긍정적이든 부정적이든, 세 번째로 윤곽이 뚜렷해질 영역은 경제다. 심각한 시장 조정이 있든 없든, 주가가 급등한다고 해도 2025년처럼 신뢰받기는 힘들 전망이다. 인공지능이 생산성을 혁신적으로 끌어올리는 효과도 지지자들이 바라는 만큼 빠르게 나타나지는 않을 것이다. 관세로 인한 피해는 더욱 명확해지고, 소비자 부담은 가중되며, 미국의 재정적자가 계속 이렇게 유지되기는 어렵다는 점도 더욱 뚜렷해질 것이다. 트럼프 대통령이 차기 Fed 의장으로 누구를 지명하느냐에 따라 Fed의 독립성이 유지될 여부가 드러날 것이다. 다른 부유한 국가들이 처한 혼란을 고려하면, 달러화에서 대규모 이탈이 일어날 가능성은 낮다. 하지만 2026년이 끝날 무렵에는 미국 경제가 그렇게 특별해 보이지 않을 수도 있다.

역설적이게도, 경제적 약세는 오히려 긍정적인 결과가 될 수도 있다. 경제가 취약해지면 민주당이 하원을 되찾고 미국 민주주의에서 견제 기능을 어느 정도 회복할 가능성이 커진다. 금융시장이 불안해지면 백악관 내 급진주의자들이 가장 심각한 헌법적 속임수를 저지르려는 것을 단념하게 될 수도 있다. 또 경제 약화는 트럼프 대통령에게서 보다 강력한 실용주의를 이끌어낼 수도 있다. 어쩌면 지금이야말로 용감한 기업인 한두 명이 공개적으로 나서서, '미국의 장기적 안녕을 위해 단기적 충격이 결코 나쁘지만은 않다'고 말할 때인지도 모른다.

미국에 대한 낙관적인 시나리오

'미국의 미래에 대한 비관론은 이 공화국의 역사만큼이나 오래됐다'
여기 대안적 시각이 있다

존 프리도(John Prideaux) | 〈이코노미스트〉 미국 담당 에디터

나이가 들어가면서 미국 건국의 아버지들도 점점 우울해졌다. 시러큐스대학교의 역사학자 데니스 라스무센(Dennis Rasmussen)은 저서 《저물어가는 태양에 대한 두려움(Fears of a Setting Sun)》에서 조지 워싱턴, 토머스 제퍼슨, 알렉산더 해밀턴이 '미국식 공화정 실험(American experiment)'이 당대 이후에도 계속 이어질까 봐 우려했다고 설명한다. 이는 불멸의 존재조차 불필요해질 수 있다는 사실을 받아들이려 하지 않는 위인들의 자기도취 때문이 아니었다. 정확히 말하자면 그것만은 아니었다. 그들이 신생 공화국에 물려준 정부 구조가 아무리 정교하더라도 그들의 모든 성과가 성공할지 여부는 그들의 통제 밖에 있는 요소에 달려 있었다. 당시 미국은 외세의 침략에 취약했고, 노예제 문제는 처리를 미뤄둔 상태였으며, 민주공화국의 성적표는 그리 좋지 않았다.

　공화국에 대한 비관론(doomerism)은 7월로 250주년을 맞는 독립선언서만큼이나 오래됐다. 2026년에 건국의 아버지들이 꾸었던 악몽의 일부가 마침내 현실이 되는 시나리오를 상상하기란 어렵지 않다. 제퍼슨은 독립선언서에서 조지 3세 국왕이 시민들을 괴롭히기 위해 '관리들을 떼 지어' 보내고, 세계와의 무역을 차단하며, 이민을 막는 등 여러 악행을 저질렀다고 비난했다. 2026년 도널드 트럼프 대통령에 대한 기소장에는 국가 권력을 이용해 정적을 탄압한 혐의, 사적 이익을 위해 대통령 직위를 악용한 혐의, 한 번 더 출마함으로써 헌법을 훼손하겠다고 위협한 혐의 등이 포함될 수 있다.

　1775년 당시로 돌아간다면, 곧 독립할 이 나라가 세계 역사상 가장 강력한 경제적·군사적 강국으로 성장하고, 노예제를 폐지하며, 두 차례 세계대전에서 과거 식민 지배국인 영국을 구해낼 것이라고 상상하긴 어렵다. 또 지루함과 피로감, 안일함 또는 절망감에 빠진 탓에 리얼리티 TV 스타를 두 번이나 워싱턴의 오래된 직업(대통령직)에 앉히게 것이라고 추측하려면 거의 광기 수준의

2026년에 법원이 대통령의 비상 권한에 일정한 안전장치를 마련한다고 상상해보자.

상상력이 필요했을 것이다. 2026년에 놀랍도록 순조롭게 상황이 흘러가는 시나리오를 떠올리는 데는 그런 상상력이 필요하지 않다. 그래서 개인적·직업적 망신을 무릅쓰고(이상하게도 비관적 예언에는 그런 망신이 잘 따라붙지 않는 듯하지만) 다음과 같은 전망을 제시하려 한다.

건국의 아버지들은 워싱턴의 후계자 가운데 누군가가 국내에서 폭정을 휘두를까 우려했다. 혼란과 외세의 침략도 두려워했다. 그들의 해법은 대통령의 권한을 제한하되, 비상시에는 그 제한에 예외를 두는 것이었다. 트럼프 대통령은 이전 대통령들과 달리 매일을 비상 상황으로 규정하며 그에 맞춰 통치해왔다. 따라서 2026년에는 대통령이 언제 '비상용 유리상자를 깨고 도끼를 꺼낼지' 스스로 결정하는 권한에 법원이 일정한 안전장치를 마련한다고 상상해보자. 일례로 한 판결에서 대통령이 한 주(州)의 방위군을 다른 주에 배치할 수 없도록 하거나, 워싱턴 밖에서는 주방위군의 임무를 연방 재산의 치안 유지로만 제한하는 것이다. 또 다른 판결은 대통령이 자신의 사병처럼 여기는 이민세관집행국(ICE)의 권한을 제한한다. 2026년 말에는 대통령직이 지금보다 훨씬 덜 제왕적으로 보일 것이다.

취임 첫해에 남부 국경의 불법 이민을 성공적으로 차단한 대통령은 MAGA 이민 정책의 2단계로 나아간다. 트럼프 대통령은 고급 기술 인력의 이민에 대해 열정적으로 이야기하곤 했지만, 정작 그의 정부는 이를 더욱 어렵게 만들었다. 첫 임기 동안 그는 계절근로자 비

자로 미국에 올 수 있는 농업 노동자 수를 늘렸다. 불가능해 보였던 문제를 해결한 그는 이제 망명법 개정, 고급 기술 인력 이민 확대, 임시 외국인 노동자 비자 증대를 결합한 초당적 이민 합의안을 중재한다. 이는 MAGA 운동 내 이민 제한주의자들을 불쾌하게 한다. 하지만 의회의 대다수 공화당 의원과, 연이은 패배를 불러오는 쟁점에서 발을 빼고 싶어 하는 중도 성향 민주당 의원 상당수가 대통령을 지지한다. 결국 법안은 통과되고, 스티븐 밀러(Stephen Miller) 백악관 부비서실장은 슬퍼한다.

인공지능(AI) 호황이 지속되는 가운데, 행정부는 금융 규제를 완화하고 신재생 에너지 프로젝트와 송전망 허가 절차를 간소화한다. 태양광 발전 설비 용량이 늘어난다. 대통령이 특히 꺼려온 풍력 발전조차 투자 확대와 설비 증설의 수혜를 입는다. AI를 통한 생산성 향상 신호가 뚜렷해지면서, 규제에서 손을 떼는 행정부의 접근 방식이 정당성을 얻는다. 사무직 일자리의 종말은 유예된다. 그 밖의 긍정적인 경제 소식으로는, 관세율이 대통령 취임 이전보다 높게 유지되지만 예측 가능성은 어느 정도 회복된다는 점을 꼽을 수 있다. 대법원도 관세에 대한 권한 일부를 의회로 돌려줌으로써 일부분 기여한다.

이런 모든 요인에 힘입어 공화당은 중간선거에서 하원 다수당 지위를 차지한다. 선거 주기 중간에 이뤄진 선거구 조정이 도움이 될 것이고, 대통령의 정치적 성과도 크게 기여한다. 가자지구의 전쟁은 재개되지 않는다. 유럽 국가들이 우크라이나 방어의 부담을 떠안는다. 미국과 중국은 무역 전쟁에서 휴전을 유지한다. 트럼프 대통령은 늘 원했던 성공과 찬사를 얻으며(일부 정치적 반대파들로부터도) 자신이 임무를 완성했다고 여긴다. 공화당 대통령 후보 경선이 시작되지만 그는 출마하지 않기로 한다. 말이 안 된다고? 미국 역사는 이보다 훨씬 더 기이한 일들로 가득했다.

중국이 오만에 빠지는 한 해

시진핑 주석은 수비에서 공격으로 전환하려는 충동을 억제해야 한다

패트릭 파울리스(Patrick Foulis) | 〈이코노미스트〉 외신부장

2025년을 성공적으로 보낸 시진핑 주석과 중국 지도부는 2026년 한 해 동안 유혹과 마주하게 된다. 지금까지 그들은 트럼프 시대에 잘 대처해왔다. 무역 전쟁으로부터 중국 경제를 보호하고, 신속하게 보복하며, 한 발 물러서서 미국 주도의 세계 질서가 백악관의 지휘 아래 빠르게 해체되는 과정을 지켜봤다. 하지만 오만이 중국 공산당을 계속 따라다니고 있다. 2026년 시진핑 주석은 중국의 이익을 보다 공격적으로 주장하고 싶은 유혹을 느낄 것이다. 이는 세 가지 영역(무역, 대만, 중국 주도의 글로벌 규칙)에서 과도하게 행동할 위험을 키운다.

트럼프 행정부가 출범한 첫해가 순탄할 것이라 예상한 사람은 없었지만, 중국에는 꽤 괜찮은 한 해였다. 관세와 고통스러운 부동산 부문 조정에도 불구하고 중국 경제는 약 5% 성장했다. 소비는 위축됐지만 민간 부문에서 위험을 감수하려는 성향은 크게 늘었다. 2025

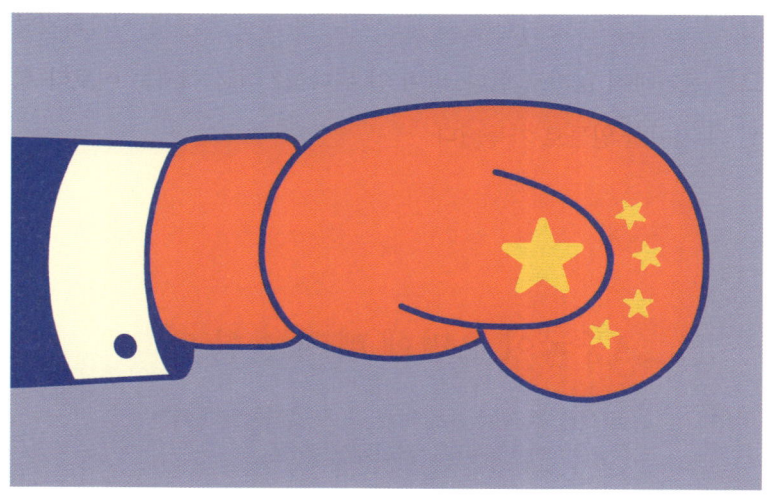

년 11월, MSCI 중국 지수는 달러 기준으로 S&P 500 지수를 앞질렀으며, 중국은 기업공개(IPO)를 통해 월스트리트보다 더 많은 자본을 조달했다. 중국이 '투자할 수 없는' 시장이라는 주장은 이제 무색해졌다.

외세의 위협을 제거하고 자급자족을 강화하려 한 시 주석의 10년간 캠페인이 무역 전쟁으로 인해 정당성을 얻었다. 2025년 중국 토종 반도체 기업과 인공지능 기업이 급성장했고, 중국 무역에서 달러가 아닌 위안화로 결제된 비중이 30%로 크게 늘어났다. 중국의 석유 비축량은 사상 최고치인 12억 배럴에 달했다. 2025년 10월, 6년 만에 도널드 트럼프 대통령과 마주한 첫 회담에서 시 주석은 펜타닐 문제와 대두 거래에서 MAGA 지지층이 반길 만한 제안을 내놓으면서도 국가 주도의 글로벌 기술·산업 패권이라는 자신의 비전에 대해서는 한 치도 양보하지 않았다. 2026년 3월 발표되는 중국의 새 5개년 계획은 이 목표를 더욱 강화할 것이다.

중국의 노련한 외교술에 현혹되기 쉽다. 하지만 시진핑 시대에는 오만함이 드러난 사례가 적지 않았다. 강압적 외교 전략이었던 '전랑 외교'는 역효과를 냈다. 정실 자본주의에 맞선 그의 '공동부유' 정책은 기업인들을 짓눌렀다. '제로 코로나' 정책은 지나치게 오래 지속됐다. 왜 이런 일이 발생하는지는 불분명하지만, 독재 체제에 길들여진 관료들이 시 주석의 잘못되거나 모호한 아이디어에 반대하지 않고, 오히려 지나치게 열성적으로 시 주석의 아이디어를 실행에 옮겼다는 것이 원인일 수 있다.

중국에 내재된 과도한 확장 성향은 2026년에 여러 방식으로 표출될 수 있다. 첫째는 시진핑 주석이 기술·산업 분야에서의 공세를 지나치게 세게 밀어붙이는 경우다. 그가 미국에서 다른 지역으로 무역을 우회시키면서 2025년 1~9월까지 중국의 세계 수출은 전년 대비 11% 급증했다. 2025년 말, 독일의 대중국 연간 무역 적자는 1,000억 달러에 육박했다. 중국의 대표적인 자동차 기업 비야디(BYD)는 2026년 말까지 유럽에 매장 2,000곳을 열 계획이다. 중국이 세계 시장에 훨씬 더 많은 수출품을 쏟아낸다면 서방 국가들에서는 산업화에서 밀려나는 것에 대한 공포가 확산될 것이며, 이는 중국산 제품에 대한 추가 관세로 이어질 수 있다.

2026년 중국이 오만에 빠질 수 있는 두 번째 영역은 대만이 될 수 있다. 미국 정보기관은 시 주석이 인민해방군에 2027년까지 대만을 침공할 수 있는 역량을 갖추도록 지시했다고 믿고 있다. 2027년은 5년마다 열리는 중국 공산당의 차기 당 대회가 열리는 해로, 승계 문제가 큰 쟁점으로 떠오를 것이다. 시 주석의 일부 참모들은 2026년이 대만에 대한 공격적인 회색지대 작전(전면전의 문턱을 넘지

> **미국 주도의 세계 질서를 해체하는 데 있어 트럼프 대통령이 중국보다 더 효과적인 역할을 할 가능성이 높다.**

않으면서도 불안정을 초래하는 행위)을 수행하기에 어느 때보다 유리한 조건이 될 것이라고 주장할 수도 있다. 트럼프 대통령은 대만 방어에 모호한 태도를 보이고 있으며, 미국의 징벌적 관세 위협은 실효성을 잃었다. 대만 유권자들은 양극화돼 있으며, 중국은 '모든' 수단을 동원한 통일 방침에 약 70개국의 지지를 확보하고 있다. 긴장을 부추기는 것은 언제나 위험하지만, 트럼프 시대에는 미국 동맹국들이 버림받을지 모른다는 두려움 속에 지역적 군비 경쟁을 촉발하면서 특히 예측 불가능한 결과를 불러올 수 있다.

시 주석은 무역과 대만 문제를 저울질하는 와중에도, 쇠퇴하는 서구 주도 규범을 대체할 중국 주도 글로벌 규범을 제안하고 싶은 유혹을 느낄 수 있다. 2025년 말 세 번째 오만의 조짐이 나타났다. 중국은 금융, AI, 기후, 우주 분야에서 새로운 규범을 만들기 위해 '글로벌 거버넌스 이니셔티브(Global Governance Initiative)'를 시작했고, 첨단 제조업에 사용되는 희토류에 대해 전 세계를 대상으로 한 강제 라이선스 제도를 도입하자고 제안했다. 이런 국외로의 권력 확장은 미국의 접근 방식을 모방한 것이 사실이지만, 2026년에도 여전히 인기가 없을 것이다. 특히 중국이라는 독재 정부에 대한 의존을 두려워하는 민주주의 국가들에서 더욱 그럴 것이다.

시 주석이 현명하다면 이런 유혹들을 뿌리칠 것이다. 중국 내 과잉 산업 생산능력을 억제해 수출 급증세를 누그러뜨리고 내수를 끌어올릴 것이다. 대만의 입지가 더 약화하는지 지켜볼 것이며, 중국이 결제 시스템, 청정 기술, AI, 클라우드 컴퓨팅 같은 글로벌 인프라를 강압적으로 판매하지 않는다는 점을 세계에 보여줄 것이다. 그 이유는 중국이 꼭 신중함을 신념으로 삼아서가 아니라, 서방이 주도하는 무역·안보 체제를 해체하는 데 있어 트럼프 대통령이 중국보다 더 효과적인 역할을 할 가능성이 높기 때문이다. 2026년 11월이면 두 사람이 처음 대화를 나눈 지 10년이 된다. 당시 시 주석은 '차이를 건설적으로 관리하면서 상생 협력하기로' 합의했다고 말했다. 현실은 그렇지 않았다. 하지만 중국이 유혹을 이겨낸다면 2026년을 마무리할 즈음에는 그들의 우위가 더욱 견고해질 것이다.

러시아가 치러야 할 대가

블라디미르 푸틴 대통령이 우크라이나 전쟁에서 승리할 수 있는 계획이 없기 때문에 전투는 지루하게 계속될 것이다

에드워드 카(Edward Carr) | 〈이코노미스트〉 부편집장

2026년 6월 10일이 되면 러시아와 우크라이나 간 전쟁은 제1차 세계대전보다 더 오래 지속된 전쟁이 될 것이다. 제1차 세계대전 또한 몇 주 안에 끝날 것으로 예상됐었다. 우크라이나 전쟁과 마찬가지로 전투는 교착 상태에 빠졌고, 지휘부는 실패가 뻔한 공격을 거듭하며 병사들의 목숨을 낭비했다. 1918년 8월 연합군은 새로운 전술로 독일군의 전선을 돌파했다. 반면 오늘날에는 우크라이나는 항복할 생각이 없고 러시아는 승리하는 방법을 모른다.

독재 체제라 해도 승리의 전략이 없는 지도자는 스스로 문제를 키

우고 있는 셈이다. 제1차 세계대전에서 차르 니콜라이 2세(Nicholas II)가 값비싼 대가를 치르며 깨달았듯이, 이번에도 대가를 치를 날이 조만간 찾아올 것이다. 푸틴 대통령이 오늘 러시아 국민의 목숨을 헛되이 희생시킬수록 내일 맞닥뜨릴 위기는 더욱 심각해질 것이다.

푸틴 대통령이 마주한 근본적인 문제는 전장에서 우크라이나를 패배시키지 못했다는 것이다. 2025년 여름에 감행한 세 번째이자 가장 야심 찬 공세는 처참한 실패로 끝났다. 러시아의 전술은 소규모 병력을 '킬존(killzone)'에 투입하는 것이다. 하지만 일부 병력이 돌파에 성공하더라도 나머지 병사들이 그 이점을 활용하지 못한다. 병력이 집결하자마자 전멸당하기 때문이다.

숫자가 이 참혹한 상황을 말해준다. 2025년 10월 중순까지 1년간 러시아군의 사상자는 거의 60% 증가해, 98만 4,000명에서 143만 8,000명 사이로 추산됐다. 사망자는 현재 19만 명에서 48만 명 사이로 추정된다. 우크라이나 병사 1명당 러시아 병사 5명이 목숨을 잃고 있는 셈이다. 그럼에도 불구하고 푸틴 대통령의 군대는 여름 내내 단 한 곳의 대도시도 점령하지 못했다. 러시아는 진격하고 있지만, 자국 영토라고 주장하는 4개 주(州)를 점령하려면 5년이 더 걸릴 전망이다. 2025년 수준의 전투가 이어진다면 러시아의 총 사상자는 거의 400만 명에 이를 것이다.

 진전이 없는 이 상황은 푸틴 대통령이 우크라이나 도시와 인프라를 공격하는 이유를 설명해준다. 그는 우크라이나 일부 지역을 사람이 살 수 없는 곳으로 만들고 국민의 사기를 꺾으려 한다. 러시아는 다가올 혹독한 겨울에 대해 언급하기 시작했다. 우크라이나 국민의 고통을 결코 가볍게 여겨서는 안 되지만, 민간인을 공격한다고 해서 나라가 무너지는 경우는 드물다. 사람들은 러시아가 무자비하다는 사실을 이미 알고 있다. 민간인을 겨냥하는 모든 미사일 공격은 혹여 푸틴 대통령이 승리할 경우 우크라이나가 잃게 될 것이 얼마나 많은지 더욱 뚜렷하게 보여줄 뿐이다.

 반면 우크라이나가 러시아 내부 깊숙이 가하는 공격은 일부 러시아인의 생각을 바꿀 수 있다. 여론조사에 따르면 러시아인의 70%가 전쟁을 지지한다. 그 중 열성적인 지지자는 아마 5명 중 1명 정도일 것이다. 나머지 사람들은 지금 벌어지는 일을 생각하지 않고 외면하는 더 쉬운 길을 택하고 있다. 경제가 둔화하고 예산이 긴축되는 상황에서 우크라이나가 석유 기반시설과 공항을 타격하면 러시아인들이 현실을 직시하게 될 수도 있다.

 푸틴 대통령은 도널드 트럼프 미국 대통령이 자신에게 유리한 쪽으로 국면을 전환해주리라는 희망을 품고 있었다. 트럼프 대통령은 특히 정보와 대공 방어 지원 등 미국의 핵심적인 지원을 철회함으로

> **푸틴 대통령이 오늘 러시아 국민의 목숨을 헛되이 희생시킬수록 내일 맞닥뜨릴 위기는 더욱 심각해질 것이다.**

써 우크라이나에 불리한 평화를 강요할 수도 있었다. 2025년 초에 잠시 그런 시도를 하기도 했다.

하지만 그런 전술은 이제 실현 가능성이 낮아 보인다. 백악관의 '평화 중재자' 트럼프 대통령은 자신이 탐탁지 않게 여기는 볼로디미르 젤렌스키(Volodymyr Zelensky) 우크라이나 대통령과 냉탕과 온탕을 오가는 관계를 이어가고 있다. 이제 유럽이 우크라이나의 비용 부담을 떠안으면서, 미국이 착취당하고 있다는 MAGA 지지자들의 주된 불만이 희석되고 있다. 트럼프 대통령은 우크라이나를 러시아에 내어주면 자신이 열망하는 노벨상 수상 정치가로서의 이미지가 훼손될 수 있다고 결론지은 듯하다. 10월에는 러시아 석유 기업 루코일(Lukoil)과 로스네프트(Rosneft)에 제재를 가하기도 했다.

마지막으로, 푸틴 대통령은 유럽의 결의가 무너지기를 기대할지도 모른다. 우크라이나가 전쟁을 지속하는 데 필요한 자금은 2026년 2월이면 바닥날 전망이다. 러시아에 덜 적대적인 포퓰리스트 정부들이 집권할 가능성이 이미 유럽 전역에 드리워져 있다. 분열되고 기능이 마비된 유럽은 전쟁이 끝난 뒤 우크라이나가 재건하는 데 필요한 장기적 지원을 제공하는 데 어려움을 겪을 것이다.

이는 전쟁이 한창인 상황에서 우크라이나를 버리는 것과는 다르다. 우크라이나가 유럽 안보의 핵심이라는 인식은 확고하다. 만약 키이우가 함락된다면 푸틴 대통령이 유럽 최대 규모의 군대와 막강한 군수 산업을 장악하게 될 것이다. 러시아 자산을 압류하는 것 이상의 신뢰할 만한 다년간 재정 지원 체계를 마련하기 위한 작업이 진행 중이다. 이 계획이 성공한다면 푸틴 대통령은 우크라이나 경제가 러시아보다 더 오래 버틸 수 있다는 사실을 깨닫게 될 것이다.

일부 사람들은 푸틴 대통령이 시간은 자신의 편이라고 믿으면서 아직 평화협상을 요청하지 않았을 것이라고 생각한다. 베트남, 아프가니스탄, 이라크에서 얻은 교훈은 지도자들이 무언가(아무리 사소한 것이라도) 상황을 뒤집을 일이 생기기를 바라며 끝까지 버틴다는 점이다. 따라서 푸틴 대통령이 2026년에도 전쟁을 이어갈 가능성이 크다. 그는 자신의 장군들이 새로운 전쟁 방식을 찾아내거나, 우크라이나의 병력이 고갈되기를 기다릴 것이다. 또는 젤렌스키 정부가 무너지거나, 트럼프 대통령이나 유럽이 인내심을 잃기를 기다릴 것이다.

하지만 이런 일들이 하나도 일어나지 않는다면 푸틴 대통령은 혹독한 대가를 치를 것이다. 러시아는 자국 경제를 담보로 잡혔고, 핀란드와 스웨덴을 압박해 나토(NATO)에 가입하게 만들었다. 또한 중국에 종속됐고, 한 세대의 청년들을 전장에서 희생시켰다. 과연 무엇을 위한 것이었을까? 이 질문이 러시아인들의 입에서 나오는 순간 세계는 새로운 위험에 직면할 것이다. 푸틴 대통령은 국외에서 패배를 인정하는 대신 국내에서는 공포 정치를 펼칠 가능성이 있다. 또는 전쟁을 더욱 확대할 수도 있다.

가자 이후

2026년 중동의 전망은 어떨까? 세 가지 시나리오를 제시한다

조시 델렙(Josie Delap) | 〈이코노미스트〉 중동 담당 에디터

중동 전문가들은 비관적으로 전망하는 한 크게 빗나갈 일이 없다고 생각하는 경향이 있다. 지난 2년간의 상황은 그 생각이 옳았음을 충분히 입증했다. 최근에는 희망을 가질 만한 이유가 생기고 있다. 도널드 트럼프 대통령의 평화 계획이 가자지구에 어느 정도 안도감을 안겨줬다. 미국과 이스라엘의 이란 공습은 지역 전체의 충돌로 번지지 않았다. 시리아는 전면적인 종파 갈등으로 치닫지 않았다.

그러면 이런 성과들을 바탕으로 한 최상의 시나리오를 상상해 보자. 보다 평화로운 중동을 위해 노력하는 이들이 주도권을 잡는 세상이다. 그 시작은 가자지구에서 비롯된다. 그곳의 불안정한 평화가 유지되고 트럼프 대통령은 자신의 계획에 계속 관심을 기울인다. 이에 안심한 아랍과 이슬람 국가들이 평화유지군을 파병하고, 국제안정화군(ISF)이 창설된다. 이슬람 무장 세력은 무장을 해제한다. 가자지구 재건을 위한 유일한 길이기 때문이다. 걸프 국가들의 자금 지원으로 재건 작업이 시작된다. 팔레스타인 자치정부의 마흐무드 압바스(Mahmoud Abbas) 대통령은 정치 지도자 마르완 바르구티(Marwan Barghouti)로 대체되고, 그는 오랫동안 약속해 온 팔레스타인 자치정부 개혁을 시작한다. 이스라엘은 가자지구에 대한 책임을 팔레스타

인 자치정부에 넘긴다.

한편 이스라엘에서는 야권이 베냐민 네타냐후의 연정에 맞서 단결하고, 선거 결과 폭넓고 온건한 성향의 정부가 들어선다. 이스라엘의 분열된 극우 종교 민족주의자들은 의회 진출에 실패한다. 새 정부는 사우디아라비아와의 관계 정상화를 진전시키기 위해 시리아, 레바논과 불가침 조약을 체결하고, 팔레스타인과의 평화 프로세스도 착수한다.

다른 곳에서도 지도자 교체가 이어진다. 이란 최고지도자 아야톨라 알리 하메네이(Ayatollah Ali Khamenei)가 사망한다. 개혁주의자인 하산 로하니(Hassan Rouhani)가 그의 뒤를 잇고, 이슬람 공화국의 현대화를 추진한다. 그는 종교적 규제를 완화하고 정치범들을 석방한다. 핵무기를 보유한 불량 국가로 남는 것이 굴욕과 고통만 안겨준다고 판단한 그는 미국과의 관계를 완전히 정상화하는 조건으로 핵 프로그램을 중단하는 데 동의한다. 트럼프 대통령은 의기양양하게 노벨 평화상을 수상한다.

희망은 언제나 존재한다. 하지만 〈이코노미스트〉를 비롯한 낙관론자들이 틀렸다는 사실이 여러 차례 입증됐다. 그렇다면 비관론자들이 옳았다면 어떻게 될까? 핵심 지지층 사이에서 평화에 대한 열의는 사그라들었고, 현재 이스라엘인의 5분의 1만 팔레스타인 국가 수립을 지지한다. 팔레스타인인의 약 45%가 이를 지지하지만, 압도적 다수는 하마스의 무장 해제를 반대한다. 이에 힘입은 하마스는 (이 시나리오에서는) 무장 해제를 거부한다. 하마스는 가자지구를 계속 장악하며 다시 무장 저항에 전념한다. 그 결과, 어느 나라도 국제안정화군(ISF)에 병력을 보내겠다고 나서지 않는다. 봄이 되자 여전히 네타냐후 총리가 이끄는 이스라엘 정부는 가자지구에서 전쟁을 재개할 수밖에 없다고 미국 대통령을 설득한다. 트럼프 대통령은 자신의 협상 후반부를 진전시키려다 지치고 싫증난 나머지 이를 묵인하고 관심을 다른 곳으로 돌린다. 가자지구에서 전쟁이 재개되면서 이집트로 난민이 몰려가자 이집트는 시나이 반도를 다시 군사화한다.

네타냐후 총리는 트럼프 대통령이 다른 사안에 정신이 팔린 틈을 타 이란에 대한 2차 공습을 감행한다. 이번에는 이란이 바레인과 아랍에미리트에 미사일을 발사하며 대응한다. 아랍에미리트, 바레인, 모로코는 이스라엘과의 관계를 단절하고 아브라함 협정은 무산된다. 이 전쟁 중 최고지도자 하메네이가 사망하고, 이슬람 혁명수비대 출신 강경파가 그의 후임으로 들어와 비밀리에 핵무기 개발을 추진하기로 결심한다. 한편 시리아에서는 또 다시 종파 간 유혈 충돌이 발생한 이후 쿠르드족과 드루즈족이 분리 독립을 시도한다. 네타냐후 총리는 악화되는 지역 안보 상황을 이유로 선거를 연기한다. 여전히 극우 동맹에 의존하는 그는 서안지구에 대한 탄압을 더욱 강화한다. 이에 서안지구에서는 새로운 인티파다(팔레스타인 민중 봉기)가 발생한다.

> 맹목적인 낙관주의가 설 자리는 없겠지만 여전히 희망은 존재해야 한다.

사실 가장 그럴듯한 시나리오는 이 두 극단 사이 어딘가에 위치한다. 가자지구에서는 전쟁이 재개되지는 않지만 재건 작업도 제대로 시작되지 않는다. 평화유지군은 실현되지 않는다. 하마스가 이스라엘군을 공격하고, 이스라엘은 잦은 공습으로 보복한다. 가자지구의 신생 기술 관료 정부는 명목상으로만 통치한다. 이스라엘은 가자지구의 절반과 레바논, 시리아 일부 지역에 대한 통제권을 유지한다. 소수의 난민이 이집트로 탈출하지만 대부분의 가자주민은 여전히 그곳에 갇혀있다.

이스라엘 선거는 또다시 교착 상태에 빠진다. 네타냐후 총리는 과반을 확보하지 못하지만 야권이 연정을 구성하지 못해 임시로 총리직을 유지한다. 소수 의석의 이스라엘 정부는 시리아와 불가침 조약을 체결하지만 레바논과는 체결하지 못하고, 사우디아라비아와의 관계 정상화도 진전을 이루지 못한다. 하메네이는 미국과의 핵 협상을 미온적으로 진행하며, 협상은 아무런 성과도 내지 못한다. 이스라엘은 이란 정권 전복을 바라며 이란을 다시 공격하라고 트럼프 대통령을 설득하려 하지만 거부당한다.

2026년에 모든 일이 순조롭게 풀리지는 않을 것이다. 그것만큼은 확실하다. 하지만 최악의 상황도 현실화되지 않을 수 있다. 맹목적인 낙관주의가 설 자리는 없겠지만 여전히 희망은 존재해야 한다. 더 나은 미래를 꿈꾸는 이들이 언제나 있기 때문이다. "평화를 바라는 사람들을 잊지 말아달라"고 팔레스타인의 위대한 시인 마흐무드 다르위시(Mahmoud Darwish)는 간청했다. "들판에 반드시 있어야 하는 것이니, 들꽃처럼 문득 피어나게 하소서, 들꽃 같은 평화(wildpeace)가"라고 이스라엘의 대표 시인 예후다 아미하이(Yehuda Amichai)가 애원했다.

어려움을 이겨내며 나아가다

세계 경제는 수많은 충격을 견뎌냈다
2026년에는 더 많은 충격이 예상된다

헨리 커(Henry Curr) | 〈이코노미스트〉 경제 에디터

수년간 세계 경제는 비관론자들의 예상과 달리 움직였다. 코로나19 팬데믹이 닥쳤을 때 많은 사람들이 장기 침체를 예상했지만, 실제로는 빠른 반등이 인플레이션과 함께 나타났다. 이후 중앙은행들이 물가를 안정시키기 위해 금리를 인상했을 때도 다수가 예측했던 경기 침체는 찾아오지 않았다. 2025년 4월 도널드 트럼프 대통령이 무역 상대국들에 '해방의 날' 관세를 부과하자 시장은 폭락했다. 투자자들은 대규모 무역 전쟁과 심각한 경제 위기를 우려했다. 하지만 관세는 완화됐고 주식시장은 놀라운 상승세를 보이기 시작했다. 이와 동시에, 미국 실물경제는 이전보다 눈에 띄게 둔화하긴 했지만, 경기 침체와는 거리가 먼 속도로 성장했다. 전 세계적으로도 성장이 둔화했지만 멈추지는 않았다.

　2026년에도 이런 회복력이 지속될까? 성장을 위협하는 요인은 셀 수 없이 많다. 최근 몇 년간의 경험이 주는 교훈은 이런 위협들이 일부 사람들이 우려하는 것만큼 심각한 충격을 초래할 가능성은 낮다는 점이다. 그럼에도 불구하고 세계 경제의 톱니바퀴에 모래를 뿌릴 가능성은 여전히 높다.

　우선 트럼프 대통령의 무역 전쟁은 아직 끝나지 않았다. 이 글을 작성하는 시점을 기준으로, 미국이 수입품에 부과하는 관세율은 관세 수입 기준으로 10.5%에 불과했다(4월 불안이 최고조에 달했을 때 전문가들이 28%까지 치솟을 것이라고 우려했던 것과 대조적이다). 중국은 트럼프 대통령의 조치에 실제로 보복한 유일한 국가다. 중국에 대한 최악의 관세는 최근 양측의 회유적인 발언에도 불구하고 일시 중단된 상태일 뿐이다. 또한 미국 대법원이 트럼프 대통령의 무제한적 관세 결정권을 제한할 가능성이 크지만, 그의 행정부는 관세를 높은 수준으로 유지하기 위해 법적으로 가능한 모든 대안을 준비하고 있다. 법 제

무분별한 재정 정책과 훼손된 통화 정책이 초래하는 위험은 채권 시장 위기의 발생 가능성을 높이고 있다.

도를 바꾸는 것은 혼란과 불확실성을 초래할 것이다.

관세가 초래할 수 있는 실제적인 위험 중 하나는 미국중앙은행(Fed)의 통화정책에 미치는 영향이다. 2026년 봄까지 관세가 미국의 연간 근원 인플레이션율을 1%포인트 끌어올릴 가능성이 있다. 이로 인해 Fed는 시장이 기대하는 수준의 금리 인하를 주저할 수 있다. 적어도 2022년과 2023년에는 인플레이션이 급등하는 가운데 노동 시장이 호황을 누렸다. 하지만 관세는 경제 성장을 돕기보다는 방해하기 때문에, Fed는 물가를 억제하기 위해 이상적인 수준보다 약한 노동 시장을 감수해야 할 수도 있다.

그 위험이 거울에 비친 모습과 같은 우려도 있다. 2026년 트럼프 대통령이 Fed를 자신의 뜻대로 휘두르려 한다면 중앙은행의 장기적 인플레이션 억제 신뢰도에 의문이 제기될 수 있다. 제롬 파월 Fed 의장은 5월에 임기를 마치고 물러날 예정이다. 그의 퇴진은 Fed 내 후임자 선정을 둘러싼 '승계 드라마'를 촉발할 수 있다. 가장 유력한 후임자는 트럼프 대통령이 첫 임기 중 임명한 기술관료 출신의 크리스 월러(Chris Waller) 이사다. 트럼프 대통령이 보다 당파적인 인물을 선택할 경우, 파월 의장은 Fed의 독립성을 유지하기 위해 2028년까지 임기가 남아있는 Fed 이사직을 유지할 가능성이 있다.

파월 의장이 Fed에 남아있을 수 있다는 위협은 월러 이사의 차기 의장 지명 가능성을 높이는 요인이 될 수 있다. 하지만 트럼프 대통령이 과거 주택담보대출 신청서 관련 의혹을 이유로 또 다른 Fed 이사인 리사 쿡(Lisa Cook)을 해임하려 한 시도에 대해 대법원이 판결을 내릴 예정이다. 만약 대통령이 쿡 이사를 쫓아낼 수 있다면, 그의 행정부는 같은 방식으로 다른 이사들도 해임하려 할지도 모른다. 파월 의장이 Fed 이사회에 남아있게 된다면 그 역시 대상이 될 수 있다.

중앙은행의 독립성이 흔들리면 세계 경제의 또 다른 문제, 즉 정부 재정의 불안정성이 더욱 악화된다. 팬데믹 이후 세계 경제가 회복력을 보일 수 있었던 데에는 적자 재정이 큰 역할을 했다. 하지만 이번 위기는 선진국의 공공 부채를 나폴레옹 전쟁 이후 어느 시기보다 높은 수준으로 끌어올렸다. 프랑스는 예산 문제로 지난 2년간 총리가 5명 교체됐고, 영국 정부는 1950년대 이후 최고 수준의 세금을 부과할 예정이지만 재정은 여전히 빠듯하다. 미국은 관세 수입을 감안하더라도 2026년 국내총생산(GDP)의 약 6%에 달하는 재정 적자를 기록할 전망이다.

이는 놀라운 추세다. 이로 인해 정부들이 부채 부담을 줄이기 위해 금리를 낮게 유지하도록 중앙은행을 압박할 위험이 뒤따른다. 트럼프 대통령이 선거 캠페인에서 Fed를 비판하며 이 점을 언급하기도 했다. 무분별한 재정 정책과 훼손된 통화 정책이 초래하는 위험이 커지면서, 2022년 영국이 겪었던 것과 같은 채권 시장 위기가 발생할 가능성이 높아지고 있다. 프랑스나 일본 같은 주요 경제국에서 채권 매도 물량이 급증하면 세계 금융 상황이 경색될 수 있으며, 미국에서 채권 시장이 붕괴된다면 지축이 흔들리는 것과 같은 충격적인 사건이 될 것이다.

세계 경제가 직면한 마지막 심각한 위험은 주식시장 신뢰의 붕괴다. 2025년 세계 경제가 회복력을 보인 한 가지 이유는 AI 붐이 성장을 뒷받침했기 때문이다. 미국 실물경제와 관련해서는 이런 주장이 종종 과장되곤 한다. 예컨대 AI 칩은 대부분 수입품이다. 하지만 AI에 대한 신뢰가 이끄는 주식시장의 놀라운 강세는 미국인들이 부의 확대를 실감하도록 하고, 그들의 경제적 자신감과 소비를 뒷받침하고 있다. 만약 AI 붐이 꺼진다면 정반대의 상황이 벌어질 것이다. AI 붐이 사라진다고 해서 반드시 경기 침체가 오는 것은 아니다. 하지만 관세, 부채, 성장 둔화로 어려움을 겪는 세계 경제에는 더 이상 축하할 만한 일이 남아있지 않을지도 모른다.

호황, 붕괴, 또는 반발?

AI의 진짜 영향력은 2026년에 비로소 명확해지기 시작할 것이다

라차나 샨보그(Rachana Shanbhogue) | 〈이코노미스트〉 비즈니스 에디터

지난 3년간 세계는 챗GPT의 영리함에 감탄했고 최근에는 이 챗봇의 영상 생성형 자매 모델인 소라(Sora)의 창의성에 매료됐다. 인공지능(AI)이 세상을 바꿀 것이라는 기대 속에서, 미국의 대규모 테크 기업들은 2025년 한 해 동안 데이터 센터와 기타 필수 인프라에 4,000억 달러 이상을 쏟아부었다. 한 추정치에 따르면 2030년까지 무려 7조 달러가 투입될 것이다. 하지만 지금까지 AI에서 발생한 연매출은 고작 500억 달러에 그친다. 이는 애플(Apple)이나 알파벳(Alphabet)의 연간 총매출의 약 8분의 1 수준이다. 세계가 AI의 기술적 성과에 익숙해지면서 관심사는 다른 곳으로 옮겨가고

있다. 2026년에는 AI의 경제적, 재정적, 사회적 영향이 주목받게 될 것이다.

경제적인 측면부터 살펴보자. 전 세계적으로 약 8억 명이 챗GPT를 사용하고 있으며, 설문조사에 응답한 많은 직장인들이 업무에 AI를 활용한다고 인정한다. 기업의 공식적인 도입 수준은 여전히 미미하다. 미국 인구조사국에 따르면 직원 수가 250명 넘는 기업 중 생산 공정에 AI를 도입했다고 응답한 비율은 겨우 10%를 넘는 수준이다. 매사추세츠공과대학(MIT)이 7월에 발표한 조사에 따르면, 기업들이 시범적으로 운영한 AI 프로젝트 중 95%는 전혀 수익을 내지 못했다.

그 결과 실리콘밸리의 벤처 투자자들, 기업가들, 대규모 테크 기업들은 모두 한 가지에 집중하고 있다. 바로 기업들이 AI를 보다 빠르게 도입하도록 하는 방법이다. 기업들이 AI를 업무에 통합해 생산성을 높일 수 있다면 막대한 수익을 얻을 가능성이 있다. 특정 산업이나 업무 과정에서 기업들이 AI를 활용하도록 돕는 스타트업도 속속 등장하고 있다. 예를 들어 하비 AI(Harvey AI)는 변호사들이 방대한 계약서를 분석하는 데 도움을 주고, 시에라(Sierra)는 기업들이 고객 서비스에 AI를 활용하도록 지원한다. 앞서가는 AI 연구소인 오픈AI와 앤트로픽(Anthropic)조차 금융 전문가나 생명과학 연구자들을 지원하기 위해 일부 서비스를 맞춤화하고 있다. 따라서 2026년 주목해야 할 핵심 지표는 기업들이 공식적으로 AI를 도입하는 비율과 이런 노력들의 성공 정도가 될 것이다.

이는 AI가 생산성과 경제 성장에 미치는 영향뿐만 아니라, 이 기술의 성공을 전제로 형성된 엄청난 금융 호황에도 중요한 의미를 지닌다. 영국중앙은행에 따르면, 10월 초 기준으로 AI에 의존하는 기업들의 주식은 미국 S&P 500 편입 기업 시가총액의 44%를 차지했다. 이 기업군의 주가수익비율(PER, 예상 수익 대비 주가 비율)은 무려 31배에 달하며, 전체 지수 평균 PER인 19배에 비해 매우 높은 수준이다. AI 도입이 가속화한다면 투자자들은 자신들의 과감한 투자와 인내가 결국 큰 수익으로 이어질 것이라고 계속 믿을 것이다. 하지만 AI로부터의 이익이 더디게 나타나거나 아예 실현되지 않을 조짐이 보인다면 주가 평가(기업 가치)는 하락할 수 있다.

역사를 보면, 철도나 인터넷 같은 유용한 기술조차 금융시장 과열을 동반해 왔음을 알 수 있다. AI 분야에서 시장 조정이 일어나면 미국 경제에 연쇄적인 영향을 미칠 수 있다. 데이터 센터에 대한 투자와 주식시장 호황에서 비롯된 부의 효과는 관세, 이주 노동자 감소, 불확실성으로 인한 충격을 가리는 역할을 해왔다. AI 호황이 꺾인다면 미국 가계에서 수조 달러의 부가 증발할 수 있다.

기업들의 AI 도입 속도가 빨라지면 투자자들에게 안도감을 줄 수 있지만, AI가 일자리에 미치는 영향이라는 또 다른 우려를 불러일으킬 위험이 있다. AI 기업들은 이 기술의 도입을 촉진하기 위해 시작부터 끝까지 일련의 업무를 반자동으로 수행할 수 있는 가상 '에이전트'를 내세우고 있다. 이는 인간 직원처럼 업무를 수행하지만 24시간 작동하며 비용도 더 저렴하다. 이런 식으로, 소프트웨어 개발자나 고객 서비스 담당자를 대신해 '즉시 투입 가능한 대체재'로 AI를 포장하면 관리자들이 이해하기 더 쉬울 수 있다. 샌프란시스코에 본사를 둔 스타트업 아티즌(Artisan)은 기업들에게 "인간 고용을 중단하라"고 촉구하는 광고 캠페인을 진행하기도 했다. 하지만 일자리를 빼앗고 노동자를 밀어내는 위협적인 존재로 AI를 몰아가 반발을 일으키는 데 이보다 더 효과적인 방법은 없을 것이다.

AI 분야에서 시장 조정이 발생하면 미국 경제에 연쇄적인 영향을 미칠 수 있다.

이미 일부 논평가들은 미국 대졸자의 높은 실업률을 AI 탓으로 돌리고 있다. 하지만 이를 뒷받침하는 증거는 미약하다. 대졸자 실업률은 단순히 고용주들이 요구하는 기술의 변화를 반영한 결과일 수 있고, 챗GPT 출시 이전부터 존재하던 추세, 즉 팬데믹 기간 동안 기술 및 전문 서비스 기업들의 과도한 채용의 결과일 수도 있다. 예일 예산 연구소(Yale Budget Lab)를 비롯한 몇몇 연구는 AI가 노동시장에 파괴적인 영향을 미치지 않았다고 결론 내렸고, AI 기반 산업이 다른 산업보다 근로자를 더 많이 해고했다는 근거도 발견되지 않았다고 했다.

과거의 기술 호황을 보면 대규모 실업에 대한 우려가 현실로 이어진 경우는 거의 없었다. 기술을 보다 빠르게 도입한 기업들은 수요 증가의 혜택을 누리며 오히려 더 많은 인력을 고용하게 된다. 일부 직업이 사라지면 새로운 일자리가 생겨난다. 사람들이 변화에 대해 걱정하는 것은 자연스러운 일이다. AI를 둘러싼 과대광고와 기대감은 세계가 이제껏 경험해본 적 없는 수준이며, 그 영향의 실체는 아직 불분명하다. AI는 경제 호황을 이끌 것인가, 금융 붕괴를 초래할 것인가, 아니면 사회적 반발을 불러올 것인가? 또는 이 세 가지가 뒤섞인 결과를 가져올 것인가? 2026년 세계는 그 답을 알아가기 시작할 것이다.

폭풍 속을 항해하는 세계가 얻어야 할 통찰

2026년 격랑을 헤쳐나가는 이들에게 《오디세이아》가 조언을 제공한다

캐서린 닉시(Catherine Nixey) | 〈이코노미스트〉 문화 통신원

그가 돌아온다. 2026년, 방랑자 오디세우스가 귀환한다. 이번엔 배가 아니라 영화관을 통해서다. 크리스토퍼 놀란(Christopher Nolan) 감독이 연출한 호메로스 원작 영화 〈오디세이〉가 7월 개봉한다. 이 영화는 할리우드 대작(서사시)에서 기대할 수 있는 모든 요소를 갖췄다. 우울한 분위기의 패닝 쇼트(카메라가 고정된 위치에서 수평으로 회전하며 촬영하는 기법-옮긴이)가 선보일 것이다. 짧고 남성적인 문장으로 말하는 우울한 표정의 인물들이 등장할 것이다. 그다지 남성적이지 않은 그리스식 짧은 치마를 걸친 우울한 표정의 인물도 나올 것이다. 게다가 더욱 놀랍게도, 2026년의 굴곡진 현실을 헤쳐나가는 이들을 위한 교훈도 담고 있을 것이다.

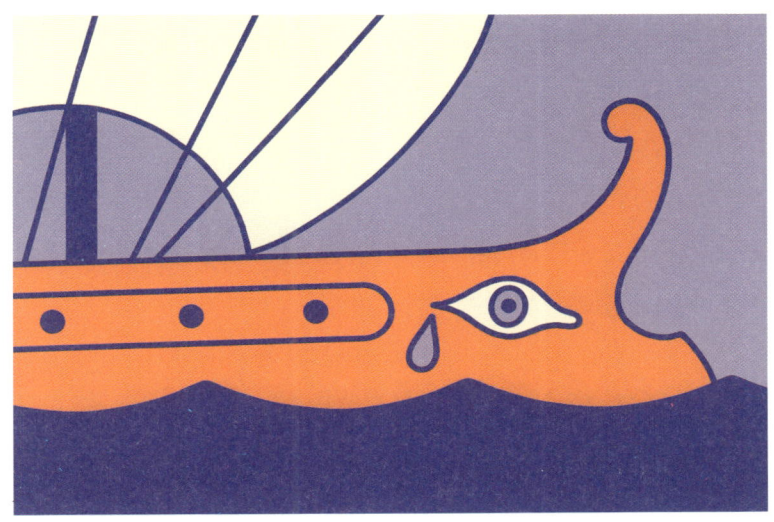

사람들은 《오디세이아》를 항해와 바다 괴물에 관한 이야기로 기억한다. 하지만 이것은 착각이다. 이 작품은 현대 사회를 비추는 우화이며, 오늘날 세계가 맞닥뜨린 도전이 본질적으로 시대를 초월한 것임을 일깨워주는 이야기다. 지중해를 건너는 오디세우스의 여정은 전쟁과 대규모 이주, 그리고 여행할 때 귀마개를 챙기는 일의 중요성 등에 대한 교훈을 제공한다. 어느 순간 근처에서 들려오는 음악 소리가 너무 커지자 오디세우스는 제정신을 잃지 않기 위해 배의 돛대에 몸을 묶거나 귀를 밀랍으로 틀어막아야 했다. 대중교통을 이용하다 보면 누구나 비슷한 감정을 느끼지 않는가?

청동기 시대 그리스는 분명 지금 시대와 다르다. 하지만 그 사이에는 평행선 같은 유사점들이 있다. 오디세우스는 변형된 세계 속에 살고 있다. 한때 평화로웠던 땅은 전쟁(트로이 전쟁), 대규모 이주(트로이 탈출), 트로이 목마(초기 형태의 악성코드) 같은 무서운 신기술 때문에 고통을 겪고 있었다. 비교적 최근 오디세우스 이야기를 영역한 대

> 오디세우스는 폭풍의 시대에 완벽하게 어울리는 '폭풍 속의' 영웅이다.

니얼 멘델슨(Daniel Mendelsohn)은 오디세우스를 '포스트(post)' 시대의 영웅이라 부른다. 전쟁 이후(post-war), 진실 이후(post-truth) 시대의 영웅이며 '옛 확신들이 사라진' 세계를 살아가는 인물로 묘사한다. 요컨대 그는 폭풍의 시대에 완벽하게 어울리는 '폭풍 속의' 영웅이다.

그렇다고 오디세우스가 정말 완벽하다는 뜻은 아니다. 전혀 그렇지 않다. 이제 마흔을 훌쩍 넘긴 오디세우스는 중년의 위기를 겪고 있는 듯하다. 그는 아테나에게 피부 재생 시술을 받고, 근육을 단련하며, 머리카락을 기른다. 그리고 (중년의 불안을 여실히 보여주는 징후로) 의식 변화를 추구하는 수련 생활도 한다. 그곳에서 '몰리'라는 식물성 약물을 소량 복용하고 부하들이 돼지로 변하는 장면을 목격한다. 그뿐 아니라 나중에 사람들에게 그 일에 대해 장황하게 늘어놓으려 한다. 참고로 환각 버섯 성분인 실로시빈(Psilocybin)도 비슷한 효과를 낸다.

그는 사회적으로도 서툰 인물이다. 트로이 전쟁이라는 남성 중심의 세계에서 10년을 보낸 오디세우스는 여성과 대화하는 데 어려움을 겪는다. 한 아름다운 여성에게는 "당신은 마치 대추야자나무의 새싹 같군요"라고 말한다. 이는 '네깅(negging, 상대를 살짝 깎아내리며 관심을 얻으려는 접근 방식-옮긴이)'의 원조 격으로, 당연히 아무런 도움이 되지 않는다. 문학적 관점에서도 그는 결함이 있다: 《오디세이아》는 독창적인 작품이 아니라 보다 진지한 이야기인 《일리아스》의 자극적인 속편으로, 고대 세계의 〈데드풀 & 울버린〉 같은 작품인 셈이다. 그러므로 오디세우스는 가장 현대적인 존재, 즉 문제적 인물이다.

하지만 그의 문제들은 친숙하고 공감대를 형성한다. 이야기가 시작되면서 그의 고향 이타카 섬은 권력 세습(inheritocracy)이 만연하고, 만성적인 주택 공급 부족에 시달리고 있음이 드러난다. 처음에는 이런 문제가 오디세우스에게 영향을 미치지 않는다. 데이비드 베컴의 아들 브루클린 베컴처럼, 라에르테스의 아들 오디세우스는 '금수저(nepo baby)' 출신이기 때문이다. 그의 가문 이름과 대저택이 이 사실을 증명한다.

안타깝게도, 이런 불평등은 사회에 위험한 결과를 초래한다는 사실을 오디세우스는 곧 깨닫게 된다. 이야기가 시작될 무렵, 이타카 섬의 거의 모든 사람이 오디세우스의 집에 살고 있는 듯하다(그때나 지금이나 다세대 주택의 증가는 또 다른 고민거리다). 결국 이 상황은 오디세우스가 활을 들어 모두를 쏴서 그들이 "먼지 위에 쓰러져 피 흘리며 뒹구는" 상태가 되면서 정리된다. 여기서 얻을 수 있는 교훈은 무엇일까? 건축 규제를 미리 완화하고 규칙 기반의 도시구획 시스템을 도입해 주택 건설을 장려했다면 이렇게 극단적인 방법을 쓰지 않아도 됐을 것이다.

《오디세이아》는 주의 깊게 읽어보면 경영 우화로 보이기도 한다. 오디세우스는 어떤 조직이든 상위 직급은 무능한 사람들로 채워질 수밖에 없다는 '피터의 법칙(Peter principle)'을 직접 보여주는 인물이다. 뛰어난 전사였지만 정식 경영 교육을 받은 적이 없으며 그 한계가 여실히 드러난다. 그는 '워라밸'이 엉망이며(20년째 집에 못 가고 있다), 일에 자신을 온전히 쏟아붓는다(시도 때도 없이 눈물을 흘린다). 그리고 부하들을 모두 죽게 만든다. 그 실패에 대해서는 장문의 연말 성과 평가(《오디세이아》 9~12권)에서 제대로 언급조차 하지 않는다. 그는 고위 관리자에게 적절한 교육을 제공하는 것이 얼마나 중요한지 보여주는 좋은 예다.

하지만 현대 사회에서와 마찬가지로 그의 가장 큰 문제는 자신의 영리함에서 비롯된다. 신에 가까운 지능을 부여받은 오디세우스는 자신의 세계에 파괴를 불러온다. 그는 부하들과 함께 바람이 가득 담긴 자루(에올로스의 바람 주머니)를 풀어 기후 변화를 일으키고, 토착 생물인 외눈박이 거인 퀴클롭스를 해치며, 트로이 목마 같은 최첨단 기술을 무분별하게 도입해 많은 이들이 피 흘리게 한다. 가장 비극적인 부분은 자신의 잘못을 깨달은 오디세우스가 "반짝이는 뜨거운 눈물이 뺨을 타고 흐르도록 놔두는" 장면이다. 최근 뉴스를 지켜보는 사람이라면 누구에게나 친숙한 감정일 것이다.

결국 오디세우스는 불완전한 영웅이다. 그와 동시에 희망을 제시하는 인물이기도 하다. 이야기의 끝에서 그는 자신의 실수로부터 배움을 얻는다. 여행을 줄이고 재택근무를 조금 더 하기로 결심한다. 주택난은 완화되고, 아내와 재회하며, 그의 땅은 마침내 평화를 되찾는다. 그가 해낼 수 있다면, 어쩌면 2026년의 세상에도 희망이 있을지도 모른다.

INTERNATIONAL 국제

얼음을 부수는 것들

북극은 세계 경제 속으로 녹아들 것이다

안톤 라 과르디아(Anton La Guardia) | 〈이코노미스트〉 외교 에디터

북극해 연안은 점점 더 많은 활동으로 부산해지고 있다. 유조선과 화물선, 연구선, 바지선, 유람선, 심지어 개인 요트까지 그곳 바다를 누비고 있다. 얼음이 녹기 시작하는 2026년 봄에는 이런 활동들이 더욱 늘어날 것이다. 해빙(海氷)이 뒤로 물러나면서 북극은 점점 더 외진 곳도, 접근이 힘든 곳도 아니게 되고 있다.

일반적인 지도에서 북극은 생략되어 있거나 주변화되어 있다. 하지만 지구본을 북극 위에서 내려다보면(다음 페이지 지도 참조), 왜 이 지역이 전략적 교차로로 변하고 있는지 즉시 알아차릴 수 있다. 북극은 유라시아 대륙과 아메리카 대륙에 맞닿아 있고 대서양과 태평양을 연결한다. 또한 석유와 가스, 광물, 어류 자원이 풍부하다. 그리고

현재 수에즈 운하와 파나마 운하를 통과해야 하는 세계 해상 무역로를 단축할 가능성을 제공한다. 최근 이 두 운하는 각각 분쟁과 가뭄으로 인해 이용이 제한됐었다.

북극이 얼마나 빠르게 개방될지는 기후변화, 경제적 요인들, 그리고 무엇보다 지정학적 요인에 달려 있다. 최근 몇 년간 얼음이 녹는 속도는 둔화해 왔다. 하지만 지구 온난화가 갑작스럽게 멈추지 않는 한, 북극에서의 결빙 없는 여름은 점점 더 피하기 어려울 것이다. 2025년 9월의 연간 해빙 최소 면적(북극 해빙이 여름에 최대로 녹아 가장 작아진 시기의 얼음 면적을 뜻한다-옮긴이)은 1980년에 비해 39% 더 작았다. 얼음이 줄어들면 해상 운항은 쉬워지지만, 그만큼 새로운 문제들도 생겨난다. 느슨해진 얼음은 예측이 더 어렵고, 해안에 붙은 해빙

이 없는 상황에서는 해수면 상승과 폭풍이 해안선을 손상한다. 녹아내리는 영구동토층은 건물들의 기초를 약화하며, 빙하 도로는 얼어 있을 때만 통행이 가능하다.

중국과 러시아, 미국, 서유럽 국가들 사이의 경쟁과 더 먼 곳에서 벌어지는 일들이 지구의 맨 꼭대기에서 벌어지는 일의 상당 부분을 좌우할 것이다. 우크라이나 전쟁이 끝나고 2026년에 러시아가 제재에서 벗어난다면, 서방의 러시아 소유 북극에 대한 투자가 재개될 수도 있다. 도널드 트럼프 미국 대통령과 블라디미르 푸틴 러시아 대통령은 미래에 타결할 북극 관련 거래에 대해 논의한 바 있다. 반대로 전쟁이 계속되고 트럼프 대통령이 러시아에 대한 압박을 강화하기로 한다면, 러시아의 북극 석유와 가스 수출 능력은 제한될 수 있으며, 탄화수소 탐사는 다른 곳—특히 트럼프 대통령이 규제를 완화하고 있는 곳인 알래스카 지역—에서 활성화될 것이다.

해상 운송의 경우, 예멘 후티 반군의 공격으로 인해 수에즈 운하를 통과하는 홍해 경로가 계속해서 위험한 상태로 유지된다면, 러시아 북부 해안을 따라가는, 거리가 짧지만 까다롭고 계절 영향을 받는 북극해 항로(Northern Sea Route, NSR) 개발에 관한 관심이 더욱 커질 것이다. 이 항로는 주로 러시아의 석유, 가스 및 기타 상품을 중국으로 운송하는 데 사용된다. 하지만 2025년 가을에 중국이 운영하는 컨테이너선이 중국 닝보에서 영국 펠릭스토우까지 NSR을 통해 항해했는데, 회사는 이를 두고 정기 서비스의 시작이라고 언급했다. 한국도 2026년에 이 항로에 대한 시험 운항을 시작할 것이라고 밝혔다. 만약 후티 반군의 공격이 중단된다면, NSR의 매력은 줄어들 것이다.

얼음이 줄어들더라도 북극에서의 활동은 여전히 어렵다. 경제 프

로젝트는 가격 변동과 정부 지원에 민감하며, 특히 인프라 구축과 관련해서는 더더욱 그렇다. 알래스카의 석유 수출을 2배로 늘리겠다는 트럼프 행정부의 계획은, 노스슬로프(North Slope)에서 석유를 채굴하고 800마일에 달하는 알래스카 횡단 파이프라인을 통해 수송하는 막대한 비용을 고려할 때 의문스럽다. 더욱 의문시되는 것은 "크고 아름다운 쌍둥이(Big, Beautiful Twin)"라 불리는 가스 파이프라인으로, 아시아 시장에 액화천연가스를 공급하려는 프로젝트다. 이 프로젝트를 추진하는 회사는 2026년에 배관 공사를 시작할 것이라고 주장한다.

한편, 중국의 희토류 수출 제한은 북극 광물을 더욱 매력적으로 보이게 만들 것이며, 이는 트럼프 대통령이 왜 덴마크령인 그린란드를 장악하려는지를 설명해준다. 하지만 그곳의 환경은 알래스카보다 훨씬 척박하다. 2026년에는 알래스카 서부 놈(Nome) 항구 확장 공사가 시작될 예정인데, 이 프로젝트는 점점 더 자주 이용되고 있는 베링해협 근처에 수심이 깊은 접안 시설을 제공할 것이다. 현재 가장 가까이 있는 유사 시설 항구는 약 800마일 떨어져 있는 더치 하버(Dutch Harbour) 항구다. 놈 항구의 시설 확장은 인근에서 계획되고 있는 흑연 광산 프로젝트인 '그래파이트 원(Graphite One)'—리튬이온 배터리용 흑연을 생산할 예정이다—의 전망도 개선할 것이다.

노르웨이에 본부를 둔 범북극 경제개발기구인 북극경제이사회(Arctic Economic Council)의 사무국장인 매즈 프레데릭센(Mads Frederiksen)의 말에 따르면, 북극은 수십 년 동안 마치 '스노 글로브(snow globe)'처럼 외부에서 관찰하는 호기심의 대상이었지만, 이제는 점점 더 "전 세계적으로 연결된 세상의 일부가 되고 있다". 이러한 변화는 2026년에 더욱 뚜렷해질 것이다.

1.5라는 수치와 작별할 시간

파리협정의 가장 어려운 목표 뛰어넘기

레이철 돕스(Rachel Dobbs) | 〈이코노미스트〉 기후 및 환경 통신원

기후변화에 관한 정부간 협의체(IPCC)가 맨 처음 내놓은 《평가 보고서》(약 8년마다 발간되는 기후 관련 과학 지식을 모은 방대한 크기의 책)는 다양한 '시나리오'들을 제시해 우리의 미래가 어떤 모습일지를 보여주고자 했다. 각 시나리오는 정책, 기술, 에너지 사용, 인구 규모 등에

대한 가정이 달라 지구 온난화 정도도 서로 달랐다. 하지만 이런 접근법은 행동으로 옮기는 것은 고사하고 과학자들을 제외한 사람들이 이해하기조차 어려웠다.

하지만 제5차 평가 보고서가 발표된 2013년이 되자, 누적 이산화탄소 배출량과 온도 상승 간의 관계가 매우 선형적이라는 사실이 명확해졌다. 이는 복잡한 논의를 간단한 '탄소 예산(Carbon Budget)'으로 표현할 수 있음을 의미했다. 즉, 특정 수준으로 온난화를 제한하고 싶다면 배출할 수 있는 이산화탄소량에는 한계가 있다는 것이다. 50%의 확률로 온도 상승을 산업화 이전 대비 1.5°C로 제한하고자 하는 경우, 탄소 예산은 2조 8,900억 톤으로 계산됐다. 그런데 인간 활동으로 이미 2019년까지 2조 3,900억 톤이 배출되어, 남은 양은 5,000억 톤에 불과했다.

이제 2026년은 지구가 '탄소 흑자'를 유지하는 마지막 해들 중 하나가 될 것으로 보인다. 최신 추정에 따르면, 2025년 초 기준으로 남은 탄소 예산은 단 1,300억 톤에 불과하고, 67%의 확률로 산업화 이전 대비 1.5°C 기온 상승을 초과하지 않기 위해 남은 예산은 단 800억 톤에 불과하다. 연간 약 420억 톤이라는 현재의 배출 속도를 감안하면, 2026년 말까지 1.5°C 한도를 초과할 확률은 33%에 달하며,

2027년 말까지는 1.5°C 이상 상승할 가능성이 그렇지 않을 경우보다 더 높다. 인간이 1.5°C 이후의 세계로 향하고 있다는 결론은 피할 수 없어 보인다.

이상적으로는 이런 사실은 사람들의 경각심을 일깨워야 한다. 2015년 파리협정에는 각국이 위험한 수준의 온난화를 막기 위해 배출을 충분히 빨리 줄일 수 없거나 줄이지 않을 것이라는 암묵적 인정이 포함돼 있었다. 따라서 세기말까지 1.5°C 또는 2°C(협정에서 제시한 것보다 완화된 현실적 목표)를 유지하기 위한 모든 실질적 경로는 한동안 온도가 목표치를 초과하는―그런 다음에는 온도를 낮추게 된다―이른바 "초과 상승(overshoot)" 구간을 인정했다.

이 초과 상승의 기간과 정도는 배출량을 얼마나 빨리 거의 영(0) 수준으로 줄일 수 있는지, 그리고 이산화탄소를 흡수해 예산 초과분을 상쇄하는 '음의 배출(negative emissions)' 기술을 얼마나 신속하게 도입할 수 있는지에 달려 있다(이러한 탄소 제거 기술은 존재하지만, 규모가 작고 비용이 매우 비싸다.)

따라서 2026년 이후 각국 정부는 어려운 선택에 직면할 것이다. 일단 1.5°C라는 한계치를 초과하면, 온도를 다시 낮추든(음의 배출을 활용해서) 아니면 재앙적 수준은 아니지만 더 높은 수준(즉, 2°C 이하의 온난화)으로 안정화하든, 여전히 극적인 배출 감축이 필요하게 된다. 미래는 호머 심슨이 대출금 상환일에 외쳤듯이, 종종 "형편없고, 지독하게 역겨운 현재"로 변하는 법이다.

> ## 주목해야 할 분쟁들
>
> 세상이 다시 피비린내 나는 시대로 돌아갔다. 2026년은 21세기 들어 전쟁으로 인한 사망자 수가 가장 많은 해로 기록될 수도 있다.

손드르 울번드 솔스타드(Sondre Ulvund Solstad) | 〈이코노미스트〉 선임 데이터 저널리스트

2026년에 주목해야 할 일곱 가지 분쟁은 다음과 같다(일부는 잠재적 분쟁이고, 다른 일부는 이미 격화한 상태다).

1. 중국 대 대만

시진핑 중국 국가주석이 기념비적 업적을 남기려고 할 것인가? 중국 지도부는 러시아가 우크라이나에서 벌이고 있는 전쟁을 지켜보며 아마도 정복의 어려움에 대한 교훈을 얻었을 것이다. 하지만 중국과 대만 간의 군사력 격차가 큰 만큼, 미국의 대만에 대한 지원이 약해지거나 공격의 경제적 비용이 낮아지면 중국은 행동하고자 하는 유혹을 느낄 수도 있다. 현재로서는 침공보다는 봉쇄가 더 가능성이 높지만, 그조차도 미국과 동맹국의 군사 개입이나 경제 보복 등 막대한 위험을 수반한다.

2. 러시아 대 우크라이나

러시아의 사상자 수는 제2차 세계대전 당시 미국의 사상자 수를 넘어선 것으로 추정된다. 러시아군은 2022년 12월 이후 우크라이나 영토의 1.3% 미만을 추가로 점령했을 뿐이다. 이런 소모전은 산술적으로 2026년에 빙하처럼 느린 진전이나 인력과 물자의 고갈에 따른 교

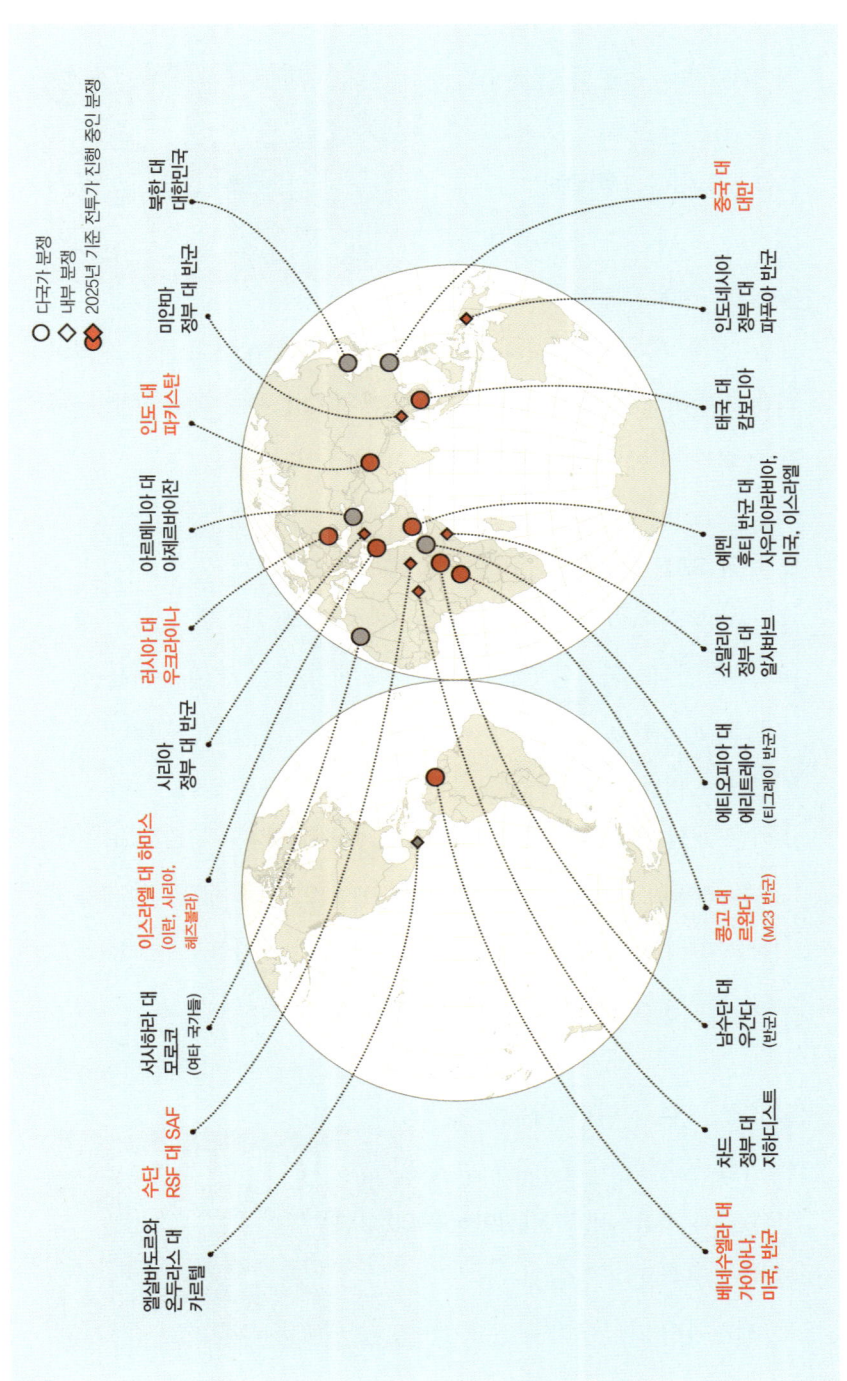

착 상태, 또는 일종의 협상이 벌어질 가능성을 시사한다. 그러나 두 가지 다른 시나리오도 존재한다. 하나는 크렘린의 전복 공작에 의해 우크라이나 전선 또는 정치 체제가 붕괴하는 경우, 또 하나는 공습으로 석유 산업이 마비되며 러시아 경제가 결국 무너지는 경우다. 어느 쪽이든 그 여파는 유럽과 전 세계에 막대한 영향을 미칠 것이다.

> **112만 명**
> ↑ 우크라이나 침공 이후 사망하거나 부상한 러시아인의 수(제2차 세계대전 당시의 미국 사상자 수보다 많다).

3. 수단 SAF 대 RSF

수단 정부군(SAF)과 신속지원군(RSF)은 여전히 치열한 전투를 벌이고 있다. 준군사조직인 RSF는 다르푸르와 수단 서부 대부분을 장악하고 있고, SAF는 수도와 동부 지역을 통제하고 있다. 수백만 명의 민간인이 피난길에 올랐고, 많은 이들이 굶주리고 있다. 이미 아프리카 최대의 인도주의 위기가 된 이 분쟁은 SAF를 지원하는 이집트, RSF를 지원하는 아랍에미리트(UAE), 그리고 그 외 지역 강대국들의 개입으로 인해 지속될 가능성이 크다(UAE는 개입 사실을 부인한다). 그러나 양측의 후원국들이 이성적인 태도를 보인다면 협상의 여지도 있다. 게다가 협상의 결과는 큰 경제적 이익을 가져다줄 수도 있다. 도널드 트럼프 미국 대통령처럼 야심 찬 평화 중재자에게 수단은 금과 석유, 전략적 해안선이라는 혜택을 제공함과 동시에, 세계에서 가장 치명적인 분

> **200만 명**
> ↑ 수단에서 기근에 직면했거나 기근의 위험에 처한 사람들의 수(2,400만 명 이상은 굶주림을 경험하고 있다).

쟁을 끝낼 기회를 제공할 수 있다.

4. 인도 대 파키스탄

서로 숙적 관계이자 핵을 보유한 이 두 나라는 최근 치명적인 소규모 충돌을 겪은 다음 간신히 파국 직전에서 물러섰다. 하지만, 근본적인 갈등은 여전히 해결되지 않은 상태다. 2025년 4월, 인도에서 관광객 26명이 사망한 공격이 발생하면서 수년 만에 가장 심각한 위기 상황을 촉발했다. 카슈미르의 실질 통제선(Line of Control) 일대에서 국경을 넘나드는 공습과 50명 이상의 사망자가 발생한 뒤에야 휴전이 선언되었다. 파키스탄의 육군참모총장 아심 무니르(Asim Munir)는 자신의 권력을 더욱 강화하고 있고, 인도의 급속한 경제 성장은 전통적인 군사력 격차를 더욱 벌리고 있다. 전 세계 인구의 5분의 1이 이 지역에 살고 있음을 고려할 때, 2026년에 이곳의 평화를 유지하는 일은 결코 사소한 문제가 아니다. 이를 어렵게 만드는 두 가지 요인이 있다. 첫째, 두 나라 간의 중재자 역할을 자주 맡았던 미국이 관세 전쟁으로 인해 인도와의 관계가 소원해졌다는 점이다. 둘째, 최근의 충돌에서 인도와 파키스탄은 과거보다 자제력이 약화한 모습을 보였다는 것이다.

5. 베네수엘라 대 가이아나, 미국

"우리 반구(半球)", 즉 서반구의 안보에 새롭게 초점을 두고 있는 트럼프 행정부는 베네수엘라 인근에 병력을 집결시키고, 군사훈련을 확대하며, 소형 선박들(미국이 마약 밀수를 하고 있다고 주장하는)을 공격하고 있다. 궁극적인 목표는 니콜라스 마두로(Nicolás Maduro) 정권의 종식을 앞당기는 것이겠지만, 미국이 실제로 어느 정도의 무력을 사용할 준비가 되어 있는지는 불분명하다. 상륙작전보다는 공습이 이뤄질 가능성이 더 크다. 트럼프 대통령은 마두로를 생포하거나 제거할 기회가 있다고 판단되면 특수부대를 투입할 수도 있다. 베네수엘라 대통령에게는 적이 부족하지 않다. 그는 이웃 나라인 가이아나 영토의 3분의 2에 해당하는, 석유가 풍부한 에세키보(가이아나 서부 에세퀴보강의 서쪽 지역을 차지하는 6개 주, 15만 9,500㎢ 규모의 영토를 가리킨다-옮긴이) 지역을 두고 100년 넘게 이어진 영유권 주장을 한층 강화했다. 국제사법재판소(ICJ)가 그러지 말라는 명령을 내렸음에도 불구하고, 베네수엘라는 2025년 5월 가이아나 에세키바(Guyana Esequiba)에 대한 주지사 선거를 불법으로 실시하고, 실질적으로 통제하지 못하는 이 영토를 위한 관리들을 임명했다. 하지만 지금 베네수엘라가 가이아나에 대해 어떤 행동을 취한다면, 그것은 분명히 미국과의 충돌을 불러올 것이다.

6. 콩고 대 르완다

수십 년 동안 이어져 온 민족적 반목과 콩고 동부의 풍부한 광물을 둘러싼 긴장이 전면전으로 치달을 위기에 직면해 있다. 2025년, 독재자 폴 카가메(Paul Kagame)가 이끄는 르완다는 M23 반군에게 무기와 보급품을 제공하고 직접 지휘했으며, 그들이 콩고민주공화국의 주요 도시인 고마(Goma)를 점령하자 추가로 자국 군대까지 투입했다. 콩고에서 M23이 활동하는 지역들은 사실상 르완다의 영토를 2배까지 늘려 놓았지만, 카가메 대통령과 펠릭스 치세케디(Felix Tshisekedi) 콩고 대통령이 백악관에서 서명한 짧은 합의문에는 그 지역들이 포함되지 않았다. 우간다 군대 또한 콩고 내 활동을 강화했는

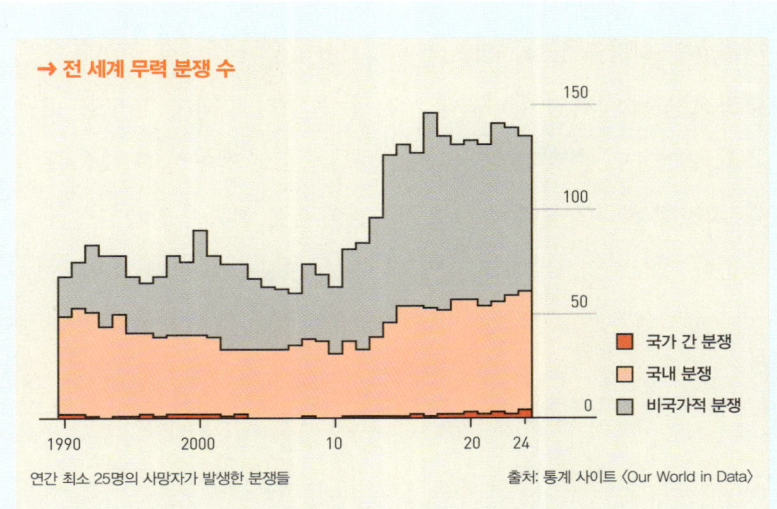

→ 전 세계 무력 분쟁 수
■ 국가 간 분쟁
■ 국내 분쟁
■ 비국가적 분쟁
연간 최소 25명의 사망자가 발생한 분쟁들
출처: 통계 사이트 〈Our World in Data〉

데—이들은 콩고의 허약한 정부를 위해 다소간 임의적인 '안보 파트너'가 되려 한다면서 콩고에 들어와 있다—그들과 동맹 관계에 있는 세력과 맞서 싸우고 있는 M23에 대한 우려 때문이다. 금 또한 이 분쟁의 한 축이다. 국내에 금이 거의 없는 르완다가 최근 주요 금 수출국으로 부상한 것은 의문스러운 일이다. 여기에 석유와 가스, 배터리 생산에 필수적인 코발트 같은 광물 자원까지 얽혀 있다.

7. 이스라엘 대 하마스

허약한 휴전이 유지될 수 있을까? 가자는 폐허로 변했고, 수만 명이 목숨을 잃었다. 이스라엘 군은 여전히 영토의 절반을 통제하고 있으며, 하마스는 아직 무장을 해제하지 않았다. 끔찍하긴 하겠지만, 전쟁이 재개되는 것도 불가능한 일은 아니다. 양측은 이미 10월에 이뤄진 휴전 협정을 서로가 위반했다고 비난하고 있다. 그러나 트럼프 대통령이 자신의 평화 계획에 계속 관심을 유지하고, 관련 당사자들이 협력한다면 희망도 있다. 만약 국제 평화유지군이 실제로 구성된다면, 본격적인 재건 작업이 마침내 시작될 수 있다. 그러면 피난을 떠난 가자 주민들도 부서지고 남은 자신들의 집으로 돌아갈 수 있을 것이다. 하지만 지금 상황에서 가장 가능성이 높은 결과는 암울할 정도로 익숙한 것이다. 다시 말해, 분열된 영토, 고통받는 팔레스타인인들, 그리고 언제 깨질지 모르는 잠시의 폭력 중단이 그것들이다.

출처: 외교협회, 국제위기그룹(ICG), 뉴스 보도

전략무기감축협정(START) 대화의 스톱 또는 스타트

핵무기 통제의 종말이 다가오고 있다

안톤 라 과르디아

막시작된 핵무기 경쟁이 2026년에는 본격화할지 모른다. 미국과 러시아의 장거리 핵무기를 제한하는 마지막 조약인 '뉴스타트(New START)'가 2월에 만료되기 때문이다. 새로운 조약을 다시 협상하기에는 시간이 충분하지 않다. 중국이 자국의 핵무기 보유량을 빠르게 늘려가는 가운데, 미국의 동맹국과 적대국 모두가 핵무장 가능성을 검토하면서 통제되지 않은 핵무기 경쟁 시대가 열릴 조짐이 보인다.

제한 조치를 유지할 수 있는 최선의 방법은 후속 합의를 마련할 시

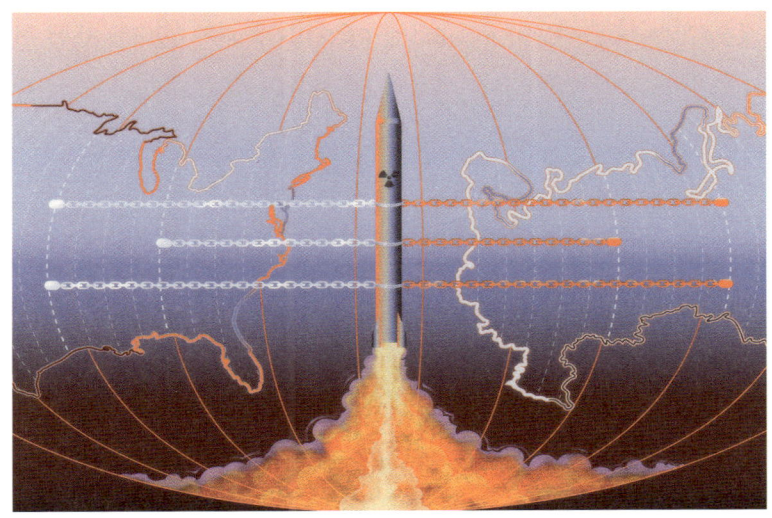

간을 벌기 위한 비공식적 조약 연장이다. 블라디미르 푸틴 러시아 대통령은 현행 제한 조치를 1년 더 유지하자고 제안했고, 도널드 트럼프 미국 대통령도 긍정적인 반응을 보였다. 그러나 어떤 합의가 이루어지더라도, 러시아의 우크라이나 전면 침공 이후 폐기된 검증 조치는 빠질 가능성이 크다. 더욱이 이런 임시방편적 합의는 어차피 다가올 일을 잠시 늦추는 것에 불과할지도 모른다.

뉴스타트 협약은 미국과 러시아 각각에 대해 배치 가능한 "전략적"(즉, 장거리) 탄두를 1,550기, 그리고 발사 수단(폭격기, 대륙간탄도미사일, 잠수함 발사 탄도미사일)을 700기로 제한하고 있다. 그러나 실제로 러시아와 미국의 핵무기 보유량은 이보다 훨씬 많으며, 그 수는 단거리 "전술" 핵무기와 비축분을 포함해 각각 5,000기 이상에 달한다. 미 국방부의 추정에 따르면, 중국은 현재 600기 이상의 핵탄두를 보유하고 있으며 2030년까지 1,000기를 넘어설 것으로 보인다.

공화당과 민주당의 핵무기 전문가들 사이에서는 미국이 이른바

'두 강력한 경쟁국(two-peer, 러시아와 중국)'에 동시에 맞서기 위해 더 많은 핵무기가 필요하다는 인식이 점점 늘고 있다. 일부는 이제 뉴스타트 협약을 중단해야 할 때라고 말한다. 최소한 새로운 군비통제 협정은 러시아의 1,500여기에 달하는 전술 핵무기(미국은 약 100기를 보유 중이다)와 현재 개발 중인 핵추진 순항미사일과 어뢰 등 이른바 '비밀스러운' 무기 체계를 포함해야 한다는 것이다. 그러나 그보다 더 중요한 것은, 중국의 핵전력 또한 통제 범위에 포함해야 한다는 점이다.

하지만 푸틴 대통령은 핵 위협을 계속 유지하기를 원한다. 특히 그의 군대가 여전히 우크라이나에서 교착 상태에 빠져 있다면 더더욱 그렇다. 중국은 미국과 러시아와 어느 정도 핵전력 균형을 이루기 전에는—설령 그런 날이 오더라도—핵무기 제한에 동의하지 않을 것이다.

트럼프 대통령은 고심할 것이다. 그의 한 가지 본능은 세계에서 가장 무서운 군사 강국이 되는 것이다. 그가 핵무기 실험 재개를 두고 한 막연한 발언이 실제로 지하 핵폭발로 이어진다면, 다른 곳에서도 연쇄적인 폭발이 일어날 것으로 예상된다. 그의 또 다른 본능은 핵무기에 대한 두려움인데, 이는 1980년대부터 그가 염려를 표현해 온 문제다. 그는 핵무기를 통제하고 심지어 감축할 필요성에 대해 반복적으로 언급해 왔다. 세 번째 본능은 그의 야망과 관련되는데, 그것은 그가 궁극적인 '해결사'가 되고자 한다는 것이다.

트럼프 대통령이 진지한 군비통제 협상에 나서지 않는다면, 세계는 냉전 때보다도 더 무서운 군비 경쟁에 빠져들 수 있다. 하지만 그가 협상에 나선다고 해도, 우려를 완전히 해소하지 못할 수도 있다.

그가 과연 핵무기로 동맹국을 방어할 준비가 되어 있을지 의구심이 들면 일부 동맹국은 자체적인 핵무기를 개발해야 한다고 생각할 수 있다. 또한 그가 관세 협상에서 하듯 핵무기 관련 내용을 협상한다면―위험을 극단적으로 높여 거래상의 우위를 차지하려고 한다면―세상은 공포스러운 곳이 될 것이다.

우주를 지배하기 위한 경쟁

우주에서의 군사적 경쟁이 심화할 것이다
주목해야 할 분야로는 다섯 가지가 있다

샤샹크 조시(Shashank Joshi) | 〈이코노미스트〉 국방 에디터

미국 장성들은 한때 우주에서 전쟁을 치르게 될 가능성을 두고 완곡하게 표현했다. 그래서 궤도를 도는 위성을 파괴하는 것과 같은 암울한 전망보다는 우주 '지배력(dominance)'에 대해 이야기하는 편이었다. 하지만 이제 그들은 미래에 러시아나 중국과 겪게 될 분쟁에서 우주로부터, 우주 내에서, 우주를 향해 무기를 발사할 필요성에 대해 공개적으로 언급하고 있다. 2026년에는 이러한 심화하는 경쟁의 방향을 결정할 수 있는 다섯 가지 분야에 주목할 필요가 있다.

첫 번째는 도널드 트럼프 대통령이 미국을 보호하기 위해 추진하는 "골든 돔(Golden Dome)" 미사일 방어 체계다. 이 프로젝트의 상당 부분은 미국으로 향하는 드론, 순항미사일, 탄도미사일 들을 탐지·

추적·요격하기 위한 기존의 일상적인 노력을 재포장한 것에 불과하다. 그러나 2026년에는 트럼프 대통령의 계획이 좀 더 선명하게 드러날 가능성이 있다. 그가 현재 알래스카와 캘리포니아에 배치된 요격 미사일을 보완하기 위해 새로운 요격 미사일 건설을 지시할까? 우주 기반 레이저 계획을 강행할까? 어느 쪽이든 막대한 비용이 들 것이다. 트럼프 대통령이 요청한 2026년도 예산안에는 그가 첫 임기 때 창설한 미 우주군(US Space Force) 예산을 40% 증액하는 내용이 포함돼 있다. 이는 다른 분야에서의 예산 삭감을 요구하는 것일 수 있다.

두 번째 분야는 스페이스X(SpaceX)의 소유주이자 트럼프 대통령의 전 측근인 일론 머스크(Elon Musk)가 이룰 진전이다. 머스크는 지금까지 만들어진 것 중 가장 강력한 발사체인 스타십(Starship)을 2026년에 처음으로 화성에 보낼 거라고 밝혔다. 비록 승무원이 탑승하지 않지만 말이다. 하지만 이는 현실적으로 어려워 보인다. 그러나 스타십이 성공한다면, 그것의 막대한 화물 운송 능력을 고려할 때, 이는 미국의 민간 우주 프로그램과 군사적 야망 모두에 큰 영향을 미칠 수 있다. 우주 전쟁이 벌어져 위성들이 파괴된다고 해도, 스타십이 안정적으로 운용된다면 미국은 손실을 훨씬 효과적으로 보충할 수 있을 것이다. 하지만 머스크와 트럼프 대통령 두 사람 사이가 틀어진 것은 문제를 복잡하게 만들 수 있다.

세 번째는 러시아가 우주 관련 규칙을 무시할 것인가 하는 점이다. 2024년, 미 정부는 러시아가 많은 저지구 궤도 위성을 한번에 파괴할 수 있는 우주 기반 핵무기(여기에는 트럼프 대통령이 제안한 레이저 요격기도 포함될 수 있다)를 개발 중이라고 경고했다. 이러한 무기는 대량살상무기를 궤도에 배치하는 것을 금지한 1967년 우주조약(Outer Space Treaty)을 위반하는 것이다. 2022년 2월(러시아가 우크라이나를 침공한 달)에 발사된 러시아 위성 코스모스 2553이 특히 의심을 사고 있다. 비록 이 위성에 실제 핵탄두가 아니라 모의 탄두가 탑재된 것으로 여겨지지만 말이다. 서방 정보기관들은 러시아가 이 무기 체계에 대한 시험을 계속할지 주시할 것이다.

네 번째는 더 많은 국가가 공격적인 우주 작전을 점차 수용하고 있다는 점이다. 2025년, 영국은 처음으로 "대(對)우주(counter-space)" 능력을 구축하겠다고 밝혔는데, 이 용어는 위성을 공격하거나 교란하는 운동적 수단과 전자적 수단을 모두 포함한다. 프랑스는 최근 미국과 함께 "랑데부 및 근접 작전(rendezvous and proximity operation, RPO)"을 수행했는데, 특정하지는 않았지만 러시아의 위성에 대항하기 위한 것으로 추정되며, 이는 분쟁 상황에서는 공격적으로 운용될 수 있다. 미국과 중국 또한 서로의 위성 근처에서 유사한 작전을 수행한 바 있다. 각국의 군대가 미래에 있을 우주 분쟁을 고려함에 따라, 이러한 궤도에서의 섀도복싱(orbital shadow-boxing)은 앞으로 더 자주 일어날 것으로 예상된다.

마지막으로, 새로운 기술과 기업들은 지구에서와 마찬가지로 우주에서도 전운을 뚫고 전진할 것으로 보인다. 우주 감시—우주에 있는 물체들과 그 움직임을 관찰하는 것—는 비용이 많이 들 수 있으며, 강력한 레이더가 필요하다. 하지만 민간 부문도 점점 더 위성을 탐지할 능력을 갖추고 있다. 미국 기업 맥사(Maxar)는 위성을 이용해 지구를 궤도에서 촬영한다. 이제는 카메라를 위로 향하게 해 다른 위성들을 촬영하는 것만으로, 과거에는 첩보 기관만이 볼 수 있었던 중국 등 다른 국가 우주선의 모습을 놀랍도록 선명하게 포착하고 있다.

또 다른 기업 슬링샷 에어로스페이스(Slingshot Aerospace)는 위성을 추적하는 150개의 망원경 네트워크를 운영한다. 2025년 4월 러시아의 탐사선 코스모스 2553이 잠시 궤도를 벗어났을 때, 슬링샷의 센서들은 이 탐사선이 계속 요동치는 움직임을 추적할 수 있었다. 우주에서의 군사 경쟁은 해가 갈수록 더욱 치열해지고 있지만, 적어도 이전보다는 조금씩 더 투명해지고 있다.

40%
↑ 도널드 트럼프 대통령은 2026년 미 우주군 예산의 증액을 요청했다.

2025년 우리의 예측은 어떠했나?

2025년 예측 되돌아보기

톰 스탠다지

도널드 트럼프의 예측 불가능한 성격을 감안하면, 우리의 2025년 전망은 나쁘지 않았다. 우리는 "트럼프, 기술, 불확실성"이 2025년을 규정할 거라 예상했는데, 이는 정확한 판단이었다. 우리는 트럼프 대통령이 "이란에 대해 강경한 태도를 보일" 거라 예상했는데, 실제로 미국 폭격기가 6월에 이란의 핵 시설을 공격했다. 우리는 그가 "대규모 이민자 추방을 과시적으로 시도할 것"이지만 과일 농장과 호텔 소유주들의 반발 때문에 그가 더 극단적인 조처를 하지는 않을 것으

로 예측하기도 했다. 이 또한 정확했다. 그러나 막대한 이민 단속 예산이 새로 투입되면서 2026년에는 상황이 달라질 수 있다.

트럼프 대통령의 관세도 비슷한 경우였다. 우리는 그가 관세를 부과한다면 그것이 2025년 미국 경제에 미치는 영향은 "비교적 미미할 것"이라고 예상했는데, 지금까지는 그 예측이 맞는다. 이제 중요한 질문은 그러한 상황이 2026년에도 계속될지 여부다.

우리는 "법원이 트럼프 대통령이 하고 싶은 대로 다 하도록 내버려두지 않을 것"이라고 내다봤지만, 대법원은 우리가 예상한 것보다 훨씬 더 방관하는 태도를 보였다. 또 우리는 "대학 캠퍼스를 다시 애국적으로 만들겠다"라는 그의 계획이 실패할 수밖에 없다고 안이하게 단정했는데, 대학과 과학, 표현의 자유에 대한 그의 공격과 더 일반적으로는 헌법적 제약에 대한 그의 경멸을 충분히 예측하지 못했다.

우리의 지정학적 예측 성과도 엇갈렸다. 《2025 세계대전망》은

2024년 11월에 출간되었는데, 2024년 말에 한국 대통령이 무산된 쿠데타 시도의 일환으로 계엄령을 선포했고, 시리아에서는 바샤르 알 아사드(Bashar al-Assad) 정권이 붕괴했다. 우리는 이 두 가지를 전혀 예상하지 못했다. 물론 이 두 가지가 2025년에 일어난 건 아니지 않냐고 말할 수도 있겠으나, 우리는 그런 억지스러운 해명은 하지 않을 것이다. 그 밖에도 우리는 이스라엘이 이란의 "저항의 축"을 해체한다든가, 짤막하게나마 인도와 파키스탄 그리고 태국과 캄보디아 사이에 벌어진 분쟁을 예측하지 못했다.

선거의 경우, 우리는 저스틴 트뤼도(Justin Trudeau) 총리가 캐나다 총선에서 승리할 가능성이 작다고 예상했는데, 그는 이런 점에 동의하며 사임했다. 이로써 자유당 대표인 마크 카니(Mark Carney)가 그의 후임으로 급격히 부상했고 선거에서 승리를 거뒀다. 하지만 호주에서는 의회 의석 절반을 차지하지 못하는 소수 정부가 탄생할 가능성이 높다고 예상했지만, 집권 노동당이 절반을 넘는 의석수를 오히려 더 늘렸다. (아이코!)

기후 문제의 경우, 우리는 중국의 배출량(결과적으로 전 세계 배출량)이 정점을 찍을 가능성을 제기했는데, 2025년에 발표된 수치에 따르면 실제로 그렇게 된 것으로 나타났다. 우리는 또한 중국이 중요한 광물 수출을 제한할 수 있다고 말했는데, 실제로 중국은 2025년 4월 희토류 수출에 제한을 두었고, 10월에는 이를 더욱 강화해 무역 협상에서 미국에 대한 영향력을 높였다.

또 우리는 중국 엔지니어들이 미국의 수출 규제로 인한 자원 상의 제약에도 불구하고 "혁신을 달성하는 데 능숙"하다고 했다. 1월에 공개된 인상적인 인공지능(AI) 모델 딥시크(DeepSeek) R1은 2025년에 여러 차례 있었던 주식 시장 변동 중 하나를 촉발했는데, 투자자들은 서방의 AI 투자 규모에 의문을 제기했다. 하지만 거품에 관한 논의가 커지고 있음에도 불구하고, 상황은 우리가 예상한 만큼 위기로 치닫지는 않았다.

비슷한 맥락에서 우리는 인플레이션 대응에서 재정 적자 문제로 초점이 이동함에 따라 "고통스러운 경제적 선택"이 필요할 거라고 했다. 하지만 안타깝게도 부유한 국가들(특히 미국, 프랑스, 영국)은 여전히 이 문제를 회피하고 있어서 2026년 채권시장에 위기가 찾아올 수도 있다는 우려가 커지고 있다. AI와 마찬가지로, 우리가 2025년에 있을 것으로 예상한 결과는 그저 지연된 것인지도 모른다. 계속 지켜보도록 하자.

THE WORLD AHEAD 2026

BUSINESS

비즈니스

진입 장벽

AI는 경력 사다리의 최하단을 무너뜨릴 것인가?

헨리 트릭스(Henry Tricks) 〈이코노미스트〉 미국 기술 에디터

미국의 2026년도 졸업생들은 4년의 대학 과정을 마치고 졸업하는 최초의 챗GPT 세대다. 이들은 1학년 초부터 브레인스토밍에서 과제 표절에 이르기까지 모든 것에 생성형 AI를 활용할 수 있었다. 덕분에 일부 학생들은 순조로운 대학생활을 할 수 있었을지도 모르겠다. 하지만 이들이 캠퍼스를 벗어나 취업 시장에 진입하려고 할 때는 AI로 인해 냉혹한 현실에 직면하게 될 것이다.

일부 사무직종의 경우 2026년 처음으로 취업 시장에 진입하는 이들은 더 박식할 뿐만 아니라 지독하게 긴 시간 일하면서도 급여 따위는 전혀 신경 쓰지 않는 신입사원, 요컨대 AI 봇(bot)들과 경쟁해야 할 것이다. 컨설팅업체 가트너(Gartner)는 2006년 말까지 기업들이

업무 흐름을 개선하기 위해 사용하는 애플리케이션의 40%가 인간과 함께 또는 인간을 대신해서 일하도록 설계된 AI '에이전트'를 탑재할 것으로 예측한다. 이는 2025년 중반 5%에서 크게 증가한 수치다.

AI가 직업 시장에 미치는 영향은 경력 사다리의 하단에서 이미 가시화되고 있다. 스탠퍼드대학교의 에릭 브린욜프슨(Eric Brynjolfsson) 외 연구진이 미국 급여 데이터를 분석한 결과 소프트웨어 개발이나 고객 서비스 등 AI로 대체되기 쉬운 직종에서 일하는 22~25세 청년층의 고용률은 2022년 이후 두 자릿수 감소율을 기록한 것으로 나타났다. 소프트웨어 개발 분야의 경우 다른 연령층은 고용이 증가했음에도 22~25세 청년층의 고용은 그 감소폭이 거의 20%에 달했다.

브린욜프슨 교수는 아직은 AI 도입이 표면적인 수준이라 해도 인사팀들은 '퍽(아이스하키용 고무 원반-옮긴이)이 가야 할 곳으로 스케이트를 타려고(미래를 예측하려고 선제적으로 행동하는 것을 지칭한 표현-옮긴이)' 노력할 것이라고 말한다. 이것은 하버드대학교의 가이 리히

팅거(Guy Lichtinger)와 세예드 호세이니(Seyed Hosseini)가 진행한 연구에서도 확인된다. 연구 결과 생성형 AI는 그것을 도입한 기업에서 시니어들에게 더 큰 이익이 되었다. 연구진은 생성형 AI를 도입한 기업에서 주니어 수는 2023년 초 이후 감소한 반면 시니어 수는 줄지 않았음을 발견했다. 주니어 고용이 감소한 이유는 해고가 늘어서라기보다는 채용이 감소했기 때문이다.

> **AI의 확산으로 모두가 손해를 보는 것은 아니다.**

AI를 보다 광범위하게 사용한다고 모두가 손해를 보는 것은 아니다. 다행히 문 안으로 먼저 발을 들여놓은 사람들은 AI를 활용해 본인의 역량을 강화함으로써 생산성을 높일 수 있고 상사인 시니어들을 빠르게 따라잡을 수 있다. 내비게이션을 사용하는 우버 기사가 금세 노련한 택시 기사처럼 운전할 수 있는 것처럼 말이다. 다만 우버 기사들처럼 근로자들은 AI를 활용한 역량 강화 단계가 아예 AI가 인간을 대체해버리는 단계로 빠르게 전환되지 않도록 경계해야 한다.

AI는 졸업생들이 입사하는 기업 형태가 바뀔 가능성이 높다는 것을 시사한다. 회계 및 컨설팅업체 PwC의 최고 AI 책임자 댄 프리스트(Dan Priest)는 적어도 당분간은 AI를 도입하는 기업들이 '피라미드형'(하단부는 두텁지만 상단부는 적은 형태)에서 '다이아몬드형'(상하단은 적고 중간층이 두터운 형태)으로 바뀔 수 있다고 말한다.

다만 장기적으로는 취업 시장의 신규 진입자들에게 보다 희망적인 '모래시계형'을 제시한다. 대학을 갓 졸업한 신입들이 AI 활용법을 가장 잘 배울 수 있을 것이고 이들이 AI에 뒤처진 중간층 직원들을 빠르게 추월할 수 있다는 것이다.

따라서 2026년 졸업 예정자들은 두 가지 선택지를 고려해야 한다.

하나는 AI 리터러시(AI literacy, 인공지능의 개념과 작동 원리, 한계 등을 이해하고 능동적, 비판적으로 이용할 수 있는 능력 – 옮긴이)를 높이는 것이다. AI 리터러시는 향후 수요가 가장 많은 기술이 될 것이다. 다른 하나는 AI로 인한 파괴적인 변화에 전문직보다 덜 취약하고 그러므로 진입하기 쉬운 제조업 등 분야로 진출하는 것이다.

시카고연방준비은행의 구스타보 데 소사(Gustavo de Souza)는 조사 보고서에서 브라질의 AI 도입 데이터를 가지고 공장에서는 AI가 기계를 더 쉽게 조작할 수 있게 만들어 고용을 늘린 반면, 사무직 업무는 자동화하여 직원들을 대체했음을 보여줬다. 그는 "AI가 일자리를 빼앗는 것이 아니라 경력 전환을 제안하는 것이라면 어떨까?"라고 질문했다.

어떤 선택을 하든 졸업생들은 잠재적 고용주에게 젊은 인재를 채용하지 않으면 고용주 스스로 자기 발등을 찍는 일이라고 설득할 수 있다. AI에 대한 과열된 관심이 단기적으로는 생산성을 높일 수 있다. 그러나 장기적으로는 나이가 들어가는 선임자들의 업무를 이어받을 자격 있는 직원이 없다면 기업의 미래는 불투명해진다.

 WHAT IF?

도널드 트럼프 대통령은 틱톡(TikTok)을 미국 컨소시엄에 매각하는 합의가 이루어졌다고 밝혔으나 중국 측은 이에 대해 분명하게 확인해주지 않고 있다. **만약에 틱톡이 미국에서 금지된다면 어떻게 될까?** 많은 분석가들은 거래가 성사될 것이라고 전망한다. 그러나 틱톡이 미국이라는 최대 시장에서 서비스를 중단할 가능성은 상존하며, 이는 이 앱을 활용하는 콘텐츠 제작자와 기업들에 큰 영향을 미칠 것이다.

반도체 경쟁이 뜨거워지고 있다

중국이 반도체 제재를 우회해 혁신하고 있다

샤일레시 치트니스(Shailesh Chitnis) 〈이코노미스트〉 글로벌 비즈니스 특파원

2025년 1월, 중국의 잘 알려지지 않은 스타트업 딥시크가 미국에서 개발한 AI모델에 필적하는 모델을 내놓으며 전 세계를 깜짝 놀라게 했다. 딥시크가 발표한 모델은 미국 기업 엔비디아(Nvidia)의 최첨단 AI칩을 사용하지 않았다는 점에서 더욱 큰 놀라움을 안겼다. 반도체 제재를 우회해 혁신하겠다는 중국의 의지를 다시 한번 떠오르게 하는 일이었다. 2026년에는 코드가 아닌 실리콘에서 놀라운 일이 벌어질 것이다. 중국 기업들은 오랫동안 그들이 이루기 힘든 영역이라고 여겨졌던 두 분야, 즉 강력한 AI 칩을 설계하는 일과 제조하는 일에 많은 노력을 기울일 것이다.

미국은 중국의 성장을 늦추려는 목적으로 2019년 첨단 반도체와 반도체 제조 장비 수출을 제한하기 시작했다. 그러나 이러한 제재는 오히려 중국의 자립을 촉발시켰다. 국내 반도체 산업, 특히 AI에 사용되는 프로세서용 반도체 산업을 구축하는 것은 극도로 어려운 일이다. 이를 위해서는 실리콘 웨이퍼에 회로를 새기는 첨단 리소그래피 장비가 필요하다. 그러나 이 장비의 최고 생산업체인 네덜란드의 ASML은 중국에 장비를 판매하는 것이 금지되어 있다. 이로 인해 중국 기업들은 회로 선폭 7나노미터(nm, 10억분의 1미터) 이하의 첨단 칩을 생산하는 데 어려움을 겪고 있다. 그러나 이들은 이미 보유하고

> **중국의 대형 기술 기업들은 이미 자체 설계한 칩으로 AI 모델을 훈련하기 시작했다.**

있는 장비를 최대한 활용 중이다.

칩 설계부터 살펴보자. 엔비디아는 고사양 칩을 수출하지 못하고 있음에도 중국 AI 칩 시장을 장악하고 있다. 그러나 화웨이(Huawei), 캠브리콘(Cambricon), 메타엑스(MetaX) 등 중국 업체들은 이미 2025년 기준 380억 달러 규모에 이르는 수요의 5분의 2를 공급하고 있다. 2027년, 시장 규모는 710억 달러가 될 것으로 예상되며 중국 기업들의 점유율은 50%를 넘어설 전망이다. 이들 기업의 일부 칩은 그 성능이 엔비디아의 고사양 제품에는 미치지 못하지만 중국에 판매가 허용된 미국 기업의 저사양 제품과는 비슷하다. 중국 정부는 국산 제품의 사용을 촉진하기 위해 중국 기업들의 엔비디아 AI 칩 사용을 금지한 것으로 알려졌다. 알리바바(Alibaba), 바이두(Baidu) 등 중국의 대형 기술 기업들은 이미 자체 설계한 칩으로 AI 모델을 훈련하기 시작했다.

중국은 설계할 때 성능 향상을 위해 종종 에너지 효율을 희생시킨다. 화웨이의 클라우드매트릭스(CloudMatrix) 시스템은 자체 개발한 어센드(Ascend) 칩 384개를 탑재해 엔비디아의 최신 시스템과 경쟁할 수 있을 만큼 강력하지만 전력 소모량은 4배 이상이다. 보다 기대되는 접근 방식은 칩 설계를 소프트웨어와 더 밀접하게 맞춤으로써 효율성을 높이는 것이다. 2025년 8월 딥시크는 정밀도는 낮추되 효율성을 높여 저성능 칩으로도 AI 모델을 더 빠르게 처리할 수 있는 데이터 포맷인 FP8을 채택한다고 밝혔다. 캠브리콘은 이미 FP8을 지원하고 있으며, 화웨이의 차세대 AI 칩도 캠브리콘과 같은 행보를 보일 것이라는 소문이 돌고 있다. 이는 중국의 설계업체들과 소프트웨어 개발자들이 성능 격차를 좁히는 데 기여할 것이다.

제조업도 성장세를 보일 전망이다. 2026년에는 중국의 국내 AI 칩 생산량이 급증할 것으로 보인다. 노력의 성과는 중국 최대 파운드리 업체인 중국국제반도체제조유한공사(Semiconductor Manufacturing International Corporation, SMIC)와 중국의 기술 선도 기업 화웨이 두 회사에 달려 있다. SMIC는 7나노미터 이하 반도체 생산 능력을 2배로 늘릴 계획이다. 화웨이는 자체 반도체 제조 공장을 건설 중인 것으로 알려졌다.

일본 반도체 제조 기업 라피더스(Rapidus)는 2027년까지 ASML의 최첨단 장비를 사용해 2나노미터 칩 생산을 목표로 하고 있다. 반면 해당 장비를 사용할 수 없는 중국 반도체 생산 공장들은 28나노미터 이상 공정이 가능한 구형 ASML 장비로 생산성을 극대화해야 한다. 물론 웨이퍼 한 장에서 나올 수 있는 정상 칩의 비율을 의미하는 수율(Yield)은 세계 최고의 파운드리업체인 대만의 TSMC에 미치지 못할 것이다. 그러나 컨설팅업체인 세미애널리시스(SemiAnalysis)는 중국 반도체 제조 공장들의 수율이 TSMC의 절반 수준만 되어도 수백만 개의 AI 칩을 생산해 국내 수요의 상당 부분을 충당할 수 있을 것이라고 전망한다.

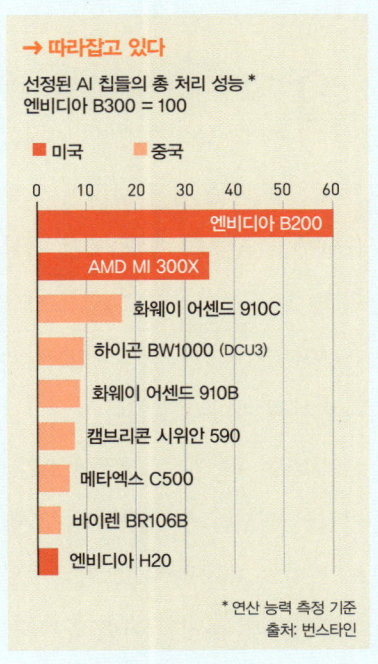

→ 따라잡고 있다
선정된 AI 칩들의 총 처리 성능*
엔비디아 B300 = 100

■ 미국　　■ 중국

엔비디아 B200
AMD MI 300X
화웨이 어센드 910C
하이곤 BW1000 (DCU3)
화웨이 어센드 910B
캠브리콘 시위안 590
메타엑스 C500
바이렌 BR106B
엔비디아 H20

* 연산 능력 측정 기준
출처: 번스타인

중국이 반도체 자립을 위해

해결해야 할 과제는 많다. 중국 기업들이 효율성이나 성능 면에서 글로벌 선두 기업들을 따라잡지 못할 수도 있다. 그러나 2026년 말까지 중국은 자체 수요의 상당 부분을 충족할 수 있을 것이며, 이는 중국의 야망을 저지하려는 미국의 시도가 실패하고 있음을 보여주는 중대한 변화가 될 것이다.

모든 게 뒤죽박죽

관세 불확실성이 중국 제조업을 혼란에 빠뜨리고 있다

돈 웨인랜드(Don Weinland) | 〈이코노미스트〉 중국 비즈니스 및 금융 에디터

워싱턴에서 무역 협상에 대한 이야기가 나오고 있음에도 아시아 투자자들의 불안은 가라앉지 않고 있다. 일본과 한국은 도널드 트럼프 대통령과 합의에 도달했다. 인도는 7월에 잠정적 합의에 도달했으나 몇 주 후 관세가 인상됐다. 중국과의 협상은 완전히 결렬될 뻔했지만 10월 말 트럼프 대통령과 시진핑 중국 국가주석이 회담을 가졌다. 휴전이 이루어졌지만 전 세계는 여전히 구체적인 합의가 나오기를 기다리고 있다.

2025년 4월까지 중국 제조업의 트렌드는 분명했다. 점점 더 많은 기업이 베트남, 인도네시아, 멕시코 등으로 공장을 옮기고 있었다. 이는 트럼프 대통령이 첫 임기 중 중국에 부과한 관세를 피하기 위한 수단이었다. 하지만 이번 임기에 미국 대통령은 전 세계를 상대로 무

역 전쟁을 벌이기로 결정했다. 국가 간 무역 협상이 지연되고 불확실성이 지속됨에 따라 기업들은 막대한 관세를 피하기 위해 안전하게 투자할 수 있는 곳이 어디인지 가늠하지 못하고 있다. HSBC의 프레데릭 노이만(Frederic Neumann)은 "더 이상 중국 외 단 하나의 생산 거점만 확보하면 된다는 '차이나 플러스 원(China plus one)' 전략은 존재하지 않는다. 이제는 '플러스 5, 플러스 6'가 필요하다"고 말했다.

초기 데이터와 기업 보고서를 보면 이러한 불확실성에 대응하는 기업들의 주된 방식은 상황이 더 명확해질 때까지 투자를 늦추거나 중단하는 것이었다. 상하이 주재 미국상공회의소가 조사한 바에 따르면 중국 내 미국 기업들은 간단히 투자를 줄이고 있는 것으로 나타났다. 관세가 리쇼어링을 촉진할 것이라는 트럼프 대통령의 주장에도 불구하고 중국 내 미국 기업들 중 미국으로 투자를 되돌리겠다고 답한 비율은 18%에 불과했다. 이는 2년 전 30%에서 하락한 수치다(이것은 아마도 건설 자재와 제조 장비에 부과되는 수입 관세로 인해 현재 미

'중국 플러스 6' 전략은 너무 비싸다.

국에서 공장을 건설하는 비용이 증가했기 때문일 것이다).

관세가 그대로 동결된다 해도 중국에서 다른 아시아 국가로 공장을 이전할 가능성은 높지 않다. 미중 정상회담 이후 중국산 제품에 부과되는 미국의 평균 관세율은 약 30%로 다른 아세안 국가들에게 부과된 평균 관세율보다 크게 높지 않은 수준이다. 공장 이전 비용, 환율 변동성, 자재 및 물류 비용의 상승 가능성을 고려하면 많은 기업들이 중국에 남는 것을 선택할 수 있다.

중국의 기업 경영진들은 여전히 해외 생산기지를 실험 중이다. 국제금융연구소(Institute of International Finance)의 조사에 따르면, 제조업 해외 진출 프로젝트는 2023년 중국의 해외 직접투자 총액의 10%에 불과하지만 아세안 국가들과 유럽, 미국에 대한 투자에서는 해외 생산기지를 건설하는 프로젝트가 가장 큰 비중을 차지한다. 중국 기업들에게 가장 안전하고 확실한 방법은 미국에 대한 수출 의존도를 줄이고 다각화를 지속하여 다른 시장, 특히 동남아시아에 집중하는 것이다. 중국 브랜드들은 이미 한국과 일본 브랜드가 장악한 베트남, 말레이시아, 인도네시아 시장에 진출하고 있다. UBS의 로빈 쉬(Robin Xu)는 "중국 기

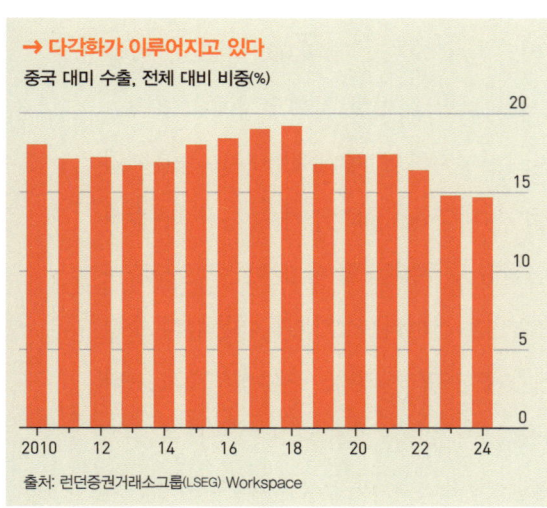

업의 생산 비용은 여전히 매우 낮으므로 시장 점유율을 늘려갈 가능성이 높다"고 말한다.

트럼프 대통령이 야기한 관세 혼란은 계속 지속될 것으로 보인다. 이에 대해 제조업체들은 관망 전략을 선택할 가능성이 높다. 대부분 기업에게 다양한 국가의 관세 위험을 상쇄하기 위한 '중국 플러스 6' 전략은 비용은 높은 반면 효과는 낮아 고려 대상이 되지 않을 것이다. 한편 중국과 다른 아시아 국가들 간 무역 규모는 계속해서 커질 것으로 보인다.

전략 요소

희토류 공급을 확보하려면 투자가 필요하다

안자니 트리베디(Anjani Trivedi) | 〈이코노미스트〉 글로벌 비즈니스 특파원

2025년 희토류라고 알려진 희귀 금속에 관심이 집중됐다. 희토류란 스마트폰부터 전기차까지 첨단 산업 전반에 필수적으로 쓰이는 17가지 원소를 말한다. 중국은 희토류를 무기화하여 그 생산과 수출에 대한 통제를 강화했다(희토류 원광의 약 70%, 정제된 희토류의 90% 이상을 중국 기업들이 공급한다). 그러나 다른 국가들도 자체 공급망을 구축하기 시작했다. 2026년, 중국에 대한 의존도를 낮추려는 서구권 국가들의 노력은 더욱 강화될 전망이다.

도널드 트럼프 대통령은 희토류에 대한 미국의 중국 의존도를 낮

캘리포니아 희토류 광산

추기 위해 2025년 국방부에 미국의 희토류 채굴업체이자 자석 제조업체인 MP 머티리얼스(MP Materials)에 지분 투자를 하도록 지시했다. 이 조치는 골드만삭스와 JP모건이 MP 머티리얼스에 자금을 지원하는 결과로 이어졌다. 화려한 반격이 시작되었으나 전투기와 레이더 시스템 등 민감한 방위산업용 기술에 쓰이는 희토류에 대해 미국이 중국에 대한 의존도를 줄이려면 시간이 걸릴 것으로 보인다. 미국은 여전히 희토류 수요의 5분의 4를 중국에 의존하고 있으며, 특히 자동차와 반도체에 사용되는 중(重)희토류에 대한 의존도가 높다.

다른 희토류 광산업체들에 대한 투자도 증가했다. 호주의 희토류 생산업체인 라이너스(Lynas)의 주가가 급등했으며, 이 기업은 8월에 성장을 위해 5억 달러 이상의 자본을 조달할 것이라고 발표했다. 10월에는 말레이시아의 가공 공장에 투자할 계획이라고 알렸다. 또 다른 호주 기업 헤이스팅스 테크놀로지(Hastings Technology)와 호주 광산 재벌 앤드류 포레스트(Andrew Forrest)가 운영하는 와일루(Wyloo)는 지난 2월 서호주의 희토류 생산 프로젝트에 투자를 발표했다. 캐나다의 대형 기업과 일본의 주요 기업도 나미비아에서 희토류 광산을 개발 중이다.

서구 기업들은 이렇게 투자를 늘리면서 동시에 2025년 대부분을 중국 외 지역에서 생산된 자석을 확보하기 위해 노력을 기울였다. 스웨덴-스위스 다국적 기업 ABB는 고성능 자석을 확보하기 위해 텍사스 소재 노베온 매그네틱스(Noveon Magnetics)와 협력 관계를 구축했다. 애플은 재활용 희토류로 자석을 만들기 위해 MP 머티리얼즈와 5억 달러 규모의 파트너십을 체결했다.

한편 희토류에 의존하지 않는 차세대 기술로 도약하려는 방안도 나오고 있다. 2010년 중국이 일본에 대한 희토류 수출을 금지하자 일본 철강 회사인 다이도특수강(Daido Steel)과 자동차 제조 회사인 혼다(Honda)는 하이브리드 차량 구동 모터에 쓸 용도로 중희토류를 사용하지 않는 자석을 개발했다. 다이도특수강의 자석 사업부는 2022년부터 2030년까지 매출을 3배로 늘릴 계획이다.

중국 기업들 역시 움직이고 있다. 윈성(Yunsheng)은 이중 합금 공정을 통해 희토류 사용량을 줄인 자석을 생산 중이다. 또한 중국은 내몽골에 있는 세계 최대 희토류 매장지인 바이윈어보(Bayan Obo) 광산의 생산량을 확대할 예정이다. 여러 산업 분야에서 중국은 수십 년 동안 서양을 따라잡기 위해 노력해왔다. 그러나 희토류에 관한 한 서양이 여전히 중국을 따라잡기 위해 노력 중이다.

다음엔 또 뭘까?

기업들은 관세 혼란에 효과적으로 대응하기 위해 고군분투할 전망이다

가이 스크리븐(Guy Scriven) | 〈이코노미스트〉 글로벌 비즈니스 특파원

도널드 트럼프 대통령의 관세 조치로 인해 2025년 기업계에 불확실성의 안개가 깔렸다. 2025년 대부분의 기간 동안 미국에서 사업을 하는 기업들은 새로운 세금 환경이 계획을 세울 수 있을 만큼 오랫동안 안정적으로 유지되기를 바라며 관망 태세를 취했다. 그러나 그런 행운은 없었다. 2026년에는 더 많은 기업들이 불확실성 속에서 앞으로 나아갈 방법을 결정해야 할 것이다. 세 가지 전략이 눈에 띈다. 가격을 인상해 고객에게 부담을 전가하는 것, 다른 곳에서 비용을 절감하는 것, 마지막으로 공급망을 재편하는 것이다.

높아진 비용을 가장 잘 전가할 수 있는 기업은 시장 영향력이 크거나, 강력한 브랜드를 갖고 있거나, 규모가 큰 기업들이다. 월마트(Walmart), 타깃(Target) 같은 대기업과 에르메스(Hermès), 페라리(Ferrari) 등 고가 상품을 판매하는 회사들이 이 전략을 사용해왔다. 대조적으로 소규모 식료품점처럼 경쟁이 치열한 산업에 속한 기업들은 일부 비용을 흡수해야 한다. 뉴욕연방준비은행(Federal Reserve Bank of New York)이 시행한 조사에 따르면, 지역 제조업체 중 약 절반이 관세로 타격을 입은 상품의 가격을 인상한 것으로 나타났다.

두 번째 전략은 허리띠를 졸라매는 것이다. 회계법인 PwC에 따르면 2025년 상반기 제약, 소매유통, 자동차 업종의 인수합병 활동

이 감소했다. 채용도 둔화됐다. 아마존(Amazon)과 마이크로소프트(Microsoft) 같은 큰 기술 기업들도 직원 수를 줄여왔다. 그 이유 중에는 인공지능이 직원들을 대체할 수 있다는 생각도 있었다. 데이터 제공업체 S&P 글로벌(S&P Global)의 자료에 따르면 S&P 글로벌이 만든 세계 주식시장 지수에 포함된 기업 중 3분의 2가 2025년 7월까지 1년간 직원 수를 줄였다.

결과적으로 기업들은 운신의 폭을 넓히기 위해 현금 보유량을 늘리고 있는 상황이다. 버크셔 해서웨이(Berkshire Hathaway)는 2023년 말 이후 현금 보유 포지션을 2배 가까이 늘려 3,400억 달러를 보유하고 있다. 동일한 S&P 지수에 포함된 비금융 기업들은 2025년 7월까지 12개월 동안 현금 보유량을 6% 증가시켰다.

공급망의 경우, 컨설팅 회사 커니(Kearney)가 조사한 바에 따르면, 조사 대상 기업의 28%가 2030년까지 실제 제품 판매가 이루어지는 지역에서 대부분의 제품을 생산할 수 있도록 공급망을 재편하고 싶어 하는 것으로 나타났다. 많은 기업이 이미 이러한 방향으로 나아가고 있거나 적어도 이러한 방향으로 나아가는 것을 논의 중이다. 또한 다수 기업이 트럼프 대통령을 만족시키고 관세 면제 혜택을 얻기 위해 미국 제조업 기반을 되살리는 데 투자하겠다고 약속하고 있다. 가장 큰 10건의 투자 약속은 거대 기술 기업과 대형 제약사들이 했다. 애플은 6,000억 달러, 엔비디아는 5,000억 달러를 약속했다. 그러나 이들이 한 약속은 지금까지 거의 효과를 내지 못하고 있다. 조 바이든(Joe Biden) 대통령 시절 크게 증가했던 미국 공장 투자는 2025년 7월까지 12개월간 5% 감소했으며, 제조업 고용도 감소하고 있다.

많은 미국 기업들이 중국 밖으로 생산시설을 옮기는 데 속도를 높여왔다. 지난 5월 엔리케 로레스(Enrique Lores) HP 사장은 미국에서 판매하는 전 제품을 곧 중국 외 지역에서 생산하게 될 것이라고 밝혔다. 애플은 2026년 말까지 미국향 아이폰 생산을 중국에서 인도로 이전할 계획이다. 그러나 현재 미국으로 수출되는 인도산 제품에 부과되는 관세는 중국산 제품에 적용되는 관세보다 높다.

관세 혼란으로 인해 일부 기업들은 앞을 다투어 미국 시장에 대한 대안을 찾고 있다. 중국 신생 전자상거래 기업 테무(Temu)와 쉬인(Shein)은 유럽 시장에 집중하고 있다. 일본의 자동차 부품업체 NOK는 이제 중국 회사에 판매를 늘릴 계획이다. 무역 전쟁은 중국 기업들이 미국산 제품에 반감을 갖게 되면서 유럽 기업에는 오히려 기회가 될 수 있다. 중국 주재 EU 상공회의소가 회원사를 대상으로 실시한 설문조사에 따르면, 무역 전쟁이 기업에 타격을 줬음에도 많은 기업이 그로부터 이익을 얻기도 한 것으로 나타났다. 응답자의 약 19%는 관세 덕분에 중국 고객과 중국에서 사업을 영위하는 외국 고객으로부터 더 많은 일거리를 수주하고 있다고 답했으며, 36%는 아직은 이익을 얻지 못했지만 향후 이익을 기대한다고 밝혔다.

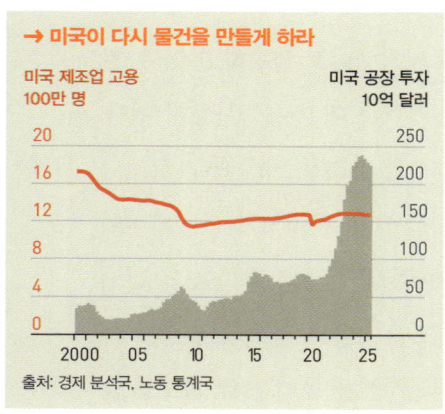

→ 미국이 다시 물건을 만들게 하라

한편, 비영리단체 오픈시크릿츠(OpenSecrets)의 자료에 따르면, 2025년 상반기 미국에서 로비에 쓰인 돈은 2024년 같은 기간에 비해 12% 증가했다. 2025년, 브리스톨마이어스 스퀴브(Bristol-Myers Squibb)와 일라이 릴리(Eli Lilly) 두 거대 제약사는 로비 비용으로 2024년 대비 2배 더 많은 지출을 했다. 엔비디아 등 관세 타격을 입은 다른 기업들도 마찬가지다. 많은 기업들이 2026년을 걱정하고 있지만 로비스트들은 손뼉을 치고 있다.

가솔린과 전기

초고속, 초고가의 전기차가 과연 인기를 얻을 것인가?

사이먼 라이트(Simon Wright) | 〈이코노미스트〉 산업 에디터

슈퍼카를 사는 구매자들은 까다로운 사람들이다. 당연하다. 엔트리급 슈퍼카만 해도 가격이 최소 20만 달러이며, 성능과 희소성에서 있어 그 위 단계인 하이퍼카는 보통 100만 달러부터 시작한다. 이런 가격대에서 부유한 구매자들은 눈길을 사로잡는 디자인과 이목을 집중시키는 가솔린 엔진의 드라마틱함을 원한다. 2026년이 되면 이런 사치스러운 기계들이 굉음을 내는 실린더에서 윙 소리를 내는 전기 모터로 바뀌는 전기화의 시대에 적응할 수 있을지 여부가 분명해질 것이다.

페라리는 올 봄에 브랜드 최초의 순수 전기차인 엘레트리카(Elettrica)를 출시할 계획이다. 그러나 배터리는 슈퍼카 업계에서는 상대적으로 많은 차를 생산하는 페라리와 람보르기니(Lamborghini) 양사에게 이미 중요한 요소다. 2024년 각각 1만 4,000대와 1만 1,000대의 차량을 생산한 이 두 이탈리아 기업은 오랫동안 하이브리드 기술

↑ 전기화에 성공하느냐 실패하느냐

을 적용해왔다. 배출가스 저감보다는 비범한 성능을 더욱 끌어올리는 데 배터리를 활용해왔지만 말이다. 엔진 소음을 원치 않는 방해로 여기는 롤스로이스(Rolls-Royce)의 경우에는 배터리 동력에만 의존하는 방식이 효과적이었다. 2024년 유럽에서 이 영국 기업의 베스트셀링 모델은 스펙터(Spectre) EV다.

스포츠카에서 가솔린을 배터리로 대체하려는 시도는 그다지 성공적이지 않았다. 포르쉐로부터 대규모 지분 투자를 받을 정도로 전기차 기술력을 인정받은 크로아티아 기업 리막(Rimac)은 2021년 네베라(Nevera)를 출시했으나 200만 달러에 달하는 이 차량은 150대 중 절반 정도만 판매됐다. 인도 마힌드라 그룹(Mahindra Group) 산하 피닌파리나(Pininfarina)가 이탈리아에서 제작한 비슷한 가격대의 전기 하이퍼카 바티스타(Battista)의 판매 실적은 공개되지 않아서 판매 목표인 150대를 달성했는지 여부는 불분명하다.

스포츠카 구매자들은 다른 자동차 구매자들만큼 전기차에 관심이 없을 수도 있다. 2019년 출시된 전기 스포츠카 포르쉐 타이칸(Taycan)은 10만 달러를 약간 넘는 비교적 저렴한 시작 가격에도 불구하고 기대에 미치지 못했다. 2024년 포르쉐의 전 세계 판매량은 3% 감소했지만 타이칸 판매량은 49% 급감했다. 게다가 상대적으로 저렴한 전기차의 놀라운 가속력은 고가 자동차와의 차별성을 줄이고 있다.

전기 하이퍼카는 가솔린 모델과 비교할 수 없을 정도로 엄청난 출력을 자랑한다. 네베라는 거의 2,000마력에 달하며 이는 일반 세단 평균 출력의 10배, 페라리의 최신 하이브리드 하이퍼카인 F80보다도 700마력 이상 높다. 문제는 '누가 이런 차를 살 것인가'다. 신형 하이퍼카는 일반적으로 화려한 차량을 좋아하는 수집가들이 구매하지만 이런 사람들은 전 세계적으로 몇 천 명에 불과할 것이다. 심지어 페라리조차 전기화 전략에 대해 재고하고 있을지도 모른다. 이탈리아 슈퍼카 브랜드인 파가니(Pagani)는 고객의 관심 부족으로 350만 달러짜리 유토피아(Utopia)를 전기차 버전으로 출시하려는 계획을 포기했다. 정부가 보조금을 철회하면서 일반 전기차의 판매 성장세가 둔화됐다. 하이엔드 시장에서의 전기화 움직임 역시 둔화될 가능성이 있다.

천둥소리가 울릴 때

방위 산업은 유럽의 암울한 산업 지형에 희망이다

벤델린 폰 브레도우(Vendeline von Bredow) | 〈이코노미스트〉 독일 선임 특파원

8월 말 독일 최대 방산회사 라인메탈(Rheinmetall)이 하노버 인근 운터뤼스(Unterlüss)에 새로 지은 군수 공장 개장식에는 나토 사무총장과 독일 정부 장관 2명, 불가리아 대통령이 참석했다. 5억 유로(5억 8,000만 달러)를 투입해 불과 15개월 만에 완공된 이 공장은 2025년에 2만 5,000발의 포탄을 생산한 뒤 2027년까지 연간 35만 발로 생산량을 늘릴 계획이다. 아르민 파페르거(Armin Papperger) 라인메탈 최고경영자는 "세계 최대는 아닐지 몰라도 유럽 최대의 탄약 공장이 될 것"이라고 선언했다.

라인메탈은 2022년 2월 러시아가 우크라이나를 침공한 이후 유럽의 재군비 경쟁으로 큰 이익을 봤다. 주가도 급등하여 2013년 파페르거가 사장으로 취임할 당시 라인메탈 주가는 37유로였으나 2025년 10월에는 1,700유로를 넘어섰다. 스페인의 포탄 회사인 엑스팔 시스템스(Expal Systems)을 인수했으며 우크라이나, 불가리아, 리투아니아, 루마니아에 신규 공장을 설립 중이다. 라인메탈은 우크라이나에 탄약을 공급하는 최대 업체다.

유럽은 냉전 종식 이후 가장 빠른 속도로 재무장 중이다. 컨설팅 기업 맥킨지(McKinsey)에 따르면, 유럽의 국방비 지출은 2022년부터 2028년까지 누적 7,000억~8,000억 유로 증가할 전망이다. 독일만

해도 국방력을 증강하기 위해 연간 2,150억 유로를 지출할 계획이다.

엄청난 금액이다. 유럽 방위산업이 이런 수요를 충족시킬 수 있을까? 특히 수년간 서유럽 국가들의 방위산업 투자가 부족했던 탓에 유럽의 다수 무기 공급업체들은 해외 수출에 집중하는 작은 부티크 회사로 전락했다. 지난 3년간 급속하게 성장했음에도 불구하고 라인메탈의 연간 매출액 100억 유로나 프랑스-독일 합작 장갑차 제조사 KNDS의 연간 매출액 40억 유로는 미국의 록히드 마틴(Lockheed Martin)(710억 달러)이나 노스롭 그루먼(Northrop Grumman)(410억 달러)에 비하면 크게 작다. 규모가 더 작은 유럽의 방산 기업들은 은행들이 여전히 대출을 꺼리는 탓에 빠르게 확장하는 데 어려움을 겪고 있다. 이로 인해 유럽 정부들은 다른 곳을 찾게 되었다. 유럽 국방비 지출의 약 48%가 EU에 속하지 않는 국가의 방산업체로 흘러 들어 간다.

그러나 이제는 상황이 바뀌고 있다. 2026년에는 변화가 더욱 가속화될 전망이다. 싱크탱크 킬 세계경제연구소(Kiel Institute)에 따르면, 독일 정부가 2020년부터 2024년까지 군사 장비에 투자한 1,370억 유로 중 거의 절반이 독일 기업들에 돌아갔다. 파페르거 라인메탈 최고경영자는 증가하는 수요에 맞춰 생산량을 늘릴 수 있다고 단언한다. 라인메탈은 2025년 7월 노르트라인베스트팔렌주 비체에 위치한 공장에서 록히드 마틴과 파트너십을 맺고 F-35 전투기 부품을 생산하기 시작했으며, 9월에는 브레멘 조선소 뤼르센(Lürssen)의 군함 사업부를 인수한다고 발표했다. 라인메탈의 연매출 목표는 400억~500억 유로이며, 이 목표를 달성함으로써 미국 주요 방산업체들과 어깨를 나란히 하는 회사로 도약할 것이다.

그럼에도 불구하고 킬 연구소의 연구에 따르면 유럽의 방산업체들은 생산량을 더 늘려야 한다. 분석가들은 러시아의 재무장 속도에 맞추려면 탱크, 미사일, 전투기 생산량을 6배 더 늘려야 한다고 추정한다. 전시 경제에서만 가능한 속도다.

프리킥

미국은 이제 국제 축구의 가장 큰 시장이다

톰 웨인라이트(Tom Wainwright) | 〈이코노미스트〉 미디어 에디터

미국이 마지막으로 남자 월드컵을 개최했던 1994년, 정통 축구 팬들은 미국이 진심으로 축구를 사랑하는 나라는 아님을 알아

챘다. 일견 타당했다. 미국 대표팀은 1994년 남자 월드컵 개최 얼마 전까지 40년 동안 본선 진출에 실패했다. 안타깝게도 전 세계에 생중계되는 상징적인 순간, 화려한 개막식에서 노래하던 다이애나 로스(Diana Ross)가 연출된 페널티킥을 찼지만 어찌된 일인지 빗나갔다.

2026년 캐나다, 멕시코와 월드컵 공동 개최를 준비하면서 미국의 상황은 달라졌다. 남자 대표팀의 실력이 향상됐고(비록 올여름 황금 트로피를 가져갈 가능성은 여전히 매우 낮지만), 여자 대표팀은 지난 35년 동안 4번의 월드컵 우승을 차지하며 세계 최강이 되었다.

그러나 진정한 변화는 팬들 사이에서 일어났다. 앰페어 애널리시스(Ampere Analysis)의 조사에 따르면, 축구는 미식축구, 농구, 야구에 이어 미국에서 네 번째로 팬이 많은 스포츠다. 하지만 어떤 스포츠를 가장 좋아하냐는 질문에는 미국인의 10%가 축구라고 답해 이른바 국가적 오락인 야구보다 아주 살짝 더 인기가 많다(다음 페이지 그래프 참조).

축구 산업의 시장 가치는 이러한 인기 상승을 반영한다. 앰페어의 다니엘 모나한(Daniel Monaghan)은 미국에서 축구 중계권에 대한 지출액이 지난 10년 동안 4배 증가했으며 현재는 야구 중계권에 대한 지출액을 넘어섰다고 말했다. 그는 미국 야구 팬들은 메이저리그라는 하나의 리그에만 집중하지만 축구 팬들은 잉글리시 프리미어 리그부터 스페인 라 리가까지 모든 경기를 시청하는 데 기꺼이 비용을 지불하므로 축구 산업 전체의 시장 가치가 올라간다고 설명했다.

미국은 유럽 4대 리그의 최대 해외 시장이 되었다. 2022년 월드컵 당시 미국은 전체 중계권 지출의 15%를 차지하며

MLS는 해외의 초특급 스타 선수들을 영입했음에도 여전히 보는 재미가 없다.

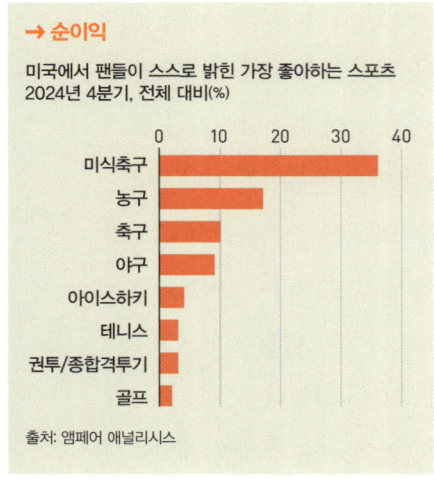

단일 국가로서 가장 돈이 되는 시장이었다.

미국 축구 시장의 이러한 대성공은 스포츠의 가치가 광범위하게 상승하는 추세 속에서 이루어진 것이다. 스트리밍 전쟁은 모든 종류의 콘텐츠 가격을 끌어올렸다. 스포츠의 가치는 특히 더 커졌다. 스트리밍 서비스가 시청자들을 틈새시장으로 분산시키면서 생중계 스포츠는 광고주들이 원하는 대규모 동시 시청자를 끌어모으는 몇 안 되는 콘텐츠 중 하나이기 때문이다. 세계에서 가장 돈 많은 기업들조차 이 희소성 있는 이벤트 중계를 놓고 경쟁 중이다. 애플은 미국 메이저리그 사커(MLS)의 글로벌 중계권을 획득했고, 넷플릭스는 앞으로 두 차례 여자 월드컵의 국내 중계권을 가지고 있다.

하지만 미국에서 축구는 여전히 고전 중이다. MLS는 인터 마이애미(Inter Miami) 소속의 리오넬 메시(Lionel Messi)처럼 해외의 초특급 스타 선수들을 영입했음에도 여전히 보는 재미가 없다. 2025년 미국에서 개최한 클럽 월드컵(Club World Cup)에서는 미국 팀 중 단 한 팀만이 조별리그를 통과했다[이후 파리 생제르맹(Paris Saint-Germain)에 4-0으로 완패했다]. 미국 국내 팀들의 실력이 높아지지 않는 한 축구가 미국 문화에서 자국 스포츠와 똑같은 자리를 차지하기는 어려울 것이다. 그리고 설사 국내 팀들의 실력이 높아진다고 해도 이는 여전히 어려운 과제일 수 있다.

1994년에도 그랬듯 월드컵 열풍은 더 많은 참여를 이끌어낼 수 있다. 그리고 앞으로 더 많은 생중계 경기가 예정되어 있다. 로스앤젤레스에서는 2028년 올림픽을 개최하며 더 많은 축구 경기가 열릴 예정이다. 3년 뒤에는 여자 월드컵이 미국과 멕시코에서 열릴 것이다.

미국은 남자 축구를 하는 측면에서는 아직 따라잡을 부분이 있을지도 모르겠다. 하지만 축구를 보는 측면에서는 이미 세계 최고 수준이다.

다시 반짝이다

합리적인 가격과 새로운 디자인이 럭셔리 산업의 반등에 기여할 전망이다

아반티카 칠코티(Avantika Chilkoti) | 〈이코노미스트〉 글로벌 비즈니스 특파원

비싼 옷과 가방을 판매하는 명품업체들에게 지난 몇 년은 암울한 시기였다. 최대 시장인 미국과 중국에서 경제적 불확실성이 대두되어 소비자들이 돈 쓰기를 불안해했던 것이다. 컨설팅업체 베인(Bain)은 2025년 전 세계 개인 명품 매출이 전년 대비 2~5% 감소할 것이라고 추정했다. 업계 최대 기업인 LVMH의 주가는 2025년 봄 크게 하락했다가 반등했으나 연초 수준으로는 여전히 회복하지 못한 상태다.

하지만 2026년에는 럭셔리 산업이 다시 그 반짝임을 되찾을 것으로 예상된다. UBS의 애널리스트들은 매출 개선을 예측하고 있으며,

HSBC의 애널리스트들은 특히 중국 소비자들의 명품 수요가 회복되면서 '터널 끝 빛'이 보인다고 전망하고 있다. 소비자들이 과감히 돈을 쓰기 시작하면 어떤 브랜드가 가장 좋은 성과를 낼 수 있을까?

명품업계의 침체는 모든 브랜드에서 다 똑같지 않았다. '상승 지향적(aspirational)'인 중산층 고객에 의존해온 구찌(Gucci) 같은 브랜드들은 어려움을 겪었다. 반면 최상위 부유층을 겨냥한 브랜드들은 호조를 보였다. 자체 생산을 중시하고 가격 인상에 신중했던, 1만 달러짜리 가방을 만드는 에르메스(Hermès)는 강력한 매출 성장을 기록했다. 바로 여기에 시사점이 있다.

2026년에 좋은 성과를 내는 브랜드들은 몇 가지 공통점을 지닐 것이다. 첫째, 지나치게 빠른 속도로 가격 인상을 단행하지는 않을 것이다. 디올(Dior)과 샤넬(Chanel) 등 많은 명품업체가 팬데믹 이후 수요가 강할 때 가격을 급격히 인상했다. 증권사 번스타인(Bernstein) 소속 애널리스트들의 분석에 따르면, 많은 명품업체가 팬데믹 이전에는 제조 원가의 10배 수준에서 상품을 판매했으나 이후 가격을 크게 올려 제조 원가의 15배에 상품을 판매하고 있다. 이에 대한 소비자들의 반응은 냉담하다.

둘째, 좋은 성과를 내는 브랜드들은 공급망에 대한 통제력을 더욱 강화할 것이다. 특히 젊은 소비자들은 브랜드의 사회적·환경적 영향에 주목한다. 애널리스트들은 명품업체들이 언론의 부정적인 보도를 피하기 위해 공급업체를 인수하고 투명성을 높이기 위해 노력하고 있다고 말한다.

셋째, 새로운 디자인을 선보이는 럭셔리 하우스들이 보상을 받을 것이다. 많은 럭셔리 하우스들이 수년간 크리에이티브 팀을 쇄신하지 못했다. 그러나 2025년 의자 뺏기 게임이 모든 것을 바꿔놓았다. 샤넬, 구찌부터 발렌시아가(Balenciaga), 베르사체(Versace)까지 브랜드들은 새로운 크리에이티브 책임자와 함께 2026년을 시작할 예정이다. 덕분에 새로운 컬렉션에 대한 관심이 높아지고 있으며, 브랜드들은 높아진 관심이 매출 증대로 이어지길 기대하고 있다. 명품 이커머스 플랫폼 요옥스 넷-아-포르테(Yoox Net-a-Porter)의 최고경영자였던 페데리코 마르체티(Federico Marchetti)는 과거에는 더 적은 컬렉션으로 더 혁신적인 디자인을 하는 독립 브랜드들이 많았다고 지적한다.

서구의 명품 시장은 침체를 겪고 있지만 다른 지역, 특히 중동과 아시아에서 새로운 세대의 소비층이 등장하고 있다. UBS는 2024년부터 2030년까지 인도에서 연간 소득 1만 달러 이상인 상위 20% 인구가 매년 15%씩 증가할 것으로 예상하고 있으며, 이는 인구 증가율을 훨씬 웃도는 수치다. 사치하며 부를 과시하려는 부유층이 늘어나는 한 디자이너 제품에 대한 수요는 계속될 것이다.

뜨거운 물

지열 에너지가 틈새 에너지원에서 필수 에너지원으로 전환될 전망이다

비제이 바이테스워런(Vijay Vaitheeswaran) | 〈이코노미스트〉 글로벌 에너지 및 기후 혁신 에디터

과거에 자연이 만들어낸 숨 막히게 웅장한 광경을 보고 싶다면 자이언(Zion)을 방문하라. 유타주 남서부에 자리잡고 있으며 아름다운 붉은 협곡과 험준한 봉우리가 있는 이 국립공원은 미국에서 사람들이 가장 많이 찾는 야외 명소 중 하나다. 그러나 미래에 자연의 힘을 활용하는 모습을 엿보고 싶다면 북쪽의 더 황량한 곳으로 가야 한다. 유타주 밀포드 외곽에는 능선으로 둘러싸인 바람 부는 평원이 있다. 이곳에서는 조용히 에너지 혁명이 진행 중이다.

빌 게이츠(Bill Gates), 구글(Google), 그 외 유력 투자자들이 지원하는 화제의 스타트업 페르보 에너지(Fervo Energy)가 바로 이곳에서 석유 시추 기술을 도입해 침체된 지열 산업을 원자력보다 더 큰 에너지원으로 바꿀 수 있음을 보여주고 있다. 아이슬란드나 뉴질랜드처럼 지열 활동이 활발한 지역을 제외하면 지금까지의 지열 발전은 지표로부터 너무 깊지 않은 곳에 높은 열과 압력, 물이 있어 기존의 시추 기술로 개발이 가능한 소수의 제한된 지역에서만 사용해왔다. 이러한 한계 때문에 지열 발전은 이탈리아에서 최초로 사용한 지 100

년이 넘었음에도 전 세계 전력의 1% 미만만을 공급하고 있다.

'심부 지열(enhanced geothermal)' 기술의 선구자들은 수압 파쇄법(fracking), 다각수평 시추법(multilateral drilling)과 같은 셰일 산업의 혁신 기술을 이용해 거의 모든 지역에서 지열 발전을 가능하게 할 수 있다고 생각한다. 그 선두에 페르보가 있다. 페르보는 네바다주 시범 사업지에서 자사 기술의 실효성을 입증했다. 현재 유타에서 발전 규모를 대폭 확대하면서 시추 시간을 전년 대비 70% 단축했고(다음 페이지 그래프 참조), 동시에 높은 온도와 유량을 달성했다. 2026년에는 전력망에 전력 공급을 시작할 것이다. 페르보는 전력 공급업체 서던캘리포니아에디슨(Southern California Edison)에 320메가와트 전력을 공급하기로 하는 지열 발전 사상 최대 규모의 상업 계약을 맺은 바 있다.

심부 지열 분야에는 페르보 외 경쟁사들이 있다. 하지만 다른 새로운 접근법들도 진전을 보이고 있다. '폐쇄 회로(Closed loop)' 시스템은 물을 소비하지도, 수압 파쇄에 의존하지도 않는다. 대신 시추 작업을 더 많이 하고 파이프도 더 많이 사용하여(따라서 비용이 증가한다) 지하에 작동 유체(working fluid)를 순환시키는 폐쇄된 시스템을 만든다. 캐나다의 선구적인 기업 이버(Eavor)는 독일 바이에른에 있는 시설에서 이 방식을 활용해 곧 열과 전력을 공급할 계획이다. 최근 미국의 폐쇄 회로 스타트업인 XGS 에너지(XGS Energy)는 페이스북의 모기업 메타(Meta)에 전력을 공급하기로 하는 계약을 체결했다.

풍력이나 태양광 발전과 달리 지열 에너지는 24시간 내내 '안정적인' 전력을 공급한다. 메타와도 계약을 맺은 미국의 스타트업 세이지 지오시스템즈(Sage Geosystems)는 지열 기술을 에너지 저장용으로 활용하는 방식을 개척하고 있다. 이 회사는 텍사스에서 파쇄된 우물에 고압으로 물을 주입해 에너지를 저장한 뒤 필요할 때 방출하여 터빈을 돌려 사실상 거대한 배터리를 구현한다. 미국 에너지부는 기존의 전망을 수정하여 현재 4기가와트 미만을 생산하는 지열 기술이 2050년까지는 최대 300기가와트, 즉 현재 미국 원자력 발전소 전체 생산량의 약 3배에 해당하는 에너지를 공급

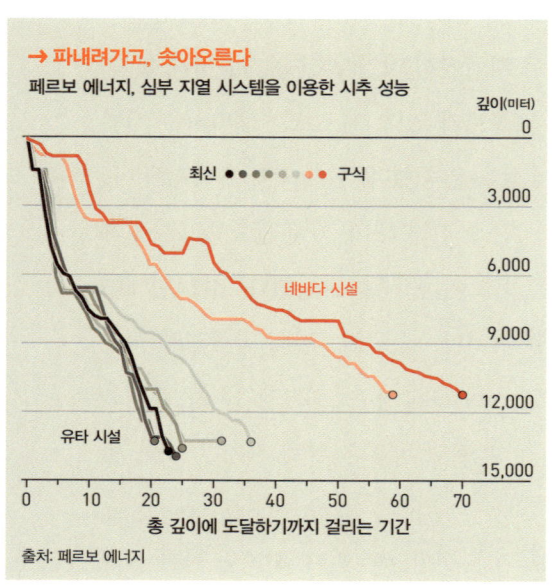

→ 파내려가고, 솟아오른다
페르보 에너지, 심부 지열 시스템을 이용한 시추 성능
출처: 페르보 에너지

할 수 있을 것이라고 예상한다. 국제에너지기구(International Energy Agency) 역시 장기 전망을 수정하여 현재 15기가와트에 불과한 전 세계 지열 발전의 잠재 용량이 2050년까지 800기가와트로 증가할 것이라고 제시했다. 2026년은 위대한 지열 발전의 르네상스가 시작되는 해가 될 것이다.

THE WORLD AHEAD 2026

FINANCE 금융

시장 규율에 대비하라

세계 각국의 국가 재정이 점점 더 위태로워지고 있다

헨리 커

일반적인 경기 둔화 국면이라면 2026년은 국채를 보유하기에 좋은 시기처럼 보일 것이다. 미국중앙은행(Fed)을 포함한 주요 중앙은행들이 금리를 인하하고 있으며, 세계 경제 성장률은 뚜렷하게 둔화되었고, 중국은 저물가의 함정에 빠져 있다. 미국 증시는 이미 놀라울 정도로 높은 평가를 받고 있어, 추가 상승을 상상하기 어려운 상황이다. 그렇다면 국채가 더 나은 선택이 아닌가?

하지만 세계는 재정적으로 혼란에 빠져 있다. 2026년에는 선진국들의 GDP 대비 국가 부채 비율이 110%를 초과할 것으로 예상된다. 관세 수입이 있음에도 불구하고, 미국 정부는 GDP의 최소 6%에 해당하는 금액을 차입할 가능성이 높다. 최근 몇 년간 중앙은행들이 단

기 금리를 인하하고 있지만, 채권 가격과 반대로 움직이는 장기 수익률은 상승하고 있다. 심지어 저금리 국가인 일본조차 더 이상 안전해 보이지 않는다. 최근 일본의 30년 만기 국채 수익률은 사상 최고치를 기록했다.

세계 주요 경제국 중 하나에서 재정 위기가 발생할 가능성이 점점 높아지고 있다. 그중에서도 프랑스는 가장 취약한 국가로 지목된다. 프랑스는 대규모 국가 부채, 큰 폭의 재정 적자, 높은 세금이라는 세 가지 문제를 동시에 안고 있으며, 성장을 해치지 않고 세금을 더 올릴 여지가 거의 없다. 재정 적자를 줄이기 위한 비교적 온건한 시도들조차 실패했고, 감당하기 어려운 예산 문제에 시달리는 가운데, 2년 사이에 벌써 다섯 번째 총리를 맞이했다.

미국에서도 재정적 위험이 감지되고 있다. 2026년 5월, 도널드 트럼프 대통령은 제롬 파월을 대신할 Fed 의장을 새로 임명할 예정이다. 유력 후보 중 한 명인 크리스 윌러는 2020년 트럼프 대통령에 의해 Fed 이사로 임명되었으며, 2025년 중반에는 조기 금리 인하를 주장한 바 있다. 윌러는 진지한 경제학자이며, 단순한 꼭두각시가 아니다. 그의 예측은 여러 차례 놀라울 정도로 정확하게 들어맞았다. 과거에도 대통령들은 윌러처럼 금리 인하에 우호적인 인물을 임명했지만, 막상 취임 후에는 인플레이션 억제에 강한 의지를 보여 실망한 경우가 많았다. 새 의장 하에서도 Fed가 인플레이션 목표에 대한 신뢰를 유지한다면, 중앙은행이 단기 금리를 인하할 경우, 미국의 장기 국채 수익률은 하락할 가능성이 높아진다.

하지만 중요한 인물은 윌러만이 아니다. Fed 이사 중 한 명이 갑작스럽게 사임함에 따라, 7명으로 구성된 Fed 이사회에 공석이 생겼고, 대통령은 현재 그 자리를 자신의 경제 고문 가운데 한 명인 스티븐 마이런(Stephen Miran)으로 임시로 채웠다. 이 자리는 2026년 1월에 다시 정식으로 임명되어야 한다. 또 다른 이사인 리사 쿡을 해임하려는 트럼프 대통령의 시도는 현재 법원에서 심리 중이며, 그 결과에 따라 또 하나의 자리가 비게 될 수도 있다. 그리고 제롬 파월이 Fed 의장직에서 물러나게 되면, 그는 Fed 이사로 계속 남을지 여부를 결정해야 한다. 만약 파월이 Fed를 완전히 떠난다면, 트럼프 대통령은 이론적으로 최대 세 자리를 새로 채울 수 있게 되어, Fed에 상당한 영향력을 행사할 수 있게 된다.

Fed에서 어떤 일이 벌어지든, 미국의 인플레이션율은 트럼프 대통령의 관세 정책 때문에 상승할 것이다. 그 영향은 아직 완전히 반영되지 않았으며, 계속해서 경제 전반에 퍼지고 있는 중이다. 대부분의 경제학자들은 결국 인플레이션이 다시 완화될 것이라고 보지만,

세계 주요 경제국 중 하나에서 재정 위기가 발생할 가능성이 점점 높아지고 있다.

시간이 꽤 걸릴 수 있다. 특히 Fed에 대한 불확실성과 맞물릴 경우, 채권 투자자들의 불안은 지속될 수 있다.

영국을 제외한 다른 나라에서는 인플레이션이 비교적 억제되고 있다. 그러나 물가 상승이 통제되고 있는 국가들조차도 자본이 더 희소해지고 그에 따라 더 높은 금리를 감수해야 하는 상황에 직면해 있다. 중앙은행들은 양적완화 정책을 축소하면서 보유하던 채권을 줄이고 있으며, 특히 영국의 연기금도 채권 시장에서의 투자 비중을 낮추고 있다.

한편, 미국의 대형 기술 기업들은 인공지능(AI) 인프라 구축에 막대한 자본을 쏟아 붓고 있다. 만약 주식시장의 기대처럼 AI가 실제로 경제에 큰 영향을 미친다면, 전 산업 분야에서 투자가 확대될 가능성이 크다. 자본 시장은 전 세계적으로 연결되어 있기 때문에, 미국에서 시작된 이 대규모 투자 흐름은 다른 나라에도 영향을 미쳐 금리를

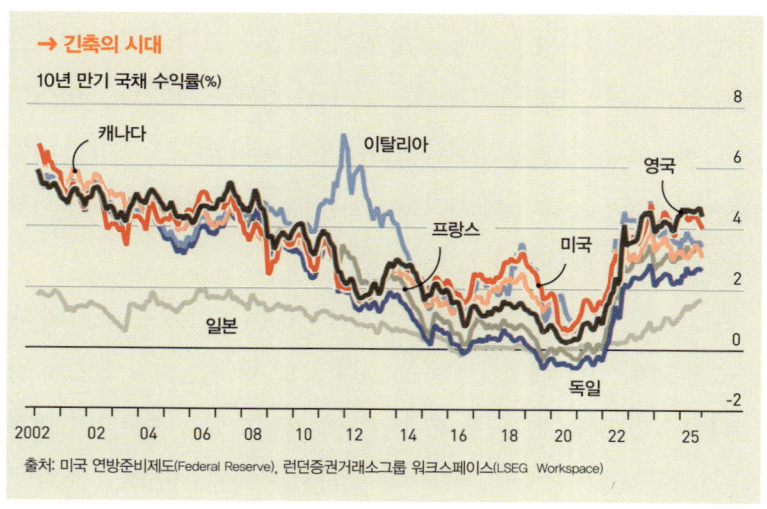

→ 긴축의 시대
10년 만기 국채 수익률(%)

출처: 미국 연방준비제도(Federal Reserve), 런던증권거래소그룹 워크스페이스(LSEG Workspace)

끌어올릴 수 있다. 그 결과, 인공지능을 적극적으로 도입하지 않는 국가들조차도 정부 재정에 부담을 느끼게 될 수 있다.

자본 부족은 차입 비용을 높이며, 이는 국가 채무에 대한 불안 심리를 자극해 위험 프리미엄까지 상승시킬 가능성을 키운다. 영국은 2022년에 이러한 채권 매도 사태를 겪었고, 당시 정부는 정책 방향을 수정했다. 하지만 프랑스처럼 많은 정치인들이 포퓰리즘의 도전에 직면해 긴축 재정을 실행하기 어렵다. 서구 정치권은 불안정하며, 결국 정부가 재정 균형을 맞춰야 한다는 현실에 직면할 때, 한정된 예산을 둘러싼 치열한 정치적 갈등에 대비가 되어 있지 않을 수도 있다. 채권 투자자들은 위기가 오히려 정치권의 인식을 바로잡는 계기가 되기를 바라고 있다.

 WHAT IF?

투자자들의 AI 스타트업에 대한 열기는 최고조에 달해 있다. 그중 가장 큰 기업은 오픈AI로, 세계에서 가장 가치 있는 스타트업이며 기업 가치는 5,000억 달러에 이른다. **만약에 오픈AI가 상장한다면 어떻게 될까?** 오픈AI가 복잡한 기업 구조를 정리한 만큼, AI 거품이 먼저 꺼지지만 않는다면, 주식시장 상장은 사상 최대 규모가 될 수도 있다.

바닥을 뚫을 수도

2026년에는 원자재 가격이 사상 최저치를 경신할 가능성이 있다

매튜 파바스(Matthieu Favas) | 〈이코노미스트〉 원자재 에디터

2020년 이후 원자재 시장은 아드레날린에 취한 듯 과열된 양상을 보였다. 팬데믹 시기의 혼란, 트럼프 대통령의 돌발 행동, 전쟁과 제재가 공급과 수요를 뒤흔들었기 때문이다. 하지만 2026년에는 전반적인 진정 국면이 나타날 수 있다. 개별 원자재들은 세 가지 범주 중 하나로 나뉠 것이다.

첫 번째 범주는 연료와 식량이다. 미국의 관세가 GDP 증가에 타격을 주고 중국의 경제 문제가 지속됨에 따라 이들에 대한 수요는 계속해서 억제될 것이다. 반면 공급은 풍부해 보인다. 미국, 카타르 등지에서 신규 프로젝트가 완료되면서 천연가스 생산량은 사상 최고치를 기록하고 있으며, 기후 온난화로 인해 혹한의 겨울이 줄어들 가능성도 있다. 2025년의 풍작으로 인해 밀, 옥수수, 대두의 글로벌 재고도 크게 늘었다.

이 범주에서 가장 주목할 만한 품목은 원유다. 미국이 러시아산 원유에 대해 전면적인 제재를 가하지 않는다면, 국제 시장에는 원유 공급이 과잉될 가능성이 크다. 트럼프 대통령은 중간 선거를 앞두고 휘발유 가격을 안정적으로 유지하려는 입장이기 때문에, 실제로 강력한 제재를 단행할 가능성은 낮다. 게다가 걸프 국가들 역시 최근 몇 년간 감산했던 생산량을 점차 회복하고 있어 공급 확대에 힘을 보태

고 있다. 이처럼 가격이 하락한 원자재에 대해 남은 질문은, 가격 하락이 저가 매수세를 자극할 수 있을지 여부다.

두 번째 범주는 수요가 높은 원자재이며, 그 중심에는 금이 있다. 정치적 불확실성, 지정학적 위기, 무역 충격, 미국의 금리 인하 전망 등이 투자자들의 안전자산 선호를 자극하면서

금에 대한 수요는 급증했다. 2025년에 온스당 4,000달러를 돌파한 금 가격은 정치적 돌발 변수와 미국의 높은 인플레이션, 전 세계적인 불안정성에 힘입어 4,500달러를 넘길 가능성도 있다. 개인 투자자와 중앙은행 모두 금을 계속해서 매입할 것이다. 은에 대한 수요도 지속될 전망이다.

세 번째 범주는 산업용 금속이며, 이의 흐름은 원자재 시장이 안정세를 유지할지, 디플레이션 국면으로 접어들지를 좌우할 것이다 이 범주의 대표 주자는 구리로, 전통적으로 세계 경제의 건강 상태를 가늠하는 지표로 여겨진다. 2025년 7월, 트럼프 대통령이 구리 수입에 50%의 관세를 부과하겠다고 발표하자 미국 주요 원자재 거래소에서 구리 가격은 사상 최고치를 기록했다. 이후 관세가 원자재가 아닌 구리 제품에만 적용된다는 발표로 가격이 하락했지만, 관세 확대 우려로 다시 상승했다.

2026년에도 구리는 변동성이 큰 요인들에 계속 흔들릴 것이다. 관

세는 세계 경제에 타격을 줄 것이며, 불확실성은 달러 강세를 유도해 다른 통화로 구리를 구매하는 제조업체들의 구매력을 약화시킬 수 있다. 하지만 Fed의 금리 인하는 그 반대 효과를 낼 수도 있다. 전기차의 글로벌 판매가 충분히 빠르게 증가한다면, 배터리, 전선, 모터에 사용되는 구리 수요는 폭발적으로 증가할 수 있다. 공급망은 차질을 빚을 수 있고, 신규 프로젝트는 지연될 수 있다. 중국 공장이 회복될 가능성도 있다. 하지만 투자자들은 시간이 흐르면서 구리가 원자재 시장의 침체 분위기를 반전시켜줄 것으로 기대한다.

흔들리는 자유무역, 멈추지 않는 흐름

미국의 관세는 세계 무역의 구조를 바꾸었지만, 그 규모를 줄이지는 못했다

알렉스 도마시(Alex Domash) | 〈이코노미스트〉 경제 특파원

2025년은 자유무역에 있어 가장 혹독한 해 중 하나였다. 2025년 4월, 도널드 트럼프의 '해방의 날(Liberation Day)' 선언은 전 세계에 충격을 안겼으며, 그가 부과한 관세는 동맹국과 경쟁국을 가리지 않고 적용되었다. 이 발표는 규칙 기반의 무역 체제를 사실상 붕괴시키며 세계무역기구(WTO)의 취약성을 드러냈고, 미국이 그 수호자의 역할에서 물러났음을 확실히 보여줬다.

그러나 미국이 평균 관세를 100년 만에 최고 수준으로 끌어올렸음에도 불구하고, 세계 무역은 계속 움직였다. WTO는 10월에 2025년

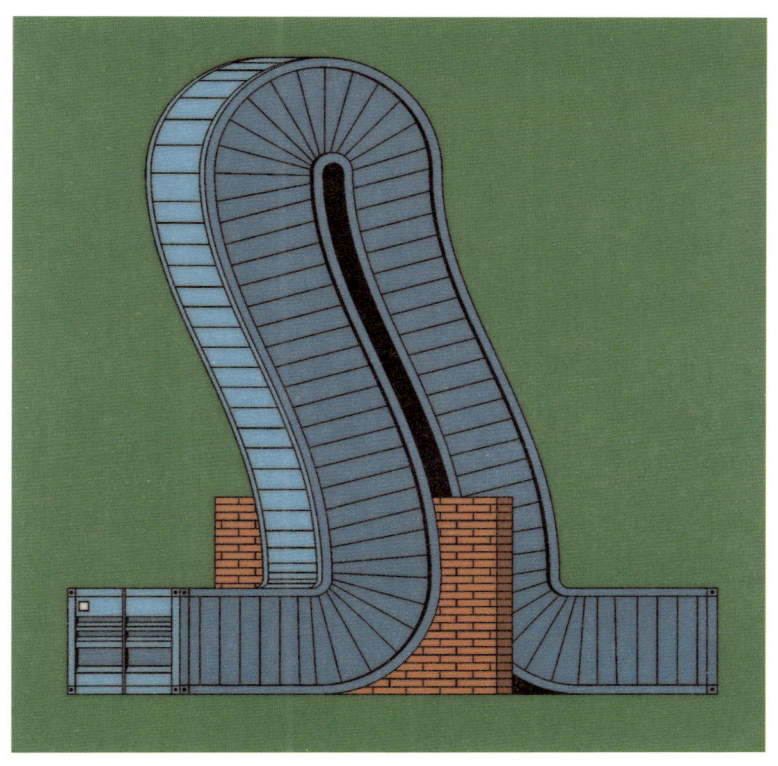

상품 무역 성장률 전망치를 연초 0.9%에서 2.4%로 상향 조정했다. 수출국들은 빠르게 적응했다. 트럼프 관세의 주요 표적이었던 중국의 수출은 2025년 첫 9개월 동안 전년 동기 대비 미국으로의 수출이 15% 이상 감소했음에도 불구하고 전체적으로 6% 증가했다. 중국은 산업 잉여분을 새로운 시장으로 재배치했고, 그 결과 유럽연합(EU)으로의 수출은 약 8%, 동남아시아국가연합(ASEAN)으로는 16%가량, 아프리카로는 25%가량 증가했다. 다른 국가들도 이에 발맞췄다. 베트남은 유럽으로 농산물 수출을 늘리고 있고, 인도는 걸프 지역으로 섬유 수출을 확대하고 있으며, 브라질은 중국으로 쇠고기 수출을 확

도널드 트럼프의 관세 정책은 각국 간 새로운 무역 협정 경쟁을 촉진했다.

대하고 있다. 하지만 이러한 민첩성에도 불구하고, 구조적 제약은 여전히 존재한다.

2026년 무역 전망은 세계 각국이 미국의 관세 장벽과 중국의 산업 과잉에 어떻게 대응하느냐에 달려 있다. 많은 나라들에 보호무역주의는 가장 손쉬운 선택지가 되고 있다. 트럼프 대통령의 환심을 사기 위해, 멕시코는 중국산 자동차에 50%의 관세를 부과하겠다고 발표했다. 다른 나라들도 중국의 우회 수출품의 급증을 우려해 방어적인 조치를 취하고 있다. EU는 중국산 철강 수입 할당량을 거의 절반으로 줄이고 관세를 50%로 2배 인상할 준비를 하고 있다. 동남아시아 전역에서는 각국 정부가 자국 기업을 중국산 수출품으로부터 보호하기 위한 조치를 검토 중이다.

동시에 미국 수요를 대체할 시장을 찾기 위한 노력은 무역 외교의 흐름을 재편하고 있다. 트럼프 대통령의 관세 정책은 각국이 자유무역협정을 통해 장기적인 시장 접근권을 확보하려는 경쟁을 촉발시켰다. 그중에서도 EU가 가장 활발히 움직이고 있다. 트럼프 대통령 당선 직후, EU는 25년간 협상이 지체되었던 브라질과 아르헨티나를 포함한 남미 블록인 메르코수르(Mercosur)와 협정을 체결했다(아직 비준되지는 않았다). EU는 인도네시아와도 협정을 마무리했으며 2026년 초까지 인도 및 아랍에미리트와도 협정을 체결하길 기대하고 있다. 브라질은 캐나다와의 협상을 재개하고 일본과의 대화를 시작했으며, 2026년에 멕시코와의 협정 체결을 목표로 하고 있다. 캐나다는 인도네시아와 협정을 체결했으며, 2026년 중 ASEAN과의 협상도 마무리하길 바라고 있다.

양자 간 협정 외에도, 규칙 기반의 무역 체제를 지탱하려는 조심스러운 노력들이 이어지고 있다. WTO는 제 기능을 못하고 있지만 여전히 명맥을 유지하고 있다. 미국조차도 디지털 수출에 대한 관세 유

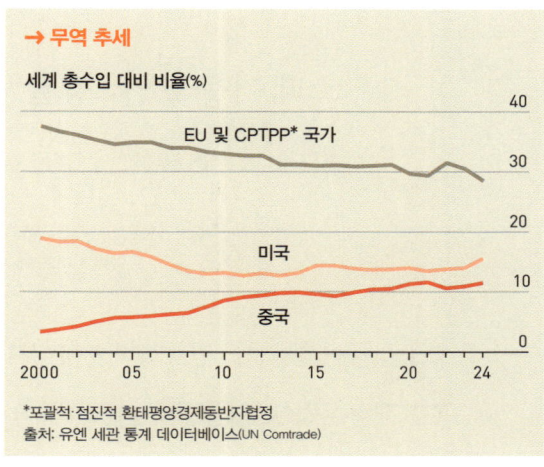

예 조치 연장과 WTO 대사 임명을 추진하며 WTO의 일부 기능을 유지하려고 한다. 소규모 경제국들은 계속해서 제소하고 개혁을 요구하고 있다. 중국은 개발도상국 지위를 포기하겠다고 약속했으며, 브라질에서 인도네시아에 이르기까지 많은 국가들이 WTO를 강화할 필요성을 언급하고 있다. 하지만 개혁은 느리게 진행될 것이다.

규칙 기반의 무역 질서에는 이를 이끌어 갈 주체가 필요하다. EU가 그 역할을 맡을 수 있을까? 일부에서는 EU를 포괄적·점진적 환태평양경제동반자협정(CPTPP)과 연계하려는 아이디어를 제시하고 있다. CPTPP는 호주, 캐나다, 칠레, 일본, 멕시코 등 12개국이 참여하고 있으며, 전 세계 GDP의 14%를 차지한다. EU는 이들 중 많은 국가들과 이미 무역 협정을 맺고 있다. 그러나 이러한 통합은 여전히 실현 가능성이 낮다. CPTPP는 미국의 기준에 맞춰 설계되었고, 규제 기준은 상대적으로 느슨하다. 2026년에 거대한 동맹의 출현은 아직 요원하다. 분열이 계속되겠지만, 자유 무역 질서를 유지하려는 노력 또한 계속될 것이다.

스테이블코인: 정말 안정적인가?

디지털 토큰을 둘러싼 전쟁은 절정에 이를 것이다

마이크 버드(Mike Bird) | 〈이코노미스트〉 월스트리트 에디터

스테이블코인이 암호화폐 분야에서 가장 주목받는 자산으로 떠오르면서, 2025년은 그 발행자들에게 있어 매우 성공적인 한 해였다. 새로 출범한 미국 행정부는 이전 정부들보다 훨씬 친(親)암호화폐 성향을 보였다. 시장은 50% 이상 성장하여 총 3,100억 달러 규모로 확대되었다. 스탠다드차타드은행은 이 시장이 2028년 말까지 2조 달러 규모에 이를 수 있다고 전망했다.

스테이블코인은 일반적으로 미국 달러와 같은 다른 자산에 대해 안정적인 가치를 유지하도록 설계된 디지털 자산이다. 특히 국가 간 거래에서 다른 자산보다 더 저렴하고 쉽게 거래될 수 있으며, 거래는 디지털 원장에 기록된다. 이 산업은 2025년 7월 도널드 트럼프가 GENIUS법(Guiding and Establishing National Innovation for U.S. Stablecoins Act)에 서명하면서 공식적인 승인을 받았다. 이 법은 스테이블코인 발행자가 투자할 수 있는 자산(대부분 매우 안전한 미국 단기 국채)을 명확히 했으며, 미국 금융 규제 기관 중 가장 강력한 감독 권한을 가진 증권거래위원회(SEC)의 규제를 받지 않도록 했다. 이는 암호화폐 업계가 원하던 모든 것이었다.

하지만 2026년에는 회의론자들과 기존 금융권이 암호화폐 혁명에 맞서 반격을 시도할 것이다. 특히 유럽에서는 정책 입안자들이 민간

발행 스테이블코인에 대해 훨씬 더 냉담한 태도를 보이고 있다. 유럽중앙은행(ECB)은 화폐 발행 권한이 민간에 넘어갈 가능성을 경계하며, 자체적으로 유로화 기반의 공공 디지털 화폐 대안을 마련할 계획이다. ECB는 2026년 초까지 디지털 유로에 대한 정치적 합의를 도출하고, 이를 바탕으로 2029년경에는 실제 통화를 출시하는 것을 목표로 하고 있다.

2025년에 암호화폐를 수용한 은행들조차도 스테이블코인을 위협으로 보고 있다. 전통적인 금융기관들은 스테이블코인이 자신들의 핵심 자금 조달 방식인 소매 예금에 도전할 수 있다고 우려한다. 은행들은 GENIUS법에 따라 규제되는 '결제용 스테이블코인'이 보유자에게 수익을 제공하지 못하도록 로비를 벌였고, 그 싸움에서 승리했다. 그러나 그들은 이 싸움이 완전히 끝난 것이 아니라고 보고 있다. 업계 단체인 은행정책연구소(Bank Policy Institute)는 스테이블코인 발행자가 법의 허점을 이용해 간접적으로 보유자에게 수익을 제공할 수 있을 것으로 보고 있으며, 이는 전통적인 은행 계좌에서 스테이블코인으로의 자금 이탈을 초래할 수 있다고 우려한다.

하지만 미국의 규제가 명확해지면서 업계에 대한 우려는 어느 정도 해소되었다. 과거에는 스테이블코인이 미국 외에서 발행되었고, 다양한 자산에 투자되었다. 2022년에는 테라(Terra)라는 스테이블코인이 갑작스럽게 붕괴되어 거의 모든 가치를 잃었다. 가장 규모가 큰 스테이블코인인 테더(Tether)는 아직까지 제대로 된 감사를 받은 적이 없다. 그러나 이제 GENIUS법의 시행으로 인해, 적어도 미국 내에서 운영하려는 스테이블코인 발행자들이 보유할 수 있는 자산의 범위는 훨씬 명확해졌다. 이는 향후 붕괴 가능성을 크게 줄여줄 것으로 기대된다.

은행들, 회의적인 정책 입안자들, 그리고 전통적인 결제 기업들 모두 스테이블코인 혁명이 조용히 사그라지기를 바라고 있다. 그들이 스테이블코인을 저지하려는 노력은 2026년에 한층 강화될 것이다. 그러나 업계 성장에 대한 가장 낙관적인 전망이 어느 정도라도 맞아떨어진다면, 그들의 노력은 너무 늦고, 너무 부족했을 수 있다.

질투로 물든 달러화

달러의 지배력이 도전을 받고 있지만, 아직은 제한적이다

세리언 리치먼드 존스(Cerian Richmond Jones) | 〈이코노미스트〉 국제 경제 특파원

개발도상국에게 달러화 약세는 일반적으로 긍정적인 신호로 받아들여졌다. 부유한 국가들보다 가난한 정부들이 달러로 더 많이 차입하기 때문에, 달러화 가치가 하락하면 그들의 부채 부담이 줄어들기 때문이다. 2025년 상반기 동안 달러는 다른 선진국 통화 대비 약 10% 하락했다. 그러나 이번에는 상황이 달랐다. 대부분의 개발도상국 정치권은 당혹감을 감추지 못했다.

그 이유는 달러 가치 하락이 도널드 트럼프 대통령의 무역 전쟁에 대한 시장의 반응으로 발생했기 때문이다. 트럼프 대통령은 취임 이후 세계 자유무역을 규율해온 원칙들을 무시하고, 미국의 모든 교역 상대국을 강력한 관세와 무역 제한 조치로 위협했다. 이러한 불확실성 속에서 개발도상국들이 대출자에게 추가로 지불해야 하는 리스크 프리미엄이 상승했다. 달러화가 약세를 보였음에도 불구하고, 달러화 차입 비용은 트럼프 대통령 취임 이후 오히려 상승했다.

실제로 관세가 부과되었을 때 그 충격은 많은 이들이 예상했던 것보다 약했다. 상당수의 상품이 면제되었기 때문에 평균적으로 각국 수출품의 가치 대비 부과된 관세는 18%에 불과했으며, 이는 트럼프 대통령이 약속했던 전면적 30%보다 낮은 수준이다. 그러나 달러화 가치는 아직 회복되지 않았고, 개발도상국의 달러화 차입 비용

→ 달러화 비중 하락
전 세계 외환보유고 중 달러화 비율(%)
출처: IMF, 세계은행, UNCTAD, JP모건

도 여전히 높은 수준이다. 이에 따라 많은 국가들이 대안 통화를 적극적으로 모색하고 있다. 달러화는 세계 기축통화로서의 안정성을 수십 년간 점차 잃어왔다(그래프 참조). 과연 이 전환이 2026년에 가속화될까?

개발도상국들은 이미 달러로 차입하고 무역을 하고 있기 때문에, 다른 통화보다 달러로 거래하는 것이 더 간단하고 저렴하다. 트럼프 대통령은 이 두 가지 활동 모두를 덜 매력적으로 만들었다. 하지만 미국을 제외한 무역은 활기를 띠고 있다. 2025년 상반기 동안 중국의 대(對) 아프리카 수출은 25% 가까이 증가했고, 동남아시아로의 수출도 20% 늘었다. 많은 개발도상국들은 자국의 무역 비중에 맞춰 다양한 통화로 외환보유고를 보유하고 있다. 이러한 추세가 2026년까지 이어진다면, 각국 중앙은행들은 달러를 급속히 처분하게 될 수도 있다.

다른 국가들은 이 전환 과정을 가속화하기 위해 유인책을 제공할 의향이 있다. 기축통화를 발행하는 국가는 과도한 특권, 즉 자국 부채에 대한 할인 혜택을 누린다. 중국은 주요 무역 파트너들에게 통화 스와프 라인을 제공하고 있으며, 40개국 이상이 위안화 긴급 외환보유고 확보를 위해 이 제안을 수용했다. 중국인민은행은 러시아, 인도 및 다른 브릭스(BRICS) 회원국들과 함께 달러의 필요성을 우회하는 디지털 결제 시스템을 구축 중이다. 목표는 충분한 국가들을 참여시켜 달러의 지배력을 약화시키는 것이다. 관계자들은 2026년에는 실질적인 진전이 있을 것으로 기대하고 있다.

중국은 중앙은행 외환보유고에서 미국 달러의 지배력을 일부 약화시키는 데 성공했다. 현재 전 세계 외환보유고 중 달러화 비중은 60%로, 20년 만에 가장 낮은 수준이다. 그러나 그 이상으로 나아가는 것은 쉽지  않다. 정책 입안자들은 달러의 특정 용도를 대체할 수 있는 수단을 갖고 있지 않기 때문이다. 달러화 기반의 외환 거래는 여전히 전체의 90%를 차지하고 있다. 미국이 전 세계 무역에서 차지하는 비중은 10%도 되지 않지만, 무역의 절반은 여전히 달러화로 결제된다. 달러의 지위를 실질적으로 약화시키려면, 트럼프 대통령이 2025년에 가한 것보다 훨씬 더 큰 피해를 세계 경제에 입혀야 할 것이다.

방 안의 코끼리

곧 세계 4위 경제 대국이 될 인도, 하지만 여전히 가난하다

레오 미라니(Leo Mirani) |〈이코노미스트〉아시아 특파원, 뭄바이

인도는 2026년 초에 놀라운 성과를 달성할 예정이다. 2026년 3월, 회계연도가 종료될 무렵, 인도는 일본을 제치고 세계 4위의 경제 대국이 되며, 3위인 독일과의 격차도 눈에 띄게 좁힐 것이다.

이러한 이정표는 단순한 자랑거리를 넘어, 인도의 눈부신 경제 도약을 상징한다. 21세기 초만 해도 일본은 미국 다음으로 세계 최대 경제국이었고, 인도는 상위 10위권에도 들지 못했다. 그 이후 인도는 브라질, 멕시코, 캐나다를 비롯해 여러 유럽 국가들, 그리고 과거 식민 지배국이었던 영국까지도 빠르게 추월했다. 국제통화기금(IMF)은 2030년까지 인도가 미국과 중국 다음으로 세계 3위 경제국이 될 것으로 전망한다.

이러한 번영의 열매는 인도 전역에서 확인할 수 있다. 인도 도시에는 고층 건물과 고급 주택이 들어섰고, 고속도로에는 차량이 넘쳐나며, 주식 시장은 거대하고 활기를 띠고 있다. 가장 중요한 것은 수억 명의 사람들이 극심한 빈곤에서 벗어났다는 점이다. 4억 명 규모의 중산층이 등장했고, 그 수는 계속 증가하고 있다. 인도 국민들과 정부는 이러한 성공을 축하할 만하다.

하지만 아직 샴페인을 터뜨릴 때는 아니다. 인도는 눈부신 성장을 이루었음에도 불구하고 여전히 빈곤국이다. 인도의 발전을 보여주는

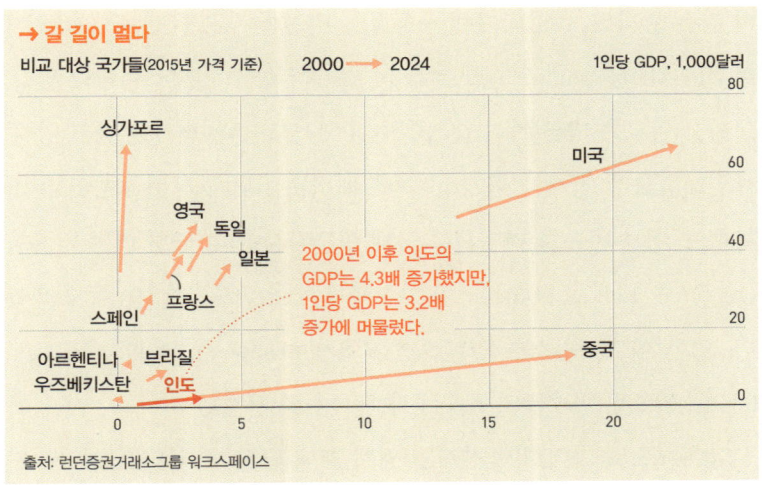

더 의미 있는 지표는 경제 규모가 아니라 1인당 GDP다. 인도는 곧 전체 GDP에서 일본을 앞설 것이지만, 일본보다 11배 많은 인구를 가진 만큼, 전체 GDP가 국민 개개인에게 돌아가는 몫은 훨씬 적다. 생활비를 반영한 1인당 GDP에서 인도는 세계 126위에 머물러 있다. 이는 25년 전 152위였던 것에 비하면 개선된 것이지만, 1인당 GDP는 약 1만 2,000달러로 요르단이나 우즈베키스탄과 비슷한 수준이며, 신흥국 평균의 약 3분의 2에 불과하다.

인도의 경제 성장을 평가하는 또 다른 방법은 국민들의 삶이 얼마나 나아졌는지를 살펴보는 것이다. 세계은행에 따르면, 절대 빈곤율은 2012년부터 2022년까지 10년 동안 27%에서 5%로 급감했다. 그러나 절대적인 숫자는 여전히 충격적이다. 2022년 기준으로 영국 인구보다 많은 7,500만 명이 하루 3달러 미만으로 생계를 유지하고 있다. 또 다른 2억 6,700만 명은 멕시코 인구의 2배에 달하는 수치로, 하루 4.20달러 미만으로 겨우 살아가고 있다. 이는 세계은행이 인도와 같은 중하위 소득 국가에 적용하는 빈곤선이다. 인도는 글로벌 기아 지수(Global Hunger Index)에서 123개국 중 102위에 머물러 있다. 그리고 인도는 다른 여러 순위와 지표에서도 낮은 평가를 받고 있다. 예일대학교가 집계한 환경성과지수에서는 180개국 중 176위를 기록했고, 언론 자유를 측정하는 국제 언론감시단체 '국경 없는 기자회(Reporters Without Borders)'의 지수에서는 180개국 중 151위에 올랐다. 또한 이코노미스트 인텔리전스 유닛(Economist Intelligence Unit, EIU)이 발표한 민주주의 지수에서는 41위를 차지했다.

상대적으로 미미했던 경제를 세계 최대 규모 중 하나로 성장시킨 것은 인도 지도자들의 엄청난 성과다. 그러나 경제 규모가 전부는 아니다. 수억 명의 인도인들이 증명하는 것처럼, 삶의 질 또한 중요하다.

세계 경제는 많은 이들이 우려했던 것보다 더 강한 회복력을 보여주고 있다. 전면적인 무역 전쟁이라는 악몽은 지금까지는 피할 수 있었고, 세계적인 경기 침체도 마찬가지다. 기업들은 무역 혼란에 적응하고 있으며, 특히 신흥 시장에서의 과거 개혁은 빠르게 변화하는 환경 속에서 각국이 대응하는 데 도움을 주었다.

그러나 전망은 여전히 미지근하고 불확실성에 가려져 있다. 이 불확실성의 안개는 쉽게 걷히지 않을 것이다. 극도로 불확실한 시대, 이것이 정책 결정자, 기업, 소비자들이 직면한 새로운 경제 현실이다.

IMF 직원들이 공동 개발한 불확실성 지표는 이러한 상황을 보여준다. 시장의 변동성 지표와 기업 설문조사는 투자자와 기업들이 경제 전망에 대해 비교적 낙관적임을 시사하지만, 전반적인 정책 불확실성은 사상 최고 수준에 이르렀다.

왜 이렇게 명확성이 부족한가? 우선, 새로운 글로벌 무역 체제는 아직 정착되지 않았다. 미국과 그 무역 파트너들 간의 협상은 계속되고 있으며, 다른 국가들은 새로운 동맹을 형성하고 있다. 한편, 무역수지를 근본적으로 좌우하는 국내 불균형은 여전히 고착화되어 있다.

그러나 불확실성의 원인은 훨씬 더 깊은 데 있다. 지정학적 동맹은 분열되고 있으며, 군사적 갈등은 장기화되고 있다. 세계 곳곳에서 사회적 불안이 고조되고 있으며, 사람들은 더 나은 기회와 더 큰 책임을 요구하고 있다. 저성장과 높은 공공 부채의 결합은 재정 지속 가능성에 대한 의문을 제기하고 있

국제통화기금(IMF) 총재 **크리스탈리나 게오르기에바**(Kristalina Georgieva)는 "세계적인 불확실성은 앞으로도 지속될 것"이라고 말한다.

초대석
안개 속을 항해하며

저성장과 높은 국가 부채의 결합은 재정 지속 가능성에 대한 의문을 제기하고 있다.

금융 | FINANCE

으며, 인구 구조 변화에서 국방 수요에 이르기까지 다양한 지출 압력 속에서 정부가 이러한 사회적 요구에 대응할 수 있는 능력을 제한하고 있다.

글로벌 금융 시스템은 겉보기에는 평온해 보이지만 그 이면에서는 큰 변화가 일어나고 있다. 스테이블코인과 같은 새로운 형태의 금융, 비은행 금융기관과 같은 새로운 주체들이 등장하고 있다. 이 모든 일은 많은 국가에서 고령화, 심화되는 환경 피해, 그리고 급속한 기술 발전이라는 배경 속에서 벌어지고 있다.

이는 매우 복잡하고 어려운 환경이지만, 그 미래의 윤곽은 적어도 어느 정도 드러나 있다. 특히 선진국에서는 인구 구조와 강화된 이민 정책이 맞물려 성장에 제약을 가하게 되며, 이는 정부 재정에 더 큰 압박을 가할 것이다. 인공지능은 경제 전반에 깊숙이 자리 잡고 노동 시장에 혼란을 야기할 수 있지만, 동시에 생산성을 높일 가능성도 있다. 대형 기술 기업들의 주가가 이러한 가능성을 반영하고 있는 만큼, 인공지능이 얼마나 빠르게 예상된 생산성 향상을 실현하느냐에 따라 금융 안정성에도 영향을 미칠 수 있다.

글로벌 합의의 공통 기반이 줄어들면서, 더 많은 에너지가 양자 및 지역 무역 협정에 집중될 것이다. 최근 세계 곳곳에서 발생한 사회적 불안은 제도와 지도자들에 대한 신뢰가 약화되었음을 보여주며, 이를 회복하기 위해서는 단호한 노력이 필요하다.

이러한 힘들이 어떻게 상호작용할지는 예측하기 어렵지만, 각국이 오늘 내리는 정책 결정이 앞으로 펼쳐질 환경의 궁극적인 형태를 결정할 것이라는 점은 분명하다.

첫째, 국가들은 기본을 바로잡아야 한다. 이는 부채를 줄이고 재정 여력을 회복하여 다음 충격에 대응할 수 있도록 하는 것을 의미한다. 대부분의 경우, 예산 통합은 점진적으로 이루어져야 하며, 성장 지원과 우선 지출 보호에 중점을 두어야 한다. 중앙은행은 물가 안정과 성장 위험 사이의 균형을 맞추기 위해 통화 정책을 신중하게 조율해야 한다. 제도를 보호하는 것은 거시경제 및 금융 안정성을 강화하고, 대중의 지지를 유지하는 데 핵심적인 역할을 한다.

둘째, 각국은 과도한 대외 불균형을 줄여야 하며, 이를 위해 국내 거시경제 조정부터 시작해야 한다. 저축이 과도한 국가들은 국내 수요를 촉진하기 위한 조치를 취해야 하며, 다른 국가들에서는 재정 통합이 균형 회복을 위한 해법이 될 수 있다.

셋째, 지속적인 성장을 이끌어내야 한다. 기업가 정신과 혁신을 장려하는 개혁은 생산성을 높이고 인공지능(AI)과 같은 신기술의 잠재력을 실현하는 데 필수적이다. 각국은 무역을 성장의 원동력으로 유지하기 위해 노력해야 한다.

앞길이 흐릿하긴 하지만, 세계 경제가 가속화되는 시나리오를 상상해볼 수 있다. AI가 생산성을 끌어올리고, 갈등이 종식되며, 새로운 무역 균형이 형성되고, 금융 안정성이 유지되는 것이다. 세계 경제를 안정시키고 전 세계 사람들에게 기회를 창출하는 스마트한 정책을 통해 우리는 불확실성의 안개 속에서도 앞으로 나아갈 길을 찾을 수 있다.

THE WORLD AHEAD 2026

SCIENCE & TECHNOLOGY 과학 & 기술

밥 한 그릇 추가

최신 체중 감량 약물은 복용이 더 간편해지고,
효과가 더 뛰어나며, 지속 시간도 더 길다

나타샤 로더(Natasha Loder) | 〈이코노미스트〉 건강 에디터

GLP-1 작용제로 알려진 체중 감량 약물이 10년 전 시장에 등장한 이후로 수요가 급격히 증가해왔다. 2024년 기준, 전 세계적으로 이 약물에 지출된 금액은 540억 달러에 달하며, 앞으로도 계속 증가할 전망이다. 위고비(Wegovy), 오젬픽, 마운자로(Mounjaro), 젭바운드(Zepbound)와 같은 브랜드명으로 더 잘 알려진 이 약물들은 단순한 체중 감소를 넘어서는 효과를 지니며 심장, 간, 신장과 관련된 다양한 질병의 위험도 낮추는 것으로 보인다. 제약회사들이 이 시장에서 점유율을 높이기 위해 치열하게 경쟁하면서, 2026년에는 다양한 신약이 시장에 출시될 것으로 예상된다.

가장 큰 변화 중 하나는 최초의 경구용 GLP-1 약물의 등장이다.

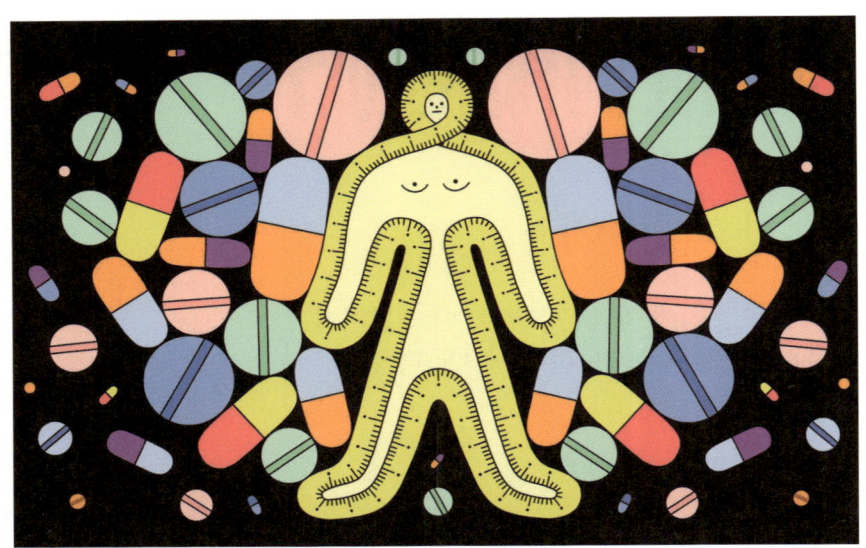

위고비와 오젬픽을 만든 덴마크 회사 노보 노디스크(Novo Nordisk)는 이 약물의 활성 성분인 세마글루타이드(semaglutide)를 알약 형태로 출시할 준비를 하고 있으며, 1년 복용 시 평균 체중 감소율은 16.6%에 달한다. 마운자로와 젭바운드를 생산하는 미국 제약사 일라이 릴리의 경쟁 알약인 오포글리프론(orforglipron)은 12.4%의 체중 감소 효과를 보였다. 알약은 1년 후 체중을 16~23%까지 줄일 수 있는 주사제보다 효과는 떨어지지만, 복용 편의성은 훨씬 뛰어나다. 그러나 임페리얼칼리지 런던의 아흐메드 아흐메드(Ahmed Ahmed)는 통제된 임상 환경이 아닌 실제 환경에서는 이러한 결과를 얻기 어려울 수 있다고 지적한다. 주 1회 주사 대신 매일 복용하는 알약은 환자들이 복용을 잊거나, 원치 않는 부작용을 피하기 위해 가끔 복용을 건너뛸 가능성이 더 높기 때문이다.

한편, 주사제의 개선된 버전도 출시를 앞두고 있다. 2026년에는 릴리의 새로운 후보 약물인 레타트루타이드(retatrutide)에 관심이 집중될 것이다. 이 약물은 체중 조절에 관여하는 세 가지 수용체를 동시에 활성화하는 '트리플 작용제' 주사제로, 체중 감량 약물계의 '고질라(Godzilla)'로 불릴 만큼 강력한 효과를 지닌다. 2상 임상시험에서는 참가자들이 48주 동안 평균 24%의 체중을 감량했다. 이런 결과는 더 대규모의 3상 시험에서의 재현 과정이 남아 있다. 해당 시험 결과는 2025년 말에 발표될 예정이다. 그다음으로 주목할 만한 약물은 노보 노디스크의 카그리세마(CagriSema)다. 이 약물은 위고비와 포만감을 유도하는 분자인 아밀린(amylin)의 유사체를 결합한 것으로, 3상 시험에서 23%의 체중 감소 효과를 보였다.

> **주목할 변화 중 하나는 알약 형태의 체중 감량 약물의 등장이다.**

또한, 일부 기업들은 주간이 아닌 월간 투여가 가능한 장기 지속형 GLP-1 주사제를 개발 중이다. 미국 제약사 암젠(Amgen)은 마리타이드(MariTide)라는 월간 주사제를 개발했는데, 3상 임상 시험에서 확인이 필요하지만 1년 후 약 20%의 체중 감소 효과를 제공하는 것으로 보인다. 또한 GLP-1 약물 사용 시 발생할 수 있는 근육량 감소를 완화하기 위한 새로운 치료법 개발도 진행 중이다. 일라이 릴리는 골격근량을 증가시키는 수용체에 결합하는 항체 약물인 비마그루맙(bimagrumab)을 개발 중이다. 지금까지의 시험 결과에 따르면, 이 약물을 세마글루타이드와 병용할 경우 72주 후 체중이 22% 감소하며, 그중 93%는 지방 감소에 해당한다(세마글루타이드 단독 사용 시 지방 감소 비율은 72%다). 이 약물에 대한 임상시험은 2026년에도 계속될 예정이다.

신제품의 급증은 제약회사들의 수익 증대에 기여할 것이다. 하지

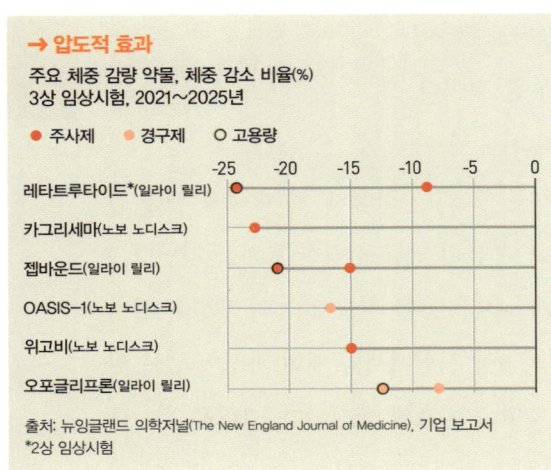

만 경쟁이 치료비용을 낮추는 효과도 가져올 수 있다. 1세대 약물이나 효과가 다소 떨어지는 약물은 더 낮은 가격에 판매될 가능성이 있기 때문이다. 일부 국가의 공공 의료 시스템은 향후 몇 년 안에 대규모 계약을 체결할 것으로 보이며, 이는 약품의 접근성을 확대하는 데 도움이 될 것이다. 또한 세마글루타이드의 특허가 2026년에 미국과 유럽을 제외한 많은 시장에서 만료됨에 따라, 제네릭 의약품 제조사들이 저렴한 복제약을 생산해 브라질, 중국, 인도 등 국가에서 공급을 확대할 수 있게 된다(그래프 참조).

한 모델에 따르면, 복제 세마글루타이드가 전 세계의 비만 및 당뇨병 환자에게 제공된다면 연간 210만~310만 명의 생명을 구할 수 있다고 한다. 게다가 GLP-1 약물은 심혈관 질환 발생을 줄이고, 수면 무호흡증을 개선하며, 신장과 간을 보호하고, 중독 성향을 완화하는 데에도 효과가 있는 것으로 알려져 있다. 초기 데이터는 암과 알츠하이머병의 위험을 낮출 가능성도 암시하고 있다. 이러한 GLP-1 약물의 예상치 못한 부수적인 효과에 대한 더 많은 연구 결과가 향후 몇 달 안에 발표될 것이다. 어떻게 보든, 2026년은 이 놀라운 약물들에 결정적인 해가 될 것으로 보인다.

전 세계로 퍼지는 체중 감량 열풍

특허 만료와 함께, 체중 감량 약물이 전 세계로 확산된다

샤일레시 치트니스

당뇨병과 체중 감량을 치료하는 약물은 이제 상업적·문화적 현상으로 떠올랐다. 하지만 공급 부족과 매우 높은 가격 때문에 체중 감량 주사제는 주로 부유한 국가에서만 사용되고 있으며, 전체 판매의 3분의 2 이상이 미국에서 이루어지고 있다. 그러나 이러한 상황은 곧 바뀔 전망이다. 2026년 초, 위고비와 오젬픽의 주요 성분인 세마글루타이드의 특허가 브라질, 중국, 인도, 터키 등 주요 신흥 시장에서 만료된다. 이들 국가는 전 세계 비만 성인의 4분의 1이 거주하는 곳이다(다음 페이지 그래프 참조). 저렴한 복제약과 알약 형태의 새로운 치료법이 등장하면서, 2026년은 체중 감량 약물이 진정으로 세계화되는 해가 될 것이다.

인도는 소비와 생산을 모두 주도하며 이러한 변화의 중심에 설 것으로 보인다. 인도에는 약 8,400만 명의 비만 성인이 있어 잠재 시장 규모가 막대하다. 주요 생산업체인 노보 노디스크와 일라이 릴리의 주사제는 인도에서 월 약 200달러에 판매되며, 이는 미국 가격의 절반 이하지만 여전히 대부분의 사람들에게는 부담스러운 수준이다. 하지만 현재 최소 10가지 이상의 세마글루타이드의 복제약이 임상시험 후기 단계에 있으며, 2026년에 출시될 가능성이 있다. 현지 복제약은 가격을 최대 80%까지 낮출 수 있어 접근성을 크게 확대할

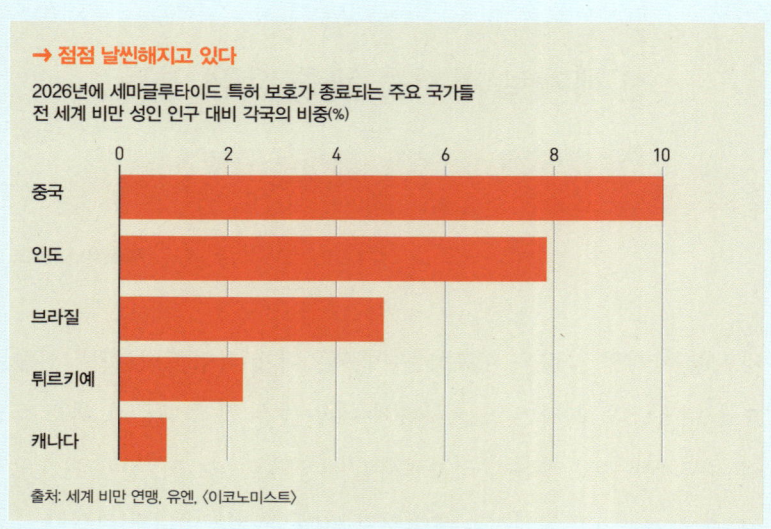

수 있다. 인도산 제품은 자국 시장을 변화시킬 뿐 아니라, 저렴한 체중 감량 주사제를 전 세계에 공급하는 데에도 기여할 것으로 기대된다.

중국 역시 핵심적인 역할을 수행할 것으로 예상된다. 기존 약물을 복제하는 것뿐만 아니라, 중국 기업들은 새로운 약물도 개발 중이다. 컨설팅 회사인 렉(Lek)에 따르면, 현재 약 30개의 새로운 비만 치료제가 후기 임상시험 단계에 있으며, 그중 일부는 효과가 개선되었거나 부작용이 줄어든 것으로 보인다. 2025년 5월, 중국 규제 당국은 일라이 릴리와 중국 바이오 기업 이노벤트(Innovent)가 공동 개발한 마즈두타이드(mazdutide)를 승인했다. 임상시험에서 이 약물은 릴리의 대표적인 비만 치료 주사제인 젭바운드와 체중 감량 효과 면에서 동등한 성과를 보였다. 서방 제약사들이 가장 유망한 중국산 약물 후보에 대한 라이선스 확보에 박차를 가하고 있다.

체중 감량 약물이 알약 형태로 등장하면서 접근성이 한층 개선될 것으로 보인다(앞 기사 참조). 릴리는 자사의 알약 오포글리프론의 2026년 승인에 대비해 수백만 개의 물량을 비축하고 있다. 알약은 특히 냉장 시설이 부족해 민감한 주사제를 유통하고 보관하는 데 어려움이 있는 저소득 국가에서 더욱 가치 있게 쓰일 것이다. 투자은행 리링크 파트너스(Leerink Partners)의 데이비드 라이징어(David Risinger)는 릴리가 이 알약으로 전 세계 시장을 빠르게 점유할 것으로 내다봤다.

이러한 변화는 파급 효과가 엄청날 것이다. NGO인 세계 비만 연맹(World Obesity Federation)은 2025년에 전 세계 성인의 5분의 2가 과체중이거나 비만이라고 추정한다. 2030년까지는 전체 성인의 거의 절반, 약 30억 명이 과체중 또는 비만이 될 수 있다. 새로운 약물의 접근성이 확대되면 막대한 효과를 기대할 수 있으며, 이는 체중 감량을 넘어 다양한 질환에도 도움이 될 것으로 보인다. 비용이 낮아지고 접근성이 높아지면서, 2026년은 단순한 상업적 이정표를 넘어 의학적 혁신의 해가 될 수 있다.

'약물 주사', 논란을 유발하다

인핸스드 게임은 선수들이 경기력 향상 약물(PEDs)을 사용할 수 있도록 허용할 예정이다

나타샤 로더

다음은 대담하고도 논쟁적인 아이디어에 관한 이야기다. 경기력 향상 약물(PEDs) 사용이 허용될 뿐만 아니라 적극적으로 권장

되는 스포츠 이벤트가 있다면 어떨까? 그것은 호주의 변호사이자 기업가 아론 드수자(Aron D'Souza)가 수년간 준비해온 계획이다. 드수자는 자신의 스포츠 대회인 인핸스드 게임이 자유와 선택의 권리를 옹호하는 입장이라고 주장한다. 그러나 모두가 이에 동의하는 것은 아니다. '도핑 올림픽'이라는 조롱을 받는 이 아이디어는 스포츠 단체로부터 강한 비판을 받고 있다. 그럼에도 불구하고, 수년간의 추측 끝에 첫 번째 행사가 라스베이거스에서 5월 21일부터 24일까지 열릴 예정이다.

경기 종목은 수영, 육상, 역도로 구성되며, 종목당 50만 달러의 상금이 걸려 있다(향후 몇 년 안에 종목을 더 추가하는 것이 목표다). 세계 기록을 경신하는 선수에게는 100만 달러의 보너스도 제공된다. 주최측은 글로벌 라이브 스트리밍과 방송 보도를 약속하고 있지만, 이러한 파트너십에 대한 세부 사항은 아직 발표되지 않았다.

선수들은 경쟁하기 위해 PEDs를 사용할 필요는 없으며, 약물을 사용하지 않은 '자연 상태'로도 참가할 수 있다. 하지만 경기력 향상 약물을 사용하는 선수들은 엄격한 의료 감독 하에 사용해야 하며, 미국의 약물 규제 기관이 승인한 제품만을 사용할 수 있다. 주최 측은 공평한 경쟁을 보장하기 위해 모든 선수가 동시에 약물 프로토콜을 시작할 것이라고 말한다. 이는 두 차례에 걸쳐 진행되며, 두 번째는 대회 직전에 이루어질 예정이다.

첫 번째 대회 프로그램에는 수영, 육상 경기, 그리고 역도 종목이 포함될 예정이다.

2025년에 미국 반도핑 기구(USADA), 세계 반도핑 기구(WADA), 국제 올림픽 위원회(IOC)는 어떤 형태든 PEDs를 허용하는 것은 위험하다고 노골적으로 경고했다. 전통적인 스포츠 단체들 또한 인핸스드 게임이 젊은 선수들에게 약물 사용을 정상화하고 미화할 수 있다는 우려를 표명했다.

하지만 링컨대학교의 범죄학 강사인 루크 터녹(Luke Turnock)이 지적하듯, PEDs의 일상화는 이미 상당히 진행 중이다. 이는 소셜미디어 인플루언서, 헬스장 문화, 그리고 일상생활의 전반적인 약물 의존 경향에 의해 촉진되고 있다. 이미 약물 사용은 통제 불가능한 수준에 이르렀다.

인핸스드 게임 주최 측은 약물 사용이 공개되고 철저히 감독될 것이기 때문에, 이 대회가 역사상 가장 '안전한' 스포츠 이벤트가 될 것이라고 주장한다. 이 주장은 면밀한 검토가 필요하다. 그러나 주최 측의 상업적 목표는 선수들이 실제로 혜택을 받는 모습이 보여야만 달성될 수 있다. 왜냐하면 이번 대회는 2026년에 출시 예정인 소비자 직거래 방식의 원격의료 플랫폼을 홍보하는 역할도 겸하기 때문이다. 해당 플랫폼에선 건강 보조제를 구입하고, '의학적으로 감독되는 개입'을 경험할 수 있을 예정이다. 현재까지 세부 정보는 거의 공개되지 않았지만, 이는 미국과 다른 지역에서 인기가 급증하고 있는 치료법인 테스토스테론 요법이 포함될 가능성이 매우 높다.

하지만 약물이 실제로 효과가 있다는 징후도 있다. 인핸스드 게임의 개념을 시험하기 위해, 주최 측과 협력한 그리스 수영 선수 크리스티안 글로메에프(Kristian Gkolomeev)는 2025년, PEDs를 사용한 상태에서 50m 자유형 기록을 경신했다. 그는 2026년 대회에도 출전할 예정이며, 벤 프라우드(Ben Proud), 제임스 매그너슨(James Magnussen), 안드리 고보로프(Andrii Govorov) 등 영국 출신 수영 선수 3명도 함께 출전한다.

프라우드는 인핸스드 게임 한 경기에서 받을 수 있는 금액을 벌려면 "세계선수권 대회에서 13년간 우승해야 한다"고 말하며 자신의 결정을 설명했다. 그는 올림픽 챔피언조차 은퇴 후 안정적인 수입을 확보하기 어렵다고 지적했다. 이에 대해 영국의 수영 국가관리기구는 그의 참가 결정을 비난했다.

인핸스드 게임은 경기장뿐만 아니라 법적 공방으로까지 번지고 있다. 글로메에프 선수가 기록을 경신한 후, 세계 수영 연맹(World Aquatics)은 금지약물을 허용하는 대회에 참가한 선수뿐만 아니라 코치, 의사 등 모든 관계자의 향후 국제 대회 출전을 불허하는 새로운 규정을 도입했다. 이에 대해 인핸스드 게임 주최 측은 보이콧을 강요하여 자신들을 배제하려는 조직적인 캠페인을 벌였다고 주장하며 8억 달러 규모의 반독점 소송을 제기했다.

이 대회는 단순한 스포츠 성과를 재는 수준을 넘어선다. 기술 분야의 억만장자 피터 틸(Peter Thiel)과 생명과학 및 인간 능력 향상에 투자하는 크리스티안 앙거마이어(Christian Angermayer)를 포함한 드수 자의 후원자들은, 다양한 방식으로 성과를 높이기 위해 일상적으로 약물을 복용하고, 인간이란 무엇인지를 재정의하는 미래를 상상하고 있다. 초인적인 존재가 실제로 가능할지는 불확실하다. 하지만, 스포츠팬들이 이러한 경기를 보고 싶어 하는지에 대해서는 의견이 갈릴 가능성이 크다.

다시 달로 향하는가?

달 근접 비행은 수많은 우주 임무 중 하나일 뿐이다

알록 자(Alok Jha) | 〈이코노미스트〉 과학 에디터

이번에는 계획대로 진행될까, 아니면 또다시 연기될까? 2023년부터 미국 항공우주국(NASA, 나사)은 아르테미스 II(Artemis II) 임무를 통해 우주비행사들을 달 궤도로 보내겠다고 공언해왔다. 여러 차례 연기된 끝에, 현재 발사 일정은 2026년 2월로 잡혀 있다.

이는 NASA의 고비용 대형 발사 로켓인 우주 발사 시스템(SLS)의 두 번째 비행이자, 오리온(Orion) 우주선에 승무원이 탑승하는 첫 번째 임무가 될 예정이다. 10일간의 임무 기간 동안, 우주비행사 리드 와이즈먼(Reid Wiseman), 빅터 글로버(Victor Glover), 크리스티나 코크(Christina Koch), 제레미 한센(Jeremy Hansen) 등 4명의 우주비행사가 달 주위를 비행하며 우주선과 생명 유지 시스템을 시험할 예정이

다. 이는 1972년 아폴로 프로그램 종료 이후 처음으로 유인 달 착륙을 목표로 하는 아르테미스 III의 기반을 마련하게 될 것이다.

민간 기업들도 야심 찬 계획을 세우고 있다. 캘리포니아 롱비치에 본사를 둔 스타트업 배스트(Vast)는 2026년 5월 세계 최초의 상업용 우주정거장인 헤이븐 1(Haven 1)을 발사할 계획이다. 이 정거장은 거주 가능한 공간이 $45\,m^3$이며, 정부 임무나 민간 부문의 사용을 위해 활용될 것이다. 우주 정거장이 궤도에 진입한 몇 달 후, 회사의 첫 번째 승무원 팀이 우주로 출발해 2주간 체류할 예정이다. 이 정거장은 총 4개의 임무를 수행하며, 3년간 궤도에 머물도록 설계되었다. 배스트는 2030년 국제우주정거장(ISS)의 퇴역을 염두에 두고 미세중력 실험을 위한 대체 공간을 제공하는 것을 목표로 한다. 한편, 스페이스X는 초대형 로켓 스타십의 시험 비행을 계속 진행할 예정이다. 그리고 2026년, 이 세계적인 로켓 기업은 지금까지 가장 야심 찬 도전인 화성 탐사 임무를 계획하고 있다. 2026년은 지구와 화성이 발사에 최적화된 위치에 놓이는 시기로, 일론 머스크는 이 기회를 이용해 무인 스타십을 화성에 보낼 계획이라고 오랫동안 밝혀왔다. 그가 이번에 기회를 놓칠 가능성이 높지만 다음 기회는 2028년에 찾아올 것이다.

중국 역시 우주 및 달 탐사를 향한 행보를 계속 이어갈 예정이다. 2026년 말에는 창어 7호(Chang'e 7) 임무를 통해 궤도선, 착륙선, 탐사 로버, 그리고 정찰용 소형 우주선을 포함한 복합 임무를 수행할 계획이다. 착륙선은 달 남극 인근의 섀클턴(Shackleton) 분화구 가장자리의 햇빛이 닿는 지역에 착륙할 예정이며, 두 대의 탐사 장비들은 인근의 영구 음영 지역을 조사할 예정이다. 이전의 중국 임무들과 마찬가지로, 창어 7호는 향후 달기지 건설을 위한 후보지에 관한 데이터를 수집할 것이다. 달의 남극은 음영 지역에 식수나 로켓 연료에 활용 가능한 물이 존재할 가능성이 있어 주목받고 있으며, NASA 역시 아르테미스 III의 착륙 후보지로 이 지역에 관심을 보이고 있다.

다른 예정된 발사로는 유럽우주국(ESA)의 행성 탐사 망원경 플라토(PLATO)와 중국의 순톈(Xuntian) 우주망원경이 있다. 러시아는 소유즈(Soyuz) 5호 로켓을 처음으로 시험 발사할 예정이다. 또한 일본 우주항공연구개발기구(JAXA)는 당초 2024년으로 예정되었다가 연기된 화성 위성 탐사(MMX) 임무를 위한 탐사선을 발사할 예정이다. NASA와 ESA가 공동 개발한 이 탐사선은 화성의 두 위성인 포보스(Phobos)와 데이모스(Deimos)를 방문하고, 2031년에 지구로 샘플을 가져올 예정이다.

당신의 형상

휴머노이드 로봇 개발을 둘러싼 기업 간 경쟁이 한층 더 치열해질 전망이다

알렉스 헌(Alex Hern) | 〈이코노미스트〉 AI 작가, 노르웨이 모스

세련된 북유럽풍 니트웨어를 입은 베른트 보르니히(Bernt Bornich)의 로봇 집사는 실용성보다는 스타일이 돋보인다. 로봇에게 다른 방에서 코카콜라 캔을 가져오라고 하면, 대부분 도중에 장애물에 부딪혀 실패한다. 네오(Neo)라고 불리는 이 휴머노이드 로봇이 쓸모 있는 가정용 도우미로 작동하려면 원격으로 조종하는 인간 감독자의 도움이 필요하고, 이상적으로는 집에 아무도 없어야 한다. 그럼에도 불구하고, 보르니히의 회사인 1x는 2026년 말까지 전 세계 가정에 1만 대의 휴머노이드 로봇을 보급하는 것을 목표로 하고 있다.

이는 1x가 현재 휴머노이드 로봇 개발에 나선 기업들 가운데 가장 야심 찬 회사임을 보여준다. 테슬라(Tesla)는 2030년까지 연간 100만 대의 옵티머스(Optimus) 로봇 판매를 목표로 하고 있지만, 지금까지는 소수만이 실제로 작동 중이다. 실리콘밸리의 유망 기업 피규어(Figure)는 BMW 자동차 공장에서 소수의 로봇을 시험했으며, 최근에는 인상적인 새 모델을 발표했다. 보스턴 다이나믹스(Boston Dynamics)는 아틀라스(Atlas) 로봇의 놀라운 이동 능력을 선보였지만, 현재 소유주인 현대자동차 아래에서는 연구 외의 사업 확장에는 큰 관심을 보이지 않고 있다.

현재 시장의 선두 주자는 중국의 유니트리(Unitree)로, 2024년 한 해 동안 약 1,500대의 휴머노이드 로봇을 공급했다. 하지만 가장 진보된 모델인 H1은 가격이 9만 달러에 달하며, 여전히 연구용 플랫폼으로 분류된다. 반면, 노르웨이에 본사를 둔 1x는 네오를 통해 일반 소비자 시장을 겨냥하고 있다. 간헐적으로만 성공을 거두는 로봇이 2만 달러라는 가격표를 달고 있다면, 판매가 쉽지 않을 것처럼 보인다. 보르니히의 로봇은 기능이 제한적이지만 여전히 유용할 수도 있다. 그는 "당신의 모든 집안일을 대신해주는 것이 있다면, 절대 돌려보내지 않을 겁니다"라고 말했다.

휴머노이드 로봇 개발자들의 궁극적인 목표는 단순히 가사 노동을 대신하는 제품을 만드는 것이 아니라, 모든 육체노동을 자동화하는 데 있다. 테슬라의 CEO 일론 머스크는 이러한 로봇이 2040년까지 인간의 수를 초과할 것이라고 예상한다. 이론적으로 휴머노이드는 인간을 위해 만들어진 세상에 자연스럽게 적응할 수 있어야 한다. 하지만 실제로 언제쯤 이들이 본격적으로 활용될 수 있을지는 여전히 불확실하다.

산업 분석업체 인터액트 애널리시스(Interact Analysis)는 휴머노이드 시장이 최종적으로 2조 달러 규모로 성장할 수 있다고 전망하지만, 안전 문제와 규제가 단기적으로는 확산을 저해할 것이라고 지적한다. 로봇이 실수를 하면 신체적 피해를 초래할 수 있다. 더 가볍고 덜 강력한 로봇은 안전하지만 그만큼 성능은 떨어진다. 인터액트의 루벤 스크리븐(Rueben Scriven)은 "아직 기술이 그 수준에 도달하지 못했다"며 자금이 고갈되고 야망이 꺾이면서 '휴머노이드 겨울'이 올 수 있다고 경고한다.

눈먼 체조선수

휴머노이드 로봇의 영상에서는 다양한 곡예 동작을 수행하는 모습이 나오지만, 아직 낯선 사람의 부엌에 들어가 커피 한 잔을 만들 수 있는 로봇은 없다. 그 이유는 엔비디아의 로봇 공학 이사인 짐 팬(Jim Fan)이 말한 '눈먼 체조선수' 문제 때문이다. 가상현실에서 수천 시간의 시뮬레이션 훈련은 놀라운 운동 능력을 제공할 수 있지만, 현실 세계가 어떻게 작동하는지를 이해하는 능력은 길러주지 못한다.

인간은 뇌뿐 아니라 온몸으로 학습한다. 오슬로대학교의 로봇 공학자이자 과거 보르니히의 스승이었던 짐 토레센(Jim Torresen)은 '체화된 지능'을 개발하려면 로봇의 뇌를 실제 몸과 함께 훈련시켜야 한다고 말한다. 그래서 1x는 2026년에 자사의 로봇을 사람들의 집에 들여보내 현실 세계에 대한 데이터를 수집하고자 한다. 이를 통해 로봇이 빠르게 개선되기를 기대하고 있다. 휴머노이드 로봇은 점차 현실로 다가오고 있다. 하지만 2026년에 C-3PO(〈스타워즈〉 시리즈에 등장하는 인간형 번역 및 의전 전문 로봇-옮긴이)와 같은 로봇을 현실에서 만나는 것은 아직은 기대하기 힘든 일이다.

9만 달러
↑ 중국 유니트리가 생산하는 휴머노이드 로봇 가격

숙취를 피하는 방법

숙취를 완화한다고 주장하는 보충제가 실제로 효과가 있을까?

알렉스 헌

2026년의 여러 측면을 예측하는 것은 어렵지만, 한 가지는 확실하다. 새해 첫날 몇 시간 동안 많은 사람들이 숙취에 시달리고 있을 것이다. 그리고 곧 그들 중 많은 이들이 후회할 것이다. 숙취를 피하는 가장 간단한 방법은 적게 마시는 것이다. 안타깝게도, 그것은 말처럼 쉽지 않다. 알코올은 억제력을 낮추기 때문에, 음주량을 조절하려는 의지도 쉽게 약해질 수 있다.

그래서 숙취가 시작되기 전에 음주의 부작용을 막아준다고 주장하는 보충제, 인지 향상제, 프로바이오틱스 시장이 활기를 띠고 있다. 알코올 대사 능력을 약간 향상시킨다고 주장하는 식물 추출물부터, 알코올 대사 과정에서 생기는 유해 부산물을 분해하는 효소를 분비하는 유전자 조작 박테리아까지, 제품의 종류와 접근 방식은 매우 다양하다.

하지만 이러한 보충제가 실제로 효과가 있다는 증거는 부족하다. 숙취 치료제에 대한 21건의 연구를 분석한 결과, 7종류 제품이 약간의 효과를 보였다는 미약한 통계적 증거가 있긴 하다. 하지만 연구들은 "효능에 대한 증거는 매우 낮은 수준에 불과하다"고 경고했다. 다만 "모든 제품이 부작용 없이 잘 받아들여졌다"고 하여, 적어도 상황을 악화시키지는 않는 것으로 보인다. 정향 추출물(clove extract), 톨

페나믹산(tolfenamic acid), 피리티놀(pyritinol)이 함유된 알약은 추가 연구가 필요하다고 평가되었다.

그러나 이러한 연구가 실제로 진행될 가능성은 낮다고 임페리얼 칼리지 런던의 신경정신약리학자 데이비드 너트(David Nutt)는 경고한다. 숙취는 특이한 질환이다. 자가 유발이지만 매우 구체적인 의학적 상태다. 따라서 이를 치료하거나 예방한다고 주장하는 제품은 임상 기준을 충족해야 한다.

너트 박사는 "제대로 된 의학 연구는 수억 달러가 든다"고 말한다. 설령 보충제 제조사가 비용을 부담하고 제품의 효과를 입증하더라도, 신약은 일반적으로 처음에 처방전으로 제공되며 시중에 바로 판매되지 않는다. 이는 급하게 필요한 숙취 치료제로는 적합하지 않다.

숙취 예방을 위해 제안된 다른 방법들은 보충제보다 더 간단하다. 너트 박사는 투명한 술을 마시는 것이 좋다고 조언한다. 어두운 빛깔의 술에는 에탄올과 함께 존재하는 '불순물(congener)'이 더 많아 숙취를 유발할 가능성이 크기 때문이다. 일부 민간요법은 불순물의 영향을 줄이는 데 중점을 둔다. 예를 들어, 자기 전에 활성탄(activated charcoal)을 복용하는 것이다. 활성탄은 중독 치료에 자주 사용되지만, 에탄올에는 거의 효과가 없고, 대부분의 술에 소량 포함된 메탄올의 유독성 부산물에는 결합할 수 있다. 그러나 활성탄은 다른 약물과 상호작용하여 약효를 떨어뜨릴 수 있으므로 주의해서 사용해야 한다.

이러한 방법들은 이미 메스꺼움과 두통을 느끼며 잠에서 깬 경우에는 아무런 도움이 되지 않는다. 숙취 예방을 위한 유망한 연구 분야가 일부 있지만, 너트 박사는 "숙취를 치료할 수는 없다"고 말한다. 하지만 최소한 증상은 완화할 수 있다. 음식, 카페인, 물, 진통제 등은 그 어떤 것 못지않게 효과적이다. 기름진 음식이 알코올을 흡수해 숙취를 줄일 수 있다는 속설은 과학적으로 근거가 없다. 왜냐하면 알코올은 이미 혈류에 들어가 있기 때문이다.

다른 모든 방법이 실패하더라도, 적어도 숙취를 겪지 않는 소수의 사람들이 가진 문제는 없다는 사실에 위안을 삼을 수 있다. 이들은 문제성 음주율이 훨씬 높은 경향을 보인다.

백신 신뢰 프로젝트(Vaccine Confidence Project) 책임자인 **하이디 라슨(Heidi Larson)**은 새해에는 신뢰 회복을 위한 노력이 필요하다고 강조한다.

초대석
백신 전망은 불투명하다

지난 10년간 백신에 대한 신뢰는 흔들렸고, 접종률은 정체 상태에 머물러 있다.

2026년 백신에 대한 전망은 이렇다. 앞으로 험난한 상황이 전개될 것으로 보이며, 잠시 잠잠한 시기도 있겠지만 심각한 질병 발생과 함께 극심한 혼란이 닥칠 위험도 존재한다. 이러한 질병 발생은 백신으로 통제할 수 있지만, 그 전제 조건으로 관련 연구가 허용되고 자금이 지원되며, 백신이 충분히 공급되고, 대중과 국가 지도자들이 이를 받아들일 때만 가능하다.

세계 일부 지역은 리더십, 과학, 생명을 구하는 백신의 능력에 대한 신뢰 덕분에 다른 지역보다 더 좋은 결과를 보일 것이다. 전반적으로, 전 세계 백신에 대한 태도를 모니터링하는 백신 신뢰 프로젝트의 연구에 따르면, 라슨은 이를 백신의 '기후'라고 부르는데, 대부분의 세계 인구는 여전히 어린이 백신의 중요성을 믿고 있는 것으로 나타났다.

백신 개발을 뒷받침하는 과학은 계산 생물학, 인공지능, 면역 체계에 대한 이해의 발전 덕분에 과학적 기반은 이전보다 훨씬 정교해졌다. 이는 백신의 안전성과 효과를 더 잘 평가할 수 있게 해준다. 하지만 2026년은 이러한 기술을 실제로 적용하고 혜택을 누릴 수 있는 능력을 시험하는 중요한 해가 될 것이다.

백신에 대한 신뢰를 유지하려면 전례 없는 수준으로 허위 정보가 확산하는(심지어 공식 기관에서도 잘못된 정보가 나오는) 것을 고려할 때 보다 적극적인 대응이 필요하다. 또한 백신 연구 자금을 조성하는 데도 큰 혼란이 있었다. 미국에서는 mRNA 백신 연구가 명시적으로 약화되고 예산이 삭감되었다. 백신 접종을 지원하던 세계 보건 프로그램이 대폭 축소되었고, 과학적 증거에 기반을 둔 규제 및 정책 결정을 이끌던 신뢰받는 기관들이 해체되었다.

무슨 일이 있었던 걸까? 지난 10년간 백신에 대한 신뢰는 불안정하게 요동쳤다. 접종률은 정체 상태에 머물렀으며, 코로나19 팬데믹 기간에는 급격히 하락했다. 팬데믹은 진단과 백신 분야에 대규모 투자와 빠른 진전을 야기했고, 수십억 회분의 코로나 백신이 전 세계에서 기록적인 속도로 접종되었다. 물론 지역별로 편차는 있었다. 하지만 동시에 허위 정보와 음모론이 범람했고, 마스크 착용과 거리두기 같은 조치에 대한 혼란스러운 지침으로 인해 정부에 대한 신뢰가 무너졌다.

이러한 조치들은 많은 사람들이 따르긴 했지만, 일부에서는 분노와 반감을 불러일으켜, 코로나 백신뿐 아니라 전체 백신에 대한 신뢰를 약화시켰다. 백신 회의론자들은 다른 시위 집단과 연대하며 더 넓은 반대 흐름을 촉진했다. 바로 이런 감정적으로 격앙되고 자원은 부족하며 정치적으로 양극화된 상황 탓에 새로운 미국 행정부는 연구 자금 삭감과 정책 변경을 추진했다.

이에 대응하기 위해, 2026년은 전 세계적으로 백신에 대한 신뢰를 재정립하고 유지하기 위한 새로운 방식의 참여와 조율이 필요한 시기가 되어야 한다. 또한 백신 연구, 정책, 프로그램에 발생한 혼란을 공동으로 해결해야 한다. 우선적으로 해결해야 할 과제 중 하나는 백신 정책을 수립하는 기관들이 약화되고 있는 문제를 다루는 것이다. 특히, 미국 연방 기관인 백신 접종 실무 자문위원회(Advisory Committee on Vaccine Practices)는 미국 내 백신 접종 지침의 신뢰받는 기준이자 지침 역할을 해왔으며, 세계 여러 나라에서도 이를 참고 기준으로 활용해 왔다. 그러나 미국 보건장관 로버트 F. 케네디 주니어(Robert F. Kennedy Jr.)가 위원회 구성원을 해임하고 교체하면서, 과학적 근거에 기반한 새로운 백신 지침의 출처를 반드시 찾아야 하는 상황이 되었다. 또 다른 우선 과제는 백신 연구와 공급을 위한 새로운 자금원을 확보하는 것이다. 미국, 영국, 프랑스 등에서 정부 지원이 삭감되었기 때문에, 보건 프로젝트와 인도주의적 지원은 단순한 건강상 문제가 아니라 인류의 안전 문제라는 점을 강조해야 한다.

그러나 백신 캠페인의 성공은 디지털 공간에서 형성되는 여론에도 달려 있다. 온라인 콘텐츠가 AI 챗봇과 불투명한 알고리즘에 의해 생성되고 전달되면서, 사람들이 백신과 다른 주제에 대해 어떻게 생각하는지가 형성된다. 따라서 이 기술의 작동 원리를 이해하는 것은 공중보건 전략 수립에 핵심적이다. 반대로, AI는 허위 정보의 확산을 사전에 감지하는 모니터링 및 조기 경고 시스템으로 작동할 수 있다. 이를 통해 공중보건팀이 빠르게 대응할 수 있다. 앞으로는 백신 접종 전략이 AI 시스템과 공동 설계될 것이며, 정해진 일정이 아닌 데이터 기반으로 설계되어, 감염률 변화뿐 아니라 신뢰와 행동의 변화에도 역동적으로 대응할 것이다. 백신의 미래는 공중보건뿐 아니라 예측 분석 기술의 발전에 크게 좌우될 것이다.

CULTURE

문화

절반쯤 빈 와인잔

인구구조, 문화의 변화로 세계는
'와인 소비의 정점'을 찍었다

알렉산드라 스위치 배스(Alexandra Suich Bass) | 〈이코노미스트〉 문화 에디터

이름난 술꾼이었던 어니스트 헤밍웨이는 '인생에서 단 하나의 후회가 있다면 와인을 더 많이 마시지 않은 것'이라고 말했다고 한다. 와인 업계에 충격을 주는 사실은 이제 그런 생각을 하는 사람이 점점 줄어들고 있다는 것이다. 전 세계적으로 와인 수요가 급감하고 있다. 대규모 와인 생산업체의 한 영업담당자는 "우리는 존재론적 위기에 직면해 있다. 사회가 와인을 비롯해 술을 계속 마실 것인지 불확실하다"고 말한다.

2026년 세계는 인류의 와인 소비가 정점에 도달했다는 사실을 깨닫게 될 것이다. 주류 시장조사기관 IWSR에 따르면, 2024년 주요 시장에서 판매된 와인의 양은 2014년 최고치보다 약 9% 감소했다.

2026년에는 전 세계 와인 판매량과 판매액 모두 하락할 전망이다. 와인 판매량은 2007~2009년 세계 금융위기 같은 경제 침체기마다 감소했다. 하지만 지금은 현대 역사상 처음으로 경제 상황과 무관하게 와인 소비가 장기적인 하락세를 겪고 있다. 사람들이 단순히 와인을 덜 마시기 때문이다.

왜 와인 산업이 침체됐을까? 모든 종류의 술에 대한 수요가 감소했지만 그중에서도 와인이 특히 큰 타격을 입었다. 전체 판매량의 대부분을 차지하는 대량 생산 와인이 특히 그렇다. 와인은 흔히 '고빈도 음료'로 분류되지만, 소비자들이 건강을 더 의식하며 알코올 도수가 낮은 대체품을 선택하면서 와인을 즐기는 빈도가 줄어들고 있다. 갤럽 조사에 따르면 미국인의 약 53%가 적당량이라도 음주가 건강에 해롭다고 답했는데, 이는 20년 전 22%에서 크게 오른 수치다. ISWR의 리처드 할스테드(Richard Halstead)는 와인이 특히 "제조나

혼합 없이 캔 형태로 바로 마실 수 있는(RTD)" 탄산수나 캔에 든 칵테일 같은 새로운 저도수 음료로 쉽게 대체될 수 있다고 지적한다.

인구구조와 문화적 변화가 이러한 추세를 주도하고 있다. 미국과 서유럽 등 주요 시장에서는 인구 증가가 둔화하거나 감소세로 돌아선 반면, 인구가 빠르게 증가하고 있는 이슬람 국가들은 와인 애호가를 배출하지 않는다. 오랫동안 열성적인 와인 애주가였던 베이비붐 세대는 실리콘밸리은행(Silicon Valley Bank)의 와인 분석가 롭 맥밀런(Rob McMillan)이 말한 "하늘나라의 거대한 시음장"으로 떠나가고 있다. 젊은 소비자들, 특히 Z세대는 와인에 크게 관심을 보이지 않는다. 예를 들어 2010~2023년 사이에 호주에서는 18~24세 연령대의 월간 와인 소비량이 절반으로 줄었다.

와인의 문화적 위상도 달라졌다. 모든 연령대가 술을 아예 끊거나, 소량의 환각 버섯을 복용하는 '캘리포니아 소버(California sober)'를 선택하고 있다. 외식할 때 와인 대신 칵테일을 선택하는 사람들도 있다. (20년 전만 해도 미국 음주자들 사이에서 와인은 증류주보다 2배 가까이 인기가 높았지만, 지금은 증류주를 선호하는 사람이 약간 더 많다.) 체중 조절을 위해 GLP-1 약물을 이용하는 사람들이 늘면서 와인업계 베테랑들은 또 다른 우려를 표하고 있다. 체중감량 주사제는 음식을 덜 먹게 할 뿐만 아니라 술도 덜 마시게 하기 때문이다.

1990년대 와인 소비가 급증한 데는 와인이 심장 건강에 좋다는 연구 결과가 한몫했다. 하지만 이제 공중보건 당국은 사람들에게 술을 완전히 끊으라고 경고한다. 미국의 의료 권위자는 술병에 암 경고문을 붙이길 원하고, 세계보건기구(WHO)는 "알코올 소비에 안전한 수준이란 없다"고 단언한다. 와인 제조업자들은 와인이 곧 담배처럼 낙

모든 연령대가 술을 아예 끊고 있다.

인쩍히고, 정부가 이를 동일하게 취급할까 봐 걱정한다. 샴페인 제조사 로랑-페리에의 스테판 달리악(Stéphane Dalyac)은 "만약 담배처럼 와인에 세금을 매기기 시작하면…… 사람들은 점점 와인 값을 감당할 수 없게 될 것"이라고 말한다.

2026년에는 몇 가지 주목할 점이 있다. 첫째는 보르도 와인의 수요와 가격 동향이다. 보르도는 세계 최대 고급 와인 생산지로 와인업계의 바로미터 역할을 한다. 또 다른 하나는 포도밭의 운명이다. 다른 작물을 재배하기 위해 이미 포도밭을 갈아엎은 곳도 있다. 규모가 축소되고 있는 일부 와인업체들이 매각되면서 와인 업계에서도 인수합병이 더욱 활발해질 것으로 보인다.

하지만 모든 것이 '신 포도'인 것은 아니다. 사람들이 마시는 양은 줄었지만 보다 고급스러운 와인을 선택하기 때문에 프리미엄 와인은 오히려 상황이 더 나아질 것으로 예상된다. 와인 전문 잡지 〈와인 애드보킷(Wine Advocate)〉의 윌리엄 켈리(William Kelley) 편집장은 와인 산업을 시계 산업에 비유한다. 기술 발전으로 일반 손목시계는 한물간 물건이 됐지만, 사람들은 여전히 명품 시계를 소유하고 착용하기를 원한다. 나파 밸리의 컬트 와이너리 '헌드레드 에이커(Hundred Acre)'를 운영하는 제이슨 우드리지(Jayson Woodridge)는 "대량 생산 와인에 있어서는 정점"이 맞는다고 인정한다. 하지만 베이비붐 세대에서 X세대와 밀레니얼 세대로 수조 달러의 부가 이전되면서, 이들이 다양한 사치품을 비롯해 고급 와인에도 돈을 쓸 것이라고 예측한다.

뜻밖의 행운을 기대하지 않는 사람들도 축하할 일이 있다. 수요 감소는 곧 가격 하락을 의미한다. 맥밀런은 "가성비를 추구하는 와인 소비자들에게는 황금기"가 될 수 있다고 말한다. 여전히 와인을 즐기는 사람들은 분명 이 소식에 잔을 들어 건배할 것이다.

 WHAT IF?

디즈니에서 유니버설 뮤직에 이르기까지 다양한 저작권 보유자들이 AI가 자신들의 저작권을 침해했다며 소송을 제기하고 있다. 지금까지 미국 법원은 저작권이 있는 콘텐츠를 AI 모델 학습에 사용하는 것이 '공정 이용(fair use)'에 해당한다고 판단해왔다. **그런데 만약에 법원이 AI가 저작권을 침해한다고 판결한다면 어떻게 될까?** AI 모델은 이미 학습한 내용을 '잊어야' 할 수도 있다. 그렇게 되면 저작권 규제가 느슨한 국가들(예: 중국)이 AI 경쟁에서 앞서 나갈 가능성이 있다.

대단한 소장품들

2026년 주목해야 할 새로운 박물관들

레이철 로이드(Rachel Lloyd) | 〈이코노미스트〉 문화 부에디터

'이야기 박물관'이 긴 스토리를 품고 있어야 한다는 것은 어쩌면 당연한 일이다. 〈스타워즈〉 시리즈의 조지 루카스(George Lucas) 감독은 2013년에 박물관을 세우겠다는 뜻을 밝혔다. 하지만 할리우드 영화계가 사실상 회계사들에 의해 운영되는 곳이라면, 박물관 세계는 도시 계획가들에 의해 운영되는 곳이라고 할 수 있다. 루카스 감독은 예술계 사람들이 '창조적 견해 차이'라고 부를 만한 갈등을 샌프란시스코와 시카고의 공무원들과 겪었고, 결국 로스앤젤레스에 루카

긴 스토리가 담겨 있는 공간

스 박물관(Lucas Museum, 사진 참조)의 터전을 마련하게 됐다. 이면에는 극적인 상황도 있었던 듯하다. 이미 여러 명의 CEO가 루카스 박물관을 거쳐갔다.

하지만 2026년 박물관이 마침내 문을 열면 그런 우여곡절을 기억하는 사람은 거의 없을 것이다. 30만 제곱피트(약 8,500평)에 이르는 이 건물은 머나먼 은하계에서 온 우주선을 연상시킨다. 이곳에는 루카스 감독의 소장품과 아카이브가 전시될 예정이며, 그 수는 약 4만 점에 이른다(그중 상당수는 〈스타워즈〉와 무관하다).

에드가 드가, 프리다 칼로, 노먼 록웰의 그림과, 초기의 〈블랙 팬서〉, 〈플래시 고든〉, 〈가필드〉, 〈피너츠〉 만화, 스토리보드, 모형, 의상 등이 전시될 것이다. 루카스 감독은 이 박물관이 삽화를 통해 전달되는 이야기들의 '사원'이라고 표현했다.

한편 구겐하임 미술관은 아부다비에 분관 건립 계획을 발표한 지

20년 만에 드디어 개관을 앞두고 있다. (건설 노동자들의 근로 조건에 대한 항의 등 여러 가지 이유로 개관이 지연됐다.) 루브르 박물관과 자이드 국립 박물관의 분관이 이미 자리 잡고 있는 문화 지구인 사디야트 섬에 들어설 이 박물관은 세계적인 관점에서 모더니즘을 조명할 것이다. 소장품에는 일본 조각가 구사마 야요이와 이란 예술가 모니르 샤흐루디 파르만파르마이안(Monir Shahroudy Farmanfarmaian)의 작품이 포함돼 있다.

퐁피두 센터도 2026년 11월 브뤼셀의 옛 시트로엥 차고지에 대규모 분관을 개관할 예정이다. 운하를 내려다보고 있다는 데서 이름이 유래한 '카날(Kanal)'은 구겐하임 아부다비처럼 20세기와 21세기 예술을 중심으로 다양한 양식과 매체를 아우를 것이다. 퐁피두 센터 경영진은 미술관 방문객 수가 아직 팬데믹 이전 수준으로 회복되지 않았다는 점을 인지하고 있다. 전시와 함께 낭독의 밤, 영화 상영, 콘서트 등을 개최할 계획이다.

1970년대 문화 운동이 시작된 뉴욕시 브롱크스 지역에 문을 여는 힙합 박물관의 중심에는 음악이 있을 것이다. ('힙합'은 주로 음악 장르를 지칭하지만 브레이크댄스와 그래피티 아트, 패션 등 다양한 요소를 포괄한다.) 이 박물관은 다양한 전시를 통해 '힙합의 과거에 대한 이해'를 제공하고, 음악과 사진 프로그램을 통해 '힙합의 미래에 기여'하는 것을 목표로 한다. 이례적으로 박물관 내에 라디오 방송국도 설치할 예정이다. 박물관은 조용한 장소여야 한다고 누가 말한 걸까?

하드 모드로 플레이 중인 게임 산업

소비가 주춤하면서 비디오 게임 산업은 시장을 따라잡기 위해 고군분투하고 있다

톰 웨인라이트(Tom Wainwright) 〈이코노미스트〉 미디어 에디터

타이어의 끼익 소리와 탕탕 울리는 총성과 함께 〈그랜드 테프트 오토(GTA) 6〉가 11월 콘솔 게임 시장에 화려하게 등장할 것이다. 역대 두 번째로 많이 팔린 게임이었던 전작 이후 팬들은 13년을 기다려왔다. 후속작인 〈GTA 6〉는 그 기록을 깨뜨릴 것으로 예상된다. 분석가들은 출시 첫해 매출이 30억 달러(약 3조 8,000억 원)를 넘을 것으로 예상한다. 〈GTA 6〉가 어쩌면 엔터테인먼트 역사상 가장 가치 있는 단일 출시작이 될 수도 있다는 뜻이다.

이 초대형 히트작이 등장하는 시기는 게임 산업이 전반적으로 침체된 시기다. 스마트폰의 보급으로 누구나 주머니 속에 컴퓨터를 갖게 됐고, 코로나19 봉쇄 조치로 게임을 하지 않던 사람들마저 게임을 즐기면서 게임 업계는 2021년까지 활기 넘치는 10년을 보냈다. 게임에 대한 소비자 지출은 10년간 연평균 10% 가까이 증가했다. 하지만 그 이후로는 성장이 주춤했다. 모바일 보급률은 정체됐고, 코로나 팬데믹 시기에 게임을 즐기던 사람들은 더 이상 게임을 하지 않는다. 투자자들은 자금을 다른 곳으로 옮겼다. 시장조사기관 암페어 애널리시스(Ampere Analysis)에 따르면, 2025년 게임 소비 지출 증가율은 1%도 채 되지 않을 것으로 추정된다.

〈GTA 6〉의 성공에 대한 기대감은 게임 산업의 발전에 도움이 될

이 가격이면 거저야

것이다. 수천만 장의 판매가 예상되는 이 게임은 플레이하는 데 필요한 하드웨어(콘솔) 구매를 촉진하면서 콘솔 판매도 끌어올릴 전망이다. 또한 오랫동안 미뤄졌던 소프트웨어 가격 인상을 촉발할 수도 있다. 콘솔 게임의 일반적인 가격은 70달러로, 인플레이션을 감안하면 20년 전보다 약 3분의 1 저렴한 수준이다. 〈GTA 6〉가 더 높은 가격으로 출시된다면 다른 게임들도 가격을 인상할 수 있는 여지가 생겨 개발사들의 수익성 개선에 도움이 될 수 있다.

새로운 하드웨어 또한 게임 산업의 성장을 견인할 것이다. 2025년 6월 출시된 '닌텐도 스위치 2' 콘솔은 출시 첫 2년간 70억~80억 달러 규모의 소프트웨어 소비를 견인할 것이라고 암페어 애널리시스는 전망한다. 마이크로소프트는 10월에 휴대용 엑스박스(Xbox)를 출시했다. 소니와 비디오 게임 회사 밸브(Valve)는 자체 휴대용 기기를 개발 중인 것으로 알려졌다.

미국과 유럽에서의 성장이 둔화하면서 서구 게임 기업들은 신흥 시장에 주목할 것이다. 향후 몇 년간 대부분의 성장은 아시아, 중동,

아프리카 지역에서 이뤄질 것이다. 개발사들은 이 지역 이용자들을 염두에 두고 게임을 개발하고 있다. 프랑스의 게임 퍼블리셔인 유비소프트(Ubisoft)는 〈어쌔신 크리드〉 시리즈의 최신작 배경을 사우디아라비아로 설정했다. 미국에 본사를 둔 아동 중심 게임 플랫폼 '로블록스(Roblox)'는 아시아 시장 진출을 추진하고 있다.

미국 내에서도 아직 개척되지 않은 시장을 찾을 수 있다. 미국 젊은 여성들은 이제 남성들만큼 게임을 즐길 가능성이 높아졌다(하지만 암페어 애널리시스에 따르면 게임에 소비하는 시간과 지출하는 금액은 남성의 절반에 그친다). 고령층은 성장하는 시장이다. 은퇴자들은 다른 어떤 연령대보다 화면 앞에서 보내는 시간이 많으며, 그중 점점 더 많은 비중을 TV가 아닌 디지털 기기에 소비하고 있다. 연금 수급자들은 플레이스테이션으로 〈GTA 6〉를 플레이하기보다 아이폰으로 〈워들(Wordle)〉(영어 단어 맞히기 퍼즐게임-옮긴이)을 즐길 가능성이 더 높다. 하지만 중장년층 사이에서 '기능성 게임(serious gaming)'은 이제 큰 인기를 끌고 있다. 시장조사기관 GWI가 7개국을 대상으로 실시한 설문조사에 따르면, 45~54세의 3분의 1이 게임 콘솔을 소유하고 있다.

> 〈GTA 6〉는 엔터테인먼트 역사상 가장 가치 있는 출시작이 될 수도 있다.

인공지능(AI)은 게임 개발자들의 역량을 강화해줄 것이다. 게임 타이틀이 점점 더 복잡해지면서 개발 비용은 급증하고 있다(〈GTA 6〉의 제작비는 10억 달러를 넘는 것으로 알려졌다). AI는 코딩과 애니메이션 작업을 단순화하면서 이러한 비용을 낮출 것이다. 동일한 도구를 이용해 아마추어 개발자들은 자신만의 게임을 보다 쉽게 만들 수 있을지도 모른다. 하지만 AI에는 위험이 따른다. 2025년 5월 〈포트나이트〉는 AI 기반 다스 베이더 캐릭터를 도입해 플레이어와 대화할 수 있도록 했는데, 이용자들이 곧 이 시스 군주(다스 베이더)를 속여 무례한 발언을 하게 만들었다. 개발자들은 서둘러 프로그램을 수정해야 했다.

이러한 전략들이 게임 산업을 단번에 반전시킬 수는 없을 것이다. 2026년에는 성장세가 회복되겠지만, 그 폭은 크지 않을 것이다. 암페어 애널리시스는 소비자 지출이 2% 남짓 증가할 것으로 예측한다. 이에 따라 게임 회사들은 다른 방식으로 수익을 창출하려 하고 있다. 최근 대형 게임 프랜차이즈들은 할리우드가 가장 선호하는 아이디어 원천이 됐다. 〈마인크래프트〉를 기반으로 한 영화는 2025년 최고 흥행작 중 하나가 됐으며, 영화 개봉 이후 게임 이용자 수가 30% 증가했다. 2026년에 관객들은 〈스트리트 파이터〉 영화와 흥행작 〈슈퍼 마리오 브라더스〉의 속편을 기대할 수 있을 것이다. 〈젤다의 전설〉과 〈콜 오브 듀티〉를 원작으로 한 영화들도 제작이 진행되고 있다.

한편 닌텐도는 일본과 미국에 테마파크 세 곳을 개장했으며, 곧 싱가포르에 네 번째 테마파크를 열 예정이다. 레고랜드를 운영하는 멀린 엔터테인먼트(Merlin Entertainments)는 2026년 또는 2027년에 미국과 영국에 〈마인크래프트〉를 테마로 한 놀이시설을 만들 계획이다. 또 2026년 11월에는 사우디아라비아의 리야드에서 첫 번째 'e스포츠 네이션스 컵(Esports Nations Cup)'이 개최된다. 화면에서 잠시 벗어나고 싶은 게이머들은 현실 세계에서 취미를 즐길 수 있는 다양한 방법을 갖게 될 것이다.

팟캐스트의 새로운 에피소드

골든글로브 수상은 이 매체의 문화적 위상이 높아졌음을 반영한다

케이틀린 탤벗(Caitlin Talbot) | 〈이코노미스트〉 문화 연구원 겸 통신원

미국에서는 TV를 시청하기보다 팟캐스트를 듣는 젊은이가 더 많다. 밀레니얼 세대 다수는 영화나 TV의 인기 스타보다 자신이 가장 좋아하는 팟캐스트 진행자를 만나고 싶다고 말한다. 전체적으로 미국인의 약 40%가 팟캐스트를 듣고 있으며, 그중 절반은 기존 뉴스 매체보다 팟캐스트가 더 신뢰할 만하다고 생각한다.

할리우드도 이제 귀를 기울이고 있다. 골든글로브의 헬렌 회네(Helen Hoehne) 협회장은 "팟캐스트는 우리 시대의 가장 역동적이고 영향력 있는 매체 중 하나로 떠올랐다"고 말한다. 2026년 골든글로브는 주요 영화 및 TV 시상식 가운데 팟캐스트를 시상하는 최초의 시상식이 될 것이다. 2026년 1월 11일 열리는 제83회 시상식에서 신설되는 이 부문은 '올해 최고의 팟캐스트'를 선정해 시상할 것이다.

전 세계에는 450만 개가 넘는 팟캐스트가 존재하기 때문에 단 하나의 수상작을 선정하기란 쉽지 않을 것이다. 골든글로브 측은 분석전문기업 루미네이트(Luminate)를 투입해 청취자 규모와 시장 영향력 등의 지표를 바탕으로 상위 25개 팟캐스트를 추려냈다. 이 목록에는 뉴스와 범죄 실화 팟캐스트는 물론이고, 터커 칼슨(Tucker Carlson), 벤 샤피로(Ben Shapiro), 에이미 폴러(Amy Poehler)가 진행하는 프로그램도 포함됐다. 가장 유력한 수상 후보로는 미국에서 최고 인기 팟캐스트인 〈조 로건 익스피리언스(The Joe Rogan Experience)〉, 성과 연애를 다루는 〈콜 허 대디(Call Her Daddy)〉 등이 꼽힌다.

누가 수상하든 이 상은 팟캐스트라는 매체의 급속한 성장을 반영한다. 다운로드 가능한 오디오 프로그램을 뜻하는 '팟캐스트'라는 단어는 2004년 처음 등장했다. 스포티파이(Spotify) 팟캐스트 사업부 책임자 로만 바젠뮐러(Roman Wasenmüller)는 이후 팟캐스트는 '틈새 포맷에서 문화적 영향력을 지닌 매체'로 성장했다고 말한다. 루미네이트는 2026년에 약 6억 명이 팟캐스트를 청취할 것으로 전망한다.

신설된 이 부문은 팟캐스트와 스크린의 연관성을 반영하기도 한다. 〈세버런스(Severance)〉 같은 인기 TV 프로그램은 이제 출연진과 제작진의 인터뷰를 담은 연계 팟캐스트를 제공한다. 헬렌 회네는 팟캐스트가 새로운 이야기를 위한 '창의적 인큐베이터'가 되었다고 말한다. 인기 팟캐스트들이 TV 프로그램으로 각색되고 있다. 혈액 검사 스타트업 테라노스(Theranos)의 흥망성쇠를 다룬 〈더 드롭아웃(The Dropout)〉은 드라마로 재탄생해 상을 받기도 했다. 〈홈커밍(Homecoming)〉은 줄리아 로버츠 주연의 스릴러 드라마로 제작됐다.

한편 팟캐스트 자체도 점점 TV와 비슷해지고 있다. 진행자들은 보다 많은 청중에게 다가가기 위해 자신의 프로그램 영상을 게시하기도 한다. 2024년 스포티파이에서의 영상 콘텐츠 시청 시간은 44% 증가했다. 업계 뉴스레터 〈팟뉴스(Podnews)〉의 제임스 크리드랜드(James Cridland)는 팟캐스트가 "싸구려 TV 프로그램을 만드는 또 다른 집단으로 전락할까 봐" 일부 팟캐스트 팬들이 우려한다고 지적한다.

영상으로의 전환은 미디어 산업의 보다 광범위한 변화에 속한다. 온라인 영화 제작자들이 넷플릭스 같은 스트리밍 플랫폼과 경쟁할 팬층을 구축하며 TV 산업을 뒤흔드는 것처럼, 유튜브는 팟캐스트의 최고 인기 플랫폼으로 부상했다. 한 통계에 따르면 매달 10억 명이 유튜브에서 팟캐스트를 시청한다. 2026년에는 비디오와 오디오 형식 간의 경계가 보다 모호해질 것이다. 이러한 의미에서 골든글로브가 팟캐스트를 주목하기로 한 결정은 강력한 메시지를 전달한다.

이미 다 본 거라고?

2026년에 보다 많은 리메이크와 리부트 영화가 등장할 예정이다

레이철 로이드

영화가 등장한 이래로 리메이크 작품도 늘 함께 만들어져왔다. 1896년에 프랑스 감독 조르주 멜리에스(Georges Méliès)는 카드 게임을 하는 남자들을 그린 단편 영화 〈카드놀이〉를 발표했다. 루이 뤼미에르(Louis Lumière)가 같은 제목의 영화 〈카드놀이〉를 선보인 지 불과 1년 뒤였다. 1899년에는 영국의 한 제작사에서 〈터널 속의 키스〉를 두 가지 버전으로 내놓기도 했다. 초기 할리우드 거장 세실 드밀(Cecil B. DeMille)은 영화 〈스쿼맨〉이 너무 훌륭하다고 생각해서 무려 세 차례(1914년, 1918년, 1931년)나 제작했다.

2026년에도 예년과 마찬가지로 또 다른 리메이크 작품들이 나올 것이다. 디즈니는 애니메이션 영화 〈모아나〉의 실사판 리메이크 작품을 공개할 예정이다. 원작 애니메이션은 2016년 큰 인기를 끌었다(〈How Far I'll Go〉를 반복해서 들어야 했던 부모라면 누구나 알 것이다). 리메이크 영화에서는 레슬러 출신 배우 드웨인 '더 록' 존슨(Dwayne 'The Rock' Johnson)이 주연을 맡는다. 디즈니는 혹평을 받았던 〈백설공주〉 리메이크작보다 더 나은 평가와 흥행 성적을 기대하고 있다.

2023년 최고 흥행작 〈바비〉를 연출한 그레타 거윅(Greta Gerwig) 감독은 나니아를 선택했다. 그녀는 C.S. 루이스(C.S. Lewis)의 인기 시

> 새로운 버전의 〈미이라〉는 전작들보다 더 오싹한 분위기를 예고하고 있다.

리즈 중 여섯 번째 소설을 각색한 〈나니아 연대기: 마법사의 조카〉의 각본과 연출을 맡았다. 이 작품은 〈사자와 마녀와 옷장〉의 사건보다 훨씬 앞선 시대를 배경으로 한다.

또 다른 인기작 〈미이라〉도 2026년 부활할 것이다. (1999년 영화 〈미이라〉도 1932년 작품을 리메이크한 것이었다. 이는 미라처럼 어떤 아이디어는 잘 썩지 않는다는 사실을 보여준다.) 이번 신작은 전작들보다 더 오싹한 분위기를 예고하고 있다. 〈메간〉, 〈프레디의 피자 가게〉 등 공포 영화 히트작을 제작한 블럼하우스 프로덕션(Blumhouse Productions)이 공동 제작에 참여했기 때문이다.

몇 개월 뒤 미라에 이어 〈더 브라이드!〉의 주인공도 이 대열에 합류할 예정이다. 이 캐릭터는 사랑에 빠진 매력적인 젊은 여성이 아니라 프랑켄슈타인의 괴물이 요청해서 만들어진 존재다. 1935년 작품을 리메이크한 이번 영화에는 놀랍도록 뛰어난 배우들이 출연한다. 제시 버클리(Jessie Buckley)가 주인공을 맡고 크리스찬 베일(Christian Bale)이 프랑켄슈타인의 괴물 역을 맡았으며, 아네트 베닝(Annette Bening)과 페넬로페 크루즈(Penelope Cruz)도 캐스팅 됐다.

일본 비디오 게임을 원작으로 한 두 편의 영화, 〈레지던트 이블〉과 〈스트리트 파이터〉도 2026년에 개봉할 예정이다. 두 게임 모두 이전에도 영화로 제작된 적이 있다. 사실 〈레지던트 이블〉은 이제껏 어떤 게임보다 많이 영화로 만들어졌다. 7편의 영화가 현재 가치로 총 19억 달러의 수익을 올렸다. 제작자들은 이 두 영화가 2025년 개봉한 〈마인크래프트 무비〉만큼 성공하기를 바라고 있다. 〈마인크래프트 무비〉는 현재까지 약 10억 달러의 수익을 올린 인기 블록 쌓기 게임 〈마인크래프트〉를 기반으로 제작됐다.

아마존이 제임스 본드 프랜차이즈의 판권을 인수한 이후, 007 팬들은 2026년에 새로운 본드의 정체와 차기작에 대한 소식이 전해지길 기대하고 있다. 이번 영화는 리메이크작 〈듄〉 등 인기 작품들을 스크린에 옮기는 데 탁월한

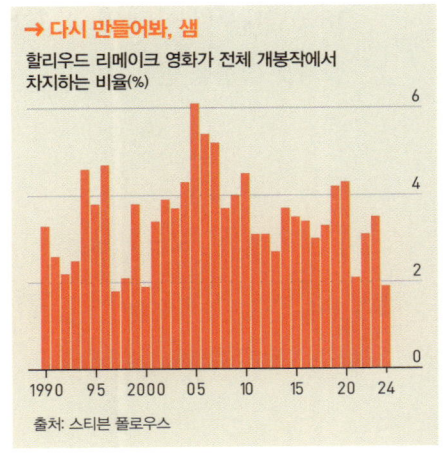

→ 다시 만들어봐, 샘
할리우드 리메이크 영화가 전체 개봉작에서 차지하는 비율(%)
출처: 스티븐 폴로우스

실력을 보여준 드니 빌뇌브(Denis Villeneuve) 감독이 연출하고, 인기 갱스터 드라마 〈피키 블라인더스〉의 제작자 스티븐 나이트(Steven Knight)가 각본을 맡는다. 하지만 2026년에 촬영이 시작되더라도 〈본드 26(Bond 26)〉은 2028년이나 돼야 극장에서 볼 수 있을 것으로 예상된다.

많은 영화 애호가들은 리메이크 작품들이 창의성 부족을 드러낸다고 아쉬워한다. 영화사 경영진이 검증된 아이디어를 선호하는 것은 사실이지만, 그렇다고 해서 그들이 전임자들보다 덜 창의적인 것은 아니다. 영화 데이터 분석가 스티븐 폴로우스(Stephen Follows)에 따르면, 2000년 미국 극장에서 개봉된 영화 중 리메이크 작품의 비율은 1.9%였으며, 2024년에도 그 비율은 동일하게 유지됐다. (가장 높은 수치는 2005년으로, 극장 개봉작의 6%가 리메이크 작품이었다.) 영화 제작자들은 영감을 얻기 위해 더 먼 과거를 돌아보고 있다. 2024년 리메이크된 영화들은 평균적으로 27년 전에 개봉된 작품들이었다. 이는 2000년의 평균 20년보다 늘어날 수치다. 하지만 감독들(과 관객들)이

1890년대부터 이미 알고 있었듯이, 과거의 이야기들을 가지고도 퍽 즐거운 경험을 얻을 수 있다.

귀 기울여

세계에서 가장 인기 있는 음악 장르 따라가기

알렉스 셀비–부스로이드(Alex Selby-Boothroyd) | 〈이코노미스트〉 데이터 저널리즘 책임자

2008년 〈차이니스 데모크라시(Chinese Democracy)〉가 마침내 세상에 나왔다. 미국 밴드 건즈 앤 로지스(Guns N' Roses)는 이 앨범을 녹음하는 데 10명의 기타리스트와 1,300만 달러를 쏟아부었고, 이전 정규 앨범 발매 이후 15년이란 세월이 지나 있었다. 이에 비해, 2025년 6월에 발매된 벨벳 선다운(The Velvet Sundown)의 첫 두 앨범 〈플로팅 온 에코(Floating on Echoes)〉와 〈더 스트 앤 사일런스(Dust and Silence)〉는 단 15일 간격으로 공개됐다. 그리고 몇 주 뒤, 오리온 델 마르(Orion Del Mar), 마일로 레인스(Milo Rains) 같은 이름의, 사진발 잘 받는 털복숭이 4명으로 구성된 이 밴드는 세 번째 앨범을 발표했다. 그들의 곡은 수백만 회 스트리밍 됐고, 이 멤버가 잘릴 가능성은 전혀 없다. 그들은 실제로 존재하지 않기 때문이다. 그들의 노래와 이미지는 인공지능(AI)이 만든 것이다. 하지만 그들이 벌어들이는 돈은 실제다. 따라서 2026년에는 이와 같은 음악이 훨씬 더 많이 등장할 것이다.

　잠재적 청중은 놀랍도록 많다. 분석 기업 루미네이트(Luminate)에 따르면, 미국 음악 청취자 3명 중 1명은 생성형 AI를 활용한 연주곡 제작에 거부감이 없으며, 4명 중 1명 이상은 AI가 만든 보컬이 포함된 오리지널 곡도 괜찮다고 답했다. 〈I'm a Dead Man Walkin'〉 같은 AI 생성 곡을 선보인 다크 컨트리(전통적인 컨트리 음악에 어두운 분위기와 내면적 주제를 결합한 장르-옮긴이) 프로젝트 '아벤티스(Aventhis)'는 유튜브, 틱톡, 스포티파이에서 2,500만 회 이상의 스트리밍을 기록했다. 제작비는 거의 들지 않으면서 스트리밍 수익은 상당하므로 더 많은 곡이 뒤따를 것이다.

　인공적인 것 너머로(하지만 아주 근소하게) 2026년은 한국 대중음악(K팝)에도 중요한 한 해가 될 것이다. 넷플릭스 역대 최고 시청률을 기록한 영화 〈K팝 데몬 헌터스〉의 성공으로 이 작품 속 두 가상의 K팝 그룹이 전 세계 음악 차트 정상에 올랐다. 적어도 한 편의 속편이 제작 중이며, 루미네이트는 하나의 스토리나 브랜드를 여러 플랫폼에 걸쳐 확장하는 '트랜스미디어' 사례가 더욱 늘어날 것으로 예상한다. 한편, 한국을 대표하는 보이그룹 방탄소년단(BTS)의 일곱 멤버 모두가 이제 군 복무를 마쳤으며, 2026년에는 새 앨범과 월드 투어가 예정돼 있다.

전 세계적으로 음악 시장은 지역별로 점점 더 다양해지고 있어서 특정 장르가 지배할 가능성은 낮아 보인다. 예를 들어 아랍에미리트에서는 스트리밍 되는 음악의 92%가 지역 외 아티스트의 곡이다. 레게톤과 발리우드 음악이 중동과 아프리카 음악보다 더 많은 비중을 차지한다. 라틴아메리카에서는 페루가 외국 아티스트에 가장 개방적이지만, 이들의 음악이 차지하는 비율은 전체 스트리밍의 36%에 불과하다. 브라질과 인도는 자국 음악 선호가 뚜렷해 스트리밍의 약 75%가 현지 아티스트의 곡이다.

2026년에는 몇몇 주요 장르가 시장을 지배하기보다 다양한 하위 장르가 계속해서 활발하게 성장할 것이다. 플라멩코와 스페인 전통 음악을 아방가르드 전자 음악과 결합하는 카탈루냐 출신 가수 로살리아(Rosalía)는 월드 투어를 발표했다. 미국에서는 '홀리 힙합'으로도 알려진 크리스천 랩이 크게 성장했다. 스래시 메탈(1980년대 초 미국과 독일을 중심으로 발전한 헤비메탈의 한 갈래-옮긴이) 밴드 메가데스(Megadeth)는 17집 앨범 발표와 고별 투어를 끝으로 활동을 마무리할 예정이다.

PART 2

- UNITED STATES
- EUROPE
- BRITAIN
- THE AMERICAS
- MIDDLE EAST & AFRICA
- ASIA
- CHINA
- THE WORLD IN NUMBERS
- SPECIAL SECTION
- OBITUARY

THE WORLD AHEAD 2026

UNITED STATES

미국

파이트 클럽

분열된 미국, 건국 250주년을 기념하다

제임스 베넷(James Bennet) | 〈이코노미스트〉 렉싱턴 칼럼니스트

도널드 트럼프는 문학과는 거리가 멀어 보이는 사람이다. 하지만 백악관 잔디밭에서 격투 경기를 개최하여 미국 건국 250주년을 기념하겠다는 발상은 탁월한 은유였다. 다가오는 2026년 내내 축제와 불꽃놀이, 기념주화가 쏟아지겠지만, 미국 독립기념일인 7월 4일을 앞두고 백악관 남쪽 잔디밭에 세워질 팔각 철제 케이지와 그 안에서 몸싸움을 벌일 종합격투기(UFC) 선수들이야말로 오늘날 미국 사회의 실상을 가장 잘 보여줄지도 모른다. 최소한 트럼프 2기 2년 차의 미국 정치에 투영된 모습이라는 점만은 분명하다. 물론 차이는 있다. 미국 정치와는 달리, UFC는 여전히 스포츠 정신을 존중한다. 비속어 사용과 '모든 형태의 사타구니 공격'은 금지되어 있다.

1년 내내 펼쳐질 건국 250주년 기념행사는 단순한 은유가 아니라 실제로 분열된 미국의 현주소를 적나라하게 드러내는 무대가 되어가고 있다. 두 개의 전국 위원회가 경쟁하듯 기념행사를 계획 중이다. 의회는 2016년 민주당과 공화당에서 같은 비율로 인사를 선임하여 '아메리카 250 위원회(America250 Commission)'를 설립했다. 오바마 부부와 부시 부부가 명예 공동위원장을 맡은 이 위원회는 당파를 초월하여 미국의 이야기를 재현하겠다는 목표를 내세운다. 트럼프 행정부 인사들도 해당 위원회 내에서 직책을 맡고 있다.

그러나 트럼프 대통령은 복귀 즉시 "위대한 미국의 역사를 기리"기 위해 '태스크포스 250(Task Force 250)'을 설립하는 행정명령을 발표했다. 트럼프가 위원장을 맡고 지도부는 전원 현 행정부에서 임명했다. 두 위원회가 어떻게 협력할지는 여전히 불투명하다. 트럼프 대통령의 태스크포스가 마운트버넌(Mount Vernon)에 있는 조지 워싱턴

저택에서 열릴 노예제 역사를 다루는 전시 계획을 지원할 것인가? 아메리카 250 위원회가 제안한 '탈식민화(decolonisation)'와 '성소수자(LGBTQ+) 포용' 지침을 받아들일 것인가?

과거는 이제 미국에서 정치의 전장이다. 트럼프는 남부연합 장군들, 심지어 시어도어 루스벨트(Theodore Roosevelt) 대통령 동상까지 철거한 쪽은 좌파라며, 먼저 싸움을 건 것은 그들이라고 여긴다. '미국을 다시 위대하게(making America great again)'라는 구호에는 트럼프와 지지자들이 보기에 학계와 언론계를 장악한 좌파들이 오랫동안 왜곡해 온 미국의 역사를 바로잡겠다는 의지도 담겨 있다.

'국가적 수치심'을 조장하기 위해 '미국의 역사를 다시 쓰려는 조직적' 시도가 지난 10년 이상 이어졌다고 불만을 표한 트럼프는 2025년 3월 국립 유적지와 스미소니언 산하 박물관 내에서 미국의 역사가 다뤄지는 방식을 감사하도록 지시하는 행정명령에 서명했다. 목표는 미국의 위대함을 찬미하고 '분열적 서사'를 뿌리 뽑는 것이다. 2025년 9월, 〈워싱턴포스트〉는 트럼프 행정부가 몇몇 국립공원에서 노예제와 관련된 안내문과 전시물을 철거하라는 지시를 내렸다고 보도했다.

건국 200주년을 맞았던 1976년, 미국은 이미 몇 차례의 암살 사건(1963년 존 F. 케네디, 1968년 마틴 루터 킹 주니어와 로버트 F. 케네디 피살 – 옮긴이)과 워터게이트 스캔들 폭로, 베트남 패전으로 상징되는 분열의 시대를 통과하며 고전하고 있었다. 정부 신뢰도는 1964년의 77%에서 절반 이하로 추락한 상태였다.

당시 정부는 양당 인사로 구성된 위원회의 주도하에 성공적으로 애국심을 고취하는 대규모 행사를 치렀다. '자유의 열차(Freedom

1976년에는 미국의 기관들이 지금보다 훨씬 건전했다.

Train)'는 건국의 초석을 다진 문서와 달의 암석 같은 국가적 성과의 상징을 싣고 도시마다 순회했고, 거대한 범선으로 구성된 함대가 뉴욕항에 입항했다. 치열한 대선 경쟁에 몰려 있던 제럴드 포드(Gerald Ford) 대통령은 이 축제를 한껏 즐겼다.

포드는 훗날 회고록에 "건국 200주년 덕분에 국가의 상처가 치유됐다"고 과장해서 썼다. 하지만 좌파와 우파 모두 최소한 정부를 비판한다는 점에서는 의견이 일치했다. (좌파는 정부가 미국의 죄악을 은폐하려 한다고, 우파와 오히려 지나치게 곱씹는다고 여겼다.) 당시 정부에 대한 불신은 당파를 초월한 현상이었다. 그 이후로는 집권당 지지자들이 정부 역량을 훨씬 높이 평가하면서 양극화가 극심해졌다. 또한 1976년에는 의회부터 법원, 언론 매체에 이르기까지 미국의 여러 기관들이 지금보다 훨씬 건전했다.

또한 포드 행정부는 트럼프만큼 상상력을 발휘하지 못했다. 야심가로 이름난 당시 국무장관 헨리 키신저(Henry Kissinger)조차 포드에게 "과거에 대해 우리가 할 수 있는 일은 아무것도 없다"고 말했다. 트럼프는 결코 그런 패배주의에 안주하지 않을 것이다. 키신저 같은 다독가는 아닐지라도, "현재를 지배하는 자가 과거를 지배하고, 과거를 지배하는 자가 미래를 지배한다"는 조지 오웰(George Orwell)의 격언은 트럼프가 훨씬 확실히 이해하고 있는 듯하다.

이런 친구들과 함께라면

도널드 트럼프의 예측 불가능성에는 이점이 있으나,
이제 그 단점에 유의하라

안톤 라 과르디아

도널드 트럼프의 2026년 외교는 예측할 수 없으리라고 예측할 수 있다. 그는 이제껏 상대의 예상을 뒤엎고, 커다란 당근과 거대한 채찍을 동시에 휘두르고, 수시로 마음을 바꾸는 능력으로 대폭 양보를 얻어내곤 했다.

미국 시장 접근이 차단될까 봐 불리한 무역 관세를 수용한 나라가 많다. 유럽 주요 동맹국은 물론 일본과 대만을 포함한 핵심 아시아 동맹국 역시 동맹 파기를 우려하여 국방비를 증액했다. 이스라엘과 하마스도 압박 끝에 휴전에 동의했다. 트럼프 대통령은 취임 후 8개월 만에 '무력을 통한 평화'로 아프리카에서 동남아시아까지 8개의 전쟁을 종결시켰다고 자평한다. 초기에 진압된 인도-파키스탄 전쟁 위기도 여기에 포함된다.

트럼프는 일관성 부재를 미덕으로 여긴다. 2016년 대선 당시 "이제부터 우리는 예측 불가능해야 한다"고 선언한 데 이어, 그는 두 차례의 임기 동안 꾸준히 약속을 이행했다. 트럼프에게 명확한 이념이나 전략이 있다고 생각하는 사람은 없다. '미국 우선주의'의 정의 역시 그의 마음에 따라 그때그때 달라진다.

그러나 그에게도 일관된 욕망은 있다. 미국의 힘은 독보적이라며, 트럼프는 이렇게 말한다. "미국에는 다른 국가가 필요하지 않다. 그

계속 예측해 보라고

들에게 우리가 필요하다. 모두가 우리를 원한다." 따라서 세계 질서 유지는 '미국을 등쳐먹는' 기만행위다. 무역적자는 다른 나라들이 관세로 갚아야 할 보조금이다. 석유와 가스, 핵심 광물은 반드시 확보해야 하며, 필요하다면 그린란드의 경우 영토 합병까지 불사할 수 있다. 짧고, 강렬하고, 충격적인 무력 사용은 적들을 흔든다. 베네수엘라의 사례를 보자. 정권을 몰아내려는 대규모 시도는 큰 실패로 끝날 수도 있다. 2026년에는 유럽, 아시아, 중동에 주둔하는 미군 병력이 추가로 철수할 것이다. 미국에 경제적 혜택을 주거나 미국에서 추방된 이민자를 받아들이면 보상이 있겠지만, 트럼프에게 우호적인 세력을 자극하면 적대감을 살 것이다.

트럼프는 오래전부터 러시아에 특별히 유화적 태도를 보였다. 또한 미국이 중국의 시장과 희토류 광물 공급에 의존하고 있다는 사실을 새삼 깨닫고 있다. 2025년에는 '예측 불가능성'의 이점이 두드러졌지만, 2026년에는 그 부작용이 본격적으로 드러날 것이다.

'취임 첫날 우크라이나 전쟁을 끝내겠다'는 트럼프의 약속은 취임 첫해인 2025년 안에도 지켜지지 않을지 모른다. 푸틴 대통령은 미국보다 중국과의 우정을 더 중시하는 듯하다. 결국 트럼프 역시 동맹이 필요함을 깨닫게 될 수 있다. 다만 큰 위기가 닥치기 전까지는 인식하지 못할 것이다.

그가 함부로 다룬 미국의 '친구들'이 그를 도와줄까? 일부는 선택의 여지가 없을 것이다. 유럽의 동맹국들은 러시아를, 아시아의 동맹국들은 중국을 두려워한다. 그러나 협력은 더욱 마지못한 형태가 될 것이다. 게다가 트럼프는 세계에서 가장 중요한 중립국들까지 적으로 돌렸다. 브라질과 인도는 오랫동안 미국이 구애해 온 국가들이지만 지금은 무거운 제재 하에 놓여 있다. 인구가 많아 유엔에서 영향력이 있는 아프리카 및 타 대륙 빈국들 역시 미국의 원조 삭감으로 고통받고 있다.

세상에서 가장 강력한 인물이 가장 변덕스럽기까지 하다면, 각국은 당연히 미국과의 관계에 모든 것을 걸 수 없으며 중국 쪽으로 기울 수도 있다. 최근의 시진핑 주석은 오히려 안심될 만큼 예측 가능해 보인다.

트럼프는 2016년 대선 당시 "이제부터 우리는 예측 불가능해야 한다"고 선언했다.

민주당의 재건

중간선거 승리로는 문제를 해결할 수 없다

케넷 베르너(Kennett Werner) | 〈이코노미스트〉 워싱턴 특파원

도널드 트럼프가 양손에 권력을 쥔 채 모든 각도에서 법의 한계를 시험하는 사이, 미국의 야당은 방향을 잃었다. 민주당에는 리더십도, 뚜렷한 노선도 없다. 그러나 2026년에는 전투력을 되찾으

며 상황이 반전될 수도 있다. 11월에 열릴 중간선거에서 하원을 탈환할 기회가 있기 때문이다. 그렇게 된다면 트럼프 대통령 임기의 입법 단계는 막을 내리고 청문회 국면이 시작될 것이며, 세 번째 탄핵이 추진될 가능성도 있다. 하지만 민주당이 중간선거에서 선전하더라도 당의 장기적 전망에 대한 우려는 사라지지 않을 것이다.

야당은 중간선거에서 거의 예외 없이 의석을 얻는다. 따라서 지속적인 고물가와 노동시장 침체로 고전하는 트럼프가 참패할 가능성이 있다.

선거구 재조정이 상황을 어렵게 만들겠지만, 민주당은 단 몇 석만 뒤집어도 하원을 되찾을 수 있다. 상원 탈환 가능성은 희박하다. 그럼에도 민주당이 하원을 장악하면 출석 요구권을 갖고 공세를 주도할 수 있게 되어 트럼프 행정부에 상당한 압박을 가할 수 있을 것이다.

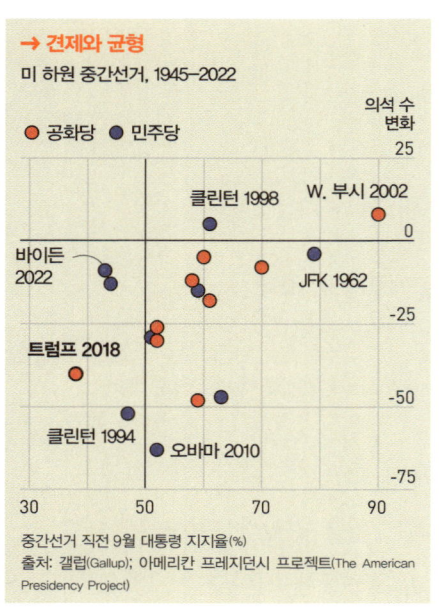

→ 견제와 균형
미 하원 중간선거, 1945–2022
● 공화당 ● 민주당
의석 수 변화
중간선거 직전 9월 대통령 지지율(%)
출처: 갤럽(Gallup); 아메리칸 프레지던시 프로젝트(The American Presidency Project)

그 다음은 무엇인가? 중간선거는 미국의 두 경쟁 비전 중 하나를 선택한다기보다 대통령에 대한 신임투표 성격이 강하다. 따라서 2026년 민주당의 성적이 2028년 대선 전망을 가늠하는 신뢰할 만한 지표는 아니다. 민주당은 단순히 트럼프주의에 반대하는 이상의 비전을 제시해야 할 것이다.

2028년 민주당의 성패는 결국 누가 대선 후보가 되느냐에 달려 있다. 적극적인 민주당 지지층에 속하지 않는 유권자들의 지지를 얻을 만한 인물을 고른다면 좋은 출발점이 될 것이다.

하지만 인구통계학적·구조적 변화로 인해 그 과정은 까다로울 것이다. 민주당이 대학 교육을 받은 계층의 정당이 되면서, 특히 문화적 현안에서 한층 진보 성향이 강해졌다. 또한 정치적 성향이 비슷한 사람들이 모인 지역으로 이동하는 현상으로 인해 승부가 엇갈리는 경합 지역구가 줄었다. 이렇게 두 가지 추세가 진행되며 이민이나 젠더 관련 사안에서 온건한 견해를 가진 민주당 인사들의 당내 영향력은 약화됐다.

2024년 트럼프의 재선 이후, 일부 야심 있는 민주당 정치인들은 이 문제를 깨달은 듯했다. 애리조나의 루벤 가예고(Ruben Gallego) 상원의원은 범죄 혐의를 받은 이민자의 구금을 의무화하는 '레이큰 라일리 법(Laken Riley Act)'을 공동 발의했다. 그는 진보 세력이 "평균적인 히스패닉 유권자의 현실 감각과 동떨어져 있다"고 언급했다. 캘리포니아의 개빈 뉴섬(Gavin Newsom) 주지사 역시 트랜스 여성의 여성 스포츠 출전을 허용하는 것은 '심각한 불공정'이라는 의견을 밝혔다. 여러 민주당 인사들은 사회문화적 쟁점보다 실질적인 경제 문제에 초점을 맞추길 원한다. 알렉산드리아 오카시오-코르테스(Alexandria Ocasio-Cortez)와 조란 맘다니(Zohran Mamdani)를 포함한 진보파는 부유층 증세를 주장하고 있다.

민주당은 풍부한 인재풀을 보유했다고 믿고 싶은 듯하다. 대표적인 인물로는 일리노이의 J.B. 프리츠커(J.B. Pritzker)와 캘리포니아의 개빈 뉴섬 등 자유주의 성향 주에서 활동하는 강

진보 세력은 "평균적인 히스패닉 유권자의 현실 감각과 동떨어져 있다".

경파 주지사들이 있다. 또한 켄터키의 앤디 베셔(Andy Beshear), 미시간의 그레첸 휘트머(Gretchen Whitmer), 펜실베이니아의 조시 샤피로(Josh Shapiro)처럼 경합주 및 공화당 우세 주에도 검증된 정치인들이 있다.

그러나 대선 주자에게는 소속당에 비우호적인 유권자들까지 설득할 역량이 필요하다. 그런 유권자는 적지 않다. 트럼프 대통령의 국정 수행에 대한 불만이 커지고 있음에도, 유권자들은 여전히 범죄·이민·경제 문제에 있어 공화당을 더 신뢰한다. 그 이유를 파악하는 것이 민주당 부활의 핵심이다.

실험의 결과

트럼프의 경제 실험, 그 결말이 드러나기 시작한다

아치 홀(Archie Hall) | 〈이코노미스트〉 미국 경제 에디터

과학자들은 한 번에 하나씩 변수를 분리해 신중하게 실험을 진행한다. 그러나 도널드 트럼프 대통령은 전혀 다른 방식으로 움직인다. 재집권 이후 그는 대대적인 경제 실험을 연쇄적으로 감행했다. 지난 100년간 미국에서 가장 급진적인 정책 실험이라 할 만하다.

현재 관세율은 1930년대 이후 최고 수준으로 올라갔다. 전쟁이나 팬데믹, 대침체기를 제외하면 재정적자는 사상 최대다. 재정지출의 균형을 맞추려는 형식적인 계획조차 사라졌다. 미국중앙은행(Fed)의

독립성은 닉슨 시절 이래 가장 거센 공격을 받고 있다. 연간 이민자 수는 수백만 명 수준에서 사실상 0명으로 급감했다.

이 중 어느 하나만으로도 기존 질서로부터의 중대한 일탈이며, 미국 경제에 심대한 영향을 미칠 사안이다. 그러나 현 상황이 더욱 특이한 것은 모든 변화가 동시에 일어나고 있기 때문이다. 미국 국민, 그리고 세계 경제는 본의 아니게 트럼프 대통령의 실험 대상이 되었다.

그 결과는 이미 어느 정도 나타나고 있다. 관세를 둘러싼 불확실성으로 성장은 둔화되고 물가는 치솟았다. 이민 감소는 고용 통계를 왜곡시켰다. 2026년이 되면 트럼프의 실험이 경제를 얼마나 뒤흔들었는지가 보다 뚜렷해질 것이다.

최악의 비관론자들이 우려하는 파국에는 이르지 않을 수도 있다. 무역장벽이 미국에 득이 될 리는 없지만, 제조업과 상품 무역이 GDP에서 차지하는 비중은 상대적으로 작다. 공급망은 팬데믹 때처럼 적응해 나갈 것이다. 또한 우수 인재 이민자의 유입 감소, 인텔 같은 민간 기업에 대한 정부 개입 등 트럼프식 정책이 초래할 더 심각한 경제적 피해는 가시화되기까지 수년이 걸릴 것이다.

게다가 '하나의 크고 아름다운 법안(One Big Beautiful Bill Act)'으로 촉발된 정부 지출 급증은 2026년부터 본격적으로 수요를 자극할 것이다. Fed의 완화적 통화정책도 경기 부양에 기여할 전망이다. 이러한 단기적 경기 과열이 적어도 당분간은 트럼프의 실험이 초래할 진짜 영향을 가릴 것이다.

현재로서는 투자자들도 크게 동요하지 않는 분위기다. 주가는 사상 최고치를 경신하고 있다. 2025년 동안 미국의 국채 수익률 상승 폭은 다른 선진국보다 작았다. 트럼프가 관세 인상을 발표한 4월에는 경제 성장률이 큰 폭으로 둔화되리라는 전망이 지배적이었으나 그 예측은 사라졌다(그래프 참조).

그럼에도 성장은 막고 물가를 자극하는 트럼프의 스태그플레이션형 정책 조합의 결과는 2026년 GDP와 물가 지표에 뚜렷이 드러날 가능성이 높다. 관세로 인해 상품이 줄고, 이민 감소로 노동 공급이 줄면서 미국인들은 물가 상승을 체감할 것이다. 유권자들은 중간선거에서 트럼프를 비난할 것인가?

더 심각한 위기가 닥칠 가능성도 있다. 금융시장, 특히 주식시장에서 충격이 시작될 가능성이 높다. 인공지능(AI) 붐으로 주가가 고평가된 만큼 어느 정도의 실망은 불가피하다. 미국인들은 막대한 자산을 주식에 쏟아부었고, 그 평가이익이 사라진다면 소비가 급격히 위축될 수 있다.

훨씬 더 우려스러운 채권시장 위기도 상상할 수 있다. 막대한 부채와 재정적자 속에서, 투자자들은 과거엔 터무니없다고 여겼을 시나리오를 현실적인 위험으로 보기 시작했다. 달러 가치를 떨어뜨려 높은 공공부채를 상환하는 인플레이션성 디폴트나 민간 자금을 동원하여 정부 부채를 감축하는 금융억압 등이 그 사례다. 특히 5월 제롬 파월 Fed 의장이 은퇴한 후 완화정책에 우호적인 인물이 후임으로 임명된다면 이러한 불안이 본격화될 수 있다.

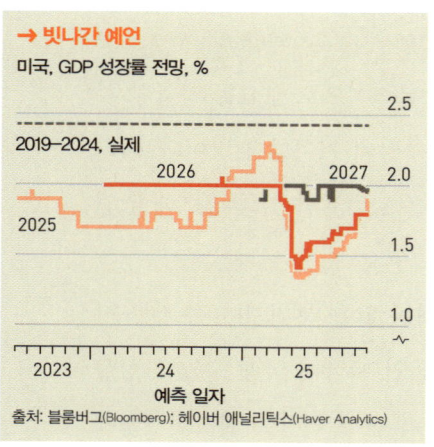

→ 빗나간 예언
미국, GDP 성장률 전망, %
출처: 블룸버그(Bloomberg); 헤이버 애널리틱스(Haver Analytics)

유럽에서도 채권시장은 예민하게

반응하고 있다. 2025년 어려운 예산 선택을 회피한 프랑스와 영국의 국채 금리는 급등했다. 세계의 주요 안전자산 발행국인 미국에서 유사한 위기가 발생한다면 그 파급력은 엄청날 것이다. 하지만 그런 일이 일어나지 않을 것이라고 단언하기는 어렵다.

과잉 단속

이제 막 시작된 이민자 대대적 추방, 어디까지 갈 것인가

에이린 브라운(Aryn Braun) | 〈이코노미스트〉 미국 서부 특파원

대규모 이민자 추방은 애초에 1년 만에 완수할 만한 일이 아니었다. 그 구상부터가 모호했다. 수백만은커녕 수천 명의 불법 이민자를 체포하고 송환할 자금과 인력을 확보하는 데에도 시간이 필요하다. 그러나 도널드 트럼프 대통령의 임기 첫해는 그 기반을 닦는 시간이었다. 2026년에는 '하나의 크고 아름다운 법안'을 통해 투입되는 대규모 예산이 이민 단속 요원 증원, 구금시설 확충, 송환 전세기 운영, 감시 기술 도입에 쓰일 예정이다.

트럼프 대통령의 전략은 이미 상당 부분 드러났다. 폐쇄됐던 교도소가 다시 문을 열고, 추방을 기다리는 이민자들을 수용할 신규 시설도 지어질 것이다. 플로리다의 앨리게이터 알카트라즈(Alligator Alcatraz, 다음 페이지 사진 참조)나 텍사스 군사기지 내 천막 수용소와 같은 유형의 시설은 점점 늘어날 전망이다. 이러한 임시 구금시설에서

또 보자고, 가능하다면(See you later, Alligator)

이민자와 근로자들의 안전을 감독하던 기관들은 무력화되었고, 수용 인원이 늘어나면서 환경은 더 악화될 것이다. 추방을 집행하는 이민세관단속국(ICE)은 인력을 확충하고 있다. ICE 요원들은 연방 이민당국에 협조를 제한하는 '보호도시(sanctuary cities)'로 대거 파견될 것이다. 최근 대법원이 합헌으로 판결한 급습과 무차별적인 거리 체포는 민주당이 우세한 지역에서도 흔한 일이 될 것이다. ICE 요원과 시위대 간의 충돌도 예외가 아니다.

그러나 대규모 추방은 트럼프의 광범위한 단속 조치 중 한 부분에 불과하다. 국경에서의 난민 신청 금지 조치(현재 법원 심리 중)와 군사 경계 강화로 국경을 넘으려는 시도 자체가 크게 줄었다. 합법적 이민 또한 감소할 것이다. 까다로운 신청 요건과 신설된 각종 수수료가 미국 시민이 되려는 이들의 발목을 잡고 있기 때문이다.

상황이 진행되는 방향은 명확해 보인다. 그러나 트럼프 대통령이 단속을 완화할 만한 요인이 두 가지 있다. 첫째, 캘리포니아의 초기 사례에 따르면, ICE 단속에 대한 공포로 일부 노동자들이 아예 출근을 포기하고 있다. 농장주나 호텔 업주들이 대규모 인력난을 우려하자 트럼프 대통령은 잠시나마 공감하는 모습을 보였다. 재계에서 압박을 가하려 할 수도 있지만, 뒤끝 있는 트럼프의 성향을 감안하면 기업인들은 공개 비판 대신 트럼프의 개인 별장인 마라라고에서의 만찬 등 비공식적인 자리에서 뜻을 전할 가능성이 높다. 한편, 스티븐 밀러로 대표되는 트럼프 행정부의 강경 이민통제파 인사들은 대통령이 강경 기조를 유지하도록 설득하고 있다. 현재까지는 밀러 쪽이 우세하다.

둘째, 트럼프 대통령의 이민정책에 대한 국민 지지율이 취임 이후 급락했다. 미국인들은 범죄자를 추방하는 데는 찬성하지만, 복면을 쓴 요원들이 일용직 노동자들을 ICE 표식조차 없는 차량에 거칠게 밀어 넣는 장면은 보고 싶어 하지 않는다. 11월 중간선거가 하나의 시험대가 될 것이다. 재선을 노리는 공화당 의원들은 굴하지 않고 대대적 추방을 지지할 것인가? 그리고, 그렇게 한다면 과연 승리할 수 있을까?

W. 부시 행정부와 버락 오바마 행정부에서 각각 정부 변호사로 일했던 **잭 골드스미스(Jack Goldsmith)**와 **밥 바우어(Bob Bauer)**가 설명한다.

초대석
트럼프는 2026년 선거 결과를 뒤집으려 할 것인가

태양광 집합설비에서 직접 생산되는 값싸고 풍부한 에너지는 많은 산업에 변혁을 일으킬 것이다.

2026년 11월 3일, 미국 유권자들은 의회의 향방을 결정할 중간선거에 나선다. 현재 공화당은 하원에서 근소한 우위를, 상원에서는 확고한 다수를 점하고 있다. 따라서 하원 선거는 민주당이 '트럼프 폭주기관차'의 속도를 늦출 수 있는 가장 현실적인 기회다.

이번 중간선거는 이미 선거 절차에 대한 대중의 불신이 깊이 뿌리내린 가운데 치러질 것이다. 트럼프는 이를 적극적으로 부추겨 왔다. '공정한 선거 수호'를 내세우며 선거 결과를 뒤집거나 조작할 토대를 깔고 있는 듯한 불길한 조짐이 보인다. 트럼프의 언행을 보면 대통령의 막강한 권한, 심지어 군사력을 동원해 탐탁지 않은 2026년 선거 결과에 저항할 가능성이 크다.

트럼프는 오래전부터 어떤 선거에서든 자신의 패배는 상대 진영이 부정행위를 저지른 증거라고 주장하며 여론을 선동했다. 첫 임기 말인 2020년 대선에서는 사상 최초로 선거 결과를 뒤집으려는 시도를 감행했다. 그의 주장은 선거 관리가 정치적 이해로부터 독립되어야 한다는 당파를 초월한 합의를 무너뜨렸다.

2026년에도 지난 선거와 마찬가지로 양당은 접전 지역에서 패배가 예상될 경우 오류나 부정, 기타 부정행위의 가능성을 주장하며 재검표를 요구하고 결과에 이의를 제기하는 등 조직적인 법적 대응에 나설 것으로 보인다. 그러나 이번에는 이러한 다툼의 양상이 전혀 다른 국면에 접어들 수도 있다. 트럼프 대통령이 선거 결과를 부정하기 위해 대통령의 막강한 권한을 실제로 행사할 준비가 되어 있는 듯 보이기 때문이다. 막대한 이해관계가 걸린 선거인데다 늘 법이 허락하는 한(때로는 허락하지 않아도) 모든 수단을 동원해온 트럼프의 전력을 고려할 때, 이러한 가능성은 결코 가볍게 볼 일이 아니다.

트럼프 구상의 핵심에는 이단적 발상이 자리하고 있다. 그는 소셜미디어 '트루스소셜(Truth Social)'에 올린 글에서 "주(州)는 미국 대통령이 대표하는 연방정부가 '국가를 위해' 하라고 명하는 일을 반드시 해야 한다"고 선포했다. 이는 헌법에 정면으로 반하는 주장이다. 헌법은 의회 선거의 '시기, 장소 및 방식'을 결정할 권한을 주 정부와 의회에 명시적으로 부여하고 있으나, 대통령의 역할에 대한 언급은 없다.

그럼에도 불구하고 트럼프는 자신이 필요하다고 판단한 선거 규칙을 각 주에 강제할 대통령의 권한을 주장하는 행정명령을 발표했다. 여기에는 시민권 증명 의무, 전자투표기 기준 개정, 우편투표 개표 제한 등이 포함된다. 해당 행정명령은 이미 법원에 제소됐지만, 아직 최종 판결은 내려지지 않았다. 이 모든 법적 장치를 떠받치는 것은, 트럼프에 따르면 '2020년 선거에서 일어난 일이 다시는 일어나지 않도록' 하기 위한 범정부적 노력이다. 그는 연방수사국(FBI) 국장과 국가정보국(DNI) 국장을 포함해 '모두가 총력을 기울이고 있다'고 언급했다. 또한 선거 결과를 부정하는 인사들을 요직에 임명했다.

이러한 법적 장치와 인력 구성을 바탕으로 트럼프는 다양한 연방 차원의 개입을 명령할 수 있다. 2020년과 마찬가지로, 그러나 이번에는 더 강력한 권한을 쥔 채, 공무원들에게 주 정부 개입을 압박하거나 투표 기기 압수를 지시할 가능성도 있다. 또한 연방 기관을 앞세워 행정부의 선거 부정 적발 노력에 협조하도록 주 정부를 압박할 수도 있다. 나아가 선거 부정 혐의에 대한 조사를 명령함으로써 선거 관리들을 위협할 수도 있다.

그러나 아마도 가장 심각한 우려는 트럼프가 폭동진압법(Insurrection Act)을 근거로 군대를 투입할 가능성이다. 이 법은 대통령이 '미국의 법 집행을 방해하거나 저지'하는 '불법적 결사' 또는 '음모'를 '진압하기 위해 필요하다고 판단되는 모든 조치'를 취할 수 있도록 군대 사용 권한을 부여한다. 트럼프는 자신의 반대 세력이 선거

법 집행을 방해한다고 주장하며 이 법을 근거로 군 병력을 소집할 수 있다. 이러한 군사 개입은 투표가 시작되기 이전, 도중, 이후 언제든 일어날 수 있다.

트럼프의 구상 대부분은 불법이거나 법적으로 논란의 여지가 있다. 대법원을 포함한 사법부는 2020년 대선 당시 법적 근거가 부족한 트럼프의 이의 제기를 저지하며 훌륭히 제 역할을 해냈다. 그러나 협박을 목적으로 하는 정치적 강압이나 수사 전술은 법정에서 다루기 어렵다.

따라서 2026년 선거의 공정성 역시 2020년과 마찬가지로 선거를 관리하는 주 및 지방 공무원들의 굳건함에 달려 있다. 그리고 궁극적으로는 미국 국민이 어떻게 반응하느냐에 달려 있다. 광범위하고 가시적인 대중의 반응은 트럼프의 소속 정당 내 선출직 인사들이 선거 결과를 뒤집는 시도에 가담할 위험을 저울질하는 데 영향을 미칠 수 있다. 공화당이 패배한 지역구에 군대가 투입되는 등 가장 암울한 상황이 닥친다면, 시민사회가 얼마나 책임 있게 저항하느냐가 미국의 선거 관리 기관들이 확고히 버틸 수 있을지를 좌우할 것이다.

자충수

유학생 정책은 미국의 소프트파워를 계속 갉아먹을 것이다

케넷 베르너

2023년 여론조사기관 퓨리서치(PEW)는 외국인들을 대상으로 미국의 소프트파워에 대한 인식을 조사했다. 응답자 10명 중 7명은 대학 교육 수준과 기술 혁신 면에서 미국이 세계 최고이거나 다른 선진국보다 우수하다고 답했다. 공교롭게도 두 영역 모두 외국인 인재가 역동성을 불어넣는 분야다. 인공지능 관련 학과에서 미국 대학 전일제 대학원생의 70%가 외국인이다. 미국에서 유학하는 해외 우수 인재들은 절반 이상이 과학이나 공학 전공이며, 상당수가 미국에 남아 창업에 나선다. 10억 달러 이상의 가치를 지닌 미국 스타트업 가운데 4분의 1은 유학생으로 미국에 온 외국 출신 창업자가 세운 기업이다. 일론 머스크가 가장 잘 알려진 사례다.

트럼프의 재선이 이뤄진 2024년, 미국은 사상 최대 규모의 유학생을 받아들였다. 따라서 이후의 감소세는 더욱 가파를 것이다. 결국 법원이 일시 중단시키긴 했지만, 일부 친팔레스타인 유학생 활동가들이 구금되거나 추방된 사건은 불안을 조성했다. 더 큰 변화는 비자 발급 절차가 훨씬 까다로워졌다는 점이다. 이제 영사관들은 신청자의 소셜 미디어 계정을 면밀히 조사하여 위협 요소가 있는지 판단한다. 결정적으로 정부는 외국인 학생의 체류 기간을 최대 4년으로 제한하고, 더 머물기 위해서는 연장 허가가 필요한 새 규정을 제안했다.

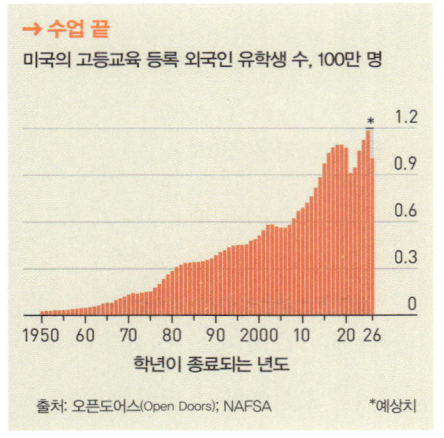

→ 수업 끝
미국의 고등교육 등록 외국인 유학생 수, 100만 명

출처: 오픈도어스(Open Doors); NAFSA *예상치

현행 제도에는 그런 제한이 없으며, 학위 과정을 이어가는 한 학생 신분이 유지된다. 새로운 규정은 평균 6년이 걸리는 박사과정 학생 전원에게 영향을 미치며, 매년 수십만 명이 체류 연장을 신청해야 할 것이다. 이미 심사 지연이 심각해 대기 기간은 6개월이 넘는다. 물론 외국인들에게 이런 번거로움을 겪게 하는 자체가 정책의 의도일 수도 있다. 산업 컨설턴트 마티 베넷(Marty Bennett)은 외국인 유학생들이 겪는 불안과 좌절이 9·11 이후나 팬데믹 초기와 유사하다고 말한다.

대학 총장들도 타격을 체감하고 있는데, 이는 단순히 등록금 수입

손실 때문만은 아니다. 정부의 연구 기금이 수십억 달러 규모로 삭감되어서다. 트럼프 행정부는 정부가 선호하지 않는 연구 주제(백신, 기후변화, 성소수자 건강 등)나 기관(아이비리그 대학)의 연구 보조금을 취소했다. 국립보건원(NIH) 같은 연구기관의 예산과 인력 감축이 겹치면서 두뇌 유출이 가속화됐다. 과학자 구인 플랫폼을 운영하는 슈프링어 네이처(Springer

Nature)는 2025년 1분기에 해외 취업을 희망하는 미국인 연구자 수가 전년 대비 32% 증가했다고 밝혔다. 반대로 미국을 향하려는 외국인 연구자 수는 4분의 1 가까이 줄었다.

트럼프 행정부의 연구비 삭감과 이민 제한은 혁신과 창업 의지를 위축시킬 것이다. 그러나 미국의 국제적 위상에 더 큰 타격은 트럼프 대통령의 보복적 무역·외교 정책에서 비롯될 것이다. 퓨리서치 조사 결과, 전체 25개국 중 10개국에서 2023년부터 2025년 사이 중국을 지배적인 경제 대국으로 인식하는 비율이 급등했다. 반면 미국에 대한 불신은 가까운 동맹국들 사이에서도 빠르게 번지고 있다. 자국의 최대 위협으로 미국을 꼽은 캐나다인의 비율은 2019년 이래 3배로 늘어 다섯 명 중 세 명에 이르렀다.

믿음직한 대법원

대법원은 대통령에게 더 많은 승리와 몇몇 패배를 안길 것이다

스티븐 메이지(Steven Mazie) | 〈이코노미스트〉 미국 특파원

도널드 트럼프는 이전 임기에서 직접 임명한 3명의 대법관 에이미 코니 배럿(Amy Coney Barrett), 닐 고서치(Neil Gorsuch), 브렛 캐버노(Brett Kavanaugh) 덕분에 두 번째 임기 초반부터 막대한 정치적 이익을 얻고 있다. 이들 세 대법관은 보수 진영의 동료 대법관 셋과 함께 하급심이 트럼프 대통령의 계획에 걸어놓은 제약을 거의

예외 없이 걷어냈다. 그 결과 트럼프는 트랜스젠더 군인의 복무 금지, 교육부 기능 축소, 연방기관장 해임, 100만 명이 넘는 이주민 보호 조치 철회, 인종을 근거로 한 로스앤젤레스 내 불법체류자 단속까지 밀어붙일 수 있게 됐다.

하지만 지금까지의 판결들은 모두 '그림자(shadow)' 심리로 불리는 긴급 절차를 통해 내려진 임시 결정에 불과하다. 이제 훨씬 더 무게감 있는 쟁점들이 '본안(merits)' 사건으로 다시 대법원에 회부되고 있다. 본안 절차는 여러 차례의 서면 의견 제출, 공개 변론, 몇 주에서 몇 개월에 걸친 숙의, 그리고 최종 판결을 담은 공식 의견서 발표 등 오랜 시간에 걸친 정규 심리 과정이다. 2026년에 내려질 본안 판결 역시 대체로 트럼프 대통령의 뜻에 부합하겠지만, 마음에 들지 않는 결과도 일부 있을 것이다.

트럼프 대통령이 거두게 될 가장 큰 승리는 과거 출연했던 TV 리얼리티쇼 〈어프렌티스(The Apprentice)〉 시절부터 즐겨온 취미와 관련이 있을 것이다. 바로 마음대로 누군가를 해고하는 일이다. 그는 14시즌 동안 프로그램에 출연하며 무려 200명 가까이 해고했다. 그리고 백악관으로 돌아온 뒤 첫해에만 감사관과 군 수뇌부에서부터 수습 직원, 연방 검사, 행정부 각 기관의 수장에 이르기까지 수만 명을 해임했다. 대법원은 2025년 긴급 명령을 통해 이러한 해임 건 다수를 잠정적으로 승인했다.

해당 해임 건은 2026년 최종 확정될 가능성이 크다. 대법원은 2026년 뉴딜 시대 판례인 '험프리 집행자 대 미합중국(Humphrey's Executor v United States)'의 폐기를 정식 심리할 예정이다. 이 판례는 지난 90년 동안 대통령의 자의적 해임으로부터 독립 기관장을 보호해 왔다. 민주당계 대법관 3명이 반대하는 가운데, 보수파 6명은 이미 2025년 5월 사실상 이를 폐기했다. 판례의 소멸은 2026년 봄 확정될 것이다. 다만 트럼프 대통령의 해고 광풍은 리사 쿡 Fed 이사를 해임하려는 시도에서 벽에 부딪히리라 예상된다. 대법원은 2025년 Fed가 '고유한 구조를 가진 준(準)사적 기관(quasi-private entity)'이며 '특별한 역사적 전통'을 지닌다고 적시했다. 대법관들은 대통령이 '사유(for cause)' 해임이라는 명목으로 중앙은행의 독립성을 훼손할 경우 시장 혼란이 뒤따를 수 있다는 점을 알고 있다.

트럼프 대통령의 공격적인 관세 정책이 경제를 뒤흔들 위험을 감수하고서라도, 대법원은 2026년 초 이에 힘을 실어줄 공산이 크다. 2025년 8월 연방순회항소법원은 관세를 위법으로 판단했지만, 그 과정에서 원고 측 주장에도 취약점이 드러났다. 버락 오바마 전 대통령이 임명한 2명을 포함한 4명의 판사가 트럼프의 관세 정책을 지지했다. 소수 의견을 낸 이 판사들은 1977년 법령에서 관세가 명시적으로 언급되지는 않으나, 국가 안보, 외교, 경제에 위협이 발생했을 때 대통령에게 주어진 '수입 규제' 권한이 관세 조정에도 적용된다고 주장했다. 2025년 11월에 예정된 공개 변론 이후, 결국 대법원은 무역 적자와 오피오이드(진통·마취제)로 인한 비상사태에 대응하려면 관세를 높여야 한다는 트럼프의 판단 재량을 인정할 가능성이 크다.

대통령에게 불리하게 작용할 수 있는 판결도 있다. 트럼프의 다소 과도한 이민정책 중 18세기 법률인 '적국 외국인법(Alien Enemies Act)'을 근거로 조직폭력배 용의자들을 국외로 신속히 추방하는 조치에 대한 판결은 본안 심리에서 뒤집힐 확률이 높다. 출생 시 시민권(birthright citizenship)과 관련해서는, 대법원이 지난해 6월 전국적인

결국 대법원은 관세 인상이 필요하다는 트럼프의 판단을 인정할 가능성이 크다.

효력의 금지명령을 제한하기는 했으나 수정헌법 제14조가 보장하는 출생시민권 원칙을 유지하는 다른 사법적 장치는 인정할 가능성이 크며, 이는 트럼프 대통령의 행정명령에 반하는 것이다. 또한 대법원은 주방위군(National Guard) 병력을 파견하라는 트럼프의 지시에 반발하는 주(州)들의 입장을 지지할 가능성이 있으며, 의회가 이미 법률로 승인한 예산 집행을 대통령이 압류(즉, 지출 거부)하려는 시도에 대해서도 의회의 재정권을 옹호하는 쪽에 설 것으로 보인다.

평소엔 신중하기로 유명한 대법원이 트럼프 행정부의 긴급 청구에는 너무도 신속하고 호의적으로 판결했고 결과적으로 법원에도 국가에도 도움이 되지 않았다. 그림자 심리를 포함하여 대법원의 결정 상당수는 논리가 빈약했다. 일부 대법관은 하급심이 대법원의 지침을 따르지 않는다며 공개적으로 비판했고, 이에 대해 몇몇 판사들이 반박하는 이례적인 일까지 벌어졌다. 2026년 트럼프 2기 집권 2년 차에 접어들며 보다 숙고할 시간이 생긴 대법원은 더 신중한 접근법을 모색할 기회를 얻었다. 그러나 긴급 심리 절차에서 이미 압도적인 성공을 거둔 만큼, 앞으로도 트럼프에게 유리한 판결이 이어질 가능성이 크다.

자책골

관광객과 히스패닉 팬들이 월드컵을 외면할까?

존 패스먼(Jon Fasman) | 〈이코노미스트〉 문화 선임 특파원

2022년 월드컵 개최국은 사실상 축구 기반이 없는 카타르였다. 기후는 혹독했고, 경기장은 8개뿐이었는데 그중 7개는 개최가 확정된 뒤에야 지어졌다. 그 직전 대회를 개최한 러시아 역시 따뜻한 분위기나 관광지로서의 매력은 없었다. 따라서 2018년 미국, 캐나다, 멕시코가 공동으로 2026 월드컵 유치권을 획득했을 때, 국제축구연맹(FIFA) 관계자들은 안도의 한숨을 내쉬었을 것이다.

하지만 이는 트럼프 행정부가 사소한 위법 행위로 관광객을 구금하고, 일부 관광비자 신청자에게 1만 5,000달러의 보증금을 내게 하며, 정치적 발언을 이유로 외국인 유학생을 길거리에서 체포하기 시작하기 전의 일이었다. 또 트럼프가 다른 두 공동 개최국을 위협하고, 마약 밀매 혐의를 제기하며 카리브해에서 군을 동원해 보트를 폭파하기 전의 일이었다. 과연 팬들은 여전히 2026년 월드컵을 보러 올까, 아니면 창피할 만큼의 흥행 참패로 끝날까?

먼저 비관적 전망부터 살펴보자. 정부 기관인 국제무역청(International Trade Administration)에 따르면, 2025년 미국 공항의 외국인 입국자 수는 2024년에 비해 약 4% 줄었다. 2025년 미국 전역에서 열린 FIFA 클럽 월드컵 조별리그 경기에서 평균 관중 점유율은 57%에 그쳤다. 경기장 치안 문제를 우려하는 목소리도 있다. 2024년 마이

애미에서 열린 코파 아메리카 결승전에서는 관중들이 경기장 보안을 뚫고 난입하는 바람에 대혼란이 일었다. 준결승전에서는 우루과이 선수들이 만취한 관중들과 몸싸움을 벌이기도 했다.

세 국가가 공동으로 월드컵을 개최하는 것은 이번이 처음이다. 원활한 대회 운영을 위해서는 긴밀한 협력이 필수지만, 이는 트럼프의 장점과는 거리가 멀다. 그는 '안전하지 않다'고 판단한 도시에서는 경기를 열지 않겠다고 경고했다. 또한 이란을 포함한 12개국 국민(선수들은 예외)의 미국 입국을 금지했다. 미국의 수많은 히스패닉 축구 팬 가운데 불법체류 신분인 일부는 경기장에 이민 단속 요원이 나타날까 두려워 관람을 포기할 수도 있다.

하지만 낙관적인 전망도 있다. 미국은 미국 프로축구리그(MLS)가 첫 경기를 치르기 2년 전인 1994년에 마지막으로 월드컵을 개최했다. 결과적으로 1994년 대회는 FIFA 역사상 가장 성공적인 월드컵으로 기록됐다. 경기당 평균 관중과 총 관중 수 모두 최고치를 경신했다.

현재는 미국 내 축구 팬층이 훨씬 두터워졌다(비즈니스 섹션 참조). 캐나다 팀 세 곳을 포함해 30개로 늘어난 MLS 구단은 경기당 평균 2만 3,000명의 관중을 끌어모으고 있다. 영국과 유럽 리그 경기도 TV에서 생중계되며, 2024년에는 미국 팀이 한 팀도 출전하지 않은 경기를 시청한 미국인이 5,000만 명에 달했다.

트럼프 대통령은 9월 유엔 연설에서 "모두 꼭 오시길 바란다"고 말했으나, 내각 분위기는 그만큼 환영 일색은 아니었다. 숀 더피(Sean Duffy) 교통부 장관은 "여행하며 미국을 둘러보라"면서도 이렇게 덧붙였다. "너무 오래 머물지는 마십시오."

역사는 앞으로 일어날 일을 암시한다고, 스탠퍼드대학교 미국사 명예교수 **리처드 화이트(Richard White)**는 말한다

초대석
도금시대의 교훈

규칙이 없는 역사에 유일한 규칙이 있다면, 결코 거꾸로 흐르지 않는다는 것이다.

1894년, 그로버 클리블랜드(Grover Cleveland) 대통령은 주지사와 시장의 반대에도 불구하고 시카고에 연방군을 파견하고 폭동진압법을 발동해 파업과 시위를 진압했다. 그러나 이 조치는 오히려 막으려 했던 폭력 사태를 촉발했다. 트럼프 이전까지 유일하게 재선에 패배했다가 다시 당선된 대통령이었던 클리블랜드는 2년 후 임기를 마칠 때쯤엔 정치적으로 고립되어 있었다. 윌리엄 제닝스 브라이언(William Jennings Bryan)과 윌리엄 매킨리(William McKinley) 간의 치열한 대선은 도금시대(Gilded Age, 19세기 말 미국의 겉만 번지르르한 산업화와 부패의 시대를 비유하는 말-옮긴이)의 깊은 분열과 명확한 문제들을 적나라하게 드러냈다. 이 시대는 막을 내렸으나 매킨리의 승리 때문은 아니었다. 누적된 문제와 번번이 좌초된 해결책의 무게에 스스로 붕괴한 것이다.

오늘날 우리는 그 시대로부터 어떤 교훈을 얻을 수 있을까? 1894년의 상황은 오늘날의 두 번째 도금시대와 겹쳐 보인다. 그러나 두 시대가 쌍둥이처럼 똑같지는 않다. 뚜렷하고 중요한 차이가 있다. 두 시대 모두 거대한 투쟁의 끝에 찾아왔다. 첫 번째는 남북전쟁, 두 번째는 냉전의 종식이었다. 경쟁하던 체제에 승리하며 패권과 합의의 시대가 도래하리라는 들뜬 예측이 성행했지만, 뒤따른 두 도금시대는 오히려 혁명적 정치나 지배적 사회 비전이 없는 혁명의 시대가 되었다. 두 시대 모두 경제를 근본적으로 뒤바꿔놓았다. 첫 번째 도금시대는 독립 생산자와 노예로 구성된 나라를 불만에 찬 임금 노동자의 나라로 바꾸어놓았다. 두 번째 도금시대는 20세기에 형성된 사회안전망을 갈기갈기 찢으며 불안정한 '긱 경제(gig economy, 디지털 플랫폼을 통해 주문형 작업·서비스를 제공하는 임시·프리랜서 중심의 노동 시스템-옮긴이)'의 시대를 열었다.

두 시대 모두 기술 발전과 경제 성장, 그리고 팽팽히 맞선 정당 구도 속에서 전개되었다. 대규모 이민으로 인종과 문화가 다채로워졌고, 출산율 감소가 보완됐다. 그러나 시대의 이름처럼 도금된 표면 아래에서는 정치적 마비, 부패, 극심한 경제적 불평등, 정치인과 제도에 대한 불신, 인종 갈등, 실질적 삶의 질 하락이 곪아가고 있었다. 두 시대 모두 격렬한 당파적 대립만 있었을 뿐, 그 결과로 남은 정치적 성과는 거의 없었다. '두 번째 도금시대'에 들어 유일하게 파괴적이지 않고 건설적인 입법은 오바마케어(Obamacare)일 것이다. 미국에는 '잭슨의 시대', '루스벨트의 시대'가 있었지만 '클리블랜드의 시대'는 없었으며, '트럼프의 시대' 역시 없으리라 나는 확신한다.

두 시대의 정치는 모두 과거를 향한다. 양당에 공통적으로 존재했던 반독점주의는 첫 번째 도금시대의 문제를 예리하게 진단했지만, 결국 자유노동과 소규모 생산자, 프로테스탄트적 윤리가 지배하던 과거의 세계를 열망한 반동적 운동에 머물렀다. MAGA 운동과 법적 원본주의자들 역시 이전의 미국으로 회귀하길 원한다. 첫 번째 도금시대가 남긴 유산은 해결책이 아니라 문제였고, 지금도 다르지 않다.

유니언 퍼시픽 철도(Union Pacific Railroad)의 찰스 프랜시스 애덤스(Charles Francis Adams) 회장은 알고 지내던 19세기 거물들을 오늘날에도 공감되는 방식으로 묘사했다. '재정적으로는 거물'이지만, '돈만 좇는 장사꾼에 불과'했으며 '매력도 흥미도 없는 인간들'이었다는 것이다. 첫 번째 도금시대의 법원은 수면에 떠오른 해결책을 번번이 내리눌렀지만, 시간이 지나자 이는 자연히 다시 떠올랐다. 20세기에 들어서면서 새로운 관료 체제가 힘과 자율성을 얻고, 생산자 중심 경제는 소비자 중심 경제로 바뀐 것이다. 결국 법원의 제약을 뛰어넘기 위한 헌법 개정이 이뤄졌다. 관세 중심이던 과세 체계를 소득세 중심으로 개편하고, 상원의원 직선제를 도입하고, 여성에게 참정권을 부여한 것은 모두 그 결과였다.

지금의 도금시대에는 첫 번째 도금시대의 개혁안, 더 나아가 재건시대(Reconstruction era, 1865~1877년 남북전쟁 직후 미연방이 남부를 재통합하고 흑인 시민권 확대를 추진한 시기-옮긴이)의 오래된 개혁안 일부까지 되돌리려는 시도가 이어지고 있다. 그러나 단기적으로 성과를 거두더라도 궁극적으로는 실패할 것이다. 규칙이 없는 역사에 유일한 규칙이 있다면, 결코 거꾸로 흐르지 않는다는 것이니까.

미국의 미래를 알고 싶다면 문제점부터 고찰해야 한다. 많은 시민의 생계 곤란, 부정부패, 정치·경제적 불공정 등에 대해서는 정치적 스펙트럼 전반에서 놀라울 정도로 의견이 일치한다. 기후변화나 정부 재원 조달의 어려움처럼 외면한다고 피할 수 없는 도전도 있다.

첫 번째 도금시대 이후 찾아온 진보시대(Progressive Era, 1890~1920년대 초 사회 개혁과 정부 개입 확대를 통해 산업화·도시화로 인한 불평등을 해소하려 했던 시기-옮긴이)에도 결점은 있었다. 흑인과 이민자들을 배신했다. 그러나 적어도 미래를 향하고 있었다. 양당의 아이디어를 활용했고, 기존 제도를 파괴하기보다 새로운 제도를 세우는 데 집중했다. 오늘날의 정치를 버리고, 지난 반세기 동안 너무나 뚜렷이 드러난 문제들을 정면으로 다루는 새로운 움직임이 일어난다면 비로소 지금의 도금시대는 막을 내릴 것이다. 도금시대를 뒤따르는 시대는 언제나 정치가 혁명적 변화를 따라잡는 시대다.

EUROPE

유럽

총, 성장 그리고 초목

2026년 유럽은 세 가지 큰 도전에 직면할 것이다

크리스 록우드(Chris Lockwood) | 〈이코노미스트〉 유럽 부문 편집장

2026년에 유럽은 사방에서 오는 압박에 직면할 것이다. 점점 더 적대적으로 변하는 러시아에 맞서 군사력 증강에 필요한 재정을 마련해야 하고, 미국이 뒤로 빠지는 가운데 우크라이나에 대한 지원도 확대해야 한다. 더불어 세계적으로 보호무역주의가 확산하는 가운데, 수년간의 경제적 부진 끝에서 경제 성장을 되살릴 방법을 찾아야 한다. 그렇지 못할 경우, 불만을 품은 유권자들이 정치적 극단으로 더욱더 기울 위험이 있다. 게다가 기후 변화 대응 목표를 약화하거나 포기하라는 우파 포퓰리스트의 끊임없는 압박 속에서 기후 전환 정책도 유지해야 한다. 이들 과제 하나하나만으로도 어려운 일인데, 세 가지가 동시에 겹치니 그야말로 악몽과도 같다.

2022년 러시아가 우크라이나를 침공한 것은 수십 년간 이어진 안이함을 끝장냈고, 이후 맞닥뜨린 도전만 점점 커지고 있다. 러시아는 발트해에서 해저 케이블을 절단하고, 유럽 전역에서 파괴 공작과 암살 작전을 벌이고, 폴란드와 루마니아로 드론을 내보내고, 북대서양조약기구(NATO) 영공 너머로 전투기를 지속적이고 의도적으로 침범케 하는 등 점점 더 도발적인 행보를 이어가고 있다. 이러한 행동은 2026년에도 계속될 것이며, 더욱 심해질 것으로 보인다. 도널드 트럼프 대통령이 유럽 동맹국들에 보인 모호한 태도는 블라디미르 푸틴 러시아 대통령을 대담하게 만들었다. 푸틴은 NATO를 분열시키고 약화할 목적으로 그것의 한계를 계속 시험하려 들 것이다.

현재로서는 NATO 회원국 대부분이 2014년에 설정된 국방비 지출 목표(GDP의 2%)를 충족하고 있다. 하지만 이제는 새로운 목표, 즉 2025년 6월 정상회의에서 설정된 3.5%라는 기준이 생겼다. 폴란드와 리투아니아, 라트비아를 제외하면 대부분의 회원국은 이 목표를 어떻게 달성할지를 유권자들에게 설명하는 일조차 시작하지 않았다. 독일은 그중 가장 과감한 나라다. 프리드리히 메르츠(Friedrich Merz) 총리는 국방비를 '슐덴브렘제(Schuldenbremse, 독일의 부채 제한 규정-옮긴이)'에서 면제했고, 이런 조치를 기반으로 2029년까지 새 목표를 달성하겠다는 계획을 제시했다. 반면 스페인은 자신들은 그 새로운 국방비 지출 제한 규정에 전혀 구속받지 않는다고 밝혔다.

유럽은 2026년에 냉전 이후 그 어느 때보다도 많은 국방비를 지출하게 될 것이다. 하지만 에마뉘엘 마크롱(Emmanuel Macron) 프랑스 대통령이 적절하게도 강조해 온 '전략적 자율성'에는 아직 미치지 못하고 있다. 따라서 2026년에는 국방비와 우크라이나 지원에 필요한 추가 자금을 어디서 마련할 것인가를 두고 일련의 논쟁이 벌어질 것으로 보인다. 대략 전쟁 초기 3년 동안은 미국과 유럽이 매년 약 500억 달러를 각각 우크라이나에 지원했다. 그러나 이제 미국의 지원은 사실상 중단된 상태다. 설령 전쟁이 끝나더라도, 우크라이나는 앞으로도 오랫동안 지원이 필요할 것이다. 2026년, 정치인들은 이런 현실과 마주해야 한다.

2026년은 유럽 경제에도 또 한 번의 시험대가 될 것이다. 인플레이션은 완화되고 금리는 서서히 내려가고 있지만, 성장은 여전히 부진하며 추가적인 국방비 지출도 크게 도움이 되지 못할 것이다. 생산성은 정체되어 있고, 고령화된 노동력이 생산량을 끌어내리고 있으며, 벤처 자금과 일자리는 미국과 아시아로 빠져나가고 있다. 이탈리아와 프랑스, 스페인, 벨기에에서는 국가부채 비율(GDP 대비 부채 비율)이 이미 100%를 넘어섰다.

유럽은 사방에서 압박을 받는 상황에서 2026년을 맞이할 것이다.

공공 재정은 팬데믹으로 생겨난 부채와 친환경 보조금으로 인해 부담을 받고 있다. 게다가 이제는 국방비 지출로 인해 상황이 더 악화하고 있다. 이러한 부담은 2026년에 더욱 심화할 것인데, 지지 기반이 취약한 정부들은 복지 지출을 줄이지도 못할뿐더러 세금 인상을 두려워하기 때문이다. 프랑스에서는 마크롱 대통령이 이러한 난관을 타개하기 위해 조기 총선을 실시할 가능성도 있다.

독일의 5,000억 유로(약 5,890억 달러) 규모의 신규 인프라 투자는 분위기를 다소 반전시키기 시작할 것이다. 새 도로와 철도, 전력망 구축은 민간 투자를 유도하게 될 것이다. 유로존 전역에서도 완만한 성장세 회복이 예상되지만, 2025년의 0.8%에서 1.2%로 소폭 상승하는 데 그칠 전망이다. 유럽의 수출업체들은 가장 큰 시장인 미국에서 계속해서 높은 관세에 직면할 것이다.

2026년에 주목할 세 번째 고통스러운 문제는 기후 정책이다. 유럽 연합이 야심 차게 추진한 온실가스 감축 목표는 저항에 부딪히고 있다. 이민 감축과 함께, 녹색 정책에 대한 반대는 EU 전역에서 득세하고 있는 강경 우파의 대표적인 특징이다. 2035년까지 새로운 가솔린 차량 판매 금지, 2050년까지 탄소 순배출을 전혀 하지 않는다는 넷제로(net-zero) 목표는 점점 더 실현 불가능해 보인다. 또한 탄소 집약적 수입품에 관세를 부과하는 EU의 탄소국경조정제도(CBAM)를 완화하자는 목소리도 나오고 있다. 이 제도는 2026년에 시행될 예정이다. 2026년에는, 특히 프랑스에서 강경 우파 정당인 국민연합(National Rally)이 총선에서 승리를 거둘 때에는, 각국 정부가 이 정책을 재고할 수밖에 없을지도 모른다.

과거 유럽은 재난을 기회로 바꾼 적이 있다. 유로존 재정 위기는 은행 연합체와 새로운 최종 대부자를 만들어내는 일을 위해 첫 발걸음을 떼는 계기였다. 팬데믹은 공동 차입을 가능하게 했으며, 우크라이나 전쟁은 국방 통합을 향한 움직임을 촉발했다. 2026년에도 그만큼 대담한 일이 벌어질까? 안타깝게도, 그럴 가능성은 작아 보인다.

 WHAT IF?

NATO 창설 조약은 한 회원국에 대한 공격은 모든 회원국에 대한 공격으로 간주된다고 명시하고 있다. **만약에 러시아가 NATO 회원국을 공격한다면 어떻게 될까?** NATO는 정말로 러시아와 전쟁하는 위험을 감수하면서까지 군사적으로 대응할까? 만약 도널드 트럼프 대통령이 그런 군사적 대응을 막는다면, NATO는 허약해지고 동맹은 회복할 수 없을 정도로 손상될 것이다.

방화벽 뚫기

독일을 위한 대안(AfD)에 선거라는 '시험'이 다가오고 있다

톰 누탈(Tom Nuttall) | 〈이코노미스트〉 베를린 지국장

한때 지배적 위치에 있었던 유럽의 보수 정당들은 우파 포퓰리스트 반란을 어떻게 다뤄야 할까? 네덜란드나 오스트리아처럼 정부에 참여시켜 길들이는 전략을 취해야 할까? 전자의 경우, 극우 세력이 최근 선거에서 공동 1위를 차지했으며, 후자의 경우는 여론조사에서 선

이상한 나라에서는 어떤 일이?

두를 달리고 있다. 또는 프랑스에서처럼, 전통적인 좌파와 우파 대결 구도를 중도 세력 대 야만 세력의 거대한 싸움으로 보이게끔 만들어야 할까? 마린 르 펜(Marine Le Pen)의 국민연합은 2027년 대통령 선거에서 무척 유리해 보인다. 아니면, 인제 그만 포기해야 하는 걸까? 이탈리아에서는 중도우파 세력이 부차적인 역할로 밀려나 극우 정당인 '이탈리아 형제당(Brothers of Italy)'의 대표 조르자 멜로니(Giorgia Meloni)가 이끄는 정부를 지지하는 역할에 머무르고 있다.

유럽 최대의 민주주의 국가인 독일은 다른 접근법을 택했다. 즉, 포퓰리스트들을 무시하고 '양질의 통치'로 그들의 위협을 없애려는 전략이다. 강경 우파 정당인 독일을 위한 대안(AfD)은 이민자, 기후변화 정책, 그리고 독일의 우크라이나 지원을 강하게 비난하는 정당으로, 독일의 정보기관에 의해 공식적으로 '극단주의 우파'로 지정되었다(AfD는 해당 결정에 이의를 제기하고 있는데, 이러한 지정으로 정부의 감시 권한

이 강화된다). 일각에서는 이 정당을 아예 불법으로 금지하자는 주장도 나오고 있다.

AfD는 다른 정당들이 세운 '브란트마우어(Brandmauer, 방화벽)' 뒤에 갇혀 있다. 이 방화벽으로 인해 AfD는 독일의 16개 주를 포함한 어떤 정부에도 참여할 수 없다. AfD는 2025년 2월 총선에서 제2당이 되었지만, 다른 정당들은 AfD 의원들이 국회 위원회 위원장을 맡거나, 연방의회(Bundestag) 부의장직을 차지하는 것을 모두 막았다. 심지어 연방의회 축구팀에도 참여가 금지되어 있다.

하지만 이 브란트마우어도 AfD의 부상을 막지는 못했다. 오히려 일부에서는 그것이 그 당의 급진화를 가속화했다고 본다. 권력을 잡을 길이 없는데 온건해질 이유가 무엇이란 말인가. 이러한 독일식 대응법은 2026년 9월 AfD의 동독 지역 근거지인 메클렌부르크-포어폼메른주와 작센안할트주에서 열리는 두 번의 주 선거를 통해 중대한 시험대에 오를 것이다. 여론조사에 따르면 두 주 모두에서 AfD는 단독 과반을 차지할 수 있을 것으로 보인다. 이는 연립정부 구성이 일반적인 독일 정치에서 매우 이례적인 일이다. 만약 어느 한 곳에서라도 그런 일이 현실이 된다면, AfD는 그동안 자신들을 가로막고 있던 방화벽을 무너뜨리게 될 것이다. 제2차 세계대전 이후 처음으로 극우 세력이 독일 정부에 진입한다면, 그건 정치적 대지진이 될 것이며 충격파는 유럽 전역으로 퍼질 것이다.

작센안할트주는 특히 우려되는 지역이다. 이 주에서는 20년 넘게 중도우파 성향의 기독교민주당(CDU)이 지배력을 누렸다. 선거에서 단독 과반 확보에 실패한다면, AfD는 기독교민주당 내부의 흔들리는 세력을 끌어들이려 시도할 것이 분명하다. 실제로 일부는 유혹을 느낄 수도 있다. 다른 주들처럼 AfD를 저지하기 위해 사회민주당(SPD)이나 녹색당과 협력해야 하는 현실에 불만을 품은, 우파 성향의 CDU 주 의원들이 많기 때문이다.

하지만 CDU 유권자 대부분은 AfD를 극도로 싫어하며, 방화벽이 무너진다면 상당수는 다른 쪽으로 이탈할 가능성이 있다. CDU 당수이자 독일 총리인 프리드리히 메르츠는 작센안할트주 당 지부가 유혹에 굴복하는 경우, 해당 지부를 잘라내 버려야 한다고 생각할 수도 있다. 하지만 양질의 통치로 AfD 지지를 약화하겠다는 그의 약속은 아직 실현되지 않았다. AfD 지지율은 여전히 전국 여론조사에서 높게 나타나고 있다. 이러한 도전이 독일에만 국한된 문제는 아니다. 그렇다고 이런 점이 현실을 쉽게 받아들일 수 있게 해주는 건 아니다.

우크라이나를 넘어

우크라이나에서 수렁에 빠진 러시아가 갈등을 확대하고 있다

아르카디 오스트로프스키(Arkady Ostrovsky) | 〈이코노미스트〉 러시아 부문 편집장

한 유령이 유럽을 떠돌고 있다. 러시아와의 직접 충돌이라는 유령이. 사이버 공격과 사보타주가 늘고 있다. 러시아 드론이 폴란드, 독일, 덴마크 상공을 날아 민간 공항 운영이 중단되기도 한다. 독일 정보기관 수장인 마르틴 예거(Martin Jager)는 최근 "유럽에는

싸늘하게 식은 평화가 존재하며, 그것은 언제든 뜨거운 대결로 번질 수 있다"라고 말했다. 발트해 국가들은 러시아가 침공하는 때를 대비해 대규모 대피 훈련을 하고 있다.

하지만 우크라이나에서는, 러시아의 '강력한 군대'가 블라디미르 푸틴이 우크라이나 전면 침공을 시작하며 내세운 구체적 목표(돈바스 전체 지역의 점령)를 달성하는 데 실패했다. 초기에는 일부 진전이 있었지만, 2022년 말 이후 러시아가 점령한 우크라이나 영토는 전체 점령 영토의 1%도 채 되지 않는다. 러시아의 묘지는 전쟁이 시작된 이후 전사한 약 25만 명의 군인을 매장하기 위해 계속 확장되고 있다. 그리고 러시아 경제는 압박을 받고 있다.

따라서 2026년에는 북유럽에서의 "회색지대" 도발이 더욱 심화할 것이다. 우크라이나 전장에서 성과를 거두지 못할수록, 푸틴은 목표를 달성하기 위해 다른 지역에서 긴장을 고조시키려 할 것이다. 유럽인들이 자신들에게 닥친 위협을 크게 느낄수록 우크라이나를 지원하는 것보다 자국의 재무장을 우선시하게 되고, 이는 우크라이나의 방어력을 약화할 거라는 게 그의 계산이다. 이미 우크라이나는 병력 동원에 어려움을 겪고 있으며, 볼로디미르 젤렌스키 대통령에 대한 신뢰도 약해지고 있다.

푸틴의 우크라이나 전쟁은 그가 서방과 벌이고 있는 싸움에 있어서 핵심이다. 그는 서방이 러시아를(그리고 자신을) 부당하게 대하고, 뒤통수를 쳤다고 믿고 있다. 서방에 의해 소외되고, 경제적으로 경쟁할 수 없다고 느낀 그는 미국이 주도하는 안보 체계를 해체하고 자신의 권력을 확장하기 위한 유일한 수단으로 전쟁을 선택했다. 그의 목표는 NATO를 약화하고, 유럽 민주주의 국가들을 불안정하게 만들

2026년에는 러시아의 북유럽에서의 "회색지대" 도발이 더욱 심화할 것이다.

고, 평화에 익숙해진 사회를 분열시키고 위협하는 것이다. 푸틴의 사고방식은 러시아의 군사 문화와 일치한다. 러시아의 군사 문화에서는 전쟁의 목표가 영토 점령이 아니라 그 영토를 지탱하는 방어와 안보 체계를 파괴하는 데 있다. 그러나 전쟁이 거의 4년째 이어지는 동안, 러시아는 우크라이나의 군대를 파괴하거나 서방이 제공하는 자금과 무기 공급망으로부터 우크라이나를 단절시키는 데 실패했다. 러시아와 우크라이나, 옛 소련군을 구성하던 이 두 국가는 현재 지상전에서 교착 상태에 빠져 있다. 이는 주로 드론이 러시아의 수적 우위를 무력화했기 때문이다.

2026년에 이 분쟁은 어떻게 전개될까? 장거리 드론의 진화 덕분에 양측 모두 최전방 너머까지로 전쟁을 확대할 수 있게 되었다. 우크라이나는 자국의 장거리 드론과 미사일, 미국의 첩보망을 활용해 러시아의 정유 시설 약 40%를 무력화했다. 반면 러시아는 우크라이나의 에너지 인프라와 가스 생산 시설을 파괴했다. 이제 우크라이나는 유럽으로부터 추가 자금을 받아야 하는 처지이지만, 유럽은 내부의 공공지출 부담으로 어려움을 겪고 있다. 러시아의 '회색지대' 활동은 이러한 압박을 더욱 심화하기 위해 설계된 것이다.

하지만 푸틴 대통령의 자원은 무한하지 않다. 2022년 이후 그는 주로 계약직 군인들에게 의존해 왔는데, 이것은 지금까지 비용이 많이 들고 또 충분하지도 않았다. 우크라이나의 취약점을 완전히 활용하려면 그는 전면 동원령을 내리고 경제를 전시 체제로 전환해야 하는데, 이는 정치적 위험을 수반한다. 석유 수입의 감소는 이미 그의 군사 지출을 제한하고 있다. 여론조사에 따르면 러시아 국민은 그의

'특별 군사 작전'에 피로감을 느끼고 있다.

2025년 9월, 푸틴 대통령의 대변인인 드미트리 페스코프(Dmitry Peskov)는 전쟁이 "무의미한 것"이 아님을 존재론적 용어를 동원해 가며 설명해야 했다. "특별 군사 작전도 있지만, 사실 우리 주변에서 벌어지고 있는 것은 전쟁입니다. 우리는 우리 아이들과 손주들, 그리고 (러시아의) 미래를 위해 이 전쟁에서 승리해야 합니다." 푸틴은 전쟁의 현 국면을 그대로 동결한 채 간헐적인 충돌이 이어지는 '영구적인 투쟁' 형태로 전환하는 게 최고의 선택이라고 판단할 수도 있다.

서방은 이 전쟁을 평화와 안정 회복을 위해 관리하고 궁극적으로

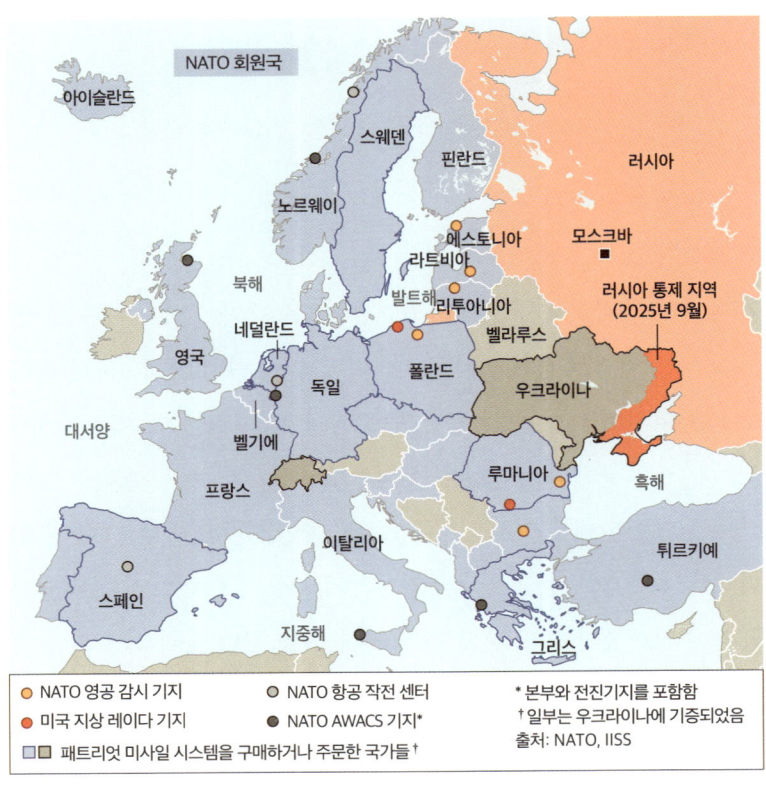

해결해야 할 위기로 간주하고 있다. 그러나 바로 이것이 푸틴이 막고자 하는 일이다. NATO 유럽연합군 최고사령부의 전략 및 국제문제 고문인 스티브 코빙턴(Steve Covington)은 푸틴의 행동을 혁명에 비유한다. 푸틴이 이미 반쯤 썩었다고 믿는 체제의 붕괴를 가속하는 게 혁명의 목적이라는 것이다. 그리고 볼셰비키 혁명의 아버지 블라디미르 레닌이 설명했듯이, 혁명에 있어서 가장 나쁜 일은 바로 추진력을 잃는 것이다.

헝가리 게임

유럽을 바꿔놓을 수도 있는 한 선거를 주목하라

스탠리 피그날(Stanley Pignal) | 〈이코노미스트〉 샤를마뉴 칼럼니스트 겸 브뤼셀 지국장

27개국으로 구성된 유럽연합(EU)은 각국이 몇 년마다 한 번씩 전국적인 선거를 치른다. 그래서 마치 선거운동이 끊임없이 이어지는 듯한 느낌을 준다. 그리스에서 핀란드에 이르기까지 정부가 계속 교체되는 현실은, 선거가 없어도 잘 구상된 계획을 실행으로 옮기는 일에서 어려움을 겪고 있는 이 연합체를 마비시킬 수 있다. 그러나 2026년은 특이하게도 예전과 다를 것으로 보인다. 정치인들의 주의를 산만하게 할 선거가 거의 없을 뿐만 아니라, 2026년에 있을 한 번의 중요한 투표가 EU를 마비시키기보다는 오히려 교착 상태에서 벗어나게 할 가능성이 있기 때문이다.

　통계적으로 보기 드물게도, EU 인구 4억 5,000만 명의 80% 이상을 차지하는 10대 회원국 가운데 그 어떤 나라도 국가 지도자를 새로 선출하기 위한 투표를 2026년에 치를 계획이 없다. 2026년 연말까지 연초와 동일한 대통령과 총리들이 자리를 지킨다면 (미국의 도널드 트럼프 대통령이 두 번째로 집권한 지 2년 차가 되는 2026년, 유럽이 계속 고군분투해야 하는 상황에서) 유럽 대륙은 결단력 있는 행동을 할 수 있는 조건을 갖추게 된다.

　9월에 있을 스웨덴 총선에서는 사회민주당이 가장 많은 의석을 차지할 가능성이 높다(그들이 마지막으로 패배한 것은 제1차 세계대전이 한창일 때 치러진 33회 전 선거다). 다만 정부를 구성하기 위한 연정 세력을 충분히 확보하지 못할 수는 있다. 하지만 모두가 주목할 나라는 스웨덴이 아니라 헝가리다. 2026년 봄, 오르반 빅토르(Viktor Orban)와 그의 피데스(Fidesz)당은 2002년 이후 일곱 번째로 유권자의 심판을 받는다. "자랑스럽게 비자유주의적"인 총리 오르반은 2010년부터 재임 중이다.

오랜 재임 기간에도 불구하고 그는 유럽의 최고 의사결정 기구에서 인기 있는 인물이 아니다. 오르반 총리가 도널드 트럼프와 블라디미르 푸틴과 밀접한 친분을 맺고 있는 사실은 대부분의 다른 EU 지도자들에게는 마뜩찮은 일이다. 오르반 총리는 이를 잘 알고 있으며, 동시에 주목받는 법도 안다. 여러 차례의 EU 정상회의는 결국 오르반 총리가 각국 지도자가 특정 사안에 대해 지닌 거부권을 행사하지 않는 것에 동의할 것인지 아닌지 하는 문제로 귀결된 바가 있었다. 러시아에 대한 제재나 언젠가 우크라이나가 EU에 가입할 수 있도록 협상하는 문제 등에서, 오르반 총리는 EU 재정 규칙을 자기에게 유리하도록 적용함으로써 동료 유럽인들에게 매번 대가를 치르게 했다.

오르반 총리가 선거에서 패배한다 해도 슬퍼할 EU 지도자는 없을 것이다. 하지만 지난 10년 기간 중 처음으로 그런 가능성이 뚜렷하게 보인다. 피데스당은 여론조사에서 2024년 페테르 마자르(Peter Magyar)가 설립한, 사실상 1인 정당인 티사(Tisza)당에 크게 뒤처진 2위를 달리고 있다. 티사당은 오르반 정권에 반대하는 세력들을 한데 뭉치게 하는, 통일된 반(反)오르반 전선을 제시했다.

헝가리 정치를 되살릴 인물로 페테르 마자르를 꼽는 건 다소 아이러니할 수 있다. 그는 한때 오르반의 측근이자 전 법무장관의 전남편이었으며, 지금은 피데스당을 탈당한 인물이기 때문이다. 그럼에도 EU 내에서는 그가 교활한 현직보다 다루기 쉬울 것이라는 점을 의심하는 사람은 거의 없다. 이 선거는 유럽을 넘어 많은 이들의 관심을 끌 것이다. MAGA 운동 내에서도 오르반을 모델로 보는 이들이 많다[오르반은 이에 대해 "유럽을 다시 위대하게(Make Europe Great Again)" 만들겠다며 칭찬에 화답했다]. 허약한 민주주의를 배경으로 강력한 현직 권력자가 선거에서 심각한 도전에 직면하는 모습을 보는 것은 헝가리 외부에서도 의미가 있는 교훈이 될 것이다.

나쁘기만 한 것은 아니다

경제는 다소 성장하겠지만, 재정적자 문제가 부상할 것이다

크리스티안 오덴달(Christian Odendahl) 〈이코노미스트〉 유럽 경제 부문 편집장

유럽의 경제적 어려움에 대한 암울한 이야기는 어렵지 않게 이해할 수 있다. 미국의 비호와 중국의 수요, 러시아의 에너지, 그리고 규칙에 기반을 둔 세계화에 의존한 모델은 미국이 내향적으로 변하고, 중국이 경쟁자가 되고, 러시아가 전쟁 도발자가 되고, 세계화가 역사책 속 옛이야기가 된 세상에서는 번성할 수 없다. 유럽 대륙은 빠르게 고령화하고 있고, 유럽의 급성장하는 극우 정당들은 이민을 제한하길 원한다.

유럽에는 확실히 많은 걱정거리가 있다. 하지만 적어도 2026년에는 경제가 다소간 회복되며 성장할 전망이다. 긍정적 요인 중 하나는 코로나19 팬데믹의 여파가 이제 유럽에 유리하게 작용하고 있다는 점이다. 2023년 4분기 이후 임금 상승률이 물가 상승률을 웃돌았지만, 가계는 지출을 꺼리며 팬데믹 이전보다 소득의 약 3%를 더 저축해 왔다. 경제적 불확실성이 줄어들면서 소비자들은 지출 금액을 점점 늘려갈 것이다.

미국과 중국이 경제와 관련해서 견지할 입장은 앞으로도 유럽 경제를 괴롭힐 것이다.

임금 상승과 인플레이션이 정상화되면 유럽중앙은행(ECB)은 금리를 낮게 유지할 수 있고, 물가 상승률이 2% 이하로 내려가는 경우 금리를 추가로 인하할 수도 있다. 이는 기업의 투자를 촉진하는 데 도움을 줄 뿐만 아니라(특히 재생에너지와 전력망 같은, 자본비용이 큰 프로젝트에 도움이 될 것이다) 어려움을 겪고 있는 건설업 부문에도 활력을 불어넣을 것이다.

다른 긍정적 요인은, 씁쓸하게도, 국방 부문이다. 우크라이나 전쟁과 미군의 철수에 대한 우려는 유럽 대륙이 재무장해야 한다는 메시지를 전달했다. 독일은 재정 규정을 개정한 다음 국방을 위해 무제한 적자 지출을 허용하고, 유럽연합은 유럽의 은행 계좌들에 동결된 러시아 국유 자산을 우크라이나 무장에 더욱 적극적으로 활용할 것이다. 적자 지출을 억제하기 위해 마련된 EU의 재정 규정은, 여력이 되는 국가들이 무기 구매에 더 많이 지출할 수 있도록 완화되었다.

이런 움직임은 점점 더 강화할 것이다. 미국과의 정치적 갈등이 커지면서 유럽 국가들은 역내 공급업체로부터 더 많은 물품을 구매해야 하는 상황이 되고 있다. 이는 국방 장비에 대한 지역 수요를 늘리고, 기업들의 투자를 유도할 것이다(비즈니스 섹션 참조). 자동차 부품과 열차를 생산하던 공장들이 군수 부품을 생산하도록 개조되고 있으며, 앞으로도 더 많은 공장이 유사한 길을 걷게 될 것이다. 공적 자금 제공자와 투자자, 졸업생 사이에서 방위산업 관련 스타트업의 인기가 높아지는 것도 이 부문을 더더욱 지원할 것이다. 국방 지출 증가로 이 부문에서 최대 50만 개의 일자리가 창출될 수 있다.

재정적 여유가 고르게 분포된 것은 아니다. 북유럽 국가들이 비교적 자유롭게 지출하는 반면, 프랑스는 여전히 크나큰 재정적 우려의 대상이다. 재정적자가 GDP의 약 5%에 달하는 프랑스는 이러한 과도한 재정적자를 해소하기 위해 고군분투하고 있다. 하지만 큰 재정적자는 재정 위기의 위험을 수반하지만, 최소한 경기 성장을 떠받치는 역할을 하기도 한다. 남유럽 주요 국가들인 이탈리아와 스

페인의 경우, EU의 코로나회복기금 중 아직 사용되지 않은 자금이 2026년 지출을 지탱하고, 이탈리아의 경기 둔화를 완화할 것이다. 한편, 높은 이민율은 스페인 경제의 원활한 흐름에 계속해서 도움이 되고 있다.

두 초강대국인 미국과 중국이 경제와 관련해서 견지할 입장은 앞으로도 유럽 경제를 괴롭힐 것이다. 하지만 2026년이면 그것들은 더 이상 충격이 아니게 될 것이다. 독일 제조업의 위기는 8년 차에 접어들 것이다. 중국과의 경쟁에서 파생하는, 점증하는 위협은 이제는 유럽 경제가 점차 적응해 나가고 있는 상수다.

벼랑 끝에 서서

에마뉘엘 마크롱은 중심을 잡기 위해 고군분투할 것이다

소피 페더(Sophie Pedder) | 〈이코노미스트〉 파리 지국장

2026년, 프랑스는 불안정성에 시달릴 것이다. 분열된 의회 그리고 2027년에 에마뉘엘 마크롱 대통령에 이어 후임 대통령 자리를 노리는 인물들 간의 개인적 경쟁은 혼란스러운 한 해를 예고한다. 프랑스는 2025년 10월 기준으로 지난 12개월 동안 3명의 총리를 거쳤고, 세 번째 총리인 세바스티앵 르코르뉴(Sebastien Lecornu)는 사임 후 재임명되었다. 가장 낙관적인 시나리오는 의회 내 타협을 통해 어떻게든 대충 버텨보는 것이고, 최악의 경우는 프랑스의 제도와 대통령직 자체를 시험에 들게 할 전면적인 정치 위기일 것이다.

세 가지 주요 시나리오가 떠오르고 있다. 첫 번째는 르코르뉴 총리의 중도 성향 소수 정부가 좌우 양측의 온건파 의원들의 지지를 얻어 2026년 예산안을 통과시키는 것이다. 르코르뉴 총리는 좌파에 양보해야 할 필요성—그는 퇴직 연령을 62세에서 64세로 높이는 마크롱 대통령의 연금 개혁안을 중단시키겠다고 공언했다—과 중도우파의 지지를 유지해야 하는 과제 사이에서 아슬아슬한 줄타기를 해야 할 것이다. 장-뤽 멜랑숑(Jean-Luc Melenchon)이 이끄는 강경 좌파 정당 '굴하지 않는 프랑스(Unsubmissive France)'와 마린 르 펜의 강경 우파 정당 국민연합(RN)은 정부를 비판할 기회라면 놓치지 않

좌우 진영 가리지 않고 모두가 분노로 들끓고 있다

고 붙잡을 것이다. 그러나 이 두 세력이 힘을 합치더라도, 577석으로 구성되는 분열된 하원에서 정부를 무너뜨리기에는 역부족이다. 따라서 사회주의 정당들과 공화당 의원들의 입장이 결정적인 역할을 하게 될 것이다.

두 번째 시나리오는 르코르뉴 총리가 실패하는 경우다. 이 경우 2025년 예산이 임시로 2026년으로 이월되고, 마크롱 대통령에게 의회를 해산하고 조기 총선을 실시하라는 정치적 압력이 거세질 것이다. 마크롱이 2024년에 그렇게 했을 때는 중도 세력의 의석이 줄어든 반면, RN은 의석수를 크게 늘렸다. 프랑스는 2026년 3월에 지방선거를 치를 예정이며, 필요하다면 총선도 같은 시기에 함께 실시될 수 있다.

이런 상황이 벌어진다면, 반(反)이민·반EU 성향의 RN이 1차 투표에서 35%를 얻어 선두에 오른다는 게 여론조사의 결과다. 4개 정당으로 이루어진 좌파 연합은 24%를, 마크롱 대통령의 중도 세력은

14%에 머물 것으로 보인다. 2024년에는 '반RN'이라는 기치 아래서 집중포화를 퍼붓는 전술이 RN의 의석 확대를 어느 정도 억제했다. 하지만 2026년에는 그 같은 단결이 흔들릴 것이다. 만약 RN과 그 동맹 세력이 최대 250석을 확보한다면, 그들은 정부를 구성할 권리가 자신들에게 있다고 주장할 것이다. RN은 마린 르 펜의 부관에 해당하는 30세의 조르당 바르델라(Jordan Bardella)를 총리 후보로 지명할 것이다. 그렇게 되면 프랑스는 현대사에서 처음으로 포퓰리즘 정부가 등장할 가능성에 대비하며 심각하게 불확실한 시기를 맞이하게 될 것이다. 시민 불안과 거리 시위가 뒤따를 수도 있다. 마크롱 대통령과의 '동거 정부(cohabitation)' 체제는 헌법상 권력 분립의 한계를 시험하게 될 것이다.

가장 가능성이 작은 세 번째 시나리오는, 마크롱 대통령에 대한 압력이 더욱 거세져 그가 조기 대통령 선거를 고려할 수밖에 없는 상황에 몰리는 것이다. 장-뤽 멜랑숑뿐만 아니라 일부 마크롱 지지자들까지도 그의 사임을 요구한 바 있다. 마린 르 펜—법원은 2026년에 마린 르 펜의 선출직 출마 금지에 대한 항소심 판결을 내릴 예정이다—역시 그의 사임을 환영할 것이다. 국내 정치가 불안해질수록 마크롱은 특유의 활발한 국제 외교 활동에 더 집중하게 될 것이다. 그의 두 번째 임기는 2027년까지 이어지며, 그는 그전에 물러나는 일을 피하기 위해 할 수 있는 모든 것을 다할 것이다.

약1년 전 지금 맡은 직책을 수행하기 시작했을 때, 나는 사무실에 둘 지구본 하나를 구해달라고 사무국 측에 부탁했다. 그 지구본이 도착할 때쯤에는 세상 곳곳에서 이미 많은 일들이 벌어져 있었다. 지금 11월에 그 지구본을 손으로 돌려보다 보니, 마치 국제 질서가 붕괴 직전에 있는 듯한 느낌이 들기도 한다. 러시아가 4년째 우크라이나에 대한 침략 전쟁을 계속 벌이고 있는 것만 봐도 그렇다. 하지만 실제로는 상황이 겉보기만큼 나쁘지 않다.

지난 80년 동안 국제사회는 분쟁을 해결하기 위해, 유엔(UN), 유럽연합(EU), 동남아시아국가연합(ASEAN), 아프리카연합(AU), 라틴아메리카·카리브국가공동체(CELAC) 등을 포함하는 전 세계적·지역적 포럼 체계를 폭넓게 구축해왔다. 하지만 이보다 더 중요한 것은, 우리가 국제법과 규범이라는 도구 상자를 발전시켜 왔다는 점이다. 이러한 법과 규범은 정당성을 부여하고, 행동 기준을 제시하며, 협력을 촉진하고, 분쟁 해결 방법을 제시한다.

일부 국가는 현재 이러한 규범과 규칙, 그리고 이것들을 집행하는 제도를 무너뜨리고, 흥정과 '힘이 곧 정의'라는 방식을 선호하는 방향으로 빠르게 움직이고 있다. 이런 움직임에 반대되는 편에 있는 것이 바로 EU다. 무엇보다도 평화를 위한 프로젝트인 EU는 제2차 세계대전 이후 또 다른 전쟁을 피해야 한다는 절박한 필요성에 의해 하나로 뭉친 주권 국가들의 모임이다.

국제 규범에 기반한 질서에 대한 EU의 확고한 헌

유럽연합 외교안보 고위대표 **카야 칼라스**(Kaja Kallas)는 유럽이 더 거칠고 험한 세상에 적응할 필요가 있다고 말한다.

초대석
규칙과 도구, 가치

> 우리 주변 세계가 변하고 있을 때 EU가 예전 방식을 고수하는 것은 무의미한 위험을 감수하는 것이다.

유럽 | EUROPE

신과 공통의 이익과 공유된 가치는 지난 70년 동안 우리를 하나로 묶어왔으며, 새로운 회원국들을 끌어들여 지금까지 7차례의 확대를 이끌었고, 알바니아에서 우크라이나에 이르는 미래 회원국들의 희망도 계속 이어지고 있다. 우리는 단일 시장과 공동 통화를 통해 시민들의 번영을 위한 여건을 조성했다. 세계 최대의 무역 블록을 구축함으로써 우리는 전 세계적이고 강력한 경제 체제로 성장했다. 우리는 자유로운 이동, 기본권 보장, 소비자 후생, 보건의료 및 식품 안전 기준이라는 분야에서 널리 인정받고 있다. 또한 기후 행동과 환경 보호 분야에서 세계적인 선도자로서 역할을 하며, 다른 사람들에 대한 깊은 배려를 보여주고 있다. 27개 회원국이 함께하는 우리는 세계 최대의 개발협력기금 공여자이며 인도적 지원도 가장 많이 제공하는 단체 중 하나다.

유럽대외관계청의 수장으로서 일하기 시작한 첫해 동안, 나는 다음과 같은 질문과 씨름했다. 평화를 확립하고, 국제법을 기반으로 삼고, 규범을 통해 세상을 더 나은 곳으로 만들고, 한 가지 규칙이 지켜지게 하려고 만들어진 EU가, 규칙들이 내팽개쳐지고 있는 지금의 세계 속에서 어떻게 앞으로 나아갈 수 있을까? 주변 세계가 변하고 있는데 EU가 예전 방식만을 고수한다면, 그것은 무의미한 위험을 감수하는 것이다. 우리 또한 변화에 발맞춰 적응해야 한다.

먼저, 우리는 모호함 속에서 살아가는 법을 배우고, 실용적인 움직임들에 집중해야 한다. 역사는 우리에게 지침을 준다. 우 탄트(U Thant) 전 유엔 사무총장은 재임 10년 동안 콩고에서 카슈미르, 그리고 6일 전쟁에 이르기까지 여러 분쟁에 직접 개입했다. 그는 유엔이 설립된 목적이 바로 '거래 중심주의'를 초월하기 위한 것이라고 강조했다. 쿠바 미사일 위기에 개입한 다음, 그는 이렇게 제안했다. "우리는 적어도 지금 이 순간만큼은 완벽하지 않은 해결책을 받아들여야 합니다." 우리 역시 똑같이 할 준비가 되어 있어야 한다.

둘째, 우리는 내부의 과제를 수행하고, EU를 더욱 강력한 지정학적 행위자가 되게 만들어야 한다. 러시아의 우크라이나 전쟁을 계기로, 경제적 강점을 군사력으로 전환하여 우리 스스로를 방어하고 우주 분야의 가능성을 활용할 수 있어야 한다. 또한 가입 후보국들에 대한 약속을 이행하고, 그들을 우리 연합체에 받아들여야 한다. 동시에, EU 단일 시장을 통한 통합을 심화하고, 레타(Letta) 보고서와 드라기(Draghi) 보고서에서 각각 제시된 바와 같이 경쟁력과 회복탄력성을 강화해야 한다.

셋째, 우리는 공통의 이익을 공유하는 전 세계의 여러 파트너들과 협력해야 한다. 우리는 유럽, 아시아, 북미의 여러 나라들과 안보 및 방위 협력 협정을 체결했으며, 전 세계 76개국과는 이미 무역협정을 체결했다. 또한 남미공동시장(메르코수르, Mercosur), 멕시코, 인도네시아, 인도 등과는 무역협정을 추진 중이다. 우리는 이러한 나라들과 함께 뜻을 같이하는 국가들의 연합체를 구축하여 글로벌 무역체제를 개선해 나갈 것이다.

나는 언제나 국제법이 평화의 토대라고 믿어왔다. 그것이 내가 EU에서 얻는 상징성이다. 그리고 그건 폭력이나 단기적 이익이 아니라 법이 국가와 국민들의 운명을 이끌어야 한다는 생각이기도 하다. 법의 지배를 수호하는 것은 여전히 전 세계 모든 사람의 본질적인 이익에 부합하는 일이다. 이익과 가치 중 하나를 선택해야 한다고 생각하는 건 잘못된 일이다.

THE WORLD AHEAD 2026

BRITAIN

영국

최종적인 것은 아니다

전 세계적 규모의 힘들이 영국과 유럽을 다시
가까워지게 하고 있는 가운데, 브렉시트는 진화하고 있다

존 피트(John Peet) | 〈이코노미스트〉 부편집장

20026년은 데이비드 캐머런(David Cameron) 전 영국 총리가 2016년에 단행한 브렉시트 국민투표가 10주년을 맞는 해다. 그 일은 최근 수십 년 동안의 영국 정치사에서 가장 큰 지각변동을 일으킨 사건이었다. 더불어 2026년은 보리스 존슨(Boris Johnson)이 2020년 12월에 체결한 EU·영국 간 무역 협력 협정에 대한 5년 주기 검토가 이뤄지는 해이기도 하다. 영국은 이 협정에 따라 단일 시장과 관세 동맹, 인적 자유 이동에서 완전히 이탈하는, 이른바 '하드 브렉시트'를 통해 공식적으로 유럽연합(EU)을 떠났다. 따라서 2026년에는 그러한 단절의 결과와 영국·유럽 관계의 미래에 대한 논의가 활발해질 것으로 예상된다.

하지만 브렉시트는 현재 정치적 의제 중에서도 매우 낮은 순위에 자리하고 있다. 여론이 2016년 이후 확연히 변했다는 점을 생각하면 이는 아주 놀라운 일이다. 브렉시트에 대한 실망감의 증가는 3명의 연이은 보수당 총리를 몰락시키는 데 기여했고, 결국 2024년 7월 조기 총선에서 키어 스타머(Keir Starmer) 경이 이끄는 노동당이 압승하는 결과로 이어졌다. 브렉시트는 새로운 비관세 장벽을 세움으로써 상품 수출에 타격을 입혔고 서비스 수출에도 부정적인 영향을 미쳤다. 당시 예산책임청(OBR)은 브렉시트로 인해 영국 GDP가 약 4% 감소할 것으로 추정했는데, 이는 대체로 정확했던 것으로 보인다.

하지만 사실 2016년 이후로 생각을 바꾼 유권자는 그리 많지 않다. 대신, 여론의 흐름을 브렉시트에 반대하는 쪽으로 돌려놓은 두 가지 변화가 있었다. 먼저, 브렉시트를 지지했던 고령층 유권자들이 세상을 떠났고, 그 자리를 브렉시트 반대 성향의 젊은 세대가 메웠다. 또한 2016년에는 입장을 유보했던 이들이 이제는 뚜렷하게 브렉시트에 반대하는 쪽으로 기울었다. 그 결과, 여론

> 지정학적 상황은 EU와의 협력을 긴밀히 강화해야 한다는 주장에 힘을 싣는다.

조사에서는 응답자의 최대 56%가 브렉시트가 실수였다고 생각하는 것으로 드러났다.

그럼에도 브렉시트를 되돌리는 일은 세 가지 이유로 간단하지가 않다. 첫째, 2016년 이전의 상태로 돌아가는 게 불가능하다. 영국은 EU에 재가입 신청을 하고 재가입 조건을 협상해야 하는데, 이는 영국개혁당(Reform UK)과 보수당이 강력히 반대할 것이므로 매우 어렵다. 더불어 영국은 과거에 누렸던 기여금 환급 특혜를 되돌려 받지 못할 것이고 유로화 도입에도 동의해야 할지 모른다.

둘째, EU는 2016년 이후 크게 달라졌다. 외교 및 안보 정책에서 훨씬 더 적극적으로 움직이고 있으며, 다수결 투표를 더 자주 활용하고 있다. 그리고 이제는 대규모 차입을 포함하여 더 큰 예산을 운영하고 있다.

그리고 셋째, 고통스러운 논쟁을 다시 시작하고자 하는 의지를 어디서도 찾아보기 힘들다. 대신 키어 스타머 정부는 실용적인(종종 은밀해 보이는) 방법을 통해 EU와의 관계를 더욱 밀착시키려 하고 있다. 이런 과정은 리시 수낵(Rishi Sunak) 총리 시절에 시작되었는데, 당시 개정된 북아일랜드협약(Northern Ireland protocol)은 브렉시트 이후 영국과 여전히 EU 상품 단일 시장에 남게 된 북아일랜드 사이의 비관세 장벽을 줄이려는 시도였다. 스타머 정부는 EU의 식품 및 식물 위생 기준들을 명시적으로 준수하고 공통된 에너지·환경 규정을 도입함으로써 무역 장벽을 한층 더 줄이려 하고 있다.

지정학적 상황은 EU와의 협력을 긴밀히 강화해야 한다는 주장에 힘을 싣는다. 러시아의 우크라이나 전쟁, 도널드 트럼프의 불안정한 두 번째 임기, 중동 지역에서의 긴장, 이 모든 것들이 더 강력하고 공통된 유럽의 대응을 더욱 시급한 과제로 만들고 있다. 미국의 안보 보장에 대한 의존을 줄이면서 유럽의 방위비 지출을 늘려야 할 필요성 역시 같은 방향을 가리킨다. 브렉시트 이후의 영국은 미국과 캐나다, 아시아·태평양 지역과의 관계를 강화하고자 할 수 있다. 하지만 영국은 여전히 유럽의 방위와 안보에 있어서 핵심적인 위치를 차지한다.

그렇다면 양측의 관계는 앞으로 어떻게 될까? 다행히도 지금의 EU는 과거보다 훨씬 유연해졌다. 브렉시트가 다른 국가들의 탈퇴를 부추길 것이라는 애초의 우려는 대부분 사라졌다. EU는 여전히 단일 시장의 통합성을 지키고 싶어 하지만, 비회원국들이 단일 시장의 여러 부분 중 일부만 선택적으로 활용하는 것에도 좀 더 열린 태도를 견지하고 있다. EU가 동쪽으로의 추가적 확장을 검토하면서, 새로운 형태인 스위스식 부분 회원제 역시 이전보다 좀 더 수용가능성이 높은 아이디어로 여겨지고 있다. 또한 몇몇 EU 국가들이 국경 통제를 조용히 재도입하면서 이제는 사람들의 자유로운 이동을 유지하는 문제도 예전만큼 민감하고 집착을 부르는 요소가 아니다.

앞으로는 전혀 다른 형태의 관계가 등장할 가능성도 있다. 노르웨이와 아이슬란드 같은 비회원국들은 오랫동안 잠잠했던 EU 가입 논의를 다시금 시작하고 있다. 몰도바, 우크라이나와 같은 서부 발칸 국가들 역시—향후 오랫동안 완전한 회원국이 되지는 못하더라도—EU와의 더 긴밀한 관계를 원하고 있다. 앞으로는 이처럼 다양한 형태의 관계가 나타날 수 있으며, 그런 것이 '하드 브렉시트'보다 영국에 더 잘 맞는 방식일지 모른다.

돌이켜 생각해 보면, 2016년 브렉시트 국민투표는 '유럽 프로젝트' 내 영국의 위치를 영구적으로 확정 지은 사건이 아니었을 수도 있다. 양측의 관계는 앞으로도 계속 변화할 것이며, 때로는 예측하기 어려운 방향으로 흘러갈 수도 있다. 향후 몇 년 동안은 그러한 변화가 양측을 멀어지게 하기보다는 오히려 가까워지게 할 가능성이 크다.

득세하는 극단 세력들

2026년은 반란자들의 해가 될 것이다

매튜 홀하우스(Matthew Holehouse) | 〈이코노미스트〉 영국 정치부 통신원

영국 선거는 두 가지 장기적 추세에 영향을 받아왔다. 먼저 유권자들의 유동성이 커졌는데, 2019년과 2024년 총선 사이에 10명 중 4명 이상이 지지 정당을 바꿨다. 이는 1960년대 관련 연구가 시작된 이래 가장 큰 폭의 변화다. 아울러 유권자들이 더 많은 정당으로 분산되고 있다. 2024년에는 노동당과 보수당 상위 두 정당의 합산 득표율이 1910년 이후 가장 낮았다.

2026년에도 이러한 추세는 계속될 것으로 보인다. 2026년은 반란자들의 해가 될 것이다. 5월에는 잉글랜드 대부분 지역의 지방정부 선거와 웨일스 및 스코틀랜드의 분권 의회 선거가 실시된다. 이론적

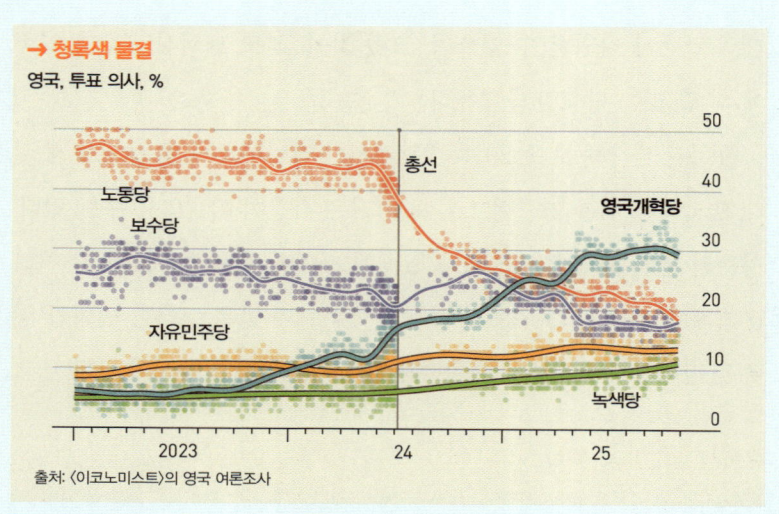

으로 이 선거들은 해당 지역의 행정 서비스를 운영할 정치인들을 선출하는 것이다. 하지만 사실상 키어 스타머 정부에 대한 여론조사로 여겨질 것이다. 그 결과는 그리 좋지 않을 수 있다.

세 가지 질문이 제기된다. 첫째, 나이절 패라지가 이끄는 우파 포퓰리스트 정당인 영국개혁당이 영국에서 가장 높은 지지율을 얻는 정당이라는 위치를 공고히 할까? 그렇게 된다면, 영국개혁당은 2029년으로 예정된 다음 총선에서 집권 다수당을 노릴 수 있는 유리한 위치에 설 것이다. 2025년에 영국개혁당 지지율이 급등한 것은 주로 이전 보수당 유권자들의 이탈에 힘입은 바가 크다. 이 추세가 계속되고 더 많은 보수당 의원이 탈당하는 방향으로 설득이 된다면, 영국개혁당은 영국 우파의 새로운 패권 정당이 될 수도 있다. 하지만 보수당이 반격에 나선다면, 영국개혁당은 기세가 꺾이고 영국 우파는 영구적으로 분열될 가능성이 있다. 툭하면 투표를 포기하는 무당층의 움직임도 매우 중요하다. 많은 이들이 영국개혁당을 지지하겠다고 말하지만, 이들의 여론을 정확히 조사하기는 쉽지 않다. 지방선거 결과가 그들이 패라지 당대표를 위해 실제로 투표할 의지가 있는지 보여줄 것이다.

둘째, 노동당은 좌파 쪽으로 빠져나가는 지지층을 막을 수 있을까? 노동당 소속 키어 스타머 총리는 집권 이후 영국개혁당으로의 유권자 이탈을 막는 데 집중해 왔고, 그래서 이민 문제에 강경한 태도를 밝혀왔다. 그럼에도 노동당이 잃은 지지층의 대부분은 녹색당과 자유민주당 등 좌파 성향 정당으로 빠져나갔다. 2025년 9월 노동당 대회에서 스타머 총리는 자신의 지지층에 호소하며, 패라지의 정책을 '인종차별적'이라고 비판했다. 그럼에도 5월 지방선거에 임하게 될 노동당 의원들은 대도시에서 진보 성향의 경쟁 정당들에 지지자들을 잃게 되는 건 아닐지 두려워하고 있다.

셋째, 영국 연합은 긴장 상태에 빠질 것인가? 스코틀랜드에서는 스코틀랜드국민당(SNP)이 스코틀랜드 지방 의회를 장악하는 상태가 유지될 가능성이 높다. 이는 주로 스타머가 이끄는 영국 정부의 인기가 떨어진 데 따른 것이다. 만약 SNP가 계속 집권한다면, 2007년부터 최소 2031년까지 집권하는 셈이 되어, 보건, 교육 등에서 다소 부진한 성적에도 불구하고 대단한 성과를 거두게 된다. SNP는 이러한 결과가 스코틀랜드 독립에 대한 새로운 국민투표를 요구할 근거가 된다고 주장할 것이다.

웨일스에서는 또 다른 반란이 만들어지고 있다. 일부 선거구는 100년 넘게 연속해서 노동당 의원을 선출해 왔고, 노동당은 1998년 웨일스 지방 정부가 출범한 이후 줄곧 웨일스 정부를 책임져왔다. 그러나 이런 상황이 끝날 수도 있다. 웨일스 독립을 원하는 플라이드

컴리(Plaid Cymru, 웨일스 독립을 주창하는 지역 정당-옮긴이)가 역사상 처음으로 노동당을 정부에서 축출할 희망을 품고 있기 때문이다. 여기에 2024년 북아일랜드에서 신페인당의 미셸 오닐(Michelle O'Neill)이 최초로 총리가 된 사실이 더해지면, 분리 독립을 지지하는 정당들이 세 분권 국가 모두에서 집권할 가능성이 커진다. 키어 스타머 총리는 영국의 불안한 정치를 진정시키겠다고 약속했지만, 그럴 가능성은 희박해 보인다.

사방에서 벌어질 국왕 살해

거의 모든 주요 정당의 지도자들은 도전에 직면할 것이다

던컨 로빈슨(Duncan Robinson) | 〈이코노미스트〉 정치 부문 편집장 겸 배저트 칼럼니스트

2025년 말, 그레이터 맨체스터 지역 시장인 앤디 번햄(Andy Burnham)은 당대표 선출에 도전했다 실패했다. 하지만 이것은 키어 스타머 총리의 미래에 관한 논의의 끝이 아니라 시작이었다. 노동당 의원들은 그들의 평판이 암시하는 것보다 더 냉정하다. 그들은 전 총리인 토니 블레어(Tony Blair) 경이 역사적인 세 번째 임기를 따낸 직후 사임 날짜를 정하라고 밀어부쳤다. 당의 전 좌파 성향 지도자인 제러미 코빈(Jeremy Corbyn)도 압박했다. 만약 스타머 총리를 둘러싼 상황이 호전되지 않는다면, 그간 과소평가되었던 그들의 냉정함이 다시 드러날 수도 있다.

선거가 끝난 지 불과 2년밖에 지나지 않아 이상하게 들릴지 모르지만, 스타머 총리는 스스로 사임 날짜를 정해야 할지도 모른다. 그는 총리가 된 사람 중에서 가장 평범한 인물로, 무엇보다도 우연한 상황에 떠밀려 총리 자리에 오른 사람이다. 대개 총리 자리에 오른 사람들은 평생의 목표를 이루기 위해 다우닝가로 들어가며, (비유적 의미에서) 들것에 실려 나올 수  밖에 없는 지경이 되어야 그곳을 떠날 생각을 한다. 반면, 63세의 스타머 총리는 영국에서 가장 권력이 센 '은퇴 후 직책'을 즐기고 있다. 그의 좌우명은 '책임'이다. 그가 노동당을 재앙 수준의 패배로 끌고 가고 있으며, 오직 그의 사임만이 노동당을 구할 수 있다는 경고장이 날아든다면, 그는 그 '책임'을 다할 것이다. 어쩌면 스스로 판단해서 총리직을 내려놓을 수도 있다.

항상 가장 냉혹했던 보수당은 이번에도 유혈 사태에 가담할 것이다. 2025년 5월에 있었던 지방선거에서 형편없는 결과를 받은 당대표 케미 바데노크(Kemi Badenoch)는 지도부 불신임 시도에 직면할 것이다. 그녀가 당대표가 된 이후 보수당은 내부부터 썩어가고 있다. 많은 풀뿌리 당원이 활동을 그만두거나 영국개혁당으로 이탈했다. 지방선거에서는 또 한 차례 충성스러운 지방 의원들이 대거 사라질 것이다. 비슷한 운명을 피하고자 하는 절박한 보수당 의원들이 결단을 내릴 것이다.

현재 의회는 공황 수준의 불안에 휩싸여 있다. 역사적인 성공조차도 도전(지도부 교체 시도)에 대한 면책을 보장하지 않는다. 예를 들어, 에드 데이비(Ed Davey) 경은 지난 100년간 자유민주당 역사상 가장 성공적인 지도자다. 2024년 총선에서 거둔 72석은 H.H. 애스퀴스(Asquith)가 당을 이끌던 시절 이후 최고의 성적이었다. 이후 에드 경의 지도력 아래, 자유민주당 의원들은 옥스퍼드셔에서 콘월까지 기반을 다져왔다. 에드 경은 느리지만 꾸준히 보수당의 지지율을 분쇄하며 그들을 대신해 '합리적인 중도우파 정당'으로 자리 잡는 것 외에는 큰 야망이 없다. 이것이 실현된다면, 영국 정치에서 늘 낙선자 위치에 있었던 자유민주당에는 놀라운 성취가 될 것이다.

하지만 자유민주당 내부의 모두가 만족해하는 건 아니다. 에드 경의 지도력에 대한 비공개 논의가 곧 공개적인 문제로 번질 것이다. 일부 의원들은 당이 여전히 느릿느릿 제자리걸음만 하고 있다며 불만을 토로한다. 지금의 자유민주당은 권력을 잡은 정당도, 저항의 정당도 아닌, 영국에서 가장 부유한 지역들에 퍼져 있는 온건한 불만의 상징에 불과하다는 것이다. 모든 정당이 어려움을 겪는 지금이야말로, 자유민주당이 도박을 한번 걸어볼 기회라고 그들은 주장할 것이다. 결단력 있는 지도자만 있다면 200석까지도 노려볼 수 있다는 것이다. 그러나 에드 경은 그런 인물이 아니다. 야심 있는 자유민주당 의원들에게 그것이 의미하는 바는 단 하나, 바로 그를 축출하는 것이다.

그렇다면 군소 정당들은 어떨까? 제러미 코빈이 이끄는 좌파 인사들과 가자지구 활동가들의 모임인 '당신의 정당(Your Party)'은 정식으로 창당되기도 전에 이미 지도부 내 갈등을 겪었다. 현재로서는 소속 의원 6명이 공식적으로 함께하기로 했지만, 그들은 매우 이질적인 결합체다. 가장 급진적인 진보 성향 유권자들과 극히 보수적인 무슬림 유권자들이 한데 모인 동맹이기 때문이다. 그 결과 이 연합이 언제 갈라질지는 시간문제일 뿐이다. 한편, 2025년 내부 선거에서 82%의 압도적인 지지를 받아 새 대표로 선출된 잭 폴란스키(Zack Polanski)가 이끄는 녹색당은 당분간 내부적 도전에 대한 걱정은 없다. 그는 2026년 선거에서 노동당보다 훨씬 선명한 좌파 노선을 내세우겠지만, 전국 정치 무대에서는 아직 신인인 관계로 철저한 검증의 대상이 될 것이다.

영국개혁당 대표인 나이절 패라지만이 굳건히 자리를 지키고 있다. 다른 당의 지도자들이 의원들에 의해 축출되지는 않을지 두려워하지만, 영국개혁당 의원들은 그 반대 상황을 무서워한다. 대표에 의해 자리에서 쫓겨나진 않을지 두려워한다는 말이다. 패라지는 사실상 2024년 총선에서 당선된 의원 중 2명을 이미 내쫓았다. 그는 결코 세간의 주목을 다른 사람과 나누는 걸 좋아하지 않는다. 2026년에는 기이한 광경이 펼쳐질 것이다. 보수당 의원들이 한쪽 문으로 영국개혁당에 들어오는 동시에, 현직 영국개혁당 의원들은 다른 쪽 문으로 쫓겨나는 장면이 그것이다.

어려운 문제 피하기

**영국 경제는 조금 나아질 것이다
기적을 기대하지는 말길**

톰 새시(Tom Sasse) | 〈이코노미스트〉 공공정책 부문 편집장

키어 스타머 경은 야당 시절에 이렇게 약속했다. 성장은 '노동당이 집착하는' 대상이 될 것이다. 그는 영국이 가난해진 이유가 혼란스러운 통치와 더불어 무언가를 '짓는 법'을 잊어버렸기 때문이라고 주장했다. 그러면서 두 가지 해법, 즉 합리적인 관리와 경직된 개발 체제의 개혁이 건설 붐을 일으킬 것이라고 믿었다. 게다가 성장에 대한 낙관론은 세금을 올리지 않고도 재정난에서 벗어날 수 있는 길을 제시하는 것처럼 보였다. 스타머 경은 마치 요다와 같은 태도를 견지하며 안정이 성장을 이끌 뿐만 아니라 성장이 안정을 이끌 것으로 생각했다.

상황은 그렇게 전개되지 않았다. 키어 스타머 경이 총리가 된 뒤에도 영국 경제는 여전히 삐걱거리고 있으며, 전문가들은 성장의 징후를 발견하지 못하고 있다. 건설 붐은 아직 일어나지 않았다. 사실 2025년 1분기에는 건축·개발 인허가 신청이 감소했고, 건설이 가장 절실한 런던에서는 신규 프로젝트가 거의 멈췄다. 혼란의 문제에 관해서라면, 그것은 이미 만성적인 것으로 보인다. 지금까지 스타머 경이 총리로 재임한 기간은 파란만장했다. 노동당의 조세·지출 계획이 두 번씩이나 채권시장을 혼란에 빠트렸다. 레이철 리브스(Rachel Reeves) 재무장관은 11월 26일 발표할 예산안에서 큰 규모의 재정 공

백을 메워야 한다.

    2026년에는 상황이 조금 나아질 것으로 예상된다. 영국의 경제 실적은 거의 20년 가까이 부진했다. 코로나19 팬데믹 이전과 비교해 누적 성장률이 고작 5.2%에 그쳤다. 이는 미국의 절반에도 못 미치는 수준이다(물론 G7 국가들 경제 대부분도 비슷하게 침체 상태이긴 하다). 하지만 긍정적인 면을 보자면, 아직 만회할 여지가 충분하다. 영국은 여전히 강점을 지니고 있다. 영어라는 언어, 우수한 대학들, 경쟁력 있는 기술 및 서비스 산업 등등이 그런 것들이다. 따라서 전 세계가 인공지능으로 인해 재편되는 과정에서 영국은 유리한 위치에 있다고 할 수 있다.

    침체의 기운이 걷히는 일의 징후를 찾기에는 벽돌과 시멘트, 다시 말해 건설 부문이 제격이다. 키어 스타머 정부는 완벽하진 않지만, 보수당이 남긴 '님비적 정책들(개발을 어렵게 하고, 지역 반대를 쉽게 허용하는 규율 체계-옮긴이)'보다는 나은 도시계획 법안을 통과시켰다. 2025년 1분기 주택 착공 건수는 전 분기 대비 17% 증가했다. 2026년에는 금리가 거의 1%포인트 하락할 것으로 예상되면서, 주택 건설업체들의 분위기도 한결 밝아질 전망이다. 주택부 장관 스티브 리드(Steve Reed)는 "자자, 지어요, 어서 지어(Build, baby, build)"라고 외치며 규제 완화를 내세우고 있다. 정부가 2029년까지 신규 주택 150만 호 건설이라는 목표를 달성하지는 못하겠지만, 적어도 영국이 다시 '짓기' 시작했다는 실감은 들기 시작할 것이다.

    기업 투자 역시 회복될 것으로 보인다. 총선 전, 레이철 리브스 재무장관은 이른바 "훈제 연어 공세"—말 그대로, 기업인들과 훈제 연어와 스크램블드에그가 곁들여진 아침 식사를 함께했기 때문에 이런

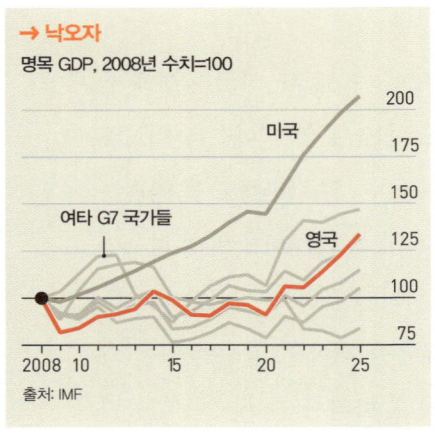

→ 낙오자
명목 GDP, 2008년 수치=100
미국
여타 G7 국가들
영국
출처: IMF

이름이 붙여졌다―를 벌이며 기업들의 환심을 샀다. 하지만 그녀가 기업들에 대한 세금을 인상하자 분위기는 금세 싸늘해졌다. 그럼에도 때로는 혼란이 도움이 되기도 한다. 좌파 성향의 부총리 안젤라 레이너(Angela Rayner)가 두 번째 주택에 대한 세금을 제대로 납부하지 않은 사실로 사임하면서, 추진 중이던 고용권 강화 법안은 한층 완화될 전망이다. 한편, 영국 정부는 소형 원자력 발전소와 데이터 센터 건립 계획을 계속 추진할 것이다. 영국은 키어 스타머 경이 약속한 '안정의 섬'이 되지는 못하겠지만, 그렇다고 해서 기업 활동을 하기에 나쁜 곳도 아닐 것이다.

비관론자들은 더 우울한 시나리오를 그린다. 전 세계 채권시장에서 혼란이 발생하면 영국이 큰 타격을 받게 될 거라는 것이다. 하지만 1976년의 경우처럼 국제통화기금(IMF)에 굴욕적인 자세로 구제금융을 요청한다는 이야기는 터무니없다. 다급한 상황에 놓인다면, 노동당 정부는 그저 세금을 올리면 된다. 하지만 재앙이 일어날 가능성이 작듯, 영국이 예상 밖의 호조를 보일 가능성도 크지 않다. 어떤 정당도 경제를 더 경쟁력 있게 만들어 줄 근본적 개혁을 추진할 의지를 갖추고 있지 않다. 게다가 국기를 흔들며 애국심을 내세우는 영국개혁당이 여론조사에서 선두를 달리고 있는지라, 정책적 혁신의

150만 채
↑ 노동당 정부가 2029년까지 건설하고자 하는 신규 주택 수 목표치

초점은 결국 이민자와 난민의 수를 줄이는 방안을 찾는 데 맞춰질 것이다. 키어 스타머 총리가 어떤 '집착'을 말하든 상관없이 말이다.

게임 오버

2026년은 영연방 경기 대회의 쇠퇴를 알리는 해가 될 것이다

조지아 반조(Georgia Banjo) | 〈이코노미스트〉 영국 담당 통신원

20 26년에는 한때 영국의 식민지로 삼았던 나라들(그리고 몇몇 다른 나라들)이 하나의 스포츠 축제를 위해 모일 것이다. 수천 명의 선수들이 참가하겠지만, 코먼웰스 게임(영연방 경기 대회)은 시시한 행사로 전락할 전망이다. 호주의 빅토리아주가 급격히 높아진 개최 비용을 이유로 게임 유치 계획을 철회하면서, 대회는 거의 취소될 뻔했다. 스코틀랜드 최대 도시인 글래스고가 영웅적인 제스처를 내보이며 게임을 주최하겠다고 나섰지만, 그런 노력은 결국 헛되이 끝날 것이다. 2026년은 이 대회의 종언을 알리는 장송곡이 마침내 울려 퍼지는 해가 될 것이다.

1930년(축구 월드컵이 시작된 해)에 시작된 코먼웰스 게임은 처음에는 스포츠적 위대함과 제국적 단합을 동시에 추구했다. 영국 제국이 붕괴하자, 대회는 기민하게 그 브랜드 이름을 쇄신했다. 영국 제국 게임은 영국 제국 및 코먼웰스 게임으로, 이어서 영국 코먼웰스 게임을 거쳐 1978년에는 코먼웰스 게임으로 이름이 바뀌었다. 오늘날, 이 스

포츠 대회는 예전과 같은 식민지 잔재의 느낌이 없다. 글래스고에서 열리는 이번 대회에서는 프랑스어권 국가인 가봉과 토고가 처음으로 참가할 예정이다.

이 대회의 가장 큰 매력은 독특함에 있다. 매번 열리는 육상, 체조, 수영 외에도, 론볼, 네트볼, 스쿼시 등 올림픽에서는 볼 수 없지만 영연방 국가들에서 사랑받는 스포츠들이 4년마다 한 번씩 국제 무대에 오를 기회를 가진다. 마스코트 역시 볼거리를 더한다. 글래스고가 마지막으로 대회를 개최했던 때인 2014년 개회식에서는 스코티시 테리어가 선수단들을 이끌며 팬들에게 즐거움을 선사했다. 하지만 개를 무슬림에 대한 불경으로 여긴 말레이시아 정치인들의 분노를 사기도 했다. 1982년 브리즈번에서는 13미터 높이의 기계 캥거루인 '마틸다(Matilda)'의 주머니에서 튀어나오는 캥거루 새끼 복장을 한 아이들이 등장하기도 했다.

인간들에게도 성장할 기회가 주어진다. 영연방 회원국은 56개국에 불과하지만, 대회에는 70개가 넘는 팀이 참가한다. 덕분에 스코틀랜드나 폴리네시아의 니우에(Niue) 같은 자랑스러운 국가들은—떠들썩한 로비에도 불구, 잉글랜드의 콘월주는 제외되었다—자신들만의 국기 아래 행진할 수 있다. 미국이 불참하는 덕분에 작은 나라들도 큰 꿈을 꿀 수 있다. 피지의 전 총리는 과거 창던지기, 해머던지기,

포환던지기, 그리고 10종 경기에 참여한 적이 있다. 나우루의 국민적 영웅 마커스 스티븐(Marcus Stephen)은 역도에서 금메달 7개를 획득한 후 대통령이 되기도 했다.

이런 매력들에도 불구하고, 코먼웰스 게임은 오랫동안 저예산으로 치르는 올림픽에 불과했다. 스포츠적 성취를 떠나, 영연방 '가족'(언론 보도 자료에서 자주 쓰이는 표현)이라는 말은 실상과는 아주 다르다. 모잠비크, 르완다 같은 옛 식민지와 추가된 국가들은 공유하는 가치도 거의 없고, 공통어도 없다. '분열된 영국(Broken Britain)'의 시대에 접어들면서, 영연방이라는 브랜드는 존재감을 유지하기가 쉽지 않다. 엘리자베스 2세 여왕이 세상을 떠나면서 상징적 인물도 사라졌다. 영국 군주의 메시지를 전달하기 위해 1958년에 도입된 여왕의 바통 릴레이 역시 지금은 공허하게 느껴진다. 이제는 찰스 국왕의 말을 숨죽이며 기다릴 사람도 거의 없을 것이다.

과거에도 위기는 있었다. 1934년에는 남아프리카공화국 정부가 흑인과 아시아계 선수들의 참가를 금지하면서 대회 개최 자격을 잃었다. 2022년에는 남아프리카공화국 더반이 개최를 포기하자 버밍엄이 대회를 구했다. 회의론자들은 오래전부터 코먼웰스 게임의 종말을 예측했다. 하지만 이번에는 상황이 사뭇 다르게 느껴진다. 빅토리아주의 불참으로, 가장 성공적이었고 가장 자주 개최한 주최자가 바통을 놓아버린 셈이기 때문이다. 빅토리아주의 감사원장은 이 대회를 "세금 낭비"라고 평가했다.

글래스고 측은 이번 대회를 "간소하고 효율적으로" 치르겠다고 약속했다. 마라톤도 없고, 스코티시 테리어도 없다. 참가 선수들만을 위한 선수촌도 별도로 마련되지 않는다. 스포츠 애호가 정신의 부활은 감동적이긴 하지만, 수십억 달러 규모의 스포츠 이벤트 시대에 향수를 불러일으키는 게 사업 계획이 될 수는 없다. 코먼웰스 게임이 공식적으로 끝난 것은 아니다. 인도와 나이지리아가 2030년 창립 100주년 대회를 유치하려고 경쟁하고 있어서다. 하지만 100주년 대회가 실제로 개최된다면, 그것은 초상집 경야(經夜)가 될 것이다. 2026년은 이 코먼웰스 게임의 영원한 소멸이 더욱 뚜렷하게 드러나는 한 해가 될 것이다.

THE AMERICAS

미주

축구와 자유무역

두 마리 토끼를 잡아야 할 북미 지도자들의
험난한 한 해가 온다

세라 버크(Sarah Birke) | 〈이코노미스트〉 멕시코, 중미/카리브해 지국장

2026년, 북미 3국에는 유대를 강화하고 화합을 다질 이유가 충분하다. 6월에는 멕시코, 미국, 캐나다가 공동으로 월드컵을 개최한다. 이어서 7월에는 세 나라의 부와 경쟁력을 강화하는 자유무역협정을 재검토한다. 과연 두 가지 모두 손쉬운 성공으로 이어질 수 있을까?

그러면 좋겠지만, 두 가지 모두 트럼프의 그늘에 있다. 그는 위험하다고 판단한 도시들의 일부 경기를 다른 곳으로 옮기겠다고 엄포를 놓았다. (그럴 권한은 없지만, 그렇다고 시도하지 않을 리도 없다.) 세 나라가 공동 개최국이지만 누가 주도권을 갖는지는 이미 명확하다. 전체 104경기 중 78경기가 미국에서 열리고, 멕시코와 캐나다는 각각 13

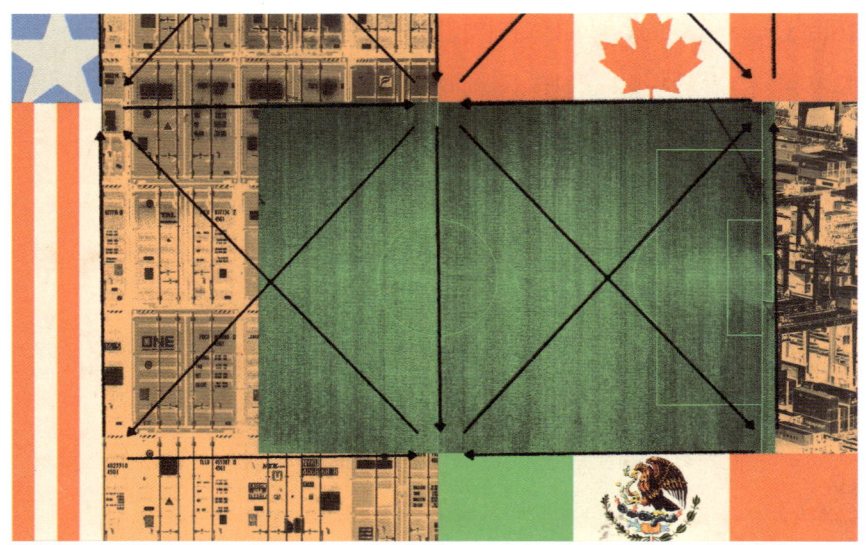

경기씩만 치른다. 세 나라 대표팀은 개최국 자격으로 자동 출전하지만, 조별리그에서는 서로 다른 조에 속해 토너먼트에 올라야만 맞붙게 된다.

미국-멕시코-캐나다 협정(USMCA) 재검토는 한층 험악할 전망이다. 세 나라는 시작부터 난타전을 벌일 태세다. 협정을 16년간 연장할지 결정해야 하는데, 합의에 실패하면 협정이 자동 만료되는 2036년까지 매년 재검토가 이어질 수도 있다. 그럴 가능성은 낮지만, 어느 한쪽이라도 6개월 전 통보하여 협정에서 탈퇴할 수도 있다. 트럼프 전 대통령은 첫 임기 당시 "사상 최악의 협정"이라 평가했던 북미자유무역협정(NAFTA)을 대체하기 위해 USMCA를 체결했지만, 사실 이에 대해서도 큰 애정이 없는 듯하다. 언제나 자신의 '미국 우선주의'를 선호하기 때문이다.

이번 재검토에는 그야말로 막대한 이해관계가 걸려 있다. 북미 경제권은 총생산 기준으로 세계 최대의 자유무역 블록이며, 세 나라의 GDP를 합치면 전 세계 GDP의 28%인 31조 달러에 이른다. 역내 무역 규모는 연간 2조 달러를 넘는다. 이는 아시아·태평양 국가들이 중심인 포괄적·점진적 환태평양경제동반자협정(CPTPP)을 웃돌고, 유럽연합(EU)에 이어 세계에서 두 번째로 큰 규모다. 북미 지역은 전 세계 수출의 14%를 차지한다.

세 국가는 상호 보완적이다. 미국은 자본과 혁신, 규모의 경제를 제공하고, 캐나다는 천연자원과 에너지를 공급하며, 멕시코는 노동력과 제조업 기반을 담당한다. 이 세 나라는 결코 어느 한 나라만으로 재현할 수 없는 공급망을 구축했다. 자동차와 가전제품은 제조 과정에서 국경을 여러 차례 넘나든다. 이러한 통합 구조 덕분에 북미 블록은 아시아, 특히 중국과 경쟁할 수 있었다. 그러나 경쟁력을 한층 더 높이려면 더 깊은 협력이 필요하다. 공급망이 흔들리면 소비자 물가가 상승하고, 이에 따라 북미 지역의 수출 경쟁력도 약화될 것이다.

USMCA 체제가 흔들린다면 가장 큰 타격을 받을 나라는 멕시코다. 멕시코 수출의 80% 이상이 북쪽의 미국과 캐나다로 향한다. 그러나 다른 두 나라도 타격을 피하기는 어렵다. 캐나다 수출의 4분의 3은 미국을 대상으로 한다. 미국 수출의 약 4분의 1은 두 이웃 나라로 가는데, 특히 농업처럼 정치적으로 민감한 산업의 비중이 크다. 트럼프가 부과한 관세는 USMCA 적용 대상 밖의 상품은 물론 협정에 포함된 일부 품목에도 매겨져 이미 많은 이들이 피해를 입었다.

모든 요인을 고려하면 USMCA가 갱신될 가능성이 크지만, 협상 과정은 힘난할 수 있다. 트럼프는 역내에서 생산된 부품 비율을 높여야 무관세 혜택을 받을 수 있는 자동차 원산지 규정을 한층 더 강화하려

세 나라는 시작부터 난타전을 벌일 태세다.

한다. 이어지는 쟁점은 중국에 대한 우려다. 트럼프는 중국 기업들이 역내 공급망에 진입하는 데 멕시코가 뒷문 역할을 한다고 보고 있다. 그 밖에도 캐나다로의 유제품 수출에 영향을 미치는 비관세 장벽, 멕시코의 국영기업 중심 에너지 정책 등이 불만 요인으로 꼽힌다.

멕시코와 캐나다는 서로 다른 접근 방식을 취하고 있다. 캐나다는 트럼프가 초래한 '균열'을 공개적으로 비판한 반면, 멕시코의 클라우디아 셰인바움(Claudia Sheinbaum) 대통령은 여러 요구를 수용하면서 그의 신임을 얻으려 했다. 예를 들어 멕시코 정부는 중국 자본의 투자를 심사할 전담 기구를 신설하고, 자유무역협정을 맺지 않은 국가로부터의 수입품에 관세를 부과(이 역시 중국을 겨냥한다)할 것을 제안했다. 하지만 자국 내 생산을 확대하겠다는 데는 두 나라가 의견을 같이한다.

각국의 국내 정치는 상황을 더욱 복잡하게 만든다. 트럼프 대통령은 2026년 11월 중간선거를 앞두고 지지층 결집에 주력하고 있으며, 이민과 마약 밀매를 강하게 단속하면서 북미 지역의 움직임을 면밀히 주시하는 중이다. 멕시코는 이민자 수를 줄이는 데 협조했지만, 마약 카르텔을 해체하는 일은 훨씬 어렵다. 일부 공화당 인사들은 멕시코 내 표적 지역을 폭격하자고 주장하고 있으며, 이러한 시도가 현실화된다면 양국의 관계는 심각한 위기로 치달을 것이다.

셰인바움 대통령은 높은 지지율을 유지하고 있지만, 역시 쉽지 않은 과제들에 직면해 있다. 트럼프 대통령과 협력하면서 동시에 자국의 주권을 지키는 일은 매우 미묘한 균형 잡기다. 판사를 임용직에서 선출직으로 바꾸는 사법 개혁안은 투자자들의 불안을 키웠다. 경제 성장은 더디고, 정부는 이를 뒷받침할 인프라 투자 여력도 거의 없다.

2026년의 북미에는 불확실성이 드리워져 있다. 축구공을 차는 사내 무리를 맞이하는 일은 그 뒤에 이어질 USMCA 관련 결정들에 비하면 아이들 장난 수준일 것이다. 협정이 끝내 갱신되지 않을 가능성도 있다. 그 책임이 트럼프에게 있다면, 캐나다와 멕시코는 곧바로 '반칙'을 외칠 것이다.

> **WHAT IF?**
>
> 미국은 카리브해에 선박과 드론을 배치해, 마약 밀매 혐의 선박을 폭파하고 베네수엘라의 니콜라스 마두로 대통령을 위협하고 있다. **만약에 도널드 트럼프가 마두로를 축출한다면 어떻게 될까?** 미 특수부대가 아니라 배신한 측근이 마두로를 제거할 확률이 가장 높다. 그렇다고 해도 베네수엘라인들의 삶은 거의 바뀌지 않을 것이다. 다만 미국 기업들에게는 탐나는 석유 거래 기회가 생길 수 있다.

아르헨티나는 드디어 정상화될까?

하비에르 밀레이, 나라를 바꿔 놓을 절호의 기회를 맞다

킨리 살몬(Kinley Salmon) | 〈이코노미스트〉 라틴아메리카 특파원

하비에르 밀레이 대통령의 첫해가 '재정 전기톱(fiscal chainsaw)'으로, 두 번째 해가 페소화 관리와 선거로 정의된다면, 세 번째 해는 의회 입법이 핵심이 될 것이다. 중간선거에서 압승을 거둔

밀레이는 광범위한 구조개혁을 추진할 계획이다. 그의 정당은 이전보다 훨씬 강해졌지만 여전히 의회 과반을 확보하지는 못했기에, 야권의 온건파와 협상하는 것이 관건이 될 전망이다.

2025년 내내 밀레이의 개혁 프로젝트는 난관에 부딪힌 듯 보였다. 연이은 부패 스캔들로 지지율이 흔들렸고, 인플레이션을 낮추기 위해 인위적으로 페소 강세를 유지하려 한 시도가 선거를 앞두고 페소화에 큰 압박을 가했다. 그러나 트럼프 행정부가 긴급 구제금융을 제공하면서 시장이 어느 정도 진정되었고, 페소를 간신히 통제하며 선거를 치를 수 있었다. 여론조사와 시장의 예상을 뒤엎고, 밀레이의 정당은 페론주의 세력을 약 9%포인트 차로 앞섰다. 많은 유권자가 미온적이었던 밀레이와 수십 년간 경제를 망쳐온 페론주의자들을 놓고 이뤄진 선택에서, 투표율은 낮았으나 표심의 방향은 분명했다.

이후 밀레이가 환율 제도를 바꿔 페소화의 자유로운 변동을 허용할지에 관심이 쏠렸다. 페소 가치가 여전히 고평가되어 있다고 믿는 경제학자들이 많다. 밀레이는 페소 가치의 변동 폭을 일정 범위로 제한하는 현 제도를 바꾸는 것에 완강히 저항하고 있다. 하지만 늦어도 2026년에는 어느 정도 조정이 있을 가능성이 크다. 밀레이는 또한 중앙은행이 금리를 조정해 물가를 안정시키는 정통 통화정책으로 전환할 수도 있다. 낙관적 기류가 이어진다면 기업의 해외 송금을 제한하는 남은 자본 통제 대부분을 해제할 수도 있다.

이러한 전환은 일시적으로 인플레이션을 자극하겠지만, 다행히도 경기와 투자를 동시에 끌어올리고 정부의 외환보유고 축적에도 도움이 될 것이다. 이는 시장의 신뢰 회복으로 이어져 아르헨티나의 차입을 수월하게 하고, 국가의 장기적 부채 관리 능력에 결정적인 힘이 될 것이다. 아르헨티나는 2026년 국제 자본시장을 다시 두드릴 가능성이 크다. 미국의 금융 지원은 유지되겠지만, 그 역할은 이전보다 작아질 전망이다.

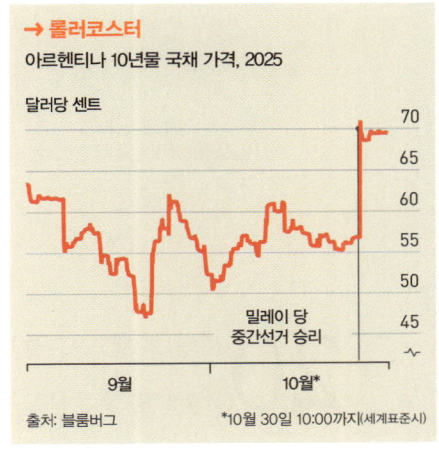

거시경제의 정상화만으로도 대단한 성과겠지만, 아르헨티나가 진정으로 성장하려면 구조적 개혁이 필요하다. 2025년 말 의회 제출 예정인 밀레이의 우선적인 입법 과제는 세 가지다. 비공식 고용을 줄이기 위한 노동법 완화, 복잡한 세제를 대폭 단순화하는 개혁, 마지막으로 자신이 달성한 재정 흑자를 굳히기 위한 예산안 통과다. 초반에는 비교적 온건한 태도를 취하겠지만, 협상은 험난할 것이다. 지방 권력을 쥔 주지사들과의 관계 개선도 필수적이다. 일부 양보를 거쳐 밀레이는 결국 세 가지 모두에 대해 의회 승인을 받아낼 가능성이 크다.

이 개혁들이 현실화된다면 2026년은 밀레이에게 매우 좋은 해가 될 수 있다. 그러나 2027년 대선을 앞두면 정치 역학은 복잡해질 것이다. 협조적이던 정치인들이 등을 돌릴 수도 있다. 부에노스아이레스 주지사 악셀 키시로프(Axel Kicillof) 같은 유력 페론주의 인사의 지지율이 높게 나타나면 시장이 다시 흔들릴지도 모른다.

중도여, 굳세어라

브라질의 대규모 선거, 극단의 종말을 알리는 신호탄일까

아나 랑케스(Ana Lankes) | 〈이코노미스트〉 브라질 특파원

2026년 10월, 브라질 유권자들은 대통령과 부통령, 상원의원 81명 중 54명, 전국 27개 주의 주지사 전원, 그리고 1,500명 이상의 연방 및 주 하원의원을 새로 선출한다. 10월 4일 대선에서 어떤 후보도 과반을 얻지 못하면 25일 결선투표가 치러진다. 브라질 정치 분석가들은 대체로 이번 대선이 포퓰리즘 성향의 외부 인사보다 전통적인 정치인들의 경쟁이 될 것으로 내다본다. 만약 예측이 맞는다면, 이번 선거는 지난 10년간의 양극화와 정치적 혼란을 끝내고 중도 정치의 귀환을 알리는 전환점이 될 것이다.

다른 나라들과 마찬가지로, 브라질 정치는 최근 몇 년간 포퓰리즘으로 거세게 흔들렸다. 1985년 민주화 이후, 브라질은 부패했더라도 중도 및 좌파 정당이 이끌어왔다. 그러나 2018년 유권자들은 '열대의 트럼프'를 자칭하던 극우 성향의 자이르 보우소나루를 선택했고, 그는 2022년 재선에 실패한 뒤 권력을 유지하기 위해 쿠데타를 시도했다. 보우소나루는 2025년 9월 유죄 판결을 받아 2026년 대선 출마 자격이 박탈되었다. 보우소나루의 구조 요청을 받은 트럼프가 브라질산 제품에 관세를 부과하면서 브라질 내에서는 거센 반발이 일었다. 네 아들 중 한 명이나 아내를 후계자로 내세우려는 보우소나루의 계획은 어려워지고 말았다.

하지만 브라질 국민들은 현 대통령 루이스 이나시우 룰라 다 시우바(Luiz Inácio Lula da Silva)에게도 피로감을 느끼고 있다. 그는 지난 30년간 브라질 정치의 정상에 있었던 대표적인 좌파 인사다. '룰라'로 불리는 현 대통령은 2026년 네 번째 대선 출마를 강하게 시사했지만, 브라질 국민 대다수는 현재 79세인 그가 더는 나서지 않길 바라고 있다. 지지율은 여전히 견고하지만 정체된 상태로, 이번 선거는 그에게 쉽지 않은 승부가 될 것으로 보인다.

극우와 좌파 모두에 대한 피로감이 커지면서 중도 세력이 부활할 여지가 생겼다. 분열돼 있던 브라질의 여러 소규모 정당은 현재 연합 세력으로 통합되는 과정에 있으며, 대부분 중도우파 성향을 띤다. 2026년 대선에서 승리하려는 후보들은 이런 연합 세력은 물론, 양극단의 정치에 염증을 느끼는 유권자들의 마음도 얻어야 할 것이다.

보우소나루 지지층의 표를 노리는 우파 후보들조차 온건화의 조짐을 보인다. 우파 진영의 주요 주자들은 상파울루(São Paulo)의 타르시지우 지 프레이타스(Tarcísio de Freitas), 파라나(Paraná)의 하치뉴 주니오르(Ratinho Júnior), 고이아스(Goiás)의 호날두 카이아두(Ronaldo Caiado) 등, 행정이 비교적 안정적으로 운영되는 주의 주지사들이다. 이들은 공개적으로는 보우소나루를 옹호하며, 프레이타스는 당선되면 그를 사면하겠다고 약속하기도 했다. 하지만 비공식적으로는 자신들이 보우소나루의 꼭두각시가 아님을 강조하며, 그의 공격적인 정치 스타일을 비판한다.

상황은 언제든 어긋날 수 있다. 강경 우파 세력의 목표는 상원 다수당이 되어 사법부를 무력화하고, 보우소나루에 대한 수사를 주도해 온 대법관 알렉상드르 드 모라에스(Alexandre de Moraes)를 탄핵하는 것이다. 최근 지방선거와 총선에서 중도우파 성향의 후보들이 대거 승리한 만큼, 이러한 계획이 현실화될 가능성도 있다. 그러나 지금으로서는 적어도 포퓰리즘의 열병으로부터 잠시 숨을 고를 수 있을 조짐이 보인다.

이 나라를 가엾게 여기소서

치안은 다소 나아질지 몰라도, 아이티의 절망은 여전하다

할 호드슨(Hal Hodson) | 〈이코노미스트〉 미주 에디터

2021년 7월 조브넬 모이즈(Jovenel Moïse) 대통령이 암살된 후 4년간, 아이티는 점점 더 깊은 혼란과 무정부 상태로

빠져들었다. 2023년 1월, 마지막으로 남아 있던 상원의원 10명의 임기가 끝나면서 아이티에는 선출직 공직자는 단 한 명도 남지 않게 됐다. 현재 형식상으로는 '과도 대통령 평의회(TPC)'라는 기구가 국정을 운영하고 있다. 카리브해 국가들의 정부 간 협의체인 카리브 공동체(Caribbean Community)의 감독 아래 합의를 통해 임명된 정치인들로 구성된 비선출 임시기구다.

실제로는 갱단이 아이티를 지배한다. 수도 포르토프랭스는 물론 진입로와 주요 도로 대부분을 장악하고 있어, 사실상 국가 전체를 쥐고 흔든다. 무법 상태로의 추락은 충격적이지만, 아이티에서 혼란은 오히려 일상이다. 1804년 프랑스로부터 독립한 이후 평균 8년에 한 번꼴로 새로운 헌법을 제정한 나라다.

2026년, 상황이 크게 나아질 거라는 기대는 어리석은 일이다. 유엔의 승인만 받았을 뿐 실질적 지원은 없었던 케냐 주도의 1,000명 규모 경찰병력은 갱단 소탕에 완전히 실패했다. 이들은 아이티 경찰과 공조하여 폭탄을 장착한 드론으로 갱단을 공격하는 방식에 의존했으며, 그로 인한 참혹한 민간인 피해가 끊이지 않았다. 이런 상황에서 합법적인 선거를 치를 수는 없다. 2024년 과도 대통령 평의회(TPC) 구성 당시에는 2026년 2월 7일까지 대통령 선출 및 취임 절차를 진행할 계획이었으나 지금은 불가능한 일이 되었다. 2026년 안에 민주주의가 복원될 가능성은 매우 낮다.

다만 치안은 약간 나아질 가능성이 있다. 2025년 9월 30일, 유엔 안전보장이사회(UNSC)는 이전보다 훨씬 강경한 임무 수행을 승인했다. 군인과 경찰이 혼합된 이 '갱단 진압부대(Gang Suppression Force)'는 최대 5,550명 규모가 될 예정이다. 미국은 새롭게 확대된 작전을

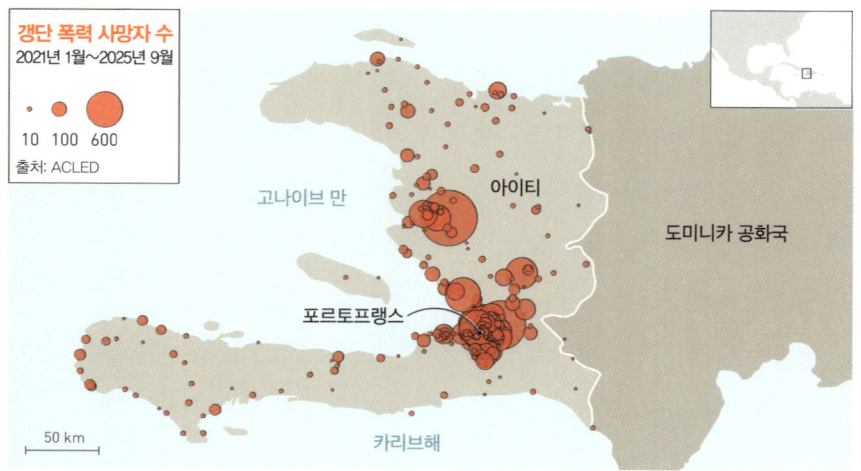

강력히 지지해왔다. 유엔안보리(UNSC) 표결을 앞둔 며칠 동안, 미국은 새 임무가 승인되지 않으면 케냐 주도의 기존 작전에서 철수하겠다고 밝혔다. 물론 이런 외교적 지원이 현장 상황을 극적으로 바꾸지는 못할 수도 있다. 그러나 이번 결의안을 통해 신설된 유엔 물류지원기구가 병력과 장비, 보급품을 아이티로 신속히 수송하면서, 케냐 작전 당시의 한계를 일정 부분 보완할 것으로 기대된다.

설령 2026년에 갱단을 몰아내는 데 성공하더라도 앞으로 오랜 기간 외부의 도움이 필요할 것이다. 유엔에 따르면 아이티 인구의 5분의 1에 가까운 사람들이 극심한 식량난에 직면하여 급성 영양실조와 질병의 위험에 노출되어 있다. 내전으로 황폐화된 수단과 비슷한 비율이다. 약 1만 명이 굶주림에 시달리고 있다. 끊이지 않는 폭력 사태로 학교가 문을 닫으면서 아이티 아동의 약 10%가 교육받지 못하고 있으며, 전체 의료시설의 40%가 폐쇄됐다. 수도 포르토프랭스에는 콜레라가 확산 중이다.

많은 아이티인은 이번 파병을 앞두고 유엔이 마지막으로 아이티에 수천 명 규모의 군대를 파견한 2010년의 기억을 떠올릴 것이다. 약 20만 명이 목숨을 잃은 대지진 이후, 유엔은 치안 회복을 명분으로 1만 3,000명 규모의 평화유지군을 파견했다. 그러나 7년 뒤, 그들은 불명예 속에 철수했다. 병사 100명 이상이 아이티 아동을 대상으로 끔찍한 성폭력을 저질렀고, 파병 군인들의 배설물로 인해 콜레라가 대유행하기도 했다. 이 실패의 기억은 오늘날 유엔이 아이티에 평화유지군을 전면적으로 파견하지 못하는 이유 중 하나일 것이다. 그럼에도 아이티 국민들은 다시 한번 외국의 개입이 아이티를 어둠에서 건져 주길 기다리고 있다.

철권 통치자

나이브 부켈레, 엘살바도르를 완전히 틀어쥐다

세라 버크

2026년, 나이브 부켈레는 독재 체제를 굳히게 될 것이다. 아직 40대 초반에 불과한 엘살바도르 대통령은 이미 국가 주요 기관들을 장악하고 헌법을 개정해 무기한 재선의 길을 열었다. 여기에 정권에 복귀한 도널드 트럼프가 그를 '위대한 친구'로 치켜세우면서 국제적인 견제 장치도 사라졌다. 부켈레의 권력 장악은 놀라울 만큼 신속했다.

2019년 취임 이후 부켈레는 사법부를 장악하고 군경을 통제했으며, 의회에서 절대다수의 의석을 확보한 뒤 자신의 정당에 유리하도록 게임의 규칙을 재편했다. 2021년에는 충성파로 구성된 대법원이 헌법을 재해석해 대통령의 연임을 허용했고, 이어 2025년 의회는 대통령 임기 제한 조항 자체를 폐지했다.

부켈레가 다른 권위주의적 정치인들보다 쉽게 권력을 장악할 수 있었던 건, 높은 인기에 더해 갱단과의 전쟁을 정치적으로 영리하게 이용했기 때문이다. 2026년 3월이면 5년째에 접어드는 국가 비상사태 아래, 적법절차의 상당 부분은 무시됐다. 지금까지 약 8만 5,000명이 투옥되면서 엘살바도르의 수감률은 세계 최고를 기록했다. 강경 진압의 성과는 뚜렷했다. (다만, 비밀리에 정부와 갱단 수뇌부 간 협상이 있었다는 정황도 있다.) 공식적인 살인율은 2018년 인구 10만 명당 51명에서 2024년 1.9명으로 급감해, 미국보다도 낮은 수준이다. 갈취 범죄역시 줄었다.

하지만 한때 열심히 이미지를 가꾸던 부켈레는 2025년 들어 가면을 벗어던지고 시민사회 전반에 대한 공격에 나섰다. 비정부기구 크리스토살(Cristosal)의 저명한 인권운동가 루스 로페스(Ruth López)가 체포되었으나, 혐의 조작 의혹이 짙다. 의회는 해외 자금 지원을 받는 비정부기구에 30%의 세금과 등록 의무를 부과하는 '외국대리인법(Foreign Agents Law)'을 통과시켰다. 검찰총장이 체포영장을 준비하면서 탐사보도 매체 〈엘 파로(El Faro)〉의 기자들은 해외로 도피해야 했다. 크리스토살을 비롯한 여러 단체는 사무실을 폐쇄했다. 반대 의사를 공개적으로 표한 농민, 운송업계 대표, 환경운동가들은 탄압받거나 구금되었다.

부켈레는 트럼프의 지지를 등에 업고 앞으로 한층 대담해질 가능성이 크다. 조 바이든 대통령 시절에는 인권 탄압 문제로 비판을 마주했으나 트럼프 정부 아래에서는 오히려 찬사를 받고 있다. (미국에서 추방된 인물들을 엘살바도르의 초대형 교도소에 수용한 것이 도움이 됐다.) 2025년 4월, 부켈레는 라틴아메리카 지도자 가운데 유일하게 백악관 집무실에서 공식적인 예우를 받았다.

8만 5,000명 수용자 중 하나

2026년에는 부켈레의 노골적인 탄압 통치가 어떤 대가를 치르게 될지 관심이 쏠릴 것이다. 첫 시험대는 경제다. 성장률이 낮아지고 있어, IMF는 엘살바도르의 2025년 성장률을 인접국들보다 낮은 수준인 2.5%로 예상했다. 공공부채는 GDP의 88%에 달한다. 빈곤율은 상승했고, 병원에는 의약품과 기본 보급품이 부족하다. 비트코인을 법정통화로 지정했던 실험도 이미 빛을 잃었다. 일부 투자자들은 불안감을 드러내고 있다. IMF와 체결한 14억 달러 규모 차관 협정은 보건·교육 분야의 지출 삭감을 수반할 가능성이 있다.

두 번째 시험대는 80% 안팎을 유지하는 부켈레의 압도적인 지지율이 흔들릴지다. 그러나 2026년에 불만 여론이 퍼진다고 해도 실제로는 큰 영향이 없을지도 모른다. 부켈레는 이미 권력을 움직이는 수단을 모두 손에 넣었다. 2026년의 엘살바도르는 위기에 처한 민주국가라기보다, 완전히 공고해진 독재국가에 가까운 모습을 띨 것이다.

세계인의 플레이리스트

라틴아메리카 문화의 세계적 부상은 계속된다

세라 버크

2026년에는 전 세계의 음악 차트와 영화관, 서가가 한층 더 라틴아메리카의 색으로 물들 것이다. 한때 변두리에 머물던 이 지역의 문화 산업은 이제 세계 엔터테인먼트의 중심으로 자리 잡았다. 푸에르토리코의 배드 버니(Bad Bunny)와 멕시코의 페소 플루마(Peso Pluma)가 미국 차트를 석권하고 넷플릭스가 멕시코 제작사에 수십억 달러를 투자하면서, 라틴아메리카 예술가들은 이제 고향은 물론 미국 내 히스패닉 관객, 그리고 그 너머의 세계에서까지 폭넓은 팬층을 확보하고 있다.

라틴아메리카의 문화 수출은 새로운 일이 아니다. 콜롬비아의 가브리엘 가르시아 마르케스(Gabriel García Márquez)와 페루의 마리오 바르가스 요사(Mario Vargas Llosa)는 20세기부터 독자들을 매혹시켰다. 멕시코 영화계의 '세 친구'—기예르모 델 토로(Guillermo del Toro), 알레한드로 이냐리투(Alejandro Iñárritu), 알폰소 쿠아론(Alfonso Cuarón)—는 오스카 시상식의 오랜 단골손님이었다. 멕시코의 텔레노벨라(telenovela, 라틴아메리카식 연속극 - 옮긴이)도 중동까지 전파되었다. 지금 달라진 점이 있다면 그 영향력의 폭이 넓어졌다는 것이다.

5억 명에 달하는 라틴아메리카 스마트폰 사용자들은 전 세계에서도 손꼽히게 열성적으로 소셜미디어를 이용한다. 유튜브와 틱톡에서

보내는 평균 이용 시간은 세계 평균을 훨씬 웃돈다. 히스패닉 디아스포라 역시 인기에 기여하는 요인이다. 특히 미국에는 6,000만 명 이상의 히스패닉 인구가 거주하며 이는 전체 인구의 약 5분의 1에 해당한다. 언어 학습의 확산이 이러한 흐름을 뒷받침한다. 스페인어를 모국어로 사용하는 인구는 5억 명이 넘고, 그 밖의 지역에서도 스페인어에 대한 관심이 빠르게 커지고 있다. 라틴아메리카 노래가 세계적으로 인기를 얻을 때면 주요 언어 학습 앱에서 스페인어 신규 학습자가 급증하는 현상이 나타난다.

여기에 스트리밍의 확산이 세계적 접근성을 한층 넓혔다. 2025년, 넷플릭스는 2028년까지 멕시코 제작 콘텐츠에 10억 달러를 투자하겠다고 약속했다. 미디어 대기업 텔레비사유니비시온(TelevisaUnivision)이 소유한 스페인어 플랫폼 빅스(ViX) 역시 2026년 미주 지역에서 가장 빠르게 성장하는 스트리밍 플랫폼이 될 전망이다.

멕시코, 브라질, 콜롬비아의 현지 제작자들이 만든 영화와 드라마가 해외에서도 호평 속에 상영 기회를 얻고 있다. 마약 카르텔을 소재로 한 범죄극은 여전히 인기를 유지하겠지만, 그 외의 장르도 점차 입지를 넓힐 것이다. 2025년에는 파라과이의 독재 시대를 다룬 다큐멘터리 〈언더 더 플래그즈, 더 썬(Under the Flags, the Sun)〉이 유럽 영화제들에서 여러 상을 받았다. 몇몇 나라의 정부도 이 흐름을 지원하고 있다. 브라질은 2024년, 극장이 매년 정해진 일수 동안 브라질 영화를 의무적으로 상영하도록 하는 규정을 부활시켰다. 이어 2025년에는 〈아임 스틸 히어(I'm Still Here)〉가 오스카 최우수 국제장편영화상을 수상했다. 브라질 제작 영화로는 최초의 기록이다.

라틴 뮤지션들 역시 2026년 더욱 승승장구할 것이다. 국제음반산업연맹(IFPI)에 따르면, 라틴아메리카는 2024년 세계에서 가장 빠르게 성장한 음반 시장 중 하나였다. 같은 해 라틴 음악은 미국에서만 14억 달러의 매출을 올렸으며, 특히 멕시코 지역 음악은 가장 수익성이 높은 하위 장르로 부상했다. 세계적인 슈퍼스타 배드 버니(Bad Bunny)는 (트럼프는 심기가 불편하겠지만) 2026년 2월 슈퍼볼 하프타임 무대에 설 예정이다. 페소 플루마, 캐롤 G(Karol G), 비자랩(Bizarrap)의 노래도 꾸준히 차트를 장악한다. 영미권 팝도 라틴 음악의 영향을 받고 있다. 레게톤 특유의 '3-3-2 트레시요(tresillo)' 리듬은 영국 싱어

송라이터 에드 시런(Ed Sheeran) 같은 아티스트의 히트곡에도 스며들었다.

> 라틴아메리카의 문화 산업은 이제 세계 엔터테인먼트의 중심에 서 있다.

출판계도 이 흐름에 합류하고 있다. 라틴아메리카 작가들은 각종 문학상을 휩쓸고 있으며, 새로운 목소리를 적극적으로 발굴하려는 스페인과 미국 출판사들이 그들의 작품을 활발히 번역한다. 멕시코 작가 페르난다 멜초르(Fernanda Melchor)와 크리스티나 리베라 가르사(Cristina Rivera Garza)는 이미 국제적인 찬사를 받았고, 아르헨티나의 고딕 소설 작가 마리아나 엔리케스(Mariana Enríquez) 역시 세계적인 명성을 얻었다.

심지어 팟캐스트도 국경을 넘기 시작했다. 칠레의 SF 드라마 〈카소 63(Caso 63)〉은 포르투갈어와 힌디어로 각색된 데 이어, 줄리안 무어(Julianne Moore)와 오스카 아이삭(Oscar Isaac)이 출연하는 영어판으로도 제작됐다.

시각예술 분야 역시 새로운 추진력을 얻고 있다. 뉴욕, 런던, 마드리드의 미술관들이 라틴아메리카 작가들에게 더 많은 전시 공간을 할애하고 있으며, 아트 바젤 마이애미 비치(Art Basel Miami Beach, 매년 열리는 국제 아트페어로, 미술 작품을 판매하는 행사-옮긴이)는 라틴 문화권 갤러리들의 주요 무대로 자리 잡았다. 오스카 무리요(Oscar Murillo), 아드리아나 바레장(Adriana Varejão), 타니아 칸디아니(Tania Candiani) 같은 젊은 작가들도 베니스 비엔날레 같은 세계적 전시 무대에 합류하고 있다. 2026년의 라틴아메리카는 단순히 색채를 보태는 조연이 아니라 글로벌 문화를 함께 만들어가는 주체로 부상할 것이다.

캐나다 총리 **마크 카니**(Mark Carney)는 세계가 가변 구조의 새 시대로 접어들었다고 주장한다.

초대석
가변 구조의 시대

다자주의가 저문 자리에는 복수국간주의가 떠오를 것이다.

세계를 지탱하던 체제에 균열이 생겼다. 러시아는 우크라이나를 침공했고, 유엔은 교착 상태에 있으며, 미국의 상업주의는 갈수록 노골화되고, 세계무역기구(WTO)는 마비됐다. 이 모든 것이 다자주의적 제도와 규범, 관례를 바탕으로 한 탈냉전 시대의 질서를 무너뜨리고 있다.

구 시스템이 보장한 안보, 번영, 회복력은 그 핵심인 미국의 헌신에 전적으로 기대고 있었다. 그러나 없어서는 안 될 나라였던 미국이 국제기구에 대한 기여를 축소하면서, 탈냉전 체제의 취약성이 드러나고 있다.

회복력을 되찾는 과정에서 임시적 협력을 기반으로 하는 새로운 연결망이 출현했다. 이제 세계는 공동의 제도보다는 공동의 이해관계, 때로는 공동의 가치를 중심으로 한, 역동적이며 중첩되고 실용적인 연합들이 공존하는 '가변 구조(variable geometry)'의 시대로 들어서고 있다.

전문적인 공학 용어를 외교라는 섬세한 영역에 적용하는 것이 다소 낯설게 들릴 수도 있다. 그러나 두 분야 모두 무언가를 구축하는 일이라는 점에서는 같다. 변화하는 환경에 맞춰 조정할 수 있는 메커니즘을 뜻하는 가변 구조라는 용어는 국제 관계의 세계를 적절하게 설명할 뿐 아니라 행동의 지침으로도 유용하다.

가변 구조의 대표적인 사례는 우크라이나를 지원하기 위해 자발적으로 결집한 국가들의 일시적 연합인 '의지의 연합(Coalition of the Willing)'이다. 북대서양조약기구(NATO)와 그 회원국들은 러시아의 침공에 맞서는 우크라이나의 자위권 행사에 엄청난 지원을 제공했지만, NATO나 유엔 모두 전후 안보를 보장하기에는 적합하지 않았다. 반면 맞춤형으로 빠르게 구성된 연합은 인상적인 성과를 보여주고 있다. 의지의 연합은 불과 6개월 만에 휴전에 대비한 지상군 파병 계획을 세우기 시작했는데, 규모가 큰 다자기구였다면 불가능했을 일이다.

유럽에서는 새로운 SAFE 협약이 방위 물자 조달을 신속히 추진하려는 국가들을 하나로 묶고 있다. SAFE는 관료적 절차를 줄이고 조달 과정을 공동으로 운영함으로써, 참여국들이 빠르게 방위 물자를 구매하고 체제를 구축하도록 한다. 이는 전력 개발을 가속화하고, 국가 방위 산업을 강화하며, 전략적 자율성을 확대한다.

캐나다는 핵심 광물 국제 교역이 갑작스레 중단될 위험에 대응하는 방안으로 뜻을 같이하는 국가들을 모아 '핵심 광물 전략 동맹'을 결성하려 한다. 이 동맹의 목표는 광산 개발 투자, 비축 물량 확보, 국제 표준에 기반한 시장 개발을 통해 공급망을 안정시키고 다변화하여 향후 공급 부족 사태에 대비하는 것이다.

이처럼 특정한 목적을 위해 설계된 연합체들은 계속해서 늘어날 것이다. 연결망이 작더라도 관료적 절차를 건너뛰고 신속하게 움직이며 공통의 전략적 이해를 강화함으로써 작은 규모에도 불구하고 상당한 영향력을 발휘할 수 있다. 어려운 시기에는 현실적 대응이 필요하다. 앞으로는 보통 '뜻이 맞는 나라'로 분류되지 않을 국가라 해도 특정 사안에서 구체적인 목표와 가치를 공유한다면 협력하는 일이 많을 것이다. 예컨대 유럽연합(EU)이 주도하는 무역 규범, 중국과 인도를 중심으로 한 기술 표준, 브라질이 이끄는 자연 기반 해법이 융합되어 새로운 기후 체제를 형성할 수 있다.

규범 기반의 단일 무역체제를 개혁하는 대신, 여러 지역 블록 사이에서 체제를 서로 연결하는 창의적인 '도킹(docking)' 방식과 부분 협정들이 모자이크처럼 펼쳐질 것이다. 세계 최대 규모의 두 무역 블록인 유럽연합과 아시아 중심의 포괄적·점진적 환태평양경제동반자협정(CPTPP)을 결합하는 시도가 한 가지 방안이 될 수 있다. WTO 개혁에 합의하려면 수십 년이 걸릴 수도 있다. 반면, 노동, 환경, 데이터 주권 등 기본적 기준을 기반으로 자유무역의 가치를 공유하는 국가들이 모인다면 훨씬 진전이 빠를 것이다.

가변 구조의 확산은 분열, 중복, 연합 밖에 남겨진 국가들에 대한 불평등을 초래할 위험이 있지만, 속도와 적응력, 영향력이라는 이점이 그러한 우려를 압도한다. 가변적 연합은 결국 전체의 힘이 중심국의 역량에 의존하는 기존의 허브 앤드 스포크(hub-and-spoke, 하나의 중심국을 축으로 여러 국가가 연결된 네트워크 구조-옮긴이) 체제보다 미래의 충격에 더 강한 회복력을 보일 수도 있다. 가변 구조는 고정된 형태일 필요가 없다. 성공적인 연합에는 새로운 국가가 계속 합류하게 될 것이다.

과거에 대한 그리움은 전략이 될 수 없다. 지나간 세계에 미련을 두고 돌아가길 꿈꿔서는 안 된다. 이제 더 나은 질서를 세우는 데 집중해야 한다. 다자주의(multilateralism, 여러 국가가 공동의 목표를 달성하기 위해 국제기구나 협의체를 통해 규범과 절차를 공유하며 협력하는 접근 방식-옮긴이)가 저문 자리에는 복수국간주의[plurilateralism, 자발적으로 참여를 원하는 일부 국가들이 상호 협정(조약)을 체결해 무역이나 서비스 등 특정 분야에서 협력하는 방식-옮긴이]가 떠오를 것이다. 새로운 네트워크를 엮고 실용적인 연합을 구축하며 가변 구조를 받아들이는 국가야말로 새로운 시대에 번영을 누릴 것이다.

MIDDLE EAST & AFRICA 중동 & 아프리카

정체와 변화

일부 국가는 지역적 대전환을 원하지만,
다른 국가는 그렇지 않다

그렉 칼스트롬(Gregg Carlstrom) | 〈이코노미스트〉 중동 특파원, 두바이

역설적으로 들리겠지만, 지난 2년 동안 중동 지역을 휩쓴 전쟁은 많은 변화를 가져온 동시에 미완의 결과를 남겼다. 이란과 그 동맹국들은 20년간 이 지역에서 자신들이 가진 힘을 마음껏 뽐냈다. 그러나 이후 이스라엘이 등장해 이란이 지원하던 민병대 네트워크를 분쇄하고 이란 제국을 폐허로 만들었다. 시리아의 알 아사드 정권은 무너졌다. 그리고 나자 미국의 지원을 등에 업은 이스라엘은 금기를 깨고 이란 본토를 직접 공격했다.

그렇다고 이란 제국의 영향력이 완전히 사라진 것은 아니다. 하마스는 입지가 약해졌지만 여전히 힘을 유지하고 있으며, 레바논의 헤즈볼라도 마찬가지다. 이란의 신정(神政) 체제는 12일 동안 계속된 이

스라엘과 미국의 폭격을 견뎌냈다. 시리아에서는 아흐메드 알 샤라(Ahmed al-Sharaa) 대통령이 아슬아슬하게 권력을 유지하고 있다. 따라서 다가오는 해는 변화와 연속성 사이의 싸움이 될 전망이다. 도널드 트럼프는 가자지구 재건, 미·이란 협상 타결 및 이란의 핵 야망 포기, 더 많은 아랍 국가들과 이스라엘 간 관계 정상화 등 희망찬 변화의 비전을 그리고 있다. 하지만 이에 맞서 현상을 유지하려는 강력한 힘이 작용할 것이다.

　가장 큰 문제는 가자지구에서 벌어지는 일이다. 재건이 본격적으로 시작되기 위해서는 여러 조건이 맞아떨어져야 한다. 우선 하마스가 무장 해제에 동의해야 한다. 아랍 국가들은 결국 팔레스타인 주민들과 무력 충돌로 이어질 것이라는 우려에도 불구하고 평화유지군을 파견해야 한다. 이스라엘은 팔레스타인 자치정부의 일정한 역할을 인정하고, 전쟁이 정말로 끝났음을 어느 정도 보장해야 한다. 그러나

이 모든 조건이 충족될 가능성은 작아 보인다. 만약 재건이 더디게 진행되면 가자지구 주민 200만 명 중 일부는 탈출을 시도할 수 있다. 이는 이스라엘과 이집트의 관계를 악화시키고, 이스라엘에 가자지구를 다시 공격할 명분을 제공할지도 모른다.

두 번째 문제는 이스라엘과 이란이 또다시 충돌할 것인가다. 이란은 미국과의 협상을 통해 이런 상황을 피할 수도 있지만, 최고지도자 아야톨라 알리 히메네이(Ayatollah Ali Khamenei)는 트럼프 대통령이 요구하는 수준으로 양보할 의향이 없다. 이란의 핵 프로그램은 지난 6월 발발한 12일 전쟁으로 크게 손상되었지만, 히메네이가 이를 전적으로 포기할 가능성은 희박하다. 만약 두 번째 전쟁이 발발한다면, 이스라엘은 아마도 히메네이 정권의 전복을 시도할 것이다. 하지만 이스라엘이 정권 교체를 계획하고 있다고 이란이 생각한다면, 이란은 걸프만 건너 이웃 국가들을 맹렬히 비난한 가능성이 있다. 그렇게 되면 트럼프 대통령은 이스라엘을 제지할 것인지, 아니면 아랍 동맹국들의 안정을 위험에 빠뜨릴 것인지 선택해야 한다.

세 번째는 트럼프 대통령이 아브라함 협정을 확장할 수 있는가다. 지난 2020년 체결된 이 협정은 아랍 4개국(UAE, 바레인, 수단, 모로코)과 이스라엘 간 관계를 정상화한 역사적 합의였다. 그러나 시리아나 레바논이 이스라엘과 온전한 관계를 맺기를 바라는 것은 현실적이지 않다. 물론 시리아가 이스라엘의 자국 영토 침범을 억제하기 위해 불가침 조약에 서명할 가능성은 충분하다. 레바논은 특히 2026년 봄 총선이 다가오는 상황에서 그 정도까지도 나아가지 못할 수 있다. 하지만 오랜 기간 금기시되었던 평화 협정 논의는 서서히 달아오를 전망이다.

이스라엘은 변화와 정체 모두의 동력으로 작용할 것이다.

사우디아라비아의 왕세자 무함마드 빈 살만(Mohammed bin Salman)과의 관계 개선은 더 어려울 것이다. 그의 왕국은 매우 중요한 의미가 있다. 만약 사우디아라비아가 이스라엘과 관계를 정상화한다면 다른 아랍 및 이슬람 국가들도 뒤따를 것이기 때문이다. 그러나 사우디아라비아는 이스라엘이 팔레스타인과 진정한 평화 프로세스에 돌입하지 않는 한 이스라엘을 인정하지 않겠다는 뜻을 1년 넘게 분명히 해왔다. 그리고 그 의사를 번복할 이유는 거의 없다. 과거 사우디아라비아는 아브라함 협정 참여를 통해 미국과 공식적인 방위 조약을 체결할 것으로 기대했다. 2026년에는 협정 참여와 무관하게 방위 조약 체결의 가능성이 있다.

트럼프 대통령이 가장 강력하게 변화를 요구하는 인물이라면, 이란은 정체를 주도하는 세력이다. 아야톨라(이란의 종교 지도자-옮긴이)는 지난 수십 년간 이스라엘과 전쟁도 평화도 아닌 상태를 유지하며 핵무기 개발 직전의 균형을 추구했으나, 그 전략은 실패로 돌아갔다. 하지만 86세의 고령인 그가 노선을 바꿀 수 있다고 보기는 힘들다. 그 역할은 후계자의 몫이 될 전망이다.

다소 혼란스럽겠지만 이스라엘은 변화와 정체 모두의 동력으로 작용할 것이다. 이스라엘이 트럼프 대통령이 천명한 지역적 대전환 비전을 지지하기는 하지만, 2026년 11월 예정된 총선에서 누가 이기든 팔레스타인에 양보할 의사는 없을 것이기 때문이다. 지역 통합의 꿈은 아직 멀일이다. 이스라엘이 결국 중동의 패권 국가가 되겠지만, 주변국들의 사랑까지 얻기는 힘들 것이다.

이 모든 상황은 걸프 지역의 군주들에게 불안한 한 해가 다가온다

는 것을 의미한다. 그들은 이란의 공격 목표가 될까 봐 두려워하며, 가자지구 재건 비용을 떠안을까 봐 우려하고 있다. 사우디아라비아 또한 이스라엘과의 관계 정상화를 요구하는 트럼프 대통령의 최후통첩을 피할 수 있기를 바란다. 이 군주들은 다른 강대국들과의 관계를 강화하는 한편, 각종 선물 공세로 트럼프 대통령을 계속 달래려 할 것이다. 이것이 지난 2년간 중동 지역에서 벌어진 일이 낳은 가장 즉각적이면서도 지속적인 변화일지 모른다. 즉, 미국이 이스라엘을 포용함으로써 걸프 지역 국가들은 지역적 안정을 미국에 의존하는 것에 관해 그 어느 때보다 불안해하고 있다.

팔레스타인 사람들은 이제 어떻게 될까?

분할된 가자지구에서 재건이 시작될 가능성이 있다

니콜라스 펠햄(Nicolas Pelham) | 〈이코노미스트〉 중동 특파원

트럼프 대통령이 천명한 평화 구상에 명시된 바에 따라 이스라엘이 가자지구에서 부분 철수를 완료하자마자 이스라엘은 가자지구를 두 동강 내기 시작했다. 10월 9일 이스라엘의 엔지니어들은 무릎 높이의 노란색 경계석을 설치했다. 몇 주 뒤에는 더 큰 노란색 블록을 추가했다. 결국 콘크리트 벽이 세워질 수도 있다. 이 새로운 '노란' 선은 이스라엘이 점령한 넓은 지역 내에 소규모 팔레스타인 거주지를 구획 짓는 경계선이 될 것이다. 하마스가 무장을 해제하고 국제안정화군(ISF)이 가자지구를 통제하게 되면 이스라엘군은 전면 철수해야 한다. 하지만 둘 중 어느 것도 이른 시일 내에 실현될 기미는 없다. 따라서 가자지구의 분할은 무기한 지속될 가능성이 크다.

이 내부 거주지에는 여전히 하마스의 통제 아래에 있는 200만 명의 가자지구 피난민이 머물 예정으로, 이들은 줄어드는 유엔 구호품에 의존해 난민 캠프에서 생활하게 된다. 이스라엘은 가자지구와 맞닿은 이집트 라파의 자유무역지대(FTZ) 및 이스라엘 국경 지대에 조성할 신항만과 함께, 팔레스타인 거주지를 둘러싼 이스라엘 통제 지역인 '가자 동부'를 재건의 모델로 삼으려 한다. 이곳에서 이스라엘이 투자를 주도하는 사이 '가자 서부'의 상황은 빠르게 악화할 전망이다. 이러한 분할은 가자지구를 지원하는 역내 세력 간의 경쟁 구도

폐허에서 재건으로

를 반영하기도 한다. 카타르는 하마스가 통제하는 내부 거주지에 재정을 지원할 것이다. 반면, 걸프 지역 내 이스라엘의 반이슬람주의 파트너인 아랍에미리트(UAE)는 이집트 기업이 외곽 지역을 재건하는 데 자금을 지원할 것이다.

통치 체계 역시 나뉠 것이다. 트럼프 대통령의 '평화 위원회'가 이스라엘 측에 서서 재건을 감독할 수 있다. 팔레스타인 측에서 보면, 이스라엘은 팔레스타인에서 가장 인기 있는 지도자 마르완 바르구티를 석방해서 하마스 통제 구역으로 추방할 가능성이 있다. 그렇게 되면 그는 마흐무드 압바스 팔레스타인 자치정부 수반이 2026년 10월까지 실시하겠다고 약속한 선거를 기다릴 것이다.

바르구티는 선거를 통해 하마스를 이길 수 있는 거의 유일한 인물이다. 그가 선거에 이기면 가자지구는 물론이고 서안지구에서도 권력 이양이 촉발될 수 있다. 그리고 그렇게 하마스가 권력을 잃고 나면 무장 해제 절차가 개시되어 마침내 재건이 시작될지도 모른다. 하지만 그와 별개로 이스라엘의 서안지구 합병은 꾸준히 추진될 가능성이 있다.

이스라엘, 내부를 돌아보다

선거가 가까워지면서 정치적 초점은 국내 문제로 옮겨갈 전망이다

안셀 페퍼(Anshel Pfeffer) | 〈이코노미스트〉 중동 특파원, 예루살렘

만약 2025년 도널드 트럼프 미국 대통령이 이란·하마스와 이스라엘 간에 중재한 두 번의 휴전 조치가 새해에도 유지된다면, 이스라엘은 2026년 마침내 국내 현안을 해결할 수 있는 시기를 맞이하게 될지도 모른다. 물론 전망은 매우 불투명하다.

두 전쟁 모두 종료되었거나 최소한 일시적으로 중단된 상태이기는 하지만, 결코 완전히 끝난 것은 아니다. 이란의 핵 및 탄도 미사일 프로그램은 2025년 6월 벌어진 '12일 전쟁'으로 심각한 타격을 입었으나 언제든 다시 복원될 수 있다. 가자지구로 가면, 지난 2년간 이어진 유혈 충돌과 파괴에도 불구하고 하마스는 여전히 가장 강력한 세력이다. 트럼프 대통령의 평화 계획에서 제시된 것처럼 대규모 평화유지군이 신뢰할 만한 무장해제 프로세스를 진행하지 않는 한, 하마스의 지배력은 약해지지 않을 것이다.

국내 문제로 넘어가면, 이스라엘의 다음번 선거는 2026년 10월까지 치러져야 한다. 총리로 장기 집권 중인 베냐민 네타냐후는 재선

을 위한 또 한 번의 선거 운동에 필사적으로 임할 것이다. 그가 의존하는 극우 및 초정통파 유대교 정당들은 여론조사에서 크게 밀리고 있지만, 네타냐후 총리에게는 한 가지 중요한 이점이 있다. 총리로서 그는 자신의 정치적 이익을 위해 이스라엘의 안보 의제를 어느 정도 조정할 수 있다는 것이다. 트럼프 대통령이 강하게 나서기 전까지는 이전의 휴전 협정에 반대하고 참패가 예상되는 선거를 피하고자 가자지구 전쟁을 일부러 질질 끄는 모습을 목격한 이스라엘 국민 상당수는 그가 이미 그렇게 해왔다고 확신하고 있다.

그래서 진보 성향의 이스라엘 국민은 네타냐후가 지난 3년 동안 이스라엘의 국가 안보를 본인만의 정치적 이해관계에 종속시켰다고 꾸준히 비판했다. 하지만 그의 권력을 진정으로 제동하는 힘은 백악관에서 나온다. 트럼프 대통령은 가자지구와 이란에서 전쟁을 끝냈다는 성과를 자랑스럽게 여기기에 이스라엘이 둘 중 어디에서도 전쟁을 재개하기를 원하지 않을 것이다.

이는 네타냐후 총리에게 정치적 딜레마를 안겨준다. 이스라엘 국민에게 트럼프 대통령과 긴밀한 동반자 관계임을 보여주는 데 혈안이 되어 있는 그로서는 트럼프 대통령과 대립각을 세울 여유가 없다. 그렇다고 해서 이스라엘 국민에게 전쟁이 끝났거나 심지어 일시적으로 중단되었다고 인정하는 것은 자신이 약속한 이스라엘의 '완전한 승리'를 달성하지 못했음을 자인하는 꼴이기 때문이다.

네타냐후 총리는 이 딜레마를 해결하는 대신, 가자지구 전쟁 발발 이전 이스라엘을 둘로 쪼갤 듯이 격렬하게 벌어진 논쟁을 되살리려 하고 있다. 실제로 정치적 사안에 적극적으로 나서는 이스라엘 대법원을 지지하는 비교적 진보적이고 대체로 세속적인 국민과 대법원의 권한을 제한하고자 하는 종교적 우파 진영이 첨예하게 대립한 바 있다. 만약 가자 전쟁에서 승리했다는 점을 충분히 많은 수의 유권자들이 받아들이도록 설득하지 못한다면, 네타냐후 총리는 이스라엘 민주주의의 미래를 둘러싼 문화 전쟁으로 국민의 시선을 돌리려 할 것으로 예상된다.

따라서 설령 트럼프 대통령의 지원으로 2026년에 더 이상의 무력 충돌을 피한다고 해도 이스라엘 사회는 악의적인 선거 운동으로 심각한 문제를 겪는 한 해를 보낼 가능성이 크다. 또한 76세로 고령인 네타냐후 총리의 나이를 고려할 때 이번 선거는 그에게 마지막 정치적 전장이 될 수 있다. 만약 이스라엘의 유권자들이 마침내 그의 퇴진을 요구한다면, 2026년은 이스라엘 국민이 정체 체계에 대한 신뢰와 나라가 하나가 된다는 느낌을 회복하는 한 해가 될 수 있다.

재건의 시간

재건에는 악수 그 이상이 필요하다

가레스 브라운(Gareth Browne) | 〈이코노미스트〉 중동 특파원, 다마스쿠스

맨해튼에서 시리아의 과도정부 수반이 악수하는 모습은 10여 년 전 바샤르 알 아사드 전대통령이 초토화한 다마스쿠스 외곽 마을 조바르의 음산한 정적과는 극명한 대조를 이뤘다. 아흐메드 알 샤라가 뉴욕에서는 장군들과 상원의원들로부터 시리아의 미래로 환영받았을지 몰라도, 내전의 잔해가 도로를 뒤덮은 조바르에서는 앞으로 나아갈 길을 찾기가 더 어렵기 때문이다. 시리아의 이 새 지도자는 자신이 가진 정치적 자산의 상당 부분을 국제 제재를 해제하는 데 걸었다. 그리고 현 상황으로 볼 때, 워싱턴의 강경파가 입장을 누그러뜨리면서 2026년 초에는 그가 바라는 대로 될 가능성이 크다. 전 세계의 은행들도 대기하고 있으며, 수출 협정도 준비 중이다.

하지만 2024년 12월 아사드 정권이 무너진 지 거의 1년이 지난 지금까지 재건은 거의 이루어지지 않았다. 알 샤라 대통령은 국내적으로는 시리아인들에게 인내심을 가질 것을 거듭 촉구하는 동시에 해외에서는 각종 지원과 원조를 끌어들이고 있다. 어떤 면에서는 시리아 국민의 삶이 나아진 것도 사실이다. 전기 공급이 안정적으로 이루어지고 있고, 비밀경찰은 사라졌다. 최소 100만 명의 시리아인들이 집으로 돌아왔다. 그러나 시리아는 여전히 폐허 상태고, 재건 속도는 더디기만 하다. 유럽에서 활동하는 한 시리아인 사업가는 매달 귀국

할 때마다 학교나 커뮤니티 센터 건립을 위해 최대 1만 달러를 기부해 달라고 요청받은 일을 떠올린다. 그리고 "그런 방식으로 나라를 재건할 수는 없습니다"라고 말하며 한숨을 쉰다.

알 샤라 대통령의 시선은 이제 국내 문제로 향해야 한다. 2025년 3월과 7월 각각 알라위파와 드루즈족을 상대로 자행된 종파적 폭력은 소수 종파나 민족이 그에게 가지고 있던 신뢰를 완전히 무너뜨렸다. 납치와 살인은 제대로 처벌받지 않고 있다. 많은 시리아 국민이 다시 고향을 떠나야 하는지 두려워하고 있다.

새롭게 출범한 의회 또한 그 존재 가치를 입증해야 할 것이다. 현 의회 의원의 3분의 1은 알 샤라 대통령이 직접 임명했고, 나머지도 그가 선임한 위원회에서 2025년 10월 '선출'되었다. 정당 활동은 여전히 불법이다. 평론가들은 현 의회가 알 아사드 정권 시절에서처럼 대통령의 거수기 역할을 하는 기관으로 전락할 것이며, 알 샤라 대통령은 지금 새로운 일인 독재 체제를 구축하는 중일 뿐이라고 우려한다.

알 샤라 대통령의 외교적 공세가 성공적이었다는 점을 부인하기는 어렵다. 하지만 시리아는 이제 단순한 악수 그 이상이 필요하다. 실질적인 변화를 가져오지 못한다면, 다마스쿠스로 그를 불러들이며 환호했던 이들조차 등을 돌릴지도 모른다.

평화를 향한 간절한 외침

수단, 휴전은 가능해도 지속될 수 있을까?

톰 가드너(Tom Gardner) | 〈이코노미스트〉 아프리카 특파원

유엔에 따르면 약 200만 명의 수단 국민에게 2025년은 잠시 한숨 돌릴 수 있는 해였다. 그 전 한 해 동안 수단 내전은 전 세계에서 가장 규모가 크고 파괴적인 분쟁으로 비화했다. 그런데 지난 3월 수단군(SAF)이 수도 하르툼을 탈환한 일이 전환점이 되었다. 7월 한 달 동안에만 50만 명 가까이가 하르툼으로 돌아왔다. SAF와 그 지지자들 사이에서는 군이 곧 아프리카에서 세 번째로 큰 이 나라의 통제권을 놓고 대립 중인 불법 무장 단체 신속지원군(RSF)에 최후의 일격을 가할 것이라는 낙관적인 전망이 우세했다.

하지만 RSF는 그런 낙관론을 비판하던 이들조차 예상하지 못할 정도로 신속하고 강력하게 반격했다. 주된 후원국인 아랍에미리트(UAE)의 지원으로 획득한 드론으로 무장한 RSF는 전쟁의 무대를 하늘까지 확대했다(UAE는 내전 개입을 부인했다). 2023년 내전이 발발하고 몇 달 후 사실상 수단의 수도이자 SAF의 본거지가 된 포트수단이 처음으로 공격받았다. 3월 하르툼에서 퇴각한 뒤 자신들의 본거지인 다르푸르 지역에서 전열을 가다듬은 RSF는 전장에서 다시 주도권을 잡았다. 그리고 6월에는 수단과 그 북쪽의 이웃 국가인 리비아와 이집트 사이 국경 지대의 전략적 요충지로 진격해 군 주둔지를 점령하고 주요 밀수 경로를 확보했다. 이처럼 상황이 격화함에 따라, 전쟁

초토화

이 더 넓은 지역으로 번지고 있다고 많은 사람이 가지고 있던 우려가 더욱 증폭되었다.

RSF의 진격은 거의 3년간 이어진 내전에서 가장 피비린내 나는 몇몇 학살을 동반했다. RSF에 포위되었다가 지난 10월 마침내 RSF의 손아귀에 넘어간 북다르푸르주의 주도 엘파셰르에서 대부분 아프리카계 토착 민족 집단 출신인 민간인들이 학살당했다. 2000년대 다르푸르를 공포에 떨게 했던 아랍계 민병대인 잔자위드에 뿌리를 둔 RSF가 지난 4월에 벌인 단 한 차례의 공격으로 최대 1,500명이 사망한 것으로 보인다. 또한 7월에는 RSF가 코르도판 지역의 여러 마을을 습격해 수백 명이 살해당한 것으로 알려졌다.

2025년 런던, 워싱턴, 제네바 등지에서 열린 여러 차례의 평화 회담은 실패로 돌아갔다. 그러나 2026년에는 상황이 달라질 가능성이 있다. 노벨 평화상 수상을 향한 열망이 강한 도널드 트럼프 대통령은 중동에서 얻은 성과와 르완다와 콩고 간 휴전 중재에서 거둔 부분적 성공에 이어 수단 문제에도 관심을 표명했다. 7월에는 이집트와 사우디아라비아, UAE의 외무장관들이 참여하는 회담이 예정되었으나, 공동 성명서 문구를 둘러싼 이견으로 취소된 것으로 알려졌다. 하지만, 이는 미국이 수단 문제를 우선순위에 두기로 한다면 어떤 결과를 만들어낼 수 있는지를 시사했다. 수단 내전의 당사자들과 각각의 지원 세력들을 한자리에 모을 수 있는 유일한 주체는 이론적으로 미국뿐이다.

따라서 수단에서 휴전 가능성을 배제하는 것은 경솔한 일일 것이다. 헤메티라는 이름으로 더 잘 알려진 무함마드 함단 다갈로 (Muhammad Hamdan Dagalo) 사령관이 주도하는 병행 정부(parallel government)를 수립하겠다고 발표한 RSF는 현재 내륙 지방의 일부 지역을 점령하고 있다. 몇몇 분석가는 RSF 지도부가 수단의 광물 자원 중 특히 금광 채굴권을 분할하고 중앙 정부의 권력 일부를 보장받는 조건으로 평화 협정에 기꺼이 서명할 것으로 내다본다.

하지만 휴전 이후 전리품을 나눠 갖는 방식의 권력 분담 협정은 지속적인 평화 정착과 같은 이야기가 아니다. RSF와 SAF 모두 어느 정도 약탈적 성격을 가진 카르텔로 내전을 통해 이익을 취해 왔다. 특히 금 거래로 확보한 자금은 무기를 구매하고 영향력을 확대하는 데도 투입된다. 게다가 RSF는 전리품에 대한 기대로 전쟁터에 뛰어든 용병들로 구성되어 있다. 만약 평화가 자신의 생존을 위협한다면 그들은 어떤 협정이든 제대로 판을 깨는 역할을 할 개연성이 충분하다. 또한 이들 약탈적 카르텔은 만족할 수 있어도 수단의 민간인들은 외면당하는 트럼프식의 주고받는 협정의 가능성도 우려스럽기는 마찬가지다. 그런 협정이 총성을 잠시 멈출 수는 있겠지만, 장기적으로 수단에 좋은 징조일 가능성은 적기 때문이다.

형식적인 절차만 밟아가며

아프리카에 시니컬한 선거극의 해가 찾아온다

톰 가드너

2025년 1월 존 마하마(John Mahama) 가나 대통령의 취임식은 이론적으로는 아프리카에서 민주주의가 꾸준히 건전했음을 보여주는 무대가 돼야 했다. 대륙 전역에서 고위 인사들이 보여 또 한 번의 평화로운 정권 이양을 축하했다. 그러나 아프리카의 모범적인 민주주의 국가로 불리는 가나에서조차 불길한 조짐이 나타났다.

부르키나파소의 포퓰리스트 독재자 이브라힘 트라오레(Ibrahim Traoré)가 군복 차림에 허리에는 권총을 찬 채로 취임식장에 도착했을 때 사람들은 열렬히 환호하며 그를 맞이했다. 이처럼 독재자의 과시하는 듯한 이런 행보는 힘겨운 시간을 보내고 있는 아프리카의 민주 진영에 또 한 번 깊은 실망을 안겨주는 한 해가 될 수 있음을 예고했다. 그리고 2026년이 그보다 훨씬 나아질 것이라 기대할 만한 이유는 찾기 힘들다.

2024년에는 세네갈이나 보츠와나를 중심으로 야당이 깜짝 승리를 거두는 일도 있었지만, 2025년에는 그런 낙관론을 펼칠 이유를 찾을 수 없었다. 기니와 가봉에서 쿠데타를 주도한 세력들은 정권을 유지하기 위해 부정선거를 자행했다. 이는 종신 집권을 노리는 아프리카의 다른 국가 지도자들도 마찬가지다. 세계 최고령 국가원수로 92세인 폴 비야(Paul Biya) 카메룬 대통령은 무려 8선 연임에 성공했고, 83세의 코트디부아르 대통령 알라산 우아타라(Alassane Ouattara) 역시 네 번째 임기에 돌입했다. 지부티로 가면 이스마엘 오마르 겔레(Ismail Omar Guelleh) 대통령이 헌법을 개정해 스스로 6선에 도전할 길을 열었다.

2026년에 제 기능을 다하며 민주주의의 희망을 보여줄 수 있는 한 곳은 남아프리카공화국이다. 집권 여당인 아프리카민족회의(ANC)는 지방선거에서 승리하기 힘들 전망이다. 진보적인 성향의 민주동맹(DA)의 의장 헬렌 질레(Helen Zille)가 남아공의 경제 수도인 요하네스버그의 시장으로 당선될 가능성이 크다. 잠비아에서도 비교적 신뢰할 만한 선거가 치러질 것으로 보이나, 하카인데 히칠레마(Hakainde Hichilema) 현 대통령이 야권 분열의 수혜를 입을 전망이다.

하지만 다른 지역에서는 집권 세력들이 대체로 형식적인 선거 절차만 거칠 확률이 높다. 우간다에서 81세의 요웨리 무세베니(Yoweri Museveni) 대통령은 또 한 명의 종신 국가 원수로서 야권 후보의 당선 가능성이 전혀 없는 선거극을 다시 한번 연출할 것이다. 무세베니의 가장 강력한 경쟁 상대인 보비 와인(Bobi Wine)이 출마할 수는 있지만, 지난 2021년 대선과 비교하면 분위기는 암울하다. 와인이 속한 정당 관계자들조차 사석에서는 당선이 힘들다는 점을 인정한다.

마찬가지로 남수단에서는 살바 키르(Salva Kiir) 대통령이 상당 기간 미뤄왔던 전국 선거를 치르면서 원조를 제공하는 나라들을 달래고 끝없이 이어지는 '과도기'를 종식하려 할 가능성이 있다. 그러나 주요 경쟁자인 리크 마차르(Riek Machar)는 2025년을 대부분을 가택연금 상태에서 보내며 살인과 반역, 반인륜적 범죄 혐의로 기소된 상태다. 이런 상태로 치르는 선거는 남수단 곳곳에서 벌어지는 내전을 진정시키기보다는 오히려 불을 지필 가능성이 훨씬 크다.

가장 주목할 만한 부정선거는 아프리카에서 두 번째로 인구가 많은 국가인 에티오피아에서 치러질 전망이다. 지난 2021년 선거에서 아비 아흐메드(Abiy Ahmed) 총리가 이끄는 집권 번영당(PP)은 국회의석의 96.8%를 차지했다. 이런 현실에도 불구하고 아비 총리는 자신이 에티오피아 역사상 가장 민주적인 정부를 운영하고 있다고 주장한다(물론 그 기준이 특별히 높을 리는 없다). 2018년 취임 당시 그는 정치권에 단 두 번의 임기만 채우면 물러나겠다고 약속했다. 서방 원조국들은 민주주의로 가는 역사적인 전환기라고 환호하며 그를 지지한다고 밝혔다. 그리고 이듬해 아비 총리는 노벨 평화상을 받았다.

하지만 이번에는 그의 화려한 수사를 믿는 사람은 거의 없을 것이다. 아비 총리의 주요 경쟁 후보들은 모두 포섭당했다. 저항한 자들

은 투옥되거나 자취를 감췄거나 망명 생활 중이다. 아비 총리 정부가 마련한 새 법안은 '국가 안보'를 명분으로 시민 사회 단체의 활동을 제한할 수 있는 광범위한 권한을 사정 당국에 부여하는 내용을 담고 있다.

유일하게 남은 진짜 의문은 선거 자체가 과연 실시될 것인가다. 에티오피아에서 인구가 가장 많은 두 지역 오로미아와 아무라는 장기간 이어진 반란의 소용돌이에서 아직 벗어나지

못하고 있다. 2020년부터 2022년까지 금세기 최악의 전쟁 중 하나가 벌어졌던 티그라이 지역은 또 다른 무력 충돌이 벌어

92
↑ 세계 최고령 국가수반, 카메룬 폴 비야 대통령의 나이.

지기 직전의 불안정한 상태다. 게다가 국경을 맞대고 있는 에리트레아와 사이의 긴장도 고조되고 있는데, 이는 에티오피아가 홍해 항구를 노리고 있기 때문이다. 현재 49세에 불과한 아비 총리는 이제 사석에서는 수십 년 더 권력을 유지하고 싶은 마음을 드러낸다. 국내적으로 큰 야망을 지녔고 자신은 신의 부름을 받았다고 믿는 강한 신념으로 볼 때, 아비 총리에게는 물러날 계획이 전혀 없으며 권력을 유지하겠다는 의지만 보인다. 하지만 또 다른 내전이 발발한다면 그의 계획은 물거품이 될 것이다.

아프리카만의 힘으로

원조 중단의 여파는 아프리카 대륙 전역에 미칠 전망이다

존 맥더모트(John McDermott) | 〈이코노미스트〉 아프리카 수석 특파원, 마다가스카르, 사바

"우리 힘으로 그 차이를 메울 수가 없습니다." 전 세계에서 가장 가난한 나라 중 하나인 마다가스카르의 북동부 사바 지역의 주지사 세라밀라 테디(Seramila Teddy)는 한숨을 내쉬며 이야기했다. 그는 도널드 트럼프 대통령이 역사상 미국 최대 규모의 대외

원조 기관이었던 미국 국제개발처(USAID)를 해체한 이후 "정말 큰 타격"을 입었다고 강조했다. 이 지역의 마을을 방문해 나무로 지어진 작은 보건소들이 문을 닫은 모습을 보면서 그 사실을 쉽게 이해할 수 있었다. 미국의 원조 덕분에 그곳에서 일하는 의료진의 급여를 지급할 수 있었기 때문이다. 현지의 한 의사에 따르면, 남아 있는 간호사들로는 이처럼 외진 지역까지 갈 여유가 없다 보니 결국 질병 발생률이 높아지고 있다.

2026년이 되면 냉전 이후 지속된 국제개발의 시대가 확실히 끝났다는 사실이 분명해질 것이다. 트럼프 행정부는 다음 회계연도 예산안에서 해외 원조를 추가 삭감할 것을 요구했다. 유럽에서 대외 원조 규모가 가장 큰 국가들도 관련 지출 규모를 대폭 삭감하기 시작할 예정이다. 온라인 개발원조 분석 플랫폼인 도너 트래커(Donor Tracker)에 따르면, 서구권 17개 주요 원조국의 실질적인 대외 원조 지출이 2024년에 비해 2026년에는 25% 이상 감소할 것으로 추정된다. 대부분 부유한 국가로 구성된 경제협력개발기구(OECD)에서는 사하라 이남 아프리카 지역이 가장 큰 타격을 받을 것으로 전망했다.

장기적으로 이와 같은 변화는 아프리카의 정책 입안자들에게 충격을 주어 오랜 기간 그들의 정책 결정을 좌우해 온 안일한 접근방법에서 벗어나게 할 수 있다. 하지만 단기적으로는 아프리카의 가장 가난한 국가들과 가장 취약한 사람들에게 고통을 안겨줄 것이다.

워싱턴 DC에 있는 싱크탱크 글로벌개발센터(CGD)에 따르면, 유엔 등 국제기구를 통한 원조를 제외한 양자 간 원조의 삭감 규모는 아프리카 9개국에서 국민총소득(GNI)의 1% 이상에 해당할 것으로 보인다. 나이지리아나 남아프리카공화국, 케냐처럼 아프리카에서 경

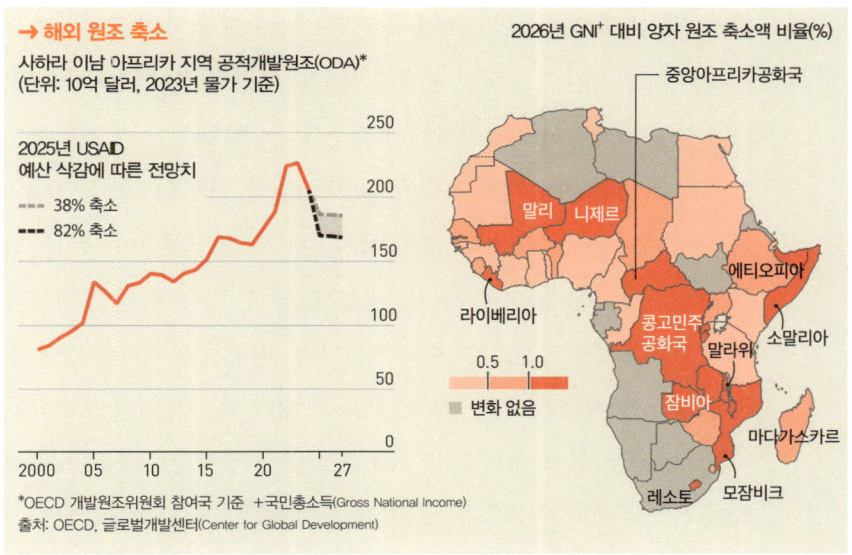

제 규모가 가장 큰 국가는 거시경제에 별다른 영향을 받지 않을 것이다. 그러나 IMF에서 해외 원조가 정부 수입에서 상당한 비중을 차지한다고 밝힌 말라위, 라이베리아, 에티오피아 등의 국가의 경우, 이러한 원조 감소는 이미 빠듯한 예산에 더욱 큰 부담을 줄 것이다.

물론 대외 원조와 경제 성장 사이의 상관관계에 회의적인 시각을 가질 만한 이유는 충분히 있다. 그러나 합리적인 사람이라면 특히 인도적 구호와 보건의료 분야의 대외 원조 지출이 생명을 구한다는 사실에 의구심을 갖지는 않을 것이다. CGD의 찰스 케니(Charles Kenny)와 저스틴 샌더퍼(Justin Sandefur)가 추산한 바에 따르면, 트럼프 대통령의 대외 원조 예산 삭감안은 전 세계적으로 100만 명의 생명을 위험에 빠뜨릴 수 있다. 아프리카 전역의 난민 캠프에서는 이미 식량 배급이 줄어들고 있으며, 마다가스카르 사례에서 보이듯이 공공 서비스를 원조에 의존하던 지역의 보건의료는 사실상 마비된 상태다.

대외 원조 삭감으로 생길 공백을 메우기 위한 노력이 진행 중이다. 기술 산업이 배출한 억만장자에서 자선사업가로 변신한 빌 게이츠는 2045년까지 본인이 가진 사실상 전 재산을 기부하겠다고 선언했으며, 그 대부분은 아프리카로 향할 예정이다. 걸프만 연안의 국가들도 인도적 위기 대응에 더 많은 자금을 투입할 수 있다. 하지만 자선사업가나 신흥 중견국들로 그 부족분을 전부 메우기는 어려울 것이다. 한편, 중국은 서구권이 주도해 온 이타적 대외 원조 모델을 모방하는 데는 거의 관심을 보이지 않는 가운데 통상 협정이나 인프라 프로젝트에 기반한 거래적 성격의 접근방법을 선호한다.

따라서 이 새로운 시대를 정의하는 일은 결국 아프리카인들에게 달려 있다. 이론적으로 해외 원조액 감소와 그에 따른 광범위한 '개발 산업'의 해체는 아프리카의 정책 입안자들에게 더 큰 책임을 지도록 만들 것이다. 그동안 이 이른바 '개발 산업'에는 선의는 있으나 순진해 빠진 경우가 흔한 수많은 기술관료가 종사해 왔다. 그리고 그들은 너무 오랜 시간 외부에 의존해 자국의 우선순위를 정해 왔다. 이제 구시대의 종식은 아프리카의 엘리트들이 자기만의 방식으로 국가를 현대화하는 프로젝트를 더욱 야심 차게 구상할 수 있는 공간을 열어줄 것이다.

문제는 바로 이들 아프리카 엘리트 집단이 지난 수십 년간 자국 경제의 부진에 상당 부분 연루되어 왔다는 사실이다. 아프리카 대륙은 원조와 개발에서 새로운 국면에 들어서고 있다. 하지

↑ 2025년 상반기 중국의 대아프리카 수출액 (2024년 상반기 대비 26% 성장).

만 진정한 변화의 시작은 새로운 세대의 지도자들이 등장할 때까지 기다려야 할지도 모른다.

동쪽을 향해!

서방의 원조 축소와 보호무역주의는 아프리카인들에게 동쪽을 보라 한다

오레 오군비이(Ore Ogunbiyi) | 〈이코노미스트〉 아프리카 특파원, 라고스

부유한 국가 상당수가 아프리카에 등을 돌렸고, 이제는 그 사실을 숨기려 들지도 않는다. 도널드 트럼프 대통령이 대외 원조를 삭제한 일은 이미 잘 알려져 있다. 영국과 EU 역시 지원 규모를 줄였다. 각국은 자국 방위비 지출을 확대하면서 아프리카 지역의 군사 지원을 재검토하고 있다. 미국의 관세 공격에서도 아프리카는 예외가 아니며, 여행 금지 조치 또한 마찬가지다. 이러한 변화에 대응해 아프리카의 여러 국가에서는 2026년 동쪽으로 시선을 돌릴 것이다.

중국은 아프리카의 인프라에 막대한 자금을 쏟아부은 오랜 역사가 있다. 그러나 미국이 보호무역주의로 돌아서면서 그 경쟁국인 중국은 아프리카 대륙에서 자신의 역할을 다시 정의할 기회를 포착했다. 현재 중국은 글로벌 무대에서 아프리카의 이익을 옹호하는 수호자를 자처하고 있다. 미국이 수입 관세율을 인상할 때 중국은 아프리카 국가들에 수입 관세 대부분을 면제하겠다고 약속했다. 미국의 관세 장벽에 부딪힌 중국 제조업체는 이제 아프리카에서도 값싼 제품

을 구매할 수요처를 찾고 있다. 2025년 상반기에만 중국의 대아프리카 수출액은 2024년 같은 기간보다 26% 증가한 1,410억 달러를 기록했다(다음 페이지 그래프 참조).

중국 기업은 이미 아프리카의 여러 산업을 근본적으로 바꿔놓았다. 아프리카에서 팔리는 스마트폰의 절반가량은 중국의 대기업 트랜션 홀딩스(Transsion Holdings)에서 생산된다. 중국산 태양광 패널의 수입액은 2025년 6월까지 1년 사이에 60%라는 폭발적인 성장률을 보이고 있으며, 현지의 전력 회사들보다 저렴하고 안정적으로 에너지를 공급하고 있다. 중국 출신의 억만장자 저우 야후이(Zhou Yahui)가 설립한 대표적인 아프리카 핀테크 기업 오페이(OPay)는 나이지리아에서 다른 여러 뱅킹 앱이 다운되었을 때도 서비스를 유지한 기록을 보유하고 있다. 중국의 온라인 소매 유통사 테무는 아마존보다 빠르게 아프리카 전역에서 사업을 확장하고 있다. 중국의 자동차 제조사 체리(Chery)가 판매하는 사륜구동 모델 제투어(Jetour)는 서구의 다른 차량보다 훨씬 저렴하다.

　서구권 제조업체들과 달리 중국 제조업체들은 빈곤하지만 인구가 많은 아프리카 시장에 적합한 제품을 제공한다. 아프리카 9개 나라에서 운영 중인 온라인 쇼핑몰 주미아의 대표 프랜시스 뒤페이(Francis Dufay)는 "서구에서 생산된 제품 가운데 아프리카의 소비자들이 살 수 있는 것은 거의 없다"라고 말한다.

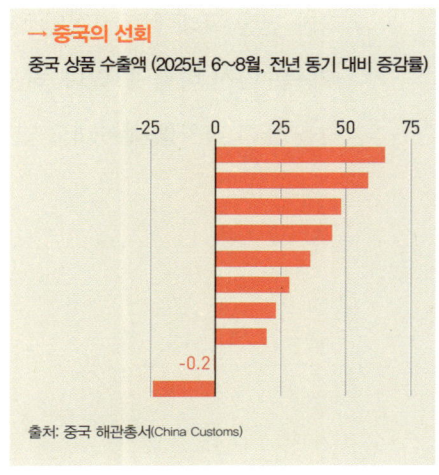

→ 중국의 선회
중국 상품 수출액 (2025년 6~8월, 전년 동기 대비 증감률)

출처: 중국 해관총서(China Customs)

　하지만 아프리카에서 따뜻하게 환영받고 있는 나라는 중국만이 아니다. 여전히 아프리카 최대 원조국 중 하나인 일본은 경제적 참여를 확대하겠다는 의사를 분명히 밝혔다. 걸프만 연안의 국가들도 대외 원조와 해외직접투자 규모를 늘리고 있다. 싱가포르 기업들은 아프리카 여러 지역에서 농업과 식품 가공 산업을 혁신하고 있다. 아프리카의 권위주의적인 지도자들이 서구의 민주주의자들보다 아시아의 통치자들에게 더 많은 친근감을 느끼는 듯한 모습이 그리 놀랄 만한 일은 아니다. 서구권 국가들이 장벽을 높이면서 이주를 원하는 아프리카의 청년들이 학업이나 취업을 위해 중국이나 말레이시아와 같은 나라를 선택하는 경우가 점점 늘어나고 있다. 한국 드라마와 문화 콘텐츠의 영향력과 일부 국가의 교육과정에 중국어가 도입되는 일이 아프리카 사람들의 인식에 변화를 가져온 것이다.

　일대일로(一帶一路) 인프라 프로젝트에서 나타나듯이 중국의 아프리카 진출 확대에는 신식민주의의 기운이 감돈다. 이런 태도와 투자 패턴은 다시 바뀔 수 있다. 하지만 현재로서 아프리카는 동쪽으로 시선을 돌려 가치를 찾아내고 있다.

ASIA
아시아

중국이 이야기한다
"우리는 믿어도 됩니다!"

도널드 트럼프에 비하면
시진핑은 더 신뢰할 만한 통상 파트너로 보인다

애런 코넬리(Aaron Connelly) | 〈이코노미스트〉 아시아 외교 에디터 겸 싱가포르 지국장

2026년 말 시진핑 중국 국가주석은 세계 경제 규모의 60% 이상을 차지하는 각국 정상들을 위해 성대한 만찬을 개최할 예정이다. 2014년 이후 12년 만에 중국에서 열리는 아시아태평양경제협력체(APEC) 정상회의는 중국이 국제적 위상을 회복하는 데 결정적인 역할을 할 것이다. 시 주석은 전 세계, 특히 아시아의 국가들이 중국을 가장 신뢰할 수 있는 경제협력 파트너로 인식하기를 기대하고 있으며, 이는 도널드 트럼프 정권이 이끄는 미국과의 통상을 둘러싼 불확실성과는 암묵적으로 대조된다.

중국은 이미 2025년에 이 전략의 일면을 드러냈다. 지난 10월 말 중국은 동남아시아국가연합(ASEAN)과 자유무역협정(FTA) 개정안에

서명했다. 중국이 동남아시아 지역 국가들의 동의를 얻어냈다는 것은 놀라운 일이다. 이들 국가는 중국이 이 지역에서 값싼 상품을 덤핑 판매함으로써 자국 제조업의 기반을 잠식한다고 비난해왔다. 게다가 이번에 새롭게 체결한 협정은 동남아시아 국가들이 중국이 과잉 생산한 상품을 수출하는 것을 막기 어렵게 하는 조항까지 담고 있다.

하지만 미국이 주요한 지정학적 위험을 촉발하는 세상에서 경제 규모가 작은 국가들이 선택할 수 있는 대안은 거의 없다. 현재 트럼프 대통령과 비교할 때 시 주석이 훨씬 더 신뢰할 만한 경제협력 파트너처럼 보이는 것은 사실이다. 2026년 중국은 페르시아만 연안의 국가들, 스위스, 그리고 한국과 새로운 무역협정을 체결하기를 희망하고 있다. 2025년 6월 시 주석은 아프리카에서 수입하는 상품에 대한 관세를 일방적으로 인하하겠다고 발표했다. 불과 몇 달 뒤에 트럼프 대통령은 아프리카의 국가들이 자유 시장 정책을 시행하는 대가로 미국의 소비자들에게 접근할 수 있도록 하는 프로그램을 폐기했다.

중국이 가진 더 야심 찬 목표는 환태평양경제동반자협정(CPTPP) 가입이다. 버락 오바마 전 미국 대통령은 한때 이 협정을 통해 아태 지역의 경제 중심축이 중국에서 미국으로 옮겨갈 수 있기를 기대했다. 그러나 트럼프 대통령은 첫 임기가 시작한 날 이 협정에서 탈퇴했다. 일본과 호주는 최근까지 중국의 경제적 압박을 경험했기에 중국을 CPTPP 회원국으로 받아들이는 데 소극적인 입장이다. 하지만 세계적으로 무역장벽이 높아짐에 따라 이들 두 국가의 의지는 흔들릴 가능성이 크다. 2026년 말쯤이면 중국이 CPTPP 협정 가입을 눈앞에 두고 있을지도 모른다.

중국 경제 외교의 성공은 APEC을 어떻게 운영하느냐에 달려 있다. 21개국으로 구성된 이 기구는 보통 크게 주목받지 못한다. APEC은 1990년대 초반 아시아태평양 지역 경제가 호황일 때 역내 교역을 자유화하기 위해 설립되었지만, 1997년 아시아 금융위기를 겪으며 그 사명이 좌초된 이후로 본래의 목적을 달성하지 못하고 있다. 매년 개최되는 정상회의는 대부분 각국 정상들이 경제 현안을 논의하기 위해 한데 모이는 연례행사 정도로 기능하며, 그나마 미국과 중국 정상이 정기적으로 참석하는 몇 안 되는 회의체 중 하나라는 데 의미가 있다.

그러나 APEC이 중국처럼 경제 규모가 큰 국가에서 개최될 때는 상황이 크게 달라진다. APEC을 개최한다는 것은 해당 연도의 경제 정책 관련 회의를 수십 차례나 주재한다는 것을 의미하며, 의장국은 각 회의의 의제를 설정한다. 강대국들은 종종 이러한 기회를 활용하여 자국이 선호하는 경제 모델을 추진한다. 중국의 경제 관료들이 2026년 APEC 회의 의제를 어떻게 활용할 계획인지 아직 밝히지는 않았지만, 미국이 APEC 회원국들과의 경제 관계를 끊어가는 상황에

중국이 가진 야심 찬 목표는 환태평양경제동반자협정 가입이다.

서 중국은 오히려 그 관계를 강화하려 할 것이라는 점에는 의심의 여지가 거의 없다.

중국은 APEC 회원국들뿐만 아니라 지리적으로 더 멀리 떨어진 국가들까지 끌어들이기 위해 특히 두 가지 분야에서 트럼프 행정부와 차이를 두려 할 것이다. 바로 인공지능(AI)과 기후변화다. 미국이 'AI 경쟁에서 앞서고 있다'라고 자화자찬하는 사이에 중국의 AI 외교는 이 기술을 글로벌 사우스 국가들이 도약할 발판으로 제안했다. 기후변화 문제에서도 중국은 책임 있는 역할을 하며, 트럼프 대통령이 지구온난화는 사기라고 선언한 것에 비하면 매력적이면서도 비교적 낮은 수준의 온실가스 배출량 감축 목표를 제시했다.

물론 미국이 방해꾼 역할을 할 가능성은 남아 있다. 트럼프 대통령이 환적 상품에 관세 40%를 부과하겠다고 위협한 발언은 여전히 모호한 측면이 많다. '환적'의 정의가 명확하지 않기 때문이다. 그러나 일부 분석가들은 2026년에 미·중 간 통상 관계가 악화하면 트럼프 대통령이 중국과 새롭게 무역협정을 체결한 국가들을 공격하는 데 이 메커니즘을 이용할 수 있다고 보고 있다. 그리고 이는 신뢰할 만한 경제 파트너로서 미국의 명성이 더 손상되는 결과로 이어질 뿐이다.

 WHAT IF?

2025년 9월 인도네시아의 프라보워 수비안토 대통령은 시위대의 요구를 굴복해 국회의원 보수를 대폭 삭감했다. 시위는 진정되었으나, 이제 국회의원들은 또 다른 방식으로 후하게 보상받고 있다. **만약에 더욱 격렬한 시위로 인해 프라보워 대통령이 계엄령을 선포했다면 어땠을까?** 일부 참모진은 강경한 대응을 주문하겠지만, 그런 조치는 정국을 혼란에 빠뜨릴 수 있다.

새로운 방향?

2026년 방글라데시가 마침내 자유롭고 공정한 선거를 치를 희망을 품고 있다

비슈누 파드마나반(Vishnu Padmanabhan) | 〈이코노미스트〉 아시아 특파원 겸 뉴스 에디터

20
24년 말 방글라데시 과도정부를 이끌게 된 무함마드 유누스(Muhammad Yunus)는 국가 재건을 약속했다. 마이크로크레디트의 선구자로 노벨평화상을 받은 유누스는 학생들이 주도한 시위로 셰이크 하시나(Sheikh Hasina) 총리와 여당인 아와미 연맹(AL)이 실각한 뒤 과도정부 수반으로 취임했다. 하시나 총리는 축출되기 전까지 15년간 1억 7,000만 명의 인구를 가진 이 나라를 점점 더 독재적인 방식으로 통치하며 국가 기관을 무력화하고 외환보유고를 고갈시켰다. 그러다 보니 하시나 정권의 몰락은 방글라데시뿐 아니라 전 세계에서 민주주의의 승리로 환영받았다. 다가오는 새해는 방글라데시의 미래를 형성하는 데 중요한 전환점이 될 것이다.

그러나 새롭게 찾아온 새벽빛은 곧 불확실성의 구름에 가려졌다. 방글라데시는 2025년 대부분을 정치적 교착 상태에서 허비했다. 수개월 간 지연된 끝에 과도정부는 지난 10월 마침내 민주적 개혁안을 발표했지만, 그 이행 가능성과 합법성을 둘러싼 의문은 여전히 남아 있다.

더욱 우려스러운 점은 정치적 보복의 악순환이 또다시 반복될 위험이 존재한다는 것이다. 방글라데시 국민과 정치인들은 AL의 과도한 행태에 일정한 책임을 물어야 한다는 점을 분명히 했다. 그러나

몇몇 NGO에서는 과도정부가 AL 지지자들을 부당하게 표적으로 삼고 있다고 비판했다. 실제로 AL 지지자 상당수가 구금되었으며 과도정부는 국가 안보를 이유로 AL의 정치 활동을 금지했는데, 이는 오랫동안 방글라데시를 괴롭혀 온 정치 보복의 역사를 떠올리게 하는 조치다.

좋은 소식은 2026년 초 방글라데시가 마침내 선거를 치를 가능성이 있다는 점이다. 이는 그 자체로도 큰 성과가 될 것이다. 2024년에 치른 직전 선거는 야당 후보가 거의 출마하지 않았고 투표율도 약 40%에 그쳤다는 점에서 대부분 국제 선거 감시단에 의해 위장 선거로 평가받았다.

방글라데시 국민은 정치적 안정의 시대를 여는 신호탄이 되기를 바라고 있다. 그러나 새 정부가 과거의 문제를 다시 불러올 수 있다는 우려도 존재한다. 현재 여론조사에서 선두를 달리는 방글라데시민족당(BNP)은 부패 혐의를 받고 있다. BNP와 함께 주목받는 이슬람 단체 자마트이슬라미(Jamaat-e-Islami)는 극단주의 세력을 묵인한다는 비판을 받고 있다.

사실 어느 쪽이 승리하든 차기 정부는 만만찮은 경제적 난관을 이어받게 될 것이다. 한때 호황을 누렸던 의류 산업은 미국발 관세 폭탄으로 큰 타격을 입었다. 게다가 특히 청년층을 중심으로 실업 문제 역시 심각한 수준이다.

외교정책 측면에서도 까다로운 의사결정들이 기다리고 있다. 유누스 총리 대행 체제에서 방글라데시는 무역, 인프라 및 국방 분야에서 협정을 체결하며 중국과 급격히 가까워졌다. 그리고 이는 전통적으로 방글라데시의 가장 강력한 동맹국인 인도의 분노를 샀다. 국내로 눈

거리의 정치

을 돌리면, 새 정부의 지도층은 미얀마 내전으로 인해 방글라데시 남부로 계속 유입되는 로힝야 난민 문제라는 인도적 위기를 해결해야 한다. 특히 미국이 원조 규모를 축소한 이후 방글라데시가 이들 난민을 수용할 능력과 인내심이 점점 한계에 다다르고 있기 때문이다.

1971년 독립을 쟁취하고 느낀 국가 탄생의 환희는 불과 4년 만에 일어난 군사 쿠데타로 사라져버렸다. 방글라데시 국민은 이 두 번째 탄생과 관련된 낙관과 희망이 그보다 훨씬 더 오래 지속되기를 바라고 있다.

인구 조사

다가오는 인도의 인구 조사는 중대한 의미와 함께 논란의 여지를 남길 전망이다

레오 미라니 | 〈이코노미스트〉 아시아 특파원, 뭄바이

어떻게 하면 14억 5,000만 명을 셀 수 있을까? 우선 350만 명부터 시작해야 한다. 이는 전 세계에서 인구가 가장 많은 나라 인도에서 인구 조사를 위해 집집마다 방문해 스프레드시트를 작성하고 데이터를 분석하는 데 필요한 사람의 숫자다. 실로 엄청난 규모의 작업이다. 인구 조사원들은 사막을 건너고 정글을 헤치며 우뚝 솟은 산을 올라 외딴 마을까지 찾아갈 것이다. 이 가공할 만한 프로젝트는 단계별로 진행될 예정이다. 우선 2026년 4월 인도 내 모든 주거지 정보를 취합한다. 실제 인구 조사는 10월 몇몇 주와 연방 직할지에서 시작된다. 나머지 지역은 2027년 3월에 진행될 것이다.

다른 대다수 국가와 마찬가지로 인도 역시 통상 10년에 한 번씩 인구 조사를 실시한다. 하지만 2021년 인구 조사 계획은 코로나19로 인해 무산되었으며, 이후 팬데믹이 진정된 뒤에도 여러 사정으로 인해 일정이 추가로 지연되었다. 이번에 새롭게 실시할 인구 조사가 완료될 무렵이면 무려 16년이 지나게 된다. 그사이 인도인 수억 명이 빈곤에서 벗어났고, 광대역 모바일 통신망이 인도 전역에 보급되었으며, 평균 소득은 2배로 늘었다. 이 모든 변화만으로도 이번 인구 조사는 특별한 의미가 있다. 하지만 여기에 인구통계학 및 정치적 요인이 더해지면서 이번 조사는 1947년 독립 이후 가장 중대한 작업으로

평가받고 있다. 그리고 그 결과는 향후 수십 년간 인도라는 국가의 모습을 새롭게 바꿀 것이다.

가장 기대할 만한 효과는 거버넌스의 질적 향상이다. 인구 조사 자료는 모든 정책 수립의 근간이다. 최신 통계가 없는 정부는 인도처럼 소득 수준은 낮지만 빠르게 성장하는 국가가 필요로 하는 복지 제도, 필수 사회 서비스, 인프라 구축 등을 정확히 계획하기 어렵다. 반면 새 통계 자료를 기반으로 중앙 정부와 주 정부는 더 높은 차원에서 정책을 설계할 수 있다. 또한 새로운 데이터는 인도의 나렌드라 모디(Narendra Modi) 총리가 2014년 집권 이후 국민의 삶이 상당히 개선되었다고 주장하는 근거를 확인할 기회도 제공할 수 있다.

이보다 예측하기는 어려우나 훨씬 더 중요한 일은 카스트(caste) 관련 통계가 공개되는 것이다. 인도는 카스트 제도 기반의 소수집단 우대 제도를 정교하게 운용하고 있으며, 정치 역시 카스트 연합의 지배 아래에 놓여 있다. 그런데도 지역별로 어느 카스트에 얼마나 많은 사람이 속하는지는 아무도 정확히 알지 못한다. 이번 인구 조사에서는 독립 이후 처음으로 이 민감한 주제에 관해 인도 국민에게 질문할 예정이다. 그리고 그 결과 인구가 늘어남에 따라 더 큰 몫을 요구할 수 있는 '승자'와 그렇지 못한 '패자'가 구분될 것이다. 이는 또한 인도 정치의 규칙을 다시 쓰게 할 수 있다.

이번 인구 조사는 또 다른 형태의 소수집단 우대 제도를 촉발할 것으로 예상된다. 인도는 지난 30년간 연방 및 주 의회에서 여성 할당제 정착을 고심해왔다. 이미 1970년대에 여성 총리를 배출했지만, 정치권 전반에서 여성의 대표성은 여전히 상당히 취약하다. 현재 연방 의회의 여성 의원 비율은 14%에 불과하며, 그나마 주 의회로 가면 그 비율은 10%로 더욱 낮아진다. 그러나 이런 상황은 곧 바뀔 것으로 보인다. 2023년 인도 의회는 헌법을 개정해 다음 인구 조사 이후 첫 선거부터 연방 및 주 의회 의석의 3분의 1을 여성에게 할당하도록 했다. 일각에서는 유력 남성 정치인들이 아내나 딸을 내세워 바뀐 제도를 악용할 것이라고 우려하지만, 여성 할당제는 인도 정치권의 최고위층에서 여성의 대표성을 높이는 계기가 될 것이다.

이번 인구 조사의 마지막이자 잠재적으로 가장 중요한 효과는 아직 확정되지는 않았지만, 많은 이들이 예측한 바와 같다. 인도에서는 통상 매번 인구 조사를 마친 후 의회 선거구를 재조정해야 한다.

그러나 이 프로세스는 인구 증가세를 잘 억제한 주에 불이익을 주지 않기 위해 1971년 이후 보류된 상태였다. 그 결과, 일부 의원은 300만 명을 대표하는 반면 다른 의원은 그 절반만을 대표하는 불균형한 제도가 형성되었다. 이 선거구 재조정 유예 기간은 2026년에 만료되며, 인도 정부가 의회 의석을 재분해하고 아마도 전체 의석수를 늘릴 수도 있다는 신호가 곳곳에서 감지되고 있다.

독립 이후 가장 중요한 인구 조사가 이루어질 전망이다.

이를 통해 인도 경제 성장의 엔진 역할을 하지만 정치적 영향력은 거의 없는 도시들은 더 많은 관심과 자금 지원을 요구할 수 있을 것이다. 그리고 더 부유하고 진보적이지만 인구가 적은 인도 남부의 주들은 상대적으로 가난하고 인구가 많은 북부의 주들에게 정치적 권력을 넘기게 될 것이다. 전문가들은 이런 변화가 북부에서는 인기가 있으나 남부에서는 존재감이 거의 없는 모디 총리와 현재 여당인 인도국민당(BJP)의 지배력을 더욱 공고히 할 것이라고 말한다. 그렇지만 선거구 재조정을 반대하기란 쉽지 않다. 한 표의 가치가 다른 표보다 2배나 큰 민주주의는 그 이름에 걸맞지 않기 때문이다.

요컨대, 2026년 실시되는 인구 조사는 카스트, 성별, 문화 및 지리적 분포에 따라 인도의 권력이 분배되는 방식에 근본적인 변화를 가져올 것이다. 그래서 정말 중요한 의미가 있는 거대한 작업일 수밖에 없다.

혈통은 있어도 영토는 없다

2026년 세계 최초의 기후 난민이 호주에 도착한다

수린 웡(Sue-Lin Wong) | 〈이코노미스트〉 동남아시아 특파원

2026년 호주는 세계 최초로 공식적으로 인정된 기후 난민을 맞이하게 된다. 투발루에서 이주하는 이들 난민은 기후변화가 유발한 치명적 수준의 온난화가 섬나라들의 존재를 위협하는 가운데 주권(sovereignty)의 개념을 재정의할 수도 있는 양자 조약의 산물이다.

2023년 체결된 팔레필리 연합 조약에 따라 매년 최대 280명의 투발루 국민이 거주, 학업 및 취업을 위해 호주로 영구 이주할 수 있다. 호주와 하와이 중간쯤에 있고 인구 1만 1,000명에 불과한 이 작은 나라는 기후변화로 인한 강제 이주에 정부가 어떻게 대응할지를 보여주는 본보기 사례다. 첫 번째 선발에서 선정된 280명 가운데 3분의 1은 투발루 본토 출신이고 나머지는 타국 거주 투발루공동체 출신으로, 이들은 단순히 개별적인 이주 사례를 넘어서는 의미가 있다. 이들 이주민은 국가의 지위(statehood)를 영토로부터 분리하려는 시도를 상징한다.

전통적인 국제법에 따르면 주권 국가는 명확하게 정의된 영토 위에 항구적으로 거주하는 인구를 보유해야 한다. 하지만 투발루는 해수면 상승으로 물리적 영토를 상실하더라도 유엔 투표권과 함께 풍부한 참치 어장으로 국가 예산을 뒷받침하는 현 배타적 경제수역

(EEZ)을 유지한다는 내용이 담긴 조약을 체결해냈다. 현재까지 호주와 뉴질랜드를 포함해 약 25개국이 이 새로운 주권 개념을 인정했다. 그러나 주요 어업국들 사이에서는 반대하는 기류가 여전히 강하다. 외국 어선단이 투발루 정부의 가장 큰 수입원으로서 매년 약 3,000만 달러의 면허료를 내고 있다는 점을 고려하면, 여기에 걸린 이해관계는 절대 작지 않다.

법적 견해는 투발루에 유리하게 바뀌고 있다. 2025년 6월 유엔 국제법위원회는 특정 국가의 영토가 해수면 아래로 잠기더라도 국가의 지위는 유지되어야 한다고 선언했다. 한 달 뒤에 국제사법재판소는 또 다른 섬나라 바누아투가 제기한 소송에서 지구온난화를 1.5°C 내로 제한하지 못하는 국가는 국제법을 위반할 수 있다고 판결했다.

이주 조항은 팔레필리 연합 조약의 한 부분에 불과하다. 조약의 내용에는 투발루가 다른 국가와 안보 협정을 체결하기 전에 호주로부터 승인받아야 한다는 안보 조항이 포함되어 있다. 이 조항은 태평양에서 호주와 중국 간의 경쟁 관계를 반영한다. 물론 투발루는 이에 불편한 기색을 내비쳤으며, 그 결과 호주가 조약에 반영된 권한을 남용하면 투발루가 특정 조항의 효력을 일시적으로 정지하거나 조약 자체를 파기할 수 있음을 명시하는 해설 각서가 추가로 작성되었다.

2026년 첫 기후 이주민이 호주의 새로운 보금자리에 정착하면서 투발루는 인재 유출 가속화라는 의도치 않은 결과에 직면하게 될 것이다. 투발루 내 최대 고용주인 정부는 전체 공무원 1,000명 중 공석인 300명을 채우는 데 큰 어려움을 겪고 있다. 많은 투발루 국민이 매년 할당된 이주민 수를 늘리기를 희망하지만, 투발루 정부는 인재의 추가 유출을 막기 위해 최대 280명으로 제한하기를 원한다. 다른 많은 섬나라도 투발루의 대응 방식을 주목하고 있다. 해수면이 계속 상승함에 따라 각 섬나라 정부는 해외에서 자국민의 안전을 보장하는 이점과 국가의 제도적 기반이 약해지고 풍부한 문화유산을 상실하는 위험 사이에서 저울질해야 하기 때문이다.

가족계획

일본이 마침내 가족 개념이 어디까지 변할지를 논의하고 있다

모에카 이이다(Moeka Iida) | 〈이코노미스트〉 도쿄 특파원, 도쿄

수십 년 동안 선진국 대부분에서 가족의 개념, 즉 무엇이 가족을 구성하는지에 관한 인식이 급격하게 달라졌지만, 일본은 그 흐름에서 뒤처져 있었다. 그러나 지난 수년 사이 일본에서도 가족의 형태가 변화하기 시작했다. 남성이 생계를 책임지고 여성은 가정을 돌본다는 전통적인 가족상은 점점 시대에 뒤떨어지고 있다. 여성의 경제활동 비중이 급격히 커지면서 남성의 가사 참여도 역시 높아지고 있다. 육아휴직을 사용하는 아버지의 비율은 2017년 5%에서 시작해 2025년 처음으로 40%를 넘어섰다. 2026년에는 더 많은 변화가 일어날 것으로 예상된다.

이혼 후 양육권 문제를 예로 들어 보자. 일본에서는 여전히 단독 양육권만 허용한다. 즉, 이혼 후 부모 중 한 명으로, 대개 아버지가 자녀를 만날 법적 권리를 상실한다. 이는 국내외에서 거센 비판을 불러왔다. 애가 타고 분노한 아버지들이 자녀를 만날 수 있게 해달라고 요구하며 공개적으로 시위하는 모습이 언론에 꾸준히 보도되기도 했다.

이제 변화가 찾아올 것이다. 77년 만에 처음으로 관련 민법 조항이 2024년에 개정되어 2026년부터 시행될 예정으로, 이혼한 부모가 공동 양육권을 가질 수 있게 된다. 이 개정의 목표는 단순히 이혼으

로 인해 부모와 자식 사이가 소원해지는 문제를 종식하는 것이 아니다. 일본 내 한부모 가정의 빈곤 문제라는 암울한 현실을 타개하겠다는 의도 역시 담겨 있다. 실제로 일본에서는 이혼 여성 10명 가운데 전남편으로부터 양육비를 받는 사람은 채 3명이 되지 않는다. 또한 한부모 가구의 거의 절반이 상대적 빈곤 상태에 놓여 있다. 일본의 국회의원들은 아버지가 자녀와 꾸준히 관계를 유지하는 것이 경제적 책임감을 강화하는 데 도움이 되기를 기대하고 있다.

그렇기는 해도 이번 민법 개정에 대한 반대 의견 가운데 상당수가 여성 인권 단체에서 나왔다는 점은 주목할 만하다. 이들 단체는 개정된 법이 폭력적인 결혼 생활에서 겨우 벗어난 싱글맘이 억압하거나 학대하는 전남편과 계속 접촉하도록 강요함으로써 해당 여성을 위험에 빠뜨릴 수 있다고 주장한다. 하지만 이 모든 혼란 속에서도 많은 이들은 이번 민법 개정이 올바른 방향으로 나아가는 한 걸음으로, 그간 절실히 필요했던 유연성을 제공할 것이라고 믿는다. 이는 전통적인 가족 개념과 그에 기반한 법률이 오늘날 많은 사람이 살아가는 방식을 더는 제대로 반영하지 못한다는 사실을 인정하는 것이다.

2025년 10월 다카이치 사나에(Takaichi Sanae)가 일본 최초의 여성 총리로 선출된 일은 오랜 기간 정치와 경제 분야에서 여성의 목소리가 제대로 대표되지 못한 일본에서 양성평등으로 나아가는 승전보로 평가된다. 하지만 여성 총리의 등장을 일본 사회 전반에 진보적 변화를 예고하는 신호탄으로 해석하기는 어렵다. 사회적 보수주의자인 다카이치 총리는 부부가 각자의 성(姓)을 유지할 수 있도록 허용하는 법 개정안에 반대한다. 부부가 반드시 같은 성을 사용하도록 규정하는 현행법에 따라 여성의 95%가 남성의 성을 따른다.

보수 진영에서는 관련 법령을 개정하면 부부 간 갈등이 커지고, 자녀들이 혼란스러워하며, 가족이라는 신성한 공동체가 흔들리게 될 것이라고 주장한다. 그러나 정치권과 여론 사이의 간극은 점점 더 커지고 있다. 여론조사에 따르면 유권자 대다수는 현행법이 시대에 뒤떨어졌다고 생각한다. 야당 대부분은 물론이고 심지어 집권 자민당(LDP) 내 일부 의원도 법 개정을 지지하고 있다.

동성 결혼 문제도 변화의 압력이 커지고 있는 또 하나의 전선이다. 일본에서는 동성혼이 여전히 제도적으로 금지된 상태이지만, 법적 권리가 부여되지 않는다는 한계에도 불구하고 현재 대다수 지방자치단체는 '파트너십 제도'를 도입해 동성 커플을 상징적으로 인정하고 있다. 지금까지 9,000쌍이 넘는 동성 커플이 여기에 따라 등록했으며, 이는 사회적 인식과 지방 정부가 중앙 무대의 정치인들보다 훨씬 앞서 있다는 증거다. 법원도 국회보다 빠르게 움직이고 있다. 2025년 3월 한 고등법원은 역사상 다섯 번째로 현행 동성혼 금지 조항이 위헌이라고 결정했다. 대법원의 최종 판단은 2026년에 예정되어 있다. 만약 대법원이 해당 조항을 위험으로 판단한다면, 국회는 행동에 나서야 한다는 압력을 점점 더 강하게 받게 될 것이다. 정치 개혁이 더던 경우가 많은 일본에서 소송은 변화를 촉발하는 몇 가지 안 되는 신뢰할 만한 경로 중 하나가 되었다.

일각에서는 이러한 일련의 변화가 심지어 일본의 가장 큰 과제 중 하나인 저출산 문제를 해결하는 데도 도움이 될지 모른다고 기대한다. 인구학자들은 더 유연한 방식으로 가족을 구성할 수 있도록 허용하면 동반자 관계와 부모 역할에 대한 진입 장벽을 낮추는 데 도움이 될 수 있다고 주장한다. 물론 2026년이 된다고 해서 일본이 전통과 현대성 사이의 긴장을 해소하지는 못하겠지만, 가족의 본질이 달라지지 않은 척하기는 더욱 어려워질 것이다.

돌격, 앞으로!

베트남은 국내 개혁의 속도를 유지할 수 있을까?

이선 우(Ethan Wu) | 〈이코노미스트〉 아시아 비즈니스 및 금융 에디터

베트남이 2025년 8.3%라는 야심 찬 경제성장 목표를 전부 달성하기는 힘들 전망이지만, 그에 근접할 가능성은 있다. 2025년 3분기 GDP는 지난해 같은 기간보다 8.2% 증가했고, 성장 목표를 달성하려면 4분기에 거의 10%나 증가해야 한다. 베트남 경제가 가히 거침없이 질주하고 있다. 하지만 2024년 공산당(CP) 서기장에 취임한 또럼(To Lam)은 이에 만족할 생각이 없다. 그는 베트남의 수출 주도형 경제 성장 모델이 한계에 다다랐다고 보고 과감한 개혁을 밀어

시험대에 오르는 지도자의 비전

붙이고 있다.

　베트남은 2025년 5월 결의안 제68호를 발표하면서 민간 부문을 경제의 '가장 중요한 성장 동력'으로 새롭게 규정하고 그 규모를 확대하겠다는 목표를 제시했다. 이 새로운 결의안은 민간 기업이 토지와 자본에 더 쉽게 접근하고 규제기관의 인허가를 더 빨리 득할 수 있도록 유도하겠다고 약속한다. 또한 중소기업의 성장과 대기업의 해외 시장 진출을 촉진하겠다는 목표도 담겨 있다. 이 밖에도 국가 연구·개발(R&D) 역량을 강화하는 것부터 항구 도시 다낭을 글로벌 금융 허브로 탈바꿈하는 것까지 다양한 정책이 동시에 추진되고 있다.

　그리고 어쩌면 무엇보다 중요한 사실은 또럼 서기장이 베트남 관료들에게 신속하게 움직일 것을 지시했다는 점이다. 과거에는 공공 부문의 위험 회피 성향이 베트남 경제의 역동성을 저해하는 경우가 너무 많았다. 또럼 서기장은 정부 부처 중 다섯 곳을 폐지하고 관료 체계의 한 층위를 통째로 없앴다. 지방자치 단체도 63개에서 34개로 통폐합하고, 공무원 수 역시 10만 명이나 감축할 예정이다.

새 지도자의 긴박한 움직임은 이미 성과를 내기 시작했다. 호치민시 소재 투자 기업 비나캐피탈(VinaCapital)의 마이클 코칼라리(Michael Kokalari)에 따르면, 2024년 감소했던 인프라 투자가 2025년 상반기에만 전년 대비 40% 급증했다. 이는 당국의 인허가 처리 속도가 빨라지고 있음을 시사한다. 투자자들은 8월 490억 달러 규모의 인프라 및 주택 건설 투자 계획이 발표된 이후 이러한 추세가 지속될지 예의 주시하고 있다.

물론 두 가지 측면에서 중요한 의문이 남아 있다. 하나는 도널드 트럼프가 베트남 경제의 발전에 훼방을 놓을 가능성이다. 베트남 수출의 30%를 차지하는 미국은 관세율을 높이는 것은 물론이고 상품을 제3국을 거쳐 우회 수출하는 경로를 차단하기 시작했다. 2026년에는 이러한 환적 수출의 단속 범위가 더 명확해질 것으로 예상된다. 만약 이 조치가 관세법을 극단적으로 악용하는 국가를 겨냥하는 것으로 밝혀진다면, 베트남이 버텨낼 가능성은 있다. 하지만 만약 미국이 글로벌 공급망에서 중국산을 배제하고자 한다는 의미라면, 베트남은 두 초강대국 사이에서 곤란한 처지에 놓일 수 있다.

다음으로 또럼 서기장은 개혁을 명분으로 국가의 통제권을 얼마나 내려놓을 의향이 있는지 아직 명확히 밝히지는 않았다. 강력한 보수 진영에서는 너무 빠른 자유화에 반대하고 있다. 한편, 정부의 통제와 경제의 역동성 사이에서 균형을 찾는 일은 민간 부문에서도 중요하다. 재벌이나 대기업 집단은 정부가 민간 부문을 손쉽게 통제하는 수단이기 때문이다.

또럼 서기장이 중앙집권적인 권력을 가지고 있지만, 그의 입지는

2026년 1월 공산당 전당대회를 통해 시험대에 오를 것이다. 당 간부 일부는 그가 관료 조직을 축소한 방식에 불안해할지도 모른다. 그러나 또럼 서기장은 자신이 꼭 필요하다고 강조한 혁신이 뿌리내리도록 하려면, 베트남이 더 나은 방향으로 나아가고 있음을 그들에게 설득해야 할 것이다.

AI가 보편적으로 작동하려면 신뢰할 수 있고 인간 중심적이어야 한다고 인포시스 공동 창립자 겸 회장 **난단 닐레카니**(Nandan Nilekani)는 말한다.

초대석
AI가 인도에, 인도가 AI에 가지는 의미

인도가 가장 크게 공헌할 수 있는 지점은 AI로 우리의 일상이 더 나아질 수 있음을 보여주는 데 있다.

마라티어를 사용하는 농부는 이제 피처폰으로 챗봇에 토양이나 종자, 관개에 관한 조언을 구한 다음 경작 지역에 적합한 지침을 마라티어로 받을 수 있다. 그 잠재력은 분명하지만, 위험 또한 존재한다. 잘못된 번역이나 부정확한 조언이 막대한 손실을 초래할 수 있기 때문이다. 인공지능(AI)이 이처럼 보편적으로 활용되어 효과적으로 작동하려면, 추적과 검증이 가능해서 신뢰할 수 있는 출처에 기반해 답변을 제공해야 한다. 인도에서는 농업대학, 협동조합, 정부 부처 등이 그러한 출처에 포함된다. 결국, 이 맥락에서 안전성이란 기술적 신뢰도와 제도적 책임의 결합을 의미한다.

인도에서 AI는 매우 빠르게 도입되어 수많은 사람이 수시로 AI 앱을 사용하고 있다. 하지만 진정한 시험대는 사용자 수나 다운로드 횟수가 아니라, 인도가 AI라는 기회를 모든 이들에게 이로운 안전하고 포용적인 성장으로 전환할 수 있는지 여부에 있다.

인도의 디지털 공공 인프라가 바로 그 모델을 제시한다. 이 공유 디지털 고속도로는 국가가 구축했으나 민간 부문의 혁신을 위해 개방되었다. 생체 인식 기반의 국가 ID 플랫폼인 아드하르에는 현재 10억 명 이상의 정보가 담겨 있다. 국립결제공사(NPCI)에서 개발한 통합결제인터페이스(UPI)는 매달 약 200억 건의 거래를 처리한다. 이 두 사례는 기술이 어떻게 대규모로 확장되어 현실 세계의 요구를 충족할 수 있는지를 보여준다. 2026년에는 이러한 디지털 인프라를 형성한 개방성, 상호운용성, 포용성, 공동 창조 등의 원칙이 AI의 개발과 활용을 이끄는 지침에 되어 AI가 인간 중심적이고 신뢰할 수 있는 방향으로 발전할 수 있도록 해야 한다.

인도에서 안전성은 추상적인 개념이 아니다. 장마가 늦어지면 사람들은 권고안에 책임 있는 사람이 누구인지 알고 싶어 한다. 시민들은 알고리즘보다 기관이나 제도를 신뢰하는 경향이 있다. AI가 전 국민 사이에서 도입되려면, 신뢰할 만한 기관의 신빙성과 더불어 추적 가능한 출처와 검증 및 수정 가능한 조언이 뒷받침되어야 한다. 이는 AI 모델이 어떻게 학습하는지 이해하고, 산출물을 해석할 수 있는지 확인하며, 본격적으로 배포하기 전에 테스트 환경에서 시스템을 점검하는 등 AI의 토대 단계부터 각종 안전장치를 내재해야 한다는 것을 의미한다. 인도는 데이터 교환 및 상호운용성 프레임워크와 함께 자국의 언어적·문화적 현실을 반영하는 기준을 설정해야 한다. 이러한 조치는 AI에 대한 제도적 신뢰를 구축하는 환경을 조성한다.

실제로 인도가 가장 크게 공헌할 수 있는 지점은 AI가 현실 세계의 요구와 연결될 때 우리의 일상이 더 나아질 수 있음을 보여주는 데 있다. 신뢰는 도입을 촉진하고, 도입은 시스템을 개선하는 피드백을 제공한다.

이러한 방식으로 AI가 효과적으로 작동할 수 있음을 보여주는 사례는 많다. 인도공과대학교 마드라스 캠퍼스 산하 연구소인 AI4Bharat의 연구원들은 400개 지역에서 1만 2,000시간 이상의 음성 녹음과 7억 8,300만 개의 번역된 문장, 현장 노동자 약 2,000명의 데이터를 22개 공식 언어로 수집했다. 그렇게 구축된 공개 데이터 세트는 세계 어느 나라에서도 찾아보기 어려운 언어 기반을 제공하여 인도 AI 생태계의 정확성과 포용성을 크게 개선했다.

인도 정부의 AI 기반 언어 플랫폼으로 음성 데이터의 텍스트 변환, 번역 등 다양한 서비스를 제공하는 바시니의 사용자 수는 3억 명을 돌파했다. 에크스텝 재단의 교육 플랫폼인 AXL은 공립학교에 재학하는 수많은 학생에게 맞춤형 문해력·수리력 학습을 지원한다. 또한 마하라슈트라주에서는 MahaVISTAAR를 활용해 1,500만 명이 넘는 농민에게 음성 및 텍스트 기반의 농경 관련 조언을 마라티어로 제공한다.

디지털 결제와 디지털 ID 분야에서 지금까지 인도가 성공할 수 있었던 것은 서비스와 정보가 개방된 경로를 통해 자유롭게 이동할 수 있었기 때문이다. AI 역시 같은 방식으로 작동하여 AI 모델을 교체하고 데이터를 검증하며 서비스를 원활하게 통합할 수 있어야 한다. 개별 성공 사례를 국가 단위의 생태계로 전환하는 핵심은 단순히 거대한 규모가 아니라 상호운용성이다. AI의 지속적인 도입과 확산은 일상적인 업무 흐름 속에 AI를 통합하는 데 달려 있다.

인도는 세계 유수의 AI 기업들이 가장 주목하는 시장 중 하나로 성장했다. 또한 AI 기술의 가능성과 한계가 가장 뚜렷하게 드러나는 곳이기도 하다. 이에 나는 세계적인 기업과 학계의 혁신가들이 2026년 안전성과 상호운용성, 책임성을 갖춘 인도에서 각자 개발한 AI 시스템을 전국적인 규모로 시험해 볼 것을 제안한다. 그 과정이 제대로 진행된다면, 인도에서의 도입은 사용자 수억 명이 제공하는 피드백을 통해 공공서비스를 개선할 뿐만 아니라 AI 과학 자체를 풍요롭게 하는 결과로 이어질 것이다.

인공지능이 효과적으로 작동하기 가장 어려운 곳이야말로 그 기술이 가장 의미 있는 곳이다. 만약 AI가 인도의 교실과 병원, 농장에서 활용될 수 있다면, 전 세계 어디에서든 도움이 될 수 있다.

CHINA 중국

글로벌 무대에서 중국에 찾아온 기회

미국의 고립주의는 중국의 영향력 확대를 돕고 있다

데이비드 레니(David Rennie) | 〈이코노미스트〉 지정학 에디터 겸 텔레그램 칼럼니스트

평화나 연대 같은 미사여구를 걷어내고 보면, 도널드 트럼프 대통령에게 압박받는 국가를 대상으로 2026년 중국이 제시할 수 있는 핵심 메시지는 바로 "우리와 함께한다면 무엇을 기대할 수 있을지 명확히 알 수 있습니다"이다. 그렇지만 예측 가능성에 대한 이 약속은 양날의 검과 같다.

중국을 가장 잘 아는 국가들, 즉 주변국들과 중국과의 무역에 의존하는 나라들은 중국은 감정이 메마른 거인으로, 글로벌 패권 경쟁에서 정상의 자리로 복귀하고자 하며 희토류와 영구자석의 생산 등 일부 산업에서 확보한 지배적 위치를 이용해 경쟁국들을 압박하고 위협하려는 의지를 점점 더 강하게 드러내는 국가로 여긴다. 중국의 관

료와 관방학자들은 중국이 향후 수십 년 동안 전 세계 제조업을 장악할 필요가 있다고 공공연하게 언급한다. 그들은 보편적 가치보다는 '보편적 안보'를 제공하는 '현실주의적 국제 질서'를 요구한다.

중국은 자국의 이익을 우선해 움직인다는 사실을 부인하지 않으며, 자신이 가진 힘을 기꺼이 보여주고 있다. 하지만, 그와 동시에 경제 발전에 확고하게 집중하겠다는 중국의 의지는 지금처럼 불안한 시기에 변덕스럽고 혼란스러운 트럼프 대통령과는 달리 중국을 신뢰할 수 있는 파트너로 만드는 요인이라고 주장하기도 한다. 그렇다고 해서 중국이 미국이 떠난 모든 자리를 메우거나 미국을 대체해 세계 경찰이 되려 한다는 의미는 아니다. 오히려 중국 외교관들은 서방 정부들이 '국제 규범에 기반한 질서'를 유지한다는 명분으로 각종 제재나 군사 개입, 방위 동맹을 이용한다고 비판하며, 이를 서방 세계의 자유주의 가치를 은폐하는 행위라고 꼬집는다. 중국이 개발도상국에 제안하는 가치는 경제 투자나 차관, 무역, 인프라 건설, 직업 훈련으로 구성된 익숙한 패키지를 중국이 원하는 조건에 따라 제공하는 것이다.

중국의 저명한 국제관계 전문가들은 트럼프 대통령의 두 번째 임기를 중국이 글로벌 '서사 전쟁(narrative war)'에서 승리를 거둘 기회라고 여긴다. 미국의 정책 변화로 인해 중국 앞에는 국제무대에서 영향력을 확대할 수 있는 수많은 기회가 열렸기 때문이다. 그 가운데 특히 세 가지가 두드러진다.

첫 번째 기회는 청정 기술이다. 트럼프 대통령은 첫 임기 내내 기후변화나 재생 에너지에 회의적인 시각을 드러냈다. 재선 이후에는 친환경 기술 개발 보조금을 삭감하고 화석 연료 사용을 꺼리는 외국 정부들을 힐난했다. 이때 중국이 등장한다. 이미 태양광 패널과 풍력 터빈, 첨단 배터리 분야의 지배적인 공급자이자 친환경 기술을 통합하는 데 필요한 스마트 전력망 구축 분야의 전문가로 자리매김한 국가 말이다.

다음으로는 아프리카가 있다. 2025년 트럼프 대통령은 남아프리카공화국에 관세 30%를 부과했으며, 당시 미 의회의 공화당 의원들은 아프리카성장기회법(AGOA)에 따라 아프리카의 최빈국들에 제공되던 무관세 혜택을 제한하겠다고 위협했다. 그리고 바로 그 시점에 중국은 아프리카 대륙의 53개국에서 수입하는 상품에 대한 무관세 혜택을 확대했다. 그렇지만 상당수 아프리카 정부에서는 중국이 원자재를 가져간 다음 완제품을 되팔아 막대한 이익을 챙기는 불균형한 통상 관계에 대해 불만을 토로하기도 한다.

세 번째는 인도다. 트럼프 대통령의 첫 임기와 바이든 행정부 시기 동안 인도는 중국을 향한 공통된 경계심을 바탕으로 미국과 점차 가까워졌다. 그러한 경계심은 인도와 중국 국경에서 양국 군대 간에 벌어진 충돌로 더욱 깊어졌다. 그런데 두 번째 임기에서 트럼프 대통령은 나렌드라 모디 인도 총리를 모욕하고 러시아산 원유를 수입했다는 이유로 징벌적 관세를 부과했다. 그러자 지난 9월 모디 총리는 시진핑 주석이 주최한 자리에 블라디미르 푸틴 러시아 대통령과 함께하기 위해 중국을 방문했다. 여기에는 인도가 의심의 눈초리로 바라보는 지역 협의체인 상하이협력기구(SCO)의 지도자들도 합류했다. 그러나 중국의 여러 석학은 모디 총리가 중국을 포용하는 데는 한계가 있다고 지적했다. 그가 베이징에서 열린 항일전쟁 승리 80주년 기념 열병식에 참석한 다른 외국 지도자들과 함께하지 않았을 뿐만 아니라 중국 방문길에 대놓고 일본을 들렀기 때문이다.

결과적으로 트럼프 대통령의 예측 불가능한 행보는 중국이 글로벌 무대에서 펼쳐지는 영향력 경쟁에서 미국을 상대로 우위를 점하는 데 도움이 되고 있다. 위험 회피 성향이 강한 중국 외교관들은 트럼프 대통령의 자유분방한 국정 운영 방식을 상대하는 데 어려움을 겪을 수 있다. 시 주석은 즉흥적으로 정책을 수립하지 않는다. 지난 10월 APEC 기간 한국에서 개최된 미·중 정상회담에서 트럼프 대통령은 중국이 미국산 대두와 첨단 반도체를 수입하고 미국에 희토류를 수출하는 데 동의하는 조건으로 관세율을 낮췄다. 그리고 이는 모두 중국의 입맛에 맞는 거래였다.

시 주석은 트럼프 대통령을 이용하는 방법을 터득했지만, 그가 기대하는 이상적인 결과는 트럼프 대통령을 상대할 필요성을 줄이는 것이다. 중국은 트럼프 대통령을 미국이 쇠퇴하는 징후로 보고 있다. 트럼프 대통령에 휩쓸려 함께 몰락하는 것도 원하지 않는다.

WHAT IF?

시진핑 주석이 집권한 2012년 이후 중국은 남중국해에 7개의 군사 기지를 건설했지만, 필리핀이 영유권을 주장하는 스카버러 암초는 내버려 두었다. 최근 들어 중국은 이 해역에서 군사 활동을 강화하고 있다. **만약에 중국이 스카버러 암초에 군사 기지를 건설하려 든다면 어떻게 될까?** 그런 움직임은 동맹국인 필리핀을 방어할 의무가 있는 미군과 대치하는 상황을 초래할 수 있다.

친환경, 출산율, 그리고 첨단기술?

중국의 차기 5개년 계획에서 무엇을 기대할 수 있을까?

가브리엘 크로슬리(Gabriel Crossley) | 〈이코노미스트〉 중국 특파원

1949년 집권 이후 중국 공산당이 수립한 제15차 5개년 계획이 2026년 3월 이른바 고무도장(자동 거수기-옮긴이) 의회로 불리는 전국인민대표대회에서 최종 확정되어 공표될 예정이다(물론 그 세부 사항은 이미 당 지도부에서 충분히 사전에 조율한 상태다). 이번 계획은 2026년부터 2030년까지 중국 정부의 정책 기조를 결정하는 기준이 될 것이다. 지난 세기 중국의 5개년 계획은 모두 제철소나 광산의 공격적인 생산 목표가 중심이었다. 21세기 들어 그 계획은 더 모호해졌지만, 여전히 중요한 역할을 한다. 중앙에서 지방에 이르기까지 모든 정부 관료가 5개년 계획에 따라 움직일 것이기 때문이다.

이번 5개년 계획의 구체적 내용은 아직 확정되지 않았다. 특히 디

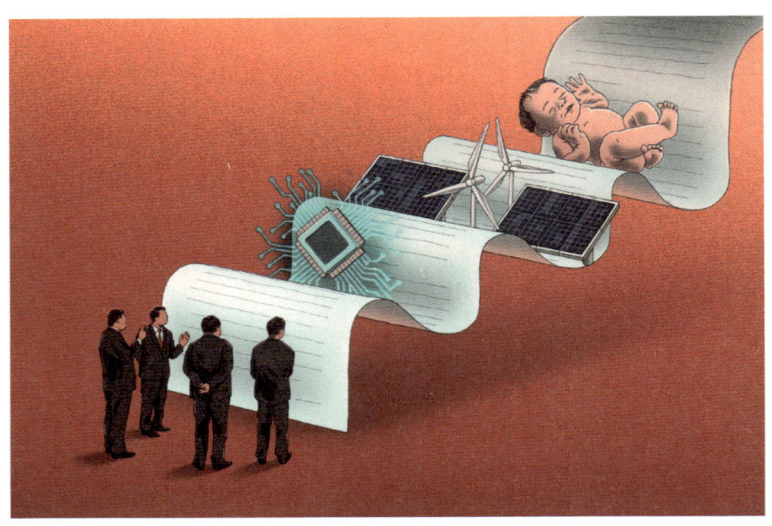

플레이션, 부동산 위기, 소비 부진 등 까다로운 경제 상황을 중국이 어떻게 헤쳐 나갈 것인지는 불투명하다. 하지만 몇 가지 중요한 방향은 거의 확실히 포함될 것으로 전망된다.

이번 계획의 한 가지 초점은 관료들이 기술적 '교착 상태'라고 부르는 상황을 돌파하는 데 맞춰질 것이다. 중국 기업은 첨단기술 장비 생산에 강점이 있다. 문제는 반도체, 항공기 엔진, 산업용 로봇 등에서 다른 나라의 기술력이나 공급사에 대한 의존도가 높다는 점이다. 정부 관계자들은 이를 중대한 취약점으로 보고 있다(미국은 여러 해 전부터 자국의 최첨단 반도체를 중국으로 수출하는 것을 금지해왔다). 이에 중국 정부는 기술 자립에 역점을 두고 있으며, 이번 계획에는 대학의 과학기술 연구 자금부터 산업계의 연구개발 지출과 인공지능의 교육 분야 통합에 이르기까지 광범위한 분야에서 야심 찬 목표를 제시할 가능성이 크다.

또 다른 걱정거리는 환경이다. 중국은 이미 2030년 이전까지 탄소 배출량이 정점을 찍고 줄여 나가겠다고 공언한 바 있다. 그러나 실제로는 그 목표를 이미 달성한 것으로 보인다. 2024년 최고치를 기록한 탄소 배출량은 2025년에 소폭 감소할 전망이다. 배출량을 계속 줄이기 위해 이번 5개년 계획에서 다양한 청정에너지 프로젝트와 중국 전력망에 대한 대규모 투자를 목표로 제시할 수 있다. 물론 표면적으로 제시되는 목표는 아마도 기대치에 미치지 못할 것이다. 기후 문제에 있어 중국은 작게 약속하고 크게 달성한 역사가 있다. 예를 들어, 2020년에 2030년까지 1,200기가와트 규모의 풍력 및 태양광 발전 시설을 설치하겠다고 발표한 목표는 이미 2024년에 달성되었다.

어쩌면 이번 5개년 계획이 해결해야 할 가장 까다로운 과제는 급격히 떨어지는 출산율 문제일 것이다. 현재 중국의 가임기 여성 1인당 합계 출산율은 1.1명으로, 안정적으로 인구를 유지하는 데 필요한 '대체 출산율' 2.1명의 절반 수준이다. 총인구 역시 3년 연속 감소했다. 그런데도 관영 언론은 이 상황을 되돌릴 수 있다는 낙관론을 내세우면서 제15차 5개년 계획을 통해 중국이 '진정한 가족 친화적 사회'로 변모할 수 있다고 이야기한다. 가능한 대책으로는 육아 보조금 확대[3세 미만 자녀를 둔 부모는 이미 자녀 1인당 연 3,600위안(500달러)을 받고 있음]와 보육 시설 확충을 들 수 있다. 만약 이번 5개년 계획이 끝날 무렵의 인구가 그 시작 시점보다 크게 줄어들지만 않는다면, 공산당 지도부는 아마도 만족할 것이다.

지속되는 경기 둔화

통상 문제와 무관하게 2026년 중국 경제는 둔화할 것이다

사이먼 콕스(Simon Cox) | 〈이코노미스트〉 중국 경제 에디터

2026년 중국 경제를 둘러싸고 세 가지의 의문이 제기된다. 첫째, 2025년 정부 보조금을 지원받아 자동차나 핸드폰, 가전제품을 교체했던 소비자들이 구매를 미루는 '보복성 소비 감소'의 여파로 소매 판매가 위축될 것인가? 둘째, 미국과의 무역 전쟁으로 인해 경제가 정상 궤도를 벗어날 것인가? 셋째, 2021년 이후 침체에 빠져 있는 부동산 시장은 회복될 것인가? 이 질문들에 대한 답은 중국이 최근의 성장 속도를 유지할 수 있을지를 결정할 전망이다.

소비자부터 살펴보자. 중국의 지도자들은 소비를 희생하면서 제조업을 우대한다는 비판을 종종 받는다. 하지만 제조업에서 생산하는 제품 상당수는 소비재이기도 하다. 2025년 중국 정부는 지난 2007~2009년 글로벌 금융 위기 직후 유행했던 '중고차 교체 보조금' 제도와 유사하게 자동차와 가전제품을 대상으로 보상 판매 프로그램을 확대하여 일거양득의 효과를 노렸다. 냉장고와 전자레인지, 스마트폰은 물론이고 심지어 '스마트' 변기를 구매하는 가구는 최대 2,000위안(280달러)을 환급받을 수 있었다. 이 정책이 크게 인기를 끌면서 일부 지방 정부에서는 예산이 조기 소진되어 중앙 정부로부터 다음 지원금이 도착할 때까지 기다려야 할 정도였다. 결과적으로 내구성 소비재 판매는 큰 폭으로 증가했다(다음 페이지 그래프 참조).

그러나 여기서 문제는 2025년 구매의 상당 부분이 보조금이 없었다면 2026년에 일어날 소비라는 점이다. 최근 몇 달간 지출이 많은 가구가 2026년에 새 제품으로 교체할 가능성은 크지 않다. 스마트 변기를 얼마나

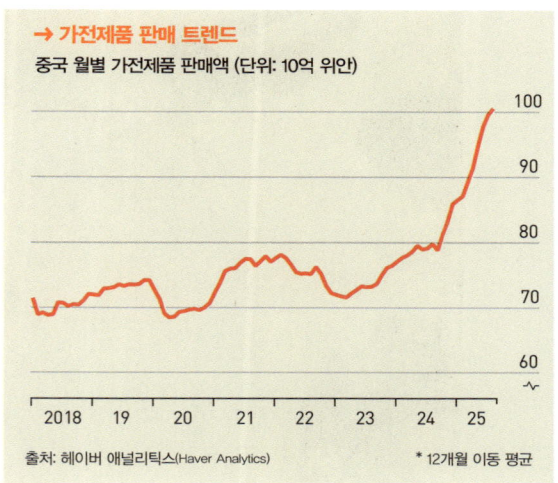

자주 교체해야 할지 생각해 보면 된다. 결국 2026년 소매 판매는 이러한 보복성 소비 감소로 인해 오히려 보조금 시행 이전보다 더 낮아질 수 있다. 이 같은 위험 신호를 포착한 정부가 보조금 프로그램을 1년 더 연장해야 할 수도 있지만, 그렇다고 해도 2026년 전반적인 소비는 여전히 더딘 성장세를 보일 것이다.

이처럼 국내 소비가 부진을 겪으면 중국의 기업들은 매출 부진을 상쇄하기 위해 다시금 해외 시장으로 눈을 돌릴 것이다. 그리고 이는 이미 중국산 제품이 넘쳐나는 국가들과 중국 간 통상 관계를 악화시킬 수 있다. 게다가 미·중이 지난 10월 한국에서 합의한 휴전 협정을 파기하면서 무역 전쟁이 재점화될 가능성도 충분하다.

무역 분쟁의 재발을 중국이 달가워할 리는 없다. 추가 관세 인상은 중국산 제품에 대한 수요에 다시 한번 타격을 입힐 것이기 때문이다. 그렇지만 지금까지 중국은 미국 시장을 대체할 새로운 수출 시장을 어렵지 않게 찾아왔다. 그리고 만약 수출이 흔들리게 되면 중국 정부

악순환의 시작?

는 추가적인 재정 부양책을 통해 그 충격을 완화할 수 있다. 맥쿼리 은행의 래리 후(Larry Hu)가 언급한 바와 같이, 결국 무역 전쟁은 중국이 성장 목표를 달성할 가능성이 아니라 그 달성 방법을 결정하게 될 것이다.

한편, 트럼프 대통령의 무역 전쟁이 촉발한 불확실성이 부동산 시장에서 나타난 미약한 회복세마저 꺾어버렸다는 비판도 있지만, 이는 설득력이 부족한 주장이다. 중국 정부가 부동산 경기의 하락을 막겠다고 약속하며 더 과감한 부양 정책에 대한 기대감이 커졌지만, 그러한 기대감은 충족되지 않았다.

결국 부동산 경기 회복은 서서히 움직이는 시장의 힘에 달려 있다.

다행히 부동산 가격이 하락하고 소득 수준이 높아지면서 주택 구매 여력이 개선되고 있다. 중국 거시경제 컨설팅 기업 가베칼 드래고노믹스(Gavekal Dragonomics)에 따르면, 2021년 면적 100㎡짜리 아파트의 가격은 평균 가구 소득의 7.6배였다. 그 비율은 2025년 중반 6.3배로 떨어졌다. 또한 더 큰 집으로 옮기거나 첫 집을 장만할 적절한 시점까지 기다리던 이들도 이제는 그 기다림에 지쳐 있을 것이다. 영원히 기다리고 싶은 사람은 없다. 설령 주택을 구매하기에 불안한 마음이 들면 임대라는 방법도 있으며, 이 역시 부동산 시장에 도움이 된다.

정리하자면, 중국 경제를 둘러싼 세 가지 질문에 대한 답은 '그렇다, 아니다, 아마도'이다. 그렇다, 보복성 소비 감소로 인해 소비는 침체를 겪을 것이다. 아니다, 무역 전쟁이 경제 성장을 저해하지는 않을 것이다. 그리고 아마도, 정말 아마도 부동산 시장은 바닥을 다질 것이다. 결론적으로 2026년 중국 경제는 성장 속도는 둔화하겠지만 휘청거리지는 않을 전망이다.

라부부만 있는 게 아니다

문화 수출이 중국의 소프트 파워를 끌어올리기 시작한다

돈 웨인랜드

비속어와 풍자가 특징적인 성인용 애니메이션 〈사우스 파크(South Part)〉는 거의 30년 동안 시청자의 혐오와 열광을 모두

인형이 촉발한 소프트 파워

끌어낸 미국의 대표적인 문화 자산이다. 2025년 9월 한 에피소드에서는 전 세계 문화에 새롭게 등장한 인물을 소개했다. 바로 '라부부'였다. 중국에서 디자인 및 제작된 이 찡그린 표정의 캐릭터는 전 세계적인 열풍을 일으켰다. 물론 〈사우스 파크〉는 라부부에게 친절히 굴지 않고 악마처럼 묘사했다. 하지만 이 에피소드는 중국 대중문화의 창의성이 서구의 주류 문화에 얼마나 깊이 스며들고 있는지를 보여준다는 점에서 중국에는 문화적 승리의 상징이었다.

세계 2위의 경제 대국인 중국은 국경을 넘어 공감을 불러일으키는 문화 상품, 즉 소프트 파워를 창출하는 측면에서는 기대에 훨씬 미치지 못하는 모습을 보여왔다. 중국 지도자들은 5000년이 넘는 역사가 남긴 풍부한 문화유산을 꾸준히 언급한다. 그렇지만 미국이나 유럽 사람들은 실크와 차 정도만 알 뿐, 대부분은 중국 영화나 드라마의 제목이나 팝스타의 이름 하나를 대기조차 어려워한다. 물론 그럴 만한 이유가 있다. 중국 공산당의 엄격한 검열과 콘텐츠 제작 지침은 자유분방한 혁신을 어렵게 만든다. 게다가 유명 중국 브랜드의 제품은 대개 품질이 떨어진다는 인식 탓에 해외 시장에서 오랫동안 외면받았다.

이제 이런 상황에 변화가 일어나고 있다. 중국은 공산당의 전폭적인 지원 아래 창의적인 지식재산(IP) 생산에서 혁명을 일으키고 있다.

점점 더 많은 중국 브랜드가 서구 시장으로 진출하고 있으며, 미국과 유럽의 소셜 미디어와 때로는 미국의 인기 애니메이션에 등장하는 중국 제품도 늘어나고 있다. 현재까지 시장의 반응은 대체로 호의적이다.

라부부는 그중 한 가지 사례일 뿐이다. 라부부를 제작하는 회사인 팝마트는 전 세계가 이 인형에 열광하면서 지난 1년 사이 주가가 400%나 상승했다. 다른 많은 브랜드도 잇따라 해외 시장에 진출하고 있다. 중국의 아이스티·아이스크림 체인 미쉐(Mixue)는 동남아시아 전역에 매장을 운영하고 있으며, 현재 미국에도 매장을 열기 시작했다. 밀크티 브랜드 차게(Chagee) 역시 마찬가지다. 2024년에는 블록버스터 비디오 게임 〈검은 신화: 오공(Black Myth: Wuking)〉이 전 세계에서 선풍적인 인기를 끌며 역대 가장 성공한 게임 IP 가운데 하나가 되었다.

라부부가 주인공인 애니메이션 시리즈도 제작 중이다. 그러나 서구 시장에서 전망은 그리 밝은 편이 아니다. 여전히 중국은 캐릭터 이면에 담긴 이야기를 구성하는 데 어려움을 겪고 있기 때문이다. 미국의 디즈니나 일본의 닌텐도와 같은 기업이 그토록 강한 영향력을 가질 수 있는 요인 중 하나는 캐릭터를 둘러싸고 독창적인 서사를 구축한다는 점이다. 그런 다음 디즈니는 영화 속 캐릭터를 활용해 관련 상품을 개발한다. 닌텐도 역시 마리오 같은 비디오 게임 캐릭터를 중심으로 완전한 세계관을 구축한 다음, 그 캐릭터를 주인공으로 하는 영화를 제작하고 티셔츠 등 다른 상품으로 확장해 나간다.

중국식 창의성이 이러한 형태로 발현되기까지는 아직 상당한 시간이 걸릴 것으로 보인다. 2025년 애니메이션 영화 〈나타지마동요해

⟨Ne Zha 2⟩〉는 중국 박스오피스 최고 기록을 경신했다. 제작사는 캐릭터 상품화에도 성공했지만, 서구 시장에서는 그다지 많은 성과를 거두지 못했다. 주된 이유는 미국이나 유럽에서 상영관 수가 많지 않았으며, 서양 관객들이 이해하기 힘든 중국 신화 중심의 스토리라인 때문이다. 그러나 중국 영화가 해외 시장에서 직면한 더 큰 난관은 창작성을 제한하는 중국 정부의 규제다. 해당 규정 자체가 불투명한데다 심지어 제작자에게 직접 전달된다. 일례로 초자연적 소재나 사회주의 가치에 어긋나는 모든 내용은 금기시된다. 이러한 한계 속에 제작된 영화들이 서구권 관객에게 인기를 끌기는 쉽지 않다.

그렇다고 해도 2026년 전 세계 사람들은 각자 자신이 사는 동네에서 낯선 이름의 새로운 브랜드를 보게 될 것이다. 그 이름이 팝마트, 미쉐, 또는 차게일지도 모른다. 그렇다고 해도 애플, 코카콜라 등 대표적인 서구 브랜드들은 2026년에도 계속해서 전 세계 소비자의 가장 큰 욕구를 충족시키고 있을 것이다.

하하하!

스탠드업 코미디는 사람들이 가진 불만을 해소하는 수단을 제공한다

새라 우(Sarah Wu) | 〈이코노미스트〉 중국 특파원, 베이징

국가의 미래가 암울하다고 생각하는 중국인이 점점 더 많아지고 있다. 젊은 세대는 고속 성장의 홍리(鴻里), 즉 배당금을 누

렸던 부모 세대보다 자신들이 더 나은 삶을 살 수 있을 것으로 보지 않는다. 16세에서 24세 사이 청년층의 실업률은 거의 19%에 달하고, 장기적인 부동산 위기로 지방 정부와 주택 소유주들은 더욱 가난해졌으며, 비생산적 경쟁을 상대로 공산당 지도부가 선언한 전쟁은 신속하게 성과를 내지 못하고 있다. 그렇지만 중국은 좌절하는 대신 웃음을 선택했다.

베이징, 상하이 등 대도시에는 젊은이들이 자신들이 받는 스트레스를 농담으로 풀어내는 모습을 보려 더 많은 이들이 몰려들고 있다. 중국공연예술협회(CAPA)에 따르면, 2025년 상반기 코미디 공연 수는 지난해 같은 기간 대비 54% 증가하고 입장권 판매량은 135%나 급증해 스탠드업 코미디가 연극에 이어 두 번째로 큰 공연 장르가 되었다. 온라인으로 가면 가장 인기 있는 두 코미디 쇼는 2024년 한 해에만 7억 뷰를 기록했다.

중국의 스탠드업 코미디는 압박감을 해소하는 해방구 역할을 한다는 점에서 환영할 만하다. 코미디언들은 새로운 현실에 적응하며 괴롭고 힘든 상황을 밝고 쾌활한 웃음으로 풀어내고 있다. 베이징에서 코미디 클럽을 운영하며 가장 인기 있는 코미디 소재와 테마를 파악하는 데 최적의 위치에 있는 자오 지아환은 이렇게 말했다. "작년에는 다들 경제가 예전만큼 성장하지 않는다면서 우울해했죠. 그런데 올해는 받아들이는 분위기예요. 경제가 성장하지 않아도 살아남는 방법은 있으니까요."

스트레스로 지쳐버린 사회는 좌절을 공유하며 위안을 찾고 있다.

코미디언들은 단순히 살아남는 데 그치지 않고 한층 더 내면 깊이 파고들어간다. 예를 들어, 자신이 얼마나 거친 환경에서 자랐는지를 소재로 다루는 농담이 큰 인기를 끌고 있다. 경기 침체로 직장에서도 조기 퇴근을 장려하는 가운데 한 가지 희망은 사람들이 공연장에서 자신을 돌아보고 휴식을 취할 시간이 많아졌다는 점이다.

공개 토론이 주로 온라인에서 일어나다 의견이 충돌하는 일이 잦은 사회에서는 사람들이 진정한 연결과 소통을 원하기 마련이다. 스탠드업 코미디는 남들도 나와 비슷한 어려움을 겪고 있음을 알게 되어 위로받는 자리가 될 수 있다. 때로는 타인의 삶을 바라보는 통찰을 얻기도 한다. 중국처럼 음식값과 배송료가 싼 나라에서 도시 사회는 점점 개인화되고 있다. 하지만 그 배달 기사가 무대에서 마이크를 잡는 순간 관객은 그의 관점을 받아들이게 된다.

라이브 코미디는 일정한 한계 내에서 불만을 공개적으로 표출할 통로를 제공한다. 몸이 불편한 사람부터 마음이 아픈 사람까지 다양한 이들이 자신만의 경험을 공유한다. 특이한 점은 여성이 겪는 문제가 코미디의 주요 소재로 자리 잡았다는 사실이다. 베이징의 또 다른 코미디 클럽 설립자인 장 메이난은 이렇게 말했다. "여성들이 그동안 말하지 못한 게 너무 많습니다. 어떤 일은 본질적으로 비합리적인데도 누구도 입 밖에 내지 않죠."

이제 분위기가 달라지고 있다. 승무원 출신 코미디언인 시하는 무대에 올라 과거 자신이 근무하던 항공사에서 여성 승무원에게 짧은 치마와 하이힐 착용을 강요했다고 비판했다. 어쩌면 그녀의 공연이 2025년 일부 항공사가 복장 규정을 바꾼 이유일지도 모른다.

2023년 한때 국수주의 성향의 일부 네티즌이 어느 코미디언이 군을 모욕했다고 비난한 이후, 당국이 강력한 단속에 나서면서 코미디언들의 활동이 위축된 적도 있었다. 그러나 노골적이고 정치적인 소재보다는 개인적인 이야기에 초점을 맞춘 이들은 무대로 복귀할 수 있었다. 2026년 중국의 스탠드업 코미디는 그 규모와 다양성 측면에서 한층 성장할 전망이다.

2025년에 급부상한 코미디언 중 하나는 농촌 출신의 50세 여성 팡 주런(일명 '팡 감독')이다. 그녀는 힘들었던 결혼 생활에서 벗어난 경험을 소재로 공연하며 주로 중산층 청년 중심인 스탠드업 코미디 분야에 새로운 시각을 불어넣었다. 이처럼 다양한 배경을 가진 사람들이 무대에 오르면서, 스트레스로 지쳐버린 중국 사회가 희망과 좌절을 공유하는 가운데 웃음과 위로를 위안을 찾고 있다.

다른 구도에서 펼치는 경쟁

AI 분야에서 중국은 혁신보다 신속한 도입에 집중하고 있다

코빈 던컨(Corbin Duncan) | 〈이코노미스트〉 글로벌 특파원

시진핑 주석에 따르면, 중국은 기술이 제국의 흥망성쇠를 좌우할 수 있다는 사실을 너무나 잘 알고 있다. 시 주석은 19세기 중반 아편 전쟁 이후 1949년 공산당이 집권하기 전까지, 이른바 '굴욕의 세기' 동안 중국이 장기간 침체를 겪은 이유는 산업혁명이 촉발

한 기술적 발전에서 뒤처졌기 때문이라고 지적했다. 오늘날 중국과 미국의 관료들은 인공지능(AI)이 머지 않아 두 나라 모두의 운명을 결정지을 수 있다고 전망한다.

미국에서는 이러한 논의가 초지능의 가능성을 중심으로 활발하게 진행되고 있다. 실제로 미국의 AI 연구소들은 대부분 인간보다 모든 인지 작업을 더 잘 수행할 수 있는 거대 모델, 즉 범용 인공지능(AGI)을 최초로 개발하기 위해 경쟁하고 있다. 이러한 경쟁은 빠른 혁신을 촉진하는 정책으로 이어졌다. 그에 반해 중국은 다른 길을 선택했다. 다가오는 해에 중국의 최우선 과제는 소비자와 산업 전반에서 기존 AI 모델을 신속하게 도입하는 것이다.

중국의 AI 비전은 2026년 3월 발표 예정으로 국가 차원에서 가장 중요한 전략 문서인 차기 5개년 계획에서 구체적으로 드러날 예정이다. 당국에서는 향후 10년간 3단계 AI 확산 계획을 구상하고 있다. 첫째, 2027년까지 연구, 산업 공정, 소비재, 의료·교육, 디지털 정부, 기술 수출 등 6개 분야에서 AI를 광범위하게 활용하는 것이 목표다. 둘째, 2030년까지 AI가 전기나 인터넷처럼 보편화되어 중국 경제 성장의 주요 동력이 되기를 기대한다. 셋째, 2035년까지 지능형 사회로 도약한 중국에서 AI는 과거 인터넷이 그랬듯이 문화를 바꾸고 인간 사이의 상호작용을 혁신할 것으로 예상한다.

2026년까지 경제 전반에 머신러닝 기술을 확산하고 기존 업무 프로세스에 AI를 통합하는 캠페인은 'AI+'라고 불릴 예정이다. 중국 정부는 이미 전력망 관리에 적용할 'AI+ 에너지' 계획을 수립하고 있다. 당국에서는 2010년대 '인터넷+' 캠페인을 통해 소비자와 기업들이 차량 호출부터 음식 배달

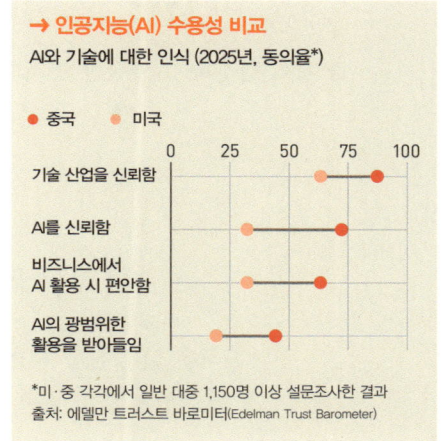

앱에 이르기까지 삶의 모든 영역에서 인터넷이 급속도로 통합된 모습을 재현하고자 한다. 이를 위해 중국의 주요 AI 연구소들은 산업 공정 관리처럼 특정한 문제를 해결하기 위한 시나리오별 AI 모델을 개발하는 데 집중할 것이다. 또한 AGI 개발을 추진 중인 최신 미국식 모델을 신속하게 따라잡는 것도 목표로 삼을 전망이다.

이러한 전략은 중국이 가진 강점에 부합한다. 중국은 AI 애플리케이션을 확장할 수 있는 거대한 디지털 경제와 함께 기술 친화적인 인구를 보유하고 있기 때문이다. 여론조사 기관 입소스에 따르면, 중국인들은 다른 어떤 나라보다 AI 활용에 큰 기대감을 드러낸다. 정부의 승인 아래 중국의 AI 연구소는 AI 모델을 (서구의 유료 서비스와는 달리) 무료로 공개하여 AI 활용을 촉진하고 특정 작업에 적합한 맞춤형 모델 개발을 지원한다. 미국의 최첨단 AI 반도체 수출 금지 조치로 인해 중국의 연구소들은 어쩔 수 없이 더 작고 효율적인 모델을 우선 개발했으며, 이는 결과적으로 에너지 소비가 적고 운영 비용이 낮은 AI 모델의 개발로 이어졌다. 두 초강대국 모두 AI 경쟁에서 뒤처지는

것을 우려하고 있다. 그리고 2026년에 미국과 중국은 서로 다른 구도에서 경쟁하기 시작한 것처럼 보일 수 있다.

> ## 아나콘다 전략
> 중국은 실제 침공까지는 아니더라도 다양한 방식으로 대만을 압박할 수 있다

샤샹크 조시

미군 고위 관계자들은 시진핑 중국 주석이 2027년까지 중국 인민해방군(PLA)이 자신이 명령하면 즉시 대만을 침공할 준비가 되어 있기를 원하는 것으로 알고 있다고 밝혔다. 이는 다가오는 해가 PLA와 특히 해군에 매우 중요한 시기가 될 것임을 시사한다. 실제로 PLA는 군함, 전투기, 드론, 미사일 등을 어마어마한 속도로 생산해 왔다. 그러나 2026년에 가장 가능성 있는 시나리오는 전면적인 충돌이라기보다는 대만을 비롯해 비우호적인 관계에 있는 나라를 향해 중국이 정치적, 경제적 및 군사적 압박 수위를 서서히 높이는 것이다.

지난 2022년 낸시 펠로시(Nancy Pelosi) 당시 미국 하원의장이 대만을 방문한 이후, 중국은 대만 주변 해역에서 미사일 시험 발사와 해상 훈련을 감행하며 사실상 봉쇄 조치를 실험했다. 이후로 중국은 압박의 강도를 점점 높였다. 2025년 PLA는 대만해협에서 실사격 훈련을 진행하고 역대 최대 규모의 항공기와 함정을 이른바 중간선을 넘어 대만 가까이 보냈다. 그 결과 중국은 몇 년 전보다 훨씬 짧은 시간

압박 강도의 상승

안에 군사 훈련에서 실제 봉쇄로 전환할 수 있는 새로운 표준을 만들었다.

2026년에는 이처럼 대만을 압박하는 '아나콘다 전략'이 한층 강화되고 확대될 것으로 예상된다. 중국은 대만 외곽의 섬들 위로 기상 관측용 풍선을 띄우고 본섬 상공에는 드론을 꾸준히 보낼 것이다. 중국의 항모전단은 대만 주변과 동쪽 해역까지 점점 더 많이 진출해 대만 공군의 전투기 출격을 유도하는 소모전을 유발할 것이다. 또한 중국은 대만 통신망을 은밀하게 교란하여 대만의 불안정한 통신 기반을 되돌아보게 할 수도 있다. 실제로 2023년 이후 해저 케이블은 최소 11차례 이상 원인 불명의 손상을 입었으며, 이는 유럽에서 일어난 러시아의 파괴 공작을 PLA가 모방한다는 우려를 낳고 있다.

그렇다고 대만이 중국 본토에서 노리는 유일한 표적은 아니다. 남중국해에서 중국이 펼치는 벼랑 끝 전술도 수그러들 기미가 보이지 않는다. 2025년 8월 사실상 PLA 해군 소속인 해안경비대 함정이 분쟁 지역인 스카버러 암초 인근에서 필리핀 선박과 대치하는 과정에서 자국 해군 함정과 충돌했다. 이 사건은 점점 더 공격적으로 변하는 중국의 해상 전술이 갖는 위험성을 보여주는 사례로, 2024년 8월 체결된 위험 완화 협정이 제대로 작동하지 않고 있음을 시사한다.

2026년 필리핀은 말레이시아로부터 동남아시아 10개국 연합인 아세안(ASEAN)의 의장국 자리를 이양받는다. 필리핀은 의장국 지위를 활용해 중국이 남중국해 행동 강령에 동참할 것을 압박할 전망이다. 외교적 노력과 더불어 미국에는 공동 순찰을 포함하는 추가 지원을 요청하여 억지력을 높이려 할 것이다.

또 다른 변수는 대만에서 더 북쪽에 있는 동중국해로, 이곳에서 중국은 일본이 지배하는 센카쿠 열도에 대한 영유권을 주장하고 있다. 2025년 중국 해경은 일본 어선을 추격한 뒤 이 열도의 해역에 92시간 동안 머물며 역대 가장 긴 영해 침범 기록을 세웠다. 전문가들은 2026년 중국이 이곳에 해군 상주 기지를 구축해 일본의 법적 권리를 서서히 약화하려 할 수 있다고 우려한다. 또한 중국은 2025년에 새로 구축한 두 개의 석유·가스 시추 플랫폼에 더해 분쟁 해역 인근에서 자원 개발 활동을 확대할 가능성도 있다.

2025년 5월 미국의 피트 헤그세스(Pete Hegseth) 국방장관은 "중국이 제기하는 위협은 실재한다"라고 경고하며 "그리고 그 위협은 임박했을 수 있다"라고 강조했다. 중국과 지리적으로 가까운 여러 나라에서도 이러한 우려에 공감하고 있다. 하지만 이들 국가가 당장 걱정하는 것은 갑자기 폭력적인 충돌이 일어날 가능성보다는 중국이 해군력을 확장하고 대만 경제를 질식시키면서 점진적이지만 꾸준하고 은밀하며 부당하게 지배력을 확대해 나가는 과정이다.

THE WORLD IN NUMBERS COUNTRIES 세계 주요 지표

2026년 숫자로 본 국가별 전망

2026년 이후의 수치는 전망치, 2025년 수치는 추정치다. 달러 GDP는 2026년 예상 달러 환율을 사용해 계산했고(괄호 안은 PPP, 즉 구매력 평가 기준 GDP다), 모든 수치는 반올림했다.

출처: 이코노미스트 인텔리전스(ECONOMIST INTELLIGENCE)

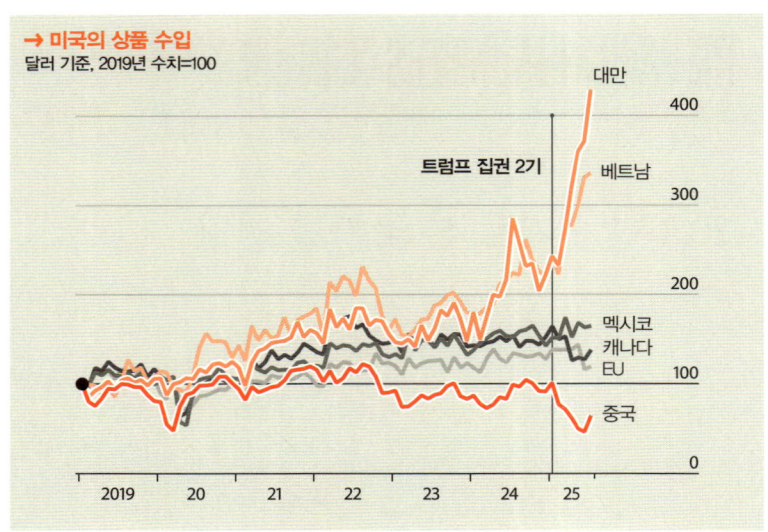

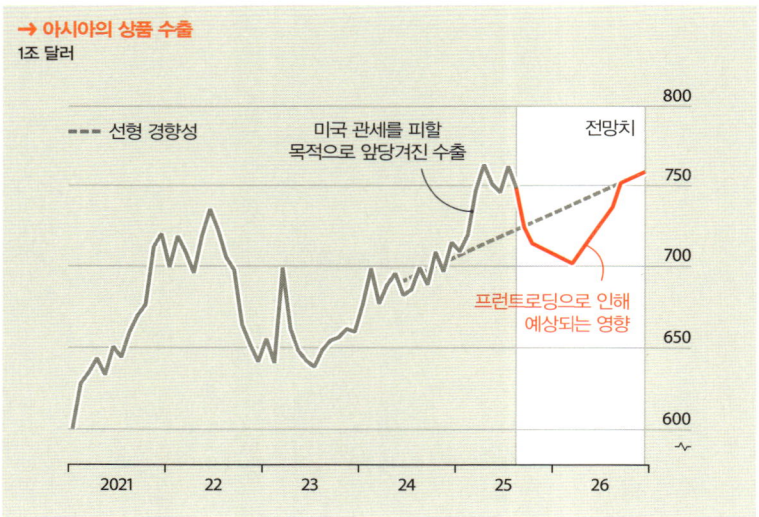

2025년, 도널드 트럼프 대통령은 세계 무역 체제를 근간부터 흔들어 놓았고, 2026년에 기업들이 겪게 될 혼란은 그보다 조금 덜할 뿐이다. 트럼프는 2018년 처음으로 중국에 관세를 부과하면서 무역을 교란하기 시작했다. 이후 몇 년 동안 미국 기업들은 베트남과 같은 국가를 경유한 중국산 상품을 수입해 왔다(상단 도표 참조). 2025년, 트럼프의 전 세계적 관세는 수출업자들이 관세 폭탄이 떨어지기 전에 서둘러 미국으로 물품을 보내면서 '프런트로딩(front-loading)' 현상을 불러왔다. 그중에는 대만의 테크 기업들도 있었는데, 이들은 인공지능(AI) 열풍을 타고 미국 구매자들에게 AI 하드웨어를 빠르게 팔아치우기에 바빴다. 하지만 프런트로딩에는 대가가 따른다. 특히 아시아의 많은 수출업자들은 재고가 재조정되면서 2026년에 급락을 겪게 될 것이다(하단 도표 참조). 게다가 이는 트럼프가 불러온 관세 혼란으로 인해 미국 경제가 더 둔화하기 전의 이야기다.

유럽

오스트리아

GDP 성장률: 0.9%

1인당 GDP: 6만 9,070달러(PPP: 8만 70달러)

물가상승률: 2.2%

재정 균형(GDP 대비): -4.2%

인구: 910만 명

중도우파 성향의 오스트리아 국민당 소속 총리인 크리스티안 스토커(Christian Stocker)가 이끌고 중도좌파 성향의 사회민주당과 자유주의 노선의 신오스트리아와 자유포럼(NEOS)이 함께 참여하고 있는 연립정부는 예산과 사회복지를 둘러싸고 긴장 상태에 있다. 엄격한 이민 규제는 공감대가 형성된 분야이지만, 그렇다고 안정성이 담보된 건 아니다. 경제는 미국의 관세가

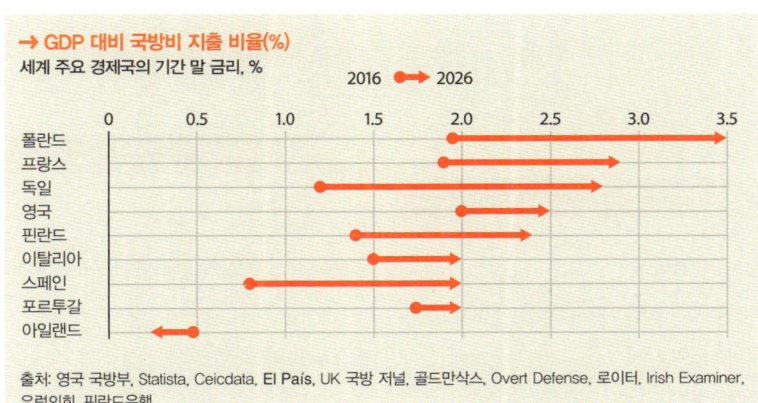

허용하는 범위 안에서 완만하게 성장할 것이다.

벨기에

GDP 성장률: 1.1%

1인당 GDP: 6만 5,410달러(PPP: 7만 9,760달러)

물가상승률: 2.2%

재정 균형(GDP 대비): -4.9%

인구: 1,180만 명

2025년 2월에 출범한 연립정부는 민족주의 성향의 신플랑드르연대(New Flemish Alliance) 아래에 모인, 네덜란드어권과 프랑스어권의 5개 정당으로 구성되었는데, 이는 보수주의적 움직임을 시사한다. 연립정부는 공공부채 축소, 연금 수령 연령 인상, 실업급여 제한을 목표로 삼을 것이다. 임금 연동제, 하락하는 인플레이션, 낮은 금리는 완만한 경제 성장을 뒷받침하겠지만, 세계 무역상의 혼란이 성장을 저해할 것이다.

불가리아

GDP 성장률: 2.9%

1인당 GDP: 1만 9,920달러(PPP: 4만 4,660달러)

물가상승률: 2.3%

재정 균형(GDP 대비): -2.8%

인구: 670만 명

2026년 1월―불가리아가 비자 없는 셍겐 지역에 가입한 지 1년이 되는 시점―에 유로화가 도입되면, 무역과 금융 거래가 강화될 것이다. 실질 임금 상승의 효과로 소비와 기업 지출이 견고하게 유지되면서, 경제는 EU 평균치보다 더 빠르게 성장할 것이다. 하지만 로센 젤리아즈코프(Rosen Zhelyazkov) 총리가 이끄는 중도우파 정당인 '불가리아의 유럽 발전을 위한 시민들(Citizens for European Development of Bulgaria)'이 주도하는 집권 연정은 내부 분열을 겪고 있으며, 임기가 종료하는 2028년까지 유지되지 못할 것이다.

주목할 점: 꽃잎의 힘. 2026년 6월 장미 축제에서는 장미 오일 생산을 기념하는 행사가 열리는데, 불가리아는 장미 오일 세계 공급량의 70%를 차지한다.

크로아티아

GDP 성장률: 2.8%

1인당 GDP: 2만 9,790달러(PPP: 5만 5,480달러)

물가상승률: 3.1%

재정 균형(GDP 대비): -2.4%

인구: 380만 명

중도우파 성향인 크로아티아민주연합과 극우 성향의 연정 파트너인 조국운동(Homeland Movement)은 소수 정부를 운영하며 이념적 차이로 어려움을 겪고 있다. 그럼에도 불구, 연정은 4년 임기를 완료하며 친EU 노선을 유지할 것으로 보인다. 강한 소비 지출, 실질 임금 상승, 낮은 금리, EU의 지역 개발 기금이 성장을 뒷받침할 것이다. GDP와 고용의 약 25%를 차지하는 관광업은 수용 능력과 비용 부담에도 불구하고 호조를 보일 것이다.

체코

GDP 성장률: 2.0%
1인당 GDP: 4만 860달러(PPP: 6만 5,680달러)
물가상승률: 2.8%
재정 균형(GDP 대비): -2.5%
인구: 1,050만 명

한때 총리였고 향후에도 총리가 될 가능성이 있는 안드레이 바비시(Andrej Babis)가 이끄는 포퓰리즘 성향의 ANO당은 2025년 10월 의회 선거에서 1위를 차지했고, 곧이어 두 극우 정당의 지지를 받아 과반 의석을 확보했다. 강한 소비자 수요와 EU 자금 지원, 낮은 금리에 힘입어 회복세를 보이는 투자가 경제의 완만한 회복을 이끌겠지만, 미국발 관세를 일부 포함하는 무역상의 긴장 때문에 수출은 성장에 있어서 제약을 받을 것이다.

주목할 점: 중요 사항. NATO 관련 약속에 따른 국방비 증가가 재정 적자를 확대할 것이다.

덴마크

GDP 성장률: 1.9%
1인당 GDP: 8만 5,210달러(PPP: 8만 9,160달러)
물가상승률: 1.8%
재정 균형(GDP 대비): 1.3%
인구: 600만 명

메테 프레데릭센(Mette Frederiksen) 총리와 그녀의 중도좌파 성향 사회민주당은 2026년 10월 선거를 앞두고 정권 유지를 자신하고 있다. 비록 의회에서 근소한 과반을 지키고 있고 이념적으로도 차이가 있음에도 불구하고, 그녀의 광범위한 연립정부는 안정적으로 운영됐고, 이러한 흐름은 선거 이후에도 지속될 것이다. 제약 부문의 수출이 성장에 도움이 되겠지만, 전 세계적인 관세는 위험 요인이다. 국내 지출은 소폭 증가할 전망이다.

에스토니아

GDP 성장률: 2.1%

1인당 GDP: 3만 8,780달러(PPP: 5만 6,550달러)

물가상승률: 2.8%

재정 균형(GDP 대비): −3.0%

인구: 130만 명

집권 연립정부는 개혁당과 에스토니아200으로 구성되어 있으며, 2025년에 사회민주당이 축출된 이후에는 의회에서 차지하고 있는 과반 의석이 줄어든 상태로 운영될 것이다. 그럼에도 2027년 선거까지 연립정부는 지속될 것으로 보인다. 에스토니아의 강력한 친우크라이나 노선은 러시아와의 관계를 냉각시켜, 사이버 전쟁과 같은 '회색지대' 공격의 위험을 높일 것이다. 경제는 수년간의 침체를 딛고 서서히 회복될 전망이다.

주목할 점: 선례를 남긴 대통령. 현직 대통령 알라 카리스(Alar Karis)는 2026년 말 의회에서 두 번째로 대통령 임기에 선출될 가능성이 높다.

핀란드

GDP 성장률: 1.1%

1인당 GDP: 5만 9,920달러(PPP: 6만 9,140달러)

물가상승률: 1.8%

재정 균형(GDP 대비): −3.3%

인구: 560만 명

페테리 오르포(Petteri Orpo) 총리가 이끄는 중도우파 성향의 연립정부는 EU, 기후 정책, 특히 이민 문제 등 핵심 정책 우선순위를 두고 내분을 겪고 있다. 그럼에도 강한 제도적 기반의 뒷받침으로 정권은 유지될 전망이다. 경제 성장은 소비 및 기업 지출, 대출 금리 인하의 도움을 받아 유로화 지역 평균치를 유지할 것이다. 그러나 주요 수출 시장의 수요 감소와 에너지 공급에 대한 지정학적 위험이 성장에 제약을 가할 것이다.

주목할 점: 북방의 노걸. 사미족 오페라인 오블라(Ovla)가 2026년 1월 세계 초연될 예정이며, 이는 북부 도시 오울루가 '유럽 문화 수도(European Capital of Culture)' 프로그램의 하나로 소개되는 계기다.

프랑스

GDP 성장률: 1.0%

1인당 GDP: 5만 3,940달러(PPP: 6만 8,370달러)

물가상승률: 1.6%

재정 균형(GDP 대비): −5.2%

인구: 6,670만 명

프랑스는 2년 동안 5명의 총리가 교체되는 정치적 혼란에 직면해 있다. 가장 최근의 총리인 세바스티앙 르코르뉴(Sèbastien Lecornu)는 2025년 10월에 사임했으나 곧바로 재임명되었다. 문제는 의회가 타협을 거부하는 3개의 적대적 블록으로 분열되어 있다는 점이다. 어떤 정부가 들어서더라도 법안을 통과시키는 데 똑같은 수준의 어려움에 직면할 것이다. 연금 및 복지 급여의 물가 연동 중단, 보건 지출 삭감 등을 포함할 수 있는 재정 적자 축소 노력은 강한 반발에 부딪힐 것이다. 경제는 소폭 성장하겠지만 긴축 조치는 지출을 억누를 것이다.

주목할 점: 나이스한 니스. 2026년 2월에 열리는 니스 카니발은 소설과 역사 속 위대한 여성 영웅들에게 경의를 표할 예정이다.

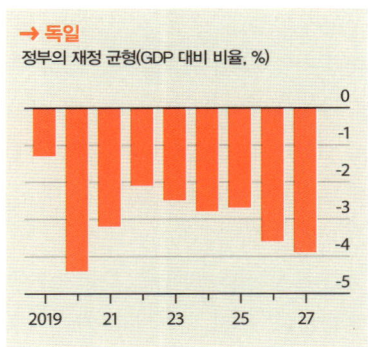

서는 대체로 의견이 일치하지만, 다른 분야에서는 합의에 어려움을 겪을 것이다. 급증하는 독일 대안당(AfD)에 대한 지지는 정치적 협력을 시험할 것이며, 미국의 관세도 마찬가지다. 2025년에 채택된 정부 부채 규정 완화는 인프라와 국방 분야의 투자를 확대해, 무역 불확실성을 일부분 상쇄할 것이다.

독일

GDP 성장률: 1.0%

1인당 GDP: 6만 5,260달러(PPP: 7만 9,080달러)

물가상승률: 2.2%

재정 균형(GDP 대비): -3.6%

인구: 8,360만 명

프리드리히 메르츠 총리가 이끄는 광범위한 연립정부는 재정 정책에 대해

그리스

GDP 성장률: 2.4%

1인당 GDP: 3만 1,380달러(PPP: 5만 1,930달러)

물가상승률: 2.4%

재정 균형(GDP 대비): -0.1%

인구: 990만 명

야당으로부터의 실질적인 도전이 없는 상황에서, 키리아코스 미초타키스(Kyriakos Mitsotakis) 총리가 이끄는 중

도우파 성향의 신민당 정부는 경제 현대화와 다각화를 목표로 한 개혁을 계속 추진할 것이다. 2007~2009년 사이에 있었던 전 세계적인 금융위기 이후의 혼란으로부터 아직 회복 중이지만, 그리스 경제는 강한 기업 지출과 임금 상승, 노동시장 개선, EU 자금 지원에 힘입어 EU 지역 평균치를 웃도는 성과를 낼 것이다.

주목할 점: 적응하고 생존하라. 해안선, 홍수 위험, 산불 예방, 수자원 관리에 중점을 둔 기후변화 적응 프로젝트의 1단계 작업이 완료될 예정이다.

헝가리

GDP 성장률: 2.5%

1인당 GDP: 2만 9,340달러(PPP: 5만 2,390달러)

물가상승률: 3.6%

재정 균형(GDP 대비): -4.1%

인구: 960만 명

2026년 4월에 실시되는 총선은 정치 지형을 좌우할 것이며, 오르반 빅토르 총리가 이끄는 피데스(Fidesz)당은 성장세에 있는 중도우파 성향의 티사(TISZA)당의 강력한 도전에 직면하게 될 것이다. 티사당이 여론조사에서 앞서고 있지만, 피데스당의 언론 장악과 선거 전 돈 뿌리기는 근소한 승리를 보장할 것이다. 다만 유권자 피로감과 경제적 어려움이 판세를 바꿀 수도 있다. 헝가리 경제는 가계 지출과 실질 임금 상승에 힘입어 반등할 것이다.

주목할 점: 재원 부족. 유럽연합이 헝가리가 법치주의를 회복할 때까지 '경제적 결속 기금' 지급을 보류함에 따라 성장에 제약이 생길 것이다.

아일랜드

GDP 성장률: 1.3%

1인당 GDP: 14만 2,650달러(PPP: 16만 9,970달러)

물가상승률: 1.9%

재정 균형(GDP 대비): 1.4%

인구: 540만 명

피어너 팔(Fianna Fáil)당의 미홀 마틴(Micheál Martin) 총리가 이끄는 연립 정부는 피너 게일(Fine Gael)당과 무소속 의원들의 지지를 받고 있지만, 그들은 이념적으로 분열되어 있다. 그럼에도 불구, 정부는 재정 흑자를 활용해 감세와 주택 구매 보조금, 추가 주택 공급을 추진하면서 존속할 것으로 보인다. 경제 성장률은 높지 않을 전망이다. 하지만 미국의 관세가 제약 산업과 같은 수출 중심 산업에 부담으로 작용하고 전 세계적인 대기업들에서 나오는, 변동성이 큰(이동 가능성도 높은) 세수는 여전한 취약 요인이라는 점을 감안하면 비교적 강한 수준을 유지할 것으로 보인다.

주목할 점: 거기 누구요? 노크 성지(Knock Shrine)는 아일랜드의 여왕 동정 마리아 대성당(Basilica of Our Lady) 완공 50주년을 기념하는 행사를 열 예정이며, 이는 가톨릭 순례자들에게 크게 매력적인 이벤트가 될 것이다.

이탈리아

GDP 성장률: 0.7%

1인당 GDP: 4만 5,570달러(PPP: 6만 5,910달러)

물가상승률: 1.5%

재정 균형(GDP 대비): -3.1%

인구: 5,890만 명

조르자 멜로니 총리가 이끄는 극우 성향의 이탈리아의 형제당(Brothers of Italy) 정부는 의회 내 강력한 과반과 분열된 야당 덕분에 조기 총선을 치를 가능성이 작다. 경제는 부진할 전망이며, 기계류, 의약품, 자동차와 같은 주요 수출품이 미국의 관세로 인해 역풍을 맞을 것이다. 이에 따라 국내 기업 투자도 위축될 것이다. 다만 역사적으로 낮은 실업률, 하락하는 인플레이션, 금리 인하에 힘입어 소비자 지출이 경제를 일정 수준 유지하는 역할을 할 것이다.

라트비아

GDP 성장률: 1.4%

1인당 GDP: 2만 7,150달러(PPP: 4만 8,270달러)

물가상승률: 2.5%

재정 균형(GDP 대비): -2.9%

인구: 180만 명

에비카 실리냐(Evika Silina) 총리와 그녀가 이끄는 신단결(New Unity)당은 녹색농민연합 및 진보당과 함께 100석 규모의 의회에서 간신히 과반을 확보해 취약한 3당 연립정부를 구성하는 중이다. 이 연립정부는 2026년 10월로 예정된 선거의 결과로 붕괴할 전망이지만, 경우에 따라서는 더 일찍 선거가 치러질 수도 있다. 어떤 결과가 나오더라도 친EU, 친NATO 노선은 유지될 것이다. 경제는 미국 관세의 영향으로 정밀장비 및 화학제품 수출이 줄어들며 타격을 받을 것이다. 그러나 무역 다변화, 국방비 지출, EU 자금 기반 투자가 완만한 경기 회복을 뒷받침할 것이다.

리투아니아

GDP 성장률: 2.7%

1인당 GDP: 3만 8,430달러(PPP: 6만 2,980달러)

물가상승률: 2.0%

재정 균형(GDP 대비): -2.7%

인구: 280만 명

리투아니아의 중도좌파 성향 정당인 사회민주당에 소속된 잉가 루기니에네(Inga Ruginiene)가 2025년 9월 총리로 취임했다. 이는 직전 총리인 긴타우타스 팔루카스(Gintautas Paluckas)가 사업 거래 관련 조사를 받는 과정에서 사임한 후 벌어진 일이다. 새 연립정부에는 이전과 마찬가지로 포퓰리즘 성향의 네무나스의 새벽(Dawn of Nemunas)당이 포함되어 있는데, 이 정당은 정책이 불분명하고 지도자인 레미기유스 제마이타이티스(Remigijus Zemaitaitis)가 법적 문제에 직면해 있어 불확실한 요소로 평가된다. 그럼에도 불구, 친서방, 친EU 노선은 유지될 전망이다. 경제는 강한 임금 상승과 국방 지출 확대에 힘입어 성장할 것이다.

주목할 점: 선로 변화. 경제는 발트 3국을 거쳐 폴란드까지 연결하는 고속철도 프로젝트인 레일 발티카(Rail Baltica)에 대한 지출로 인해 활력을 얻을 것이다.

네덜란드

GDP 성장률: 0.5%

1인당 GDP: 7만 5,530달러(PPP: 8만 8,870달러)

물가상승률: 2.8%

재정 균형(GDP 대비): -2.9%

인구: 1,840만 명

중도좌파 성향의 당인 민주66은 2025년 말 선거에서 극우 성향의 자유당이 입지가 약화되면서 차기 정부를 구성할 준비를 하고 있다. 그럼에도 불구하고 민주66은 연립정부를 구성하기 위해 다른 정당들의 지지가 필요하며 이 협상은 2026년까지 이어질 가능성이 있다. 수출 중심의 경제는 미국 관세와 투자 축소로 성장 속도가 둔화하겠지만, 재정 부양책에 힘입어 일정 부분 동력을 얻을 전망이다.

주목할 점: 가스 거인. 전국적인 수소 파이프라인 네트워크의 1단계 사업이 로테르담에서 가동을 시작할 예정이다.

노르웨이

GDP 성장률: 1.6%

1인당 GDP: 10만 740달러(PPP: 11만 190달러)

물가상승률: 2.4%

재정 균형(GDP 대비): 8.9%

인구: 570만 명

중도좌파 성향의 노동당은 2025년 9월 선거에서 1위를 차지하며 또 다른 연립정부의 등장을 예고했다. 하지만 정당들 사이의 협상은 수개월이 걸릴 수 있다. 정부는 복지국가 강화를 목표로 하겠지만, 중도 또는 우파 정당에 의존해야 하므로 좌파적 정책으로의 눈에 띄는 전환은 제한될 전망이다. 낮은 인플레이션은 실질 소득을 끌어올릴 것이며, 중앙은행은 차입 금리를 인하할 것이다. 강력한 소비자 지출과 많은 석유 및 가스 수입이 경제를 안정적으로 유지할 것이다.

주목할 점: 클라우드 기반. 노르웨이가 지속 가능한 기술 허브로서 입지를 다지면서, 정부 관계자, 테크 기업 수장들, 투자자들이 5월 오슬로에서 열리는 데이터 센터 엑스포(Data Centre Expo)에 모일 예정이다.

→ 폴란드
GDP, 전년 대비 변화율(%)

두 차례 총리를 역임한 도날드 투스크(Donald Tusk)가 이끄는 중도 성향의 시민연합(Civic Coalition) 당이 집권하면서 EU와의 관계와 자금 흐름이 정상적인 상태로 복귀했다. 그는 친기업적이면서도 사회적·진보적 정책들을 추진할 예정이지만, 야당 성향의 대통령이 장애물로 작용할 가능성이 있다. 서방 동맹국과의 국방 관계는 더욱 강화될 것이다. 경제 성장은 EU 평균치를 웃돌 전망이며, 투자 확대와 재정 완화가 불확실한 수출 전망을 상쇄할 것으로 보인다.

폴란드

GDP 성장률: 3.2%

1인당 GDP: 2만 9,160달러(PPP: 5만 5,560달러)

물가상승률: 2.9%

재정 균형(GDP 대비): −6.4%

인구: 3,780만 명

포르투갈

GDP 성장률: 1.9%

1인당 GDP: 3만 5,970달러(PPP: 5만 7,430달러)

물가상승률: 2.0%

재정 균형(GDP 대비): 0.1%

2026년의 인물

지난 30년간의 정치 활동을 통해 **밀로라드 도디크**(Milorad Dodik)는 자유민주주의와 반민족주의의 옹호자이자 서방 강대국들의 '총애를 받는 인물'에서 1995년 전쟁 이후 설립된 보스니아헤르체고비나(BiH) 내에서 세르비아계 사람들이 다수를 차지하는 지역인 스르프스카(Republika Srpska) 공화국의 독립을 적극 지지하는 인물로 변모했다. 그는 1998년부터 2010년 사이에 해당 준자치지역의 총리를 두 차례, 2010년부터 2025년까지 대통령을 두 차례 역임했으며, 현재는 독립적인 정치 선동가로 활동하고 있다. 그는 세르비아와 러시아를 편들고 지지하고 있어서 BiH 정부와 이 정부를 지지하는 서방국들에는 눈엣가시다. 오랜 세월 발칸 반도를 불안정하게 만든, 기저에 깔린 민족적·정파적 분열은 2026년에도 계속해서 불씨로 남을 전망이다. 도디크는 다시 한번 그 불씨를 큰 불로 격화시킬 수 있는 인물이다.

인구: 1,040만 명

중도우파 성향의 민주동맹연합이 구성한 소수 정부는 루이스 몬테네그로(Luis Montenegro) 총리가 이끌고 있으며, 야당과의 협력에 의존하고 있다. 여기에는 현재 최대 야당인 극우 포퓰리즘 성향의 체가(Chega)당이 포함될 가능성도 있다. 이러한 불안정한 정치적 균형은 임금 인상, 주택 위기 해결, 경제 성장 촉진을 목표로 한 정부 프로그램을 흔들 수 있다. 강력한 관광 수입이 경제를 뒷받침하겠지만, EU 회복 기금은 종료될 예정이다.

루마니아

GDP 성장률: 1.5%
1인당 GDP: 2만 5,190달러(PPP: 5만 4,290달러)
물가상승률: 5.9%
재정 균형(GDP 대비): -6.2%
인구: 1,880만 명

일리 볼로잔(Ilie Bolojan) 총리가 이끄는 4당 연립정부는 긴축 정책—이는 GDP 대비 3%라는 EU 기준을 초과하는 재정 적자를 축소하는 데 필요한 조치다—을 둘러싸고 의견 차이를 보이면서 그 단합이 위협받고 있다. 한

→ **루마니아**
산업 생산, 전년 대비 변화율(%)

편, 극우 세력은 실망한 유권자 사이에서 득세하고 있다. 공공 지출 긴축, 약한 내수 수요, EU 기금 집행의 부진이 경제 성장에 부담을 주겠지만, 산업 생산은 반등할 것으로 보인다.

러시아

GDP 성장률: 0.7%

1인당 GDP: 1만 7,240달러(PPP: 5만 2,200달러)

물가상승률: 4.8%

재정 균형(GDP 대비): -2.2%

인구: 1억 4,340만 명

우크라이나 전쟁은 협상을 통한 불안정한 중단 상태로 접어들 수 있으며, 이 경우 러시아의 비석유 부문의 수출은 일부 회복될 가능성이 있다. 그러나 전시 경제에서 평시 경제로의 전환은 더딜 전망이다. 전투원과 그 가족에 대한 상여금 중단, 공급이 더 많은 노동시장은 국내 수요를 억제할 것이므로 '평화배당금'은 그리 크지 않을 전망이다. 만약 전쟁이 지속한다면, 전쟁의 강도는 줄어들겠지만, 러시아가 세계 무역·금융 시스템에 재통합될 가능성은 없을 것이다.

주목할 점: 투표 스포일러. 2026년 9월에 치러지는 국회의원 선거에서는 예상된 결과가 나올 것이다.

슬로바키아

GDP 성장률: 1.6%

1인당 GDP: 3만 1,930달러(PPP: 5만 1,180달러)

물가상승률: 2.8%

재정 균형(GDP 대비): -4.5%

인구: 550만 명

포퓰리즘과 민족주의 성향의 방향-사회당(Smer-SD) 정부는 의회에서 간신히 과반을 확보한 취약한 연립정부로, 사법 개혁을 둘러싸고 EU와 다시 갈등을 빚을 것이다. 하지만 공공부채 재원 확보에 중요한 EU 자금은 유입될 전망이다. 해외 수요 부진, 특히 독일로부터의 수요 부진으로 자동차, 자동차 부품 및 기타 산업재에 크게 의존하는 경제는 부담을 안게 되겠지만, 산업 다변화는 점진적으로 진행될 것이다.

슬로베니아

GDP 성장률: 2.5%

1인당 GDP: 3만 9,180달러(PPP: 6만 2,350달러)

물가상승률: 2.0%

재정 균형(GDP 대비): -2.0%

인구: 210만 명

집권당인 자유운동(Freedom Movement)과 좌파 연합은 의회에서 안정적인 지지를 누리고 있지만, 2026년 4월로 예정된 선거를 앞두고 여론조사에서는 중도우파 성향의 슬로베니아민주당에 뒤처지고 있다. 신생 정당들의 등장으로 차기 의회는 분열될 가능성이 높으며, 연립정부 구성이 복잡해질 전망이다. 수출 중심 경제는 어려움에 직면하겠지만, 경제는 반등할 것으로 보인다.

스페인

GDP 성장률: 2.0%

1인당 GDP: 4만 2,220달러(PPP: 6만 5,280달러)

물가상승률: 2.0%

재정 균형(GDP 대비): -2.6%

인구: 4,790만 명

페드로 산체스(Pedro Sánchez) 총리가

이끄는 좌파 성향의 소수 연립정부는 튼튼한 내수 수요, 관광 활성화, 임금 상승, EU 지원 투자(특히 디지털 및 친환경 인프라 분야)를 바탕으로 EU 평균치를 웃도는 경제 성장을 달성할 전망이다. 그럼에도 수출 성장에 대한 위험은 계속될 것이다. 부패 추문으로 정부의 위상이 약화했지만, 2026년을 지나고 2027년 선거가 있는 시점까지는 어려운 상황 속에서도 그 기능을 지속할 것이다.

주목할 점: 새로운 포뮬러. 2026년 9월 마드리드에서는 도심 도로와 전용 트랙을 결합한 새로운 경주로에서 처음으로 포뮬러1(F1) 자동차 경주가 열릴 예정이다.

스웨덴

GDP 성장률: 2.1%

1인당 GDP: 6만 7,310달러(PPP: 7만 6,900달러)

물가상승률: 1.8%

재정 균형(GDP 대비): -1.1%

인구: 1,070만 명

울프 크리스테르손(Ulf Kristersson) 총리가 이끄는 중도우파 성향의 소수 연립정부는 극우 성향의 스웨덴민주당의 의회 내 지원을 받아 2026년 9월에 있는 선거 시점까지 존속할 전망이다.

주요 야당인 중도좌파 성향의 사회민주당이 차기 정부를 구성할 가능성이 가장 높으며, 이는 복지 지출 확대와 이민 정책 완화를 예고한다. 높은 실업률과 가계 부채에도 불구하고, 소비자 지출 증가, 기업 투자 확대, 낮은 인플레이션이 경제를 견인할 것으로 보인다.

스위스

GDP 성장률: 0.8%

1인당 GDP: 12만 달러(PPP: 10만 2,790달러)

물가상승률: 0.6%

재정 균형(GDP 대비): 0.2%

인구: 900만 명

많은 부분이 미국의 수입 관세를 인하하기 위한 정부의 협상에 달려 있을 전망이다. 스위스의 관세는 EU에 부과되는 관세의 2배에 달한다. 미국과의 관계가 안정될 때까지 스위스 프랑은 압박을 받을 가능성이 높다. 물가는 낮은 수준을 유지할 것이며, 이는 마이너스 금리로의 복귀를 촉발할 수도 있다. 경제 정책은 대형 금융기관 규제 강화와 EU와 체결하는 새 협정―무역, 에너지, 식품 안전 분야를 포함한다―에 대한 의회 승인의 확보에 집중될 것이다.

튀르키예

GDP 성장률: 3.8%

1인당 GDP: 1만 8,400달러(PPP: 5만 1,190달러)

물가상승률: 23.0%

재정 균형(GDP 대비): −3.0%

인구: 8,790만 명

2025년 높은 대중적 인기를 누렸던 이스탄불 시장이 체포되는 사건으로 인해 시위가 발생한 이후로 레제프 타이이프 에르도안(Recep Tayyip Erdogan) 대통령은 자신의 권력을 더욱 강화해 나갈 것이다. 견고한 의회 과반의 지지를 받는 에르도안 대통령은 원하는 대로 정책을 추진할 수 있을 것이다. 물가상승률 둔화는 정부 지출 확대와 금리 인하를 가능하게 해 경제 성장을 지원할 것이다. 하지만 높은 실업률과 실질 임금 하락은 소비자 지출을 제약할 전망이다.

주목할 점: 오일 훈련. 매년 열리는 크르크프나르 오일 레슬링 축제가 2026년 7월 에디르네에서 열리며, 가죽 의상을 입은 채 올리브유를 뒤집어쓴 레슬러들이 경기에 참가할 예정이다.

우크라이나

GDP 성장률: 2.4%

1인당 GDP: 5,630달러(PPP: 1만 8,430달러)

물가상승률: 7.5%

재정 균형(GDP 대비): -18.7%

인구: 3,950만 명

영국

GDP 성장률: 1.3%

1인당 GDP: 6만 2,470달러(PPP: 6만 7,130달러)

물가상승률: 2.5%

재정 균형(GDP 대비): -4.0%

인구: 6,990만 명

러시아와의 전쟁에서 평화 협정이 체결되지 않는다면, 양측이 버티기에 들어가면서 사실상 현재의 전선이 고착될 가능성이 크다. 평화 협정이 성사될 경우, 영토 양보와 우크라이나의 서방 동맹국이 제공하는 제한적인 안보 보장이 포함될 가능성이 크다. 볼로디미르 젤렌스키 대통령은 타협 내용에 대해 국민투표를 통한 승인을 요청할 수도 있다. 전투가 잦아들면서 재건 관련 지출이 늘어 경제는 소폭 성장할 전망이다.

키어 스타머 총리가 이끄는 노동당 정부는 부상하고 있는 극우·반이민 성향의 영국개혁당과 경쟁하며 국민의 지지를 회복하려 노력할 것이다. 영국개혁당은 전통적인 양당제에 위협으로 작용하고 있다. 노동당의 개혁 및 투자 프로그램은 10년 후에나 성과를 낼 것으로 보이며, 세금 인상과 긴축 예산은 기업과 소비자들의 심리를 위축시킬 것이다. 경제는 침체를 겪겠지만, 인플레이션은 하락할 전망이다.

아시아

호주

GDP 성장률: 2.4%

1인당 GDP: 7만 1,270달러(PPP: 8만 120달러)

물가상승률: 2.6%

재정 균형(GDP 대비): -1.6%

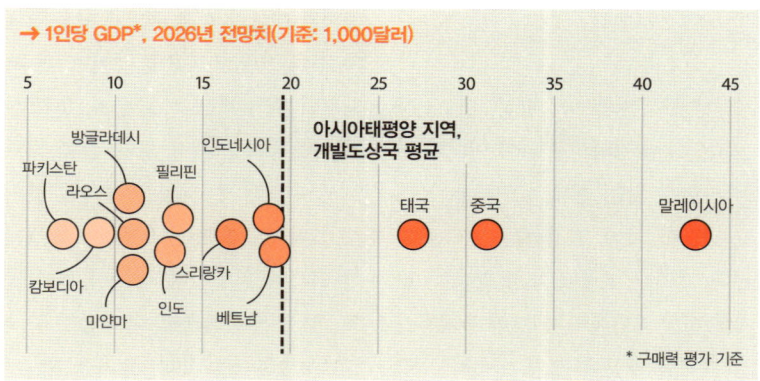

인구: 2,720만 명

인구: 1억 7,780만 명

앤서니 앨버니지(Anthony Albanese) 총리가 이끄는 노동당 정부는 하원에서 강력한 과반을 확보하고 있지만, 상원에서는 녹색당의 지원이 필요하다. 양당은 노동관계와 생활비 지원 정책에서 협력할 테지만, 주택 정책에서는 이견을 보일 수 있다.

주목할 점: 좀 더 쉬운 융자. 금리 인하는 한동안 부진했던 소비 지출과 기업 투자를 되살리며 내수 회복에 도움이 될 것이다.

총선이 2026년 2월로 예정되어 있으며, 방글라데시민족주의당이 승리할 것으로 예상된다. 노벨평화상 수상자인 무함마드 유누스가 이끄는 기술관료 중심의 과도정부—2024년 학생 시위로 이전 정부가 붕괴한 다음 들어섰다—는 각종 기관과 제도들을 재건하기 위해 노력해 왔으며, 이는 IMF 대출 집행 속도에 영향을 미칠 것이다. 생활비 압박으로 인해 긴축 조치는 인기가 없을 전망이다.

방글라데시

GDP 성장률: 4.3%

1인당 GDP: 2,720달러(PPP: 1만 820달러)

물가상승률: 6.9%

재정 균형(GDP 대비): −3.8%

중국

GDP 성장률: 4.6%

1인당 GDP: 1만 4,670달러(PPP: 3만 1,310달러)

물가상승률: 0.2%

재정 균형(GDP 대비): −5.7%

인구: 14억 1,000만 명

시진핑 주석은 공산당과 군, 관료조직을 측근들이 장악하고 있어 어떠한 도전도 받지 않는 절대적 권력을 누리고 있으며, 주요 결정권은 그가 쥐고 있다. 그러나 고령과 건강 문제는 잠재적 위험 요인이며, 분명한 후계자가 없다는 점 때문에 그가 병이라도 앓게 된다면 권력 투쟁이 촉발될 수도 있다. 미국의 봉쇄 압박과 중국 수출품에 대한 수요 둔화로 인해 경제 성장률은 하락할 것이다. 정부는 부동산 시장 부진 속에서도 내수 지출을 떠받치기 위해 경기 부양책과 인프라 투자를 지속적으로 추진할 것이다.

주목할 점: 계획의 조망. 중국은 경제 회복력, 기술 발전, 성장을 강조하면서도 국가 안보 측면을 참작하는 제15차 5개년 계획을 시작할 것이다.

홍콩

GDP 성장률: 1.9%
1인당 GDP: 6만 40달러(PPP: 8만 5,210달러)
물가상승률: 2.1%
재정 균형(GDP 대비): -3.7%
인구: 740만 명

중국과 미국의 경쟁 구도가 향후 경제와 정치 전망을 좌우할 것이며, 전 세계적인 무역 제한, 기술 통제, 투자 심사는 홍콩이 국제적 무역·금융 허브로서 수행해 온 역할을 제약할 것이다. 그럼에도 2026년 후반기에는 경제가 회복될 전망인데, 이는 홍콩의 금융 서비스업이 상장을 추구하는 중국 본토 기업들을 더 많이 유치할 것이기 때문이다. 중국의 홍콩 지도부에 대한 영향력은 더욱 강화되는 반면, 홍콩 자체의 목소리는 억눌린 상태가 유지될 것이다.

주목할 점: 북쪽을 보라. 노던메트로폴리스(Northern Metropolis) 인프라 프로젝트가 진전을 보이며, 새로운 주택 공급과 도로·철도 연결망 구축이 이루어질 것이다.

인도

GDP 성장률: 6.2%
1인당 GDP: 2,990달러(PPP: 1만 3,140달러)
물가상승률: 3.8%
재정 균형(GDP 대비): -4.0%
인구: 14억 8,000만 명

인도인민당(Bharatiya Janata Party)이 이끄는 연립정부의 축소된 의회 과반은 기업 개혁 추진 속도를 늦추고 투

→ 인도
GDP, 전년 대비 변화율(%)

자자 신뢰를 약화할 것이다. 그럼에도 경제는 느슨한 통화 정책, 공공투자, 탄탄한 서비스 수출, 강성한 농촌 수요에 힘입어 2026년에도 한 번 더 높은 성장률을 기록할 전망이다. 큰 규모의 빠르게 성장하는 소비자 시장은 외국인 직접 투자를 증가시킬 것이다.

주목할 점: 관계 복원. 인도는 도널드 트럼프 대통령의 자존심을 달래고, 악화한 미국과 인도 간 경제 관계를 회복할 방안을 모색할 것이다.

인도네시아

GDP 성장률: 4.6%

1인당 GDP: 5,340달러(PPP: 1만 8,890달러)

물가상승률: 2.7%

재정 균형(GDP 대비): −3.2%

인구: 2억 8,790만 명

프라보워 수비안토(Prabowo Subianto) 대통령 정부는 식량 안보, 무역 다변화, 중공업 및 인프라 분야의 외국인 투자 유치에 주력할 것이다. 내각 확대는 정책 전문성 강화를 약속하지만, 동시에 과도한 지출과 관료주의 증가의 위험도 안고 있다. 무상급식 프로그램과 같은 대표적인 정책이 인도네시아의 새로운 수도 누산타라(Nusantara) 개발과 같은 대규모 프로젝트보다 우선순위가 될 것이다. GDP는 성장하겠지만, 프라보워 대통령이 제시한 8% 성장 목표에는 크게 못 미칠 전망이다.

주목할 점: 시간 절약. 자카르타–수라바야 간 고속철도 건설 작업이 시작될 것이며, 이동에 걸리는 시간이 10시간에서 4시간 미만으로 단축될 예정이다.

일본

GDP 성장률: 0.7%

1인당 GDP: 3만 5,670달러(PPP: 5만 6,900달러)

물가상승률: 1.5%

재정 균형(GDP 대비): −3.5%

인구: 1억 2,240만 명

다카이치 사나에는 자민당 대표가 된 후 2025년 말 일본 최초의 여성 총리가 되었다. 불과 일 년 사이 세 번째로 취임하는 총리인 다카이치 사나에는 우파적 방향으로의 전환을 명백히 보여준다. 그녀는 완화된 재정·통화 정책을 선호하며 자신의 멘토였던 고 아베 신조(Abe Shinzo) 전 총리의 친성장 정책을 계승할 가능성이 높다. 지출 확대는 경제를 활성화하지만, 동시에 국가 부채 증가를 초래할 것이다.

카자흐스탄

GDP 성장률: 4.8%

1인당 GDP: 1만 3,620달러(PPP: 4만 5,800달러)

물가상승률: 11.3%

재정 균형(GDP 대비): -2.7%

인구: 2,110만 명

카심-조마르트 토카예프(Kassym-Jomart Tokayev) 대통령이 이끄는 권위주의 정권은 반대 의견을 억압하고, 공동체들과 언론을 엄격히 통제하며, 나자르바예프(Nazarbayev) 대통령 시대 인사들을 주변화할 것이다. 필요하다면 돈으로 그들의 충성을 사기도 할 것이다. 겉치레에 불과한 개혁이 이루어질지는 몰라도, 진정한 정치적 자유는 기대하기 어렵다. 하지만 산업 분야(특히 석유와 가스 산업 분야)에서 갈등의 조짐이 나타나면 정부는 강력한 탄압으로 대응할 것이다. 민간 수요 둔화로 경제 성장은 완만할 전망이다.

주목할 점: 디지털 경기장. 수도 아스타나는 2026년 7월 신체 스포츠와 디지털 스포츠가 결합한 하이브리드 행사인 '미래의 게임(Games of the Future)'을 개최할 예정이다.

말레이시아

GDP 성장률: 4.0%

1인당 GDP: 1만 3,320달러(PPP: 4만 3,210달러)

물가상승률: 1.6%

재정 균형(GDP 대비): -3.9%

인구: 3,640만 명

안와르 이브라힘(Anwar Ibrahim) 총리가 이끄는 광범위한 연립정부는 말레이계와 비말레이계의 이해관계를 균형 있게 조정해 사회적 불안을 최소화하고자 할 것이다. 경제 성장은 전 세계적 보호무역주의 확산과 수출 수요 약화(특히 미국 수요의 약화)로 둔화할 전망이다. 그럼에도 임금 상승과 가처분 소득 증가에 힘입은 소비자 지출이 주요 성장 동력으로 작동할 것이다.

주목할 점: 가치 평가. 2030년까지 디지털화, 전기차 제조, 제약 생산의 고도화를 목표로 하는 신산업 마스터플랜(New Industrial Master

Plan)에 대한 중간 점검이 이루어질 예정이다.

뉴질랜드

GDP 성장률: 0.9%

1인당 GDP: 5만 2,390달러(PPP: 6만 510달러)

물가상승률: 2.2%

재정 균형(GDP 대비): -2.5%

인구: 530만 명

크리스토퍼 럭슨(Christopher Luxon) 총리가 이끄는 연립정부—중도 우파 성향의 국민당과 뉴질랜드제일당, 뉴질랜드행동당으로 구성되어 있다—는 마오리족 우대 정책 축소와 마오리족 토지 소유권을 인정한 조약의 재해석에 대한 요구들 둘러싸고 내홍을 겪을 수 있다. 이로 인해 야당이 힘을 얻을 수 있지만, 연립정부는 존속할 가능성이 높다. 정부에 의한 인프라 투자와 외국인 투자 규제 완화는 중국발 수요 약세에도 불구하고 경제 성장을 이끌 전망이다.

파키스탄

GDP 성장률: 4.5%

1인당 GDP: 1,660달러(PPP: 7,000달러)

물가상승률: 5.0%

재정 균형(GDP 대비): -5.0%

인구: 2억 5,930만 명

파키스탄 무슬림 연맹(Nawaz)과 파키스탄 인민당이 이끄는 연립정부는 간신히 과반을 확보하고 있으며, 군부의 지지에 의존하고 있다. 이에 따라 군부는 정책 결정에 영향력을 행사하고 있다. 완화적 통화 정책과 신용 접근성 개선이 경제를 뒷받침하겠지만, 미국발 관세와 인도와 파키스탄 사이를 흐르는 인더스강의 사용을 정하는 물 조약을 인도가 중단한 영향으로 성장에는 제약이 따를 전망이다.

주목할 점: 신탁 기금. IMF 지원이 채무불이행을 막아주겠지만, 재정 압박과 더딘 개혁 조치들은 IMF 기금의 지속적인 지원 의지를 시험할 것이다.

필리핀

GDP 성장률: 4.6%

1인당 GDP: 4,750달러(PPP: 1만 3,630달러)

물가상승률: 2.6%

재정 균형(GDP 대비): -6.0%

인구: 1억 1,770만 명

반복되는 계파 갈등이 정치적 상황을 흔들겠지만, 페르디난드 "봉봉" 마르코스 주니어(Ferdinand "Bongbong" Marcos junior) 대통령의 동맹 세력은 물가 안정과 같은 정책을 지지하며 2025년 5월 중간선거에서 상원을 장악했다. 선거 전에 경기 부양책들이 시행되었으므로 그 이후 경제 성장은 둔화할 전망이다. 인플레이션과 금리는 낮게 유지되고, 소비자 지출과 투자는 반등할 것으로 보인다. 다만, 무역 성장세의 둔화와 선거 후 수요 감소가 성장의 걸림돌로 작용할 것이다.

주목할 점: 미국의 선물. 미국과의 경제 및 군사 협력 강화는 중국과의 긴장을 악화시킬 것이다.

싱가포르

GDP 성장률: 2.6%

1인당 GDP: 10만 9,340달러(PPP: 16만 7,950달러)

물가상승률: 1.1%

재정 균형(GDP 대비): 0.4%

인구: 590만 명

장기 집권 중인 인민행동당은 로렌스 웡(Lawrence Wong) 총리의 리더십에 의지해 지배력을 유지할 것이다. 하지만 야당인 노동당은 특히 젊고 개혁 성향이 강한 유권자들 사이에서 지지율을 끌어올릴 것이다. 높은 생활비, 주택 가격 부담, 소득 불평등에 대한 불만은 대응이 필요하다. 내수 수요와 재정 지원이 흐릿한 무역 전망을 부분적으로 상쇄할 것이다.

대한민국

GDP 성장률: 1.4%

1인당 GDP: 3만 8,690달러(PPP: 6만 4,490달러)

물가상승률: 1.7%

재정 균형(GDP 대비): -2.4%

인구: 5,160만 명

진보 성향의 민주당은 대통령직과 국회 둘 다를 확고히 장악하고 있다. 이재명 당대표가 2025년 6월 대통령으로 당선됨으로써 전임 대통령 탄핵으로 인한 정치적 마비 상태가 대부분 해소되었다. 정책은 청년 고용, 노인 복지, 중소기업 지원에 집중될 테지만, 미국 관세, 전 세계적인 수요 약세, 중국과의 경쟁으로 성장은 제약을 받을 것이다.

주목할 점: 거의 현실화된 가상. 서울시는 자체 행정 서비스 및 문화 메타버스 플랫폼을 출시해, 디지털 도시 접근성의 모델을 제시할 것이다.

스리랑카

GDP 성장률: 4.0%

1인당 GDP: 4,930달러(PPP: 1만 6,960달러)

물가상승률: 4.0%

재정 균형(GDP 대비): -4.0%

인구: 2,330만 명

아누라 쿠마라 디사나야케(Aruna Kumara Dissanayake) 대통령이 이끄는 집권 세력인 국가인민동맹(NPP)은 여전히 강한 지지를 받고 있지만, 선거에 따른 지지 효과는 끝나가고 있다. 입법부와 행정부를 같은 세력이 장악하고 있는 관계로 부의 재분배와 임금 인상 정책을 추진할 수 있을 것이다. 경제 회복은 계속될 것이고, 소득 증가가 지출을 뒷받침할 것이다. 중간 수준의 금리와 증가하는 관광객 수가 미국 관세로 인해 부진한 수출을 부분적으로 상쇄할 전망이다.

대만

GDP 성장률: 2.2%

1인당 GDP: 3만 9,780달러(PPP: 9만 2,540달러)

물가상승률: 1.7%

재정 균형(GDP 대비): 0.2%

인구: 2,300만 명

입법부에서는 라이칭더(Lai Ching-te) 총통의 민주진보당과 야당인 국민당, 그리고 대만민중당 사이의 이견으로 인해 의회 내 교착 상태가 계속될 것이다. 이는 복지 및 국방 지출 확대 계획을 제약할 것이다. 중국의 위협 증가로 인해 대만해협의 긴장은 높은 수준을 유지할 전망이다. 미국으로 수출하는 물품들의 프런트로딩이 사라지면서 경제 성장이 둔화할 것이다. 하지만 대만이 기술 공급망에서 차지하는 역할을 감안하면, 전 세계적인 인공지능(AI) 수요는 대만 경제에 도움이 될 것이다.

태국

GDP 성장률: 1.7%

1인당 GDP: 8,580달러(PPP: 2만 7,080달러)

물가상승률: 1.0%

재정 균형(GDP 대비): -5.2%

인구: 7,160만 명

품짜이타이당(Bhumjaithai Party) 대표 아누틴 찬위라꾼(Anutin Charnvirakul)은 이전 총리 패통탄 친나왓(Paetongtarn Shinawatra)이 도덕적인 문제로 헌법재판소에 의해 해임된 다음 2025년 9월 새 총리로 지명되었다. 2026년 초반에 총선이 실시될 가능성이 높으며, 이는 새롭고 개혁에 더 우호적인 정부를 탄생시킬 것이다. 평화로운 권력 이양에도 불구하고, 군부와 연계된 보수 세력과 개혁 지지 세력 사이의 긴장은 다시 고조될 것이다. 무역 부진은 경제 성장을 제약할 전망이다.

주목할 점: 열광적 호평. 전자댄스음악(EDM) 팬들은 2026년 12월, 아시아 최초로 대규모의 '투모로우랜드 페스티벌'이 개최됨에 따라 음악 축제를 즐기기 위해 파타야의 위즈덤밸리로 몰려들 것이다.

우즈베키스탄

GDP 성장률: 5.5%

1인당 GDP: 3,760달러(PPP: 1만 3,560달러)

물가상승률: 7.5%

재정 균형(GDP 대비): -2.9%

인구: 3,770만 명

샤브카트 미르지요예프(Shavkat Mirziyoyev) 대통령과 그에게 순응하는 자유민주당 정부 아래에서 정치적 분위기는 강한 권위주의적 성격을 유지할 것이다. 부패와 에너지 부족에 대한 대중의 불만이 존재함에도, 엄격한 정부 통제와 반대 의견의 신속한 억압이 안정성을 보장할 것이다. 성장률은 다소 둔화하겠지만, 에너지와 인프라 분야 투자, 강한 내수, 안정적인 수출, 높은 금 가격, 꾸준한 해외 송금 유입이 경제 성장을 지속적으로 견인할 것이다.

베트남

GDP 성장률: 4.4%

1인당 GDP: 4,980달러(PPP: 1만 9,100달러)

물가상승률: 3.0%

재정 균형(GDP 대비): -4.1%

인구: 1억 220만 명

2024년에 전임자가 사망한 이후 베트남 공산당 서기장이 된 **또럼**은 2026년 1월 공산당 전당대회에서 현 직책에 대한 신임을 받을 가능성이 크다. 이를 준비하기 위해 그는 정부 권한을 중앙집권화하고, 본인의 권위와 인사권을 공고히 했다. 더불어 고도로 정치화된 반부패 단속을 계속 밀어붙일 것이다. 하지만 상황이 순탄하지만은 않을 것이다. 베트남은 최근 몇 년 동안 서방 경제권과 중국의 거대한 수출 체제 사이에서 균형을 잡는 전략을 취해 왔는데, 이는 도널드 트럼프의 예측 불가능한 관세 정책으로 인해 위협받고 있다. 또럼 서기장은 공안부 장관을 지낸 자기 아버지와 마찬가지로, 미국과 중국을 자극하거나 중앙집중화된 정치적 통제를 희생하지 않으면서 베트남의 무역 및 투자 관계를 다변화하는 전략을 채택할 것이다.

2026년의 인물

또럼 공산당 서기장은 2026년 1월 초에 열리는 제14차 베트남 공산당 전당대회를 앞두고, "불타는 용광로"라고 불리는 자신의 반부패 캠페인의 성과를 바탕으로 권력의 고삐를 더욱 바싹 당길 준비가 되어 있다(2026년의 인물 참조). 경제 정책은 전반적으로 개방적이고 친기업적 기조를 유지하며, 외국인 직접투자, 관료주의 축소, 관세 인하(특히 미국산 상품이 그 대상임)에 중점을 둘 것이다. 그러나 2024~2025년 사이의 강한 성장 이후, 미국의 보호무역주의와 아시아 여러 국가에서 오는 환적 상품에 대한 제한이 투자와 수출, 소비를 압박하면서 경제 성장률은 둔화할 전망이다.

북아메리카

캐나다

GDP 성장률: 0.9%

1인당 GDP: 5만 9,240달러(PPP: 7만 2,470달러)

물가상승률: 2.1%

재정 균형(GDP 대비): -1.8%

인구: 4,050만 명

마크 카니 총리는 자유당 소속으로 소수 정부를 이끌고 있으며, 새롭게 부활한 보수당은 강한 야당 역할을 할 것이다. 카니 총리 진영은 도널드 트럼프 대통령이 캐나다에 보이는 적대적 태도에 의해 촉발된 민족주의 정서가 고조되면서 혜택을 볼 것이다. 미국의 징벌적 관세는 실제로 타격을 줄 것이며, 캐나다 주들 사이의 추가적인

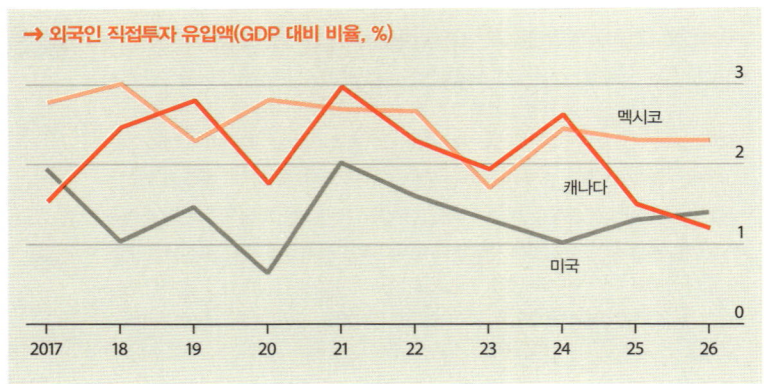

→ 외국인 직접투자 유입액(GDP 대비 비율, %)

통합도 더 높은 수입품 가격이 소비자에게 미치는 영향을 완전히 상쇄하지는 못할 것이다. 경제 성장은 미약할 것이다.

멕시코

GDP 성장률: 1.4%
1인당 GDP: 1만 3,720달러(PPP: 2만 7,520달러)
물가상승률: 3.5%
재정 균형(GDP 대비): -3.7%
인구: 1억 3,300만 명

캐나다·멕시코·미국 간 무역협정의 재협상은 2026년 중반까지 완료될 예정이며, 이는 경제 정책에 불확실성 요소가 되고 있다. 게다가 클라우디아 셰인바움 대통령은 진즉부터 대립각을 세우고 있는 트럼프 행정부와의 관계 설정에 어려움을 겪고 있다. 그녀는 지출 우선순위를 재조정하고 예산을 더 느슨하게 운영해야 할 수도 있으며, 이는 재정 목표를 위험에 빠뜨릴 수 있다. 논란이 많은 사법부 개편에도 불구하고 그녀는 여전히 인기가 높다. 하지만 해외 투자자들은 점진적으로 강화되고 있는 권위주의에 우려를 표하고 있으며, 경제 성장률은 잠재치 이하에 머물 것이다.

주목할 점: 개막. 2026년 6월 11일, 멕시코시티에서 멕시코가 캐나다, 미국과 공동 개최하는 FIFA 월드컵 첫 경기가 열린다.

미국

GDP 성장률: 1.4%
1인당 GDP: 9만 2,170달러(PPP: 9만 2,170달러)
물가상승률: 3.1%
재정 균형(GDP 대비): -6.6%

2026년의 인물

몇몇 사람들은 지도에서 가이아나가 어디에 있는지 찾아내는 게 어려울 수 있지만, 2026년에는 그런 상황이 달라질지 모른다. 두 번째 임기를 수행 중인 **모하메드 이르판 알리**(Mohamed Irfaan Ali) 대통령이 이 작은 나라를 석유 산유국으로 만들려고 하고 있기 때문이다. 영국과 비슷한 크기를 가진 이 나라는 인구는 적지만, 막대한 석유·가스 매장량을 보유하고 있다. 2026년 하루 약 100만 배럴에 이를 것으로 예상되는 생산량은 가이아나의 일부 영유권을 주장하며 갈등 촉발의 원인이 될 수 있는 이웃 국가 베네수엘라의 생산량과 맞먹을 수 있다. 비석유 산업의 위축과 통화 가치의 과대평가 등을 초래하는 '네덜란드병'이 위협이 되지만, 경제학자인 알리 대통령은 이러한 위험을 피하면서 석유에서 나온 부를 절실히 필요한 개발을 위한 재원으로 활용하려 할 것이다.

인구: 3억 4,900만 명

도널드 트럼프 대통령의 규범을 깨는 행동은 줄어들 기미가 보이지 않는다. 그는 대통령직이 부여하는 권력을 공고히 했으며, 이를 특히 무역과 이민 분야에서 무자비하게 사용할 것이다. 그는 여전히 잔혹할 정도로 거래 중심적인 태도를 유지하며, 동맹과 적대국 모두를 불안하게 할 것이다. 법적인 어려움이 그가 질주하는 속도를 늦추겠지만, 그가 패하는 소송보다 승소하는 소송이 더 많을 것이다. 11월에 있을 의회 선거에서 야당인 민주당이 하원을 장악한다면, 그에게 위험 요소로 작용할 것이다. 경제는 스태그플레이션에 가까운 상황을 겪으며, 그동안의 생산성 기반 성장세가 끝날 것이다. 그럼에도 인공지능(AI) 관련 지출은 성장을 뒷받침할 것이다.

라틴아메리카

아르헨티나

GDP 성장률: 2.6%

1인당 GDP: 1만 2,780달러(PPP: 3만 5,430달러)

물가상승률: 18.7%

재정 균형(GDP 대비): −0.3%

인구: 4,600만 명

자유지상주의 성향의 하비에르 밀레이 대통령 정부는 2025년 10월에 있었던 의회 중간선거에서 결정적인 승리를 거두며 시장의 불안을 완화했다. 외국인 투자는 증가할 것이며, 밀레이 대통령은 시장 친화적 개혁을 계속 추진할 것이다. 다만 더 많은 지출을 요구하는 압력 속에서 예산 삭감은 그 정도가 약해질 것이다. 정치적, 경제적

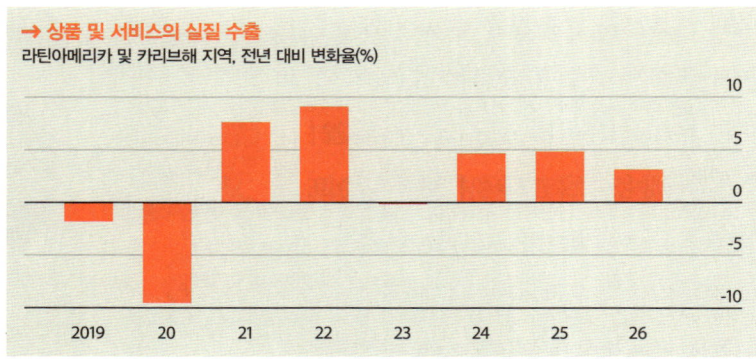

→ 상품 및 서비스의 실질 수출
라틴아메리카 및 카리브해 지역, 전년 대비 변화율(%)

여건이 안정되면서 GDP는 완만하게 성장할 것이다.

주목할 점: 미국의 구제. 도널드 트럼프 정부는 남미의 핵심 우군인 밀레이 대통령의 경제 프로그램을 지원하기 위해 최대 400억 달러를 제공하겠다고 약속하고 있다.

볼리비아

GDP 성장률: 0.7%

1인당 GDP: 3,620달러(PPP: 1만 1,100달러)

물가상승률: 22.0%

재정 균형(GDP 대비): -8.1%

인구: 1,270만 명

중도 성향의 기독민주당 소속 로드리고 파스(Rodrigo Paz)가 2025년 말 대통령 선거에서 승리하며, 거의 20년에 걸친 좌파의 지배가 끝났다. 다수 국민의 지지와 중도우파로 기운 국회 구성을 바탕으로, 파스 대통령은 시장 친화적 정책을 시행하고 실용적인 투자 전략과 적자 축소를 지지할 것이다. 다만 과대평가된 환율이 성장의 발목을 잡을 것이다.

브라질

GDP 성장률: 1.7%

1인당 GDP: 1만 1,390달러(PPP: 2만 4,660달러)

물가상승률: 4.2%

재정 균형(GDP 대비): -7.6%

인구: 2억 1,360만 명

2026년 10월에 열릴 총선을 앞둔 선거 캠페인은 도널드 트럼프 대통령이 우파 성향의 전 대통령 자이르 보우소나루—그는 2025년 말 쿠데타 시도 혐의로 유죄 판결을 받고 법원으로부터 선거 출마 금지 처분을 받았다—에 대해 노골적인 지지를 표명하면서 더욱 뜨거워질 것이다. 트럼프의 개입은 재출마하는 좌파 성향의 현직 대통령 루이스 이나시우 룰라 다 시우바에 대한 지지를 결집할 수도 있지만, 만약 단일한 우파 후보가 등장한다면 그에게 유리하게 작용할 수도 있다. 중도 우파 정부가 구성될 경우, 정부는 적자와 부채를 줄이고 성장 전망을 강화하는 데 주력할 것이다.

칠레

GDP 성장률: 2.0%
1인당 GDP: 1만 8,650달러(PPP: 3만 8,180달러)
물가상승률: 2.9%
재정 균형(GDP 대비): -1.5%
인구: 1,990만 명

2025년 말에 치러질 선거에서는 범죄와 경기 침체에 대한 대중의 우려가 우파 야당에 유리하게 작용하고 있다. 극우 성향의 칠레 공화당 소속 호세 안토니오 카스트(José Antonio Kast)가 결선 투표에서 승리할 유력한 후보로 꼽히고 있다. 선거 이전의 혼란스러움은 규제 완화와 투자 인센티브가 성장을 뒷받침하면서 보다 안정적인 경제 전망으로 이어지겠지만, 재생에너지 투자를 지원하기 위한 계획은 좌초될 수도 있다.

주목할 점: 극우 제국. 독일 출신으로 도피한 나치 당원이었던 아버지를 둔 카스트의 당선은 칠레 국내적으로는 급격한 정치적 우향우를 뜻하며, 남미 지역 내 우파 정서도 고조시킬 것이다.

콜롬비아

GDP 성장률: 2.8%
1인당 GDP: 8,790달러(PPP: 2만 3,970달러)
물가상승률: 3.4%
재정 균형(GDP 대비): -6.4%
인구: 5,390만 명

2026년 5월 대선을 앞두고 두 진영이 지지층을 결집하면서 불안의 기운이 감돌겠지만, 임기 제한으로 출마가 불가한 좌파 성향의 현직 대통령 구스타보 페트로(Gustavo Petro)와 그의 정당은 아마도 중도우파 소속 야당 후보에게 패배할 것이다. 은행 대출 증가가 투자를 뒷받침하겠지만, 미국의 수요 약화로 인한 수출 증가세 둔화와 함께 석유 생산 및 가격의 하락이 경제 회복 속도를 더디게 할 것이다.

쿠바

GDP 성장률: 0.8%
1인당 GDP: 3,310달러(PPP: 1만 6,480달러)

물가상승률: 13.4%

재정 균형(GDP 대비): -6.0%

인구: 1,090만 명

미겔 디아스 카넬(Miguel Díaz-Canel) 대통령은 제한적인 개혁을 옹호하지만, 그의 정치적 우선순위는 여전히 확고한 권위주의에 있다. 민간 부문의 수입 제한과 경제 전반에 대한 국가의 강력한 통제가 그 수단이다. 혹독한 제재와 미국과의 관계 악화로 인해 관광과 외국인 투자는 계속 침체해 쿠바의 회복을 제한할 것이다. 의미 있는 개혁의 전망이 없는 상황에서 경제는 정체될 것이다.

에콰도르

GDP 성장률: 2.4%

1인당 GDP: 7,310달러(PPP: 1만 7,560달러)

물가상승률: 1.3%

재정 균형(GDP 대비): -0.9%

인구: 1,840만 명

2025년 다니엘 노보아(Daniel Noboa)가 압도적인 차이로 대통령에 재선되었고, 국회에서도 그가 속한 국민민주행동연합의 세력 기반이 확장되었다. 이는 그의 임기 동안 정책의 안정성이 보장될 것임을 뜻하고, 특히 재정 적자를 해소하고 시장 기반 개혁을 추진하려는 노력에 힘이 실릴 것이다. 하지만 산발적인 소요는 계속될 가능성이 있으며, 마약 카르텔은 여전히 불안정 요인으로 남을 것이다. 투자자 신뢰 상승, 광산업 확대, 좀 더 나은 금융 여건은 경제를 부양할 것이다.

파라과이

GDP 성장률: 4.2%

1인당 GDP: 7,490달러(PPP: 2만 1,110달러)

물가상승률: 3.8%

재정 균형(GDP 대비): -1.5%

인구: 710만 명

산티아고 페냐(Santiago Peña) 대통령과 그의 콜로라도당(Colorado Party)은 재정 적자 축소와 인프라 개선에 초점을 맞춘 시장 친화적 정책을 추진하겠지만, 정치적 긴장이 이를 지연할 가능성이 있다. 투자자 신뢰와 민관협력 프로젝트는 대규모 공공사업을 지속 가능하게 하고 지역 통합에도 도움이 될 것이다. 경제는 양호한 성과를 내겠지만, 악천후는 언제나 농업과 수력 전기 생산에 위험 요소로 작용한다.

주목할 점: 현행 합의. 이타이푸 댐에서 나오는 파라과이측 잉여 전력 생산분에 대해 브라

질이 지급하는 수수료가 거의 50% 감소할 것이다.

페루

GDP 성장률: 2.6%

1인당 GDP: 1만 110달러(PPP: 1만 9,360달러)

물가상승률: 2.8%

재정 균형(GDP 대비): -2.8%

인구: 3,490만 명

부패 스캔들과 증가하는 범죄로 인해 디나 볼루아르테(Dina Boluarte) 대통령은 인기가 바닥을 치고 있으며, 4월 대선에서 재출마할 수 없다. 넓은 후보군 중에서 선출될 그녀의 후임자는 분열된 입법부와 낮은 국민 신뢰 등을 포함하는 문제들에 직면할 것이다. 우파 후보들이 유력하지만, 포퓰리즘이 개혁을 저해할 수 있다. 광업과 농업 생산 증가의 둔화, 전 세계적인 무역 불확실성은 경제 회복을 제약할 것이다.

우루과이

GDP 성장률: 2.2%

1인당 GDP: 2만 6,270달러(PPP: 4만 470달러)

물가상승률: 4.2%

재정 균형(GDP 대비): -4.1%

인구: 340만 명

→ 우루과이
정부 재정 지출 비율(GDP 대비, %)

야만두 오르시(Yamandú Orsi) 대통령이 속한 좌파 연합체 광역전선(Broad Front)은 경제에 대한 국가 개입 확대, 사회 지출 증가, 지역 통합 심화를 추진할 테지만, 분열된 입법부 내에서의 허약한 기반과 내부 갈등으로 어려움을 겪을 것이다. 경제는 정부 지출 증가, 개선된 일자리 시장, 예상되는 풍작으로 인한 수출 확대에 힘입어 성장할 것이다.

베네수엘라

GDP 성장률: 2.8%

1인당 GDP: 3,870달러(PPP: 8,540달러)

물가상승률: 130.7%

재정 균형(GDP 대비): -3.6%

인구: 2,860만 명

권위주의적인 좌파 성향 대통령 니콜라스 마두로는 지속적인 쇠퇴 국면에 있는 국가를 계속 통치할 것이다. 다만, 미국 해군이 마약 단속이라는 표면상의 이유를 대며 베네수엘라 인근 해역에 주둔하고 있는 점을 고려하면 그의 정권이 전복될 가능성을 완전히 배제할 수는 없다. 대형 에너지 기업 셰브론의 복귀는 석유 생산을 지원하고 경제를 활성화할 것이다.

중동&아프리카

알제리

GDP 성장률: 3.7%

1인당 GDP: 6,370달러(PPP: 1만 9,640달러)

물가상승률: 3.9%

재정 균형(GDP 대비): -12.7%

인구: 4,800만 명

두 번째 임기를 수행 중인 압델마지드 테분(Abdelmadjid Tebboune) 대통령은 군부의 확고한 지원에 의존해 소요를 억제할 것이고, 오랫동안 집권하고 있는 그의 소속 정당 국민해방전선은 2026년 6월에 있을, 거수기에 불과한 의회의 의원들을 선출하는 선거에서 승리할 것이다. 석유와 가스 생산은 다소 증가하겠지만, 열악한 투자 환경이 민간 자본 투자를 저해할 것이다. 강력한 공공 지출은 경제를 활성화할 것이다.

앙골라

GDP 성장률: 2.6%

1인당 GDP: 3,270달러(PPP: 8,780달러)

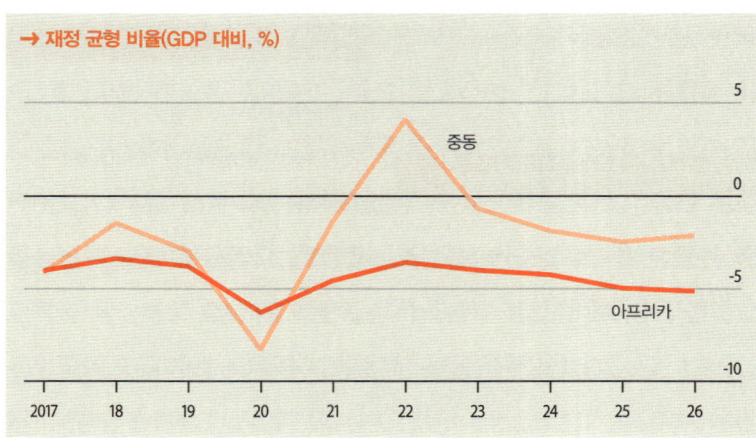

물가상승률: 16.3%

재정 균형(GDP 대비): -3.2%

인구: 4,020만 명

연료 보조금 삭감과 경제적 기회 감소로 촉발된 폭력적인 시위는 대통령 주앙 로렌쑤(João Lourenço) 정부 당국과 치안 부대의 강경한 진압에 직면할 것이다. 1975년부터 집권해 온 앙골라인민해방운동(MPLA)은 인기가 없으며, 2027년 선거를 앞두고 탄압이 거세질 가능성이 있다. 석유 수출은 경제 성장을 일부 견인할 것이다.

카메룬

GDP 성장률: 3.8%

1인당 GDP: 2,070달러(PPP: 6,060달러)

물가상승률: 2.8%

재정 균형(GDP 대비): -2.1%

인구: 3,060만 명

폴 비야는 2025년 말 대통령으로서 여덟 번째 임기에 당선되었지만, 선거는 부정과 시위대에 행사된 폭력 논란으로 얼룩졌다. 92세인 그는 임기를 완주하려고 애쓸 것이며, 그의 퇴임은 후계 경쟁을 촉발할 것이다. 영어를 쓰는 북서부 지역에서는 반란이 이어질 것이다. 철광석과 천연가스가 경제를 지탱할 것이다.

이집트

GDP 성장률: 5.3%

1인당 GDP: 2,830달러(PPP: 2만 1,630달러)

물가상승률: 10.8%

재정 균형(GDP 대비): -7.5%

인구: 1억 2,010만 명

대통령 압델 파타 엘시시(Abdel Fattah el-Sisi)는 마지막 임기 동안 사실상 절대적인 권력을 유지하겠지만, 재정 긴축과 민영화 등 개혁 조치들과 대중의 불만 사이에서 쉽지 않은 길을 걸을 것이다. 가자지구 상황에 대한 대중의 불안과 역내 지정학적 긴장은 가자지구의 휴전이 유지되면 완화될 것으로 보인다. 경제는 기업 신뢰 개선, 인플레이션 완화, 보다 유연한 통화 정책에 힘입어 회복 속도를 높일 것이다.

주목할 점: 입주 시작. 알렉산드리아 서쪽 지중해 연안에 건설 중인 지속 가능 도시, 라스 알 헥마(Ras al-Hekma)의 첫 주택 물량이 입주 준비를 마칠 예정이다.

에티오피아

GDP 성장률: 7.6%

1인당 GDP: 780달러(PPP: 3,830달러)

물가상승률: 13.0%

재정 균형(GDP 대비): -3.1%

인구: 1억 3,890만 명

아비 아머드(Abiy Ahmed) 총리가 이끄는 번영당 정부는 암하라(Amhara)와 오로미아(Oromia) 지역의 반란으로 오래된 민족적 긴장이 수면 위로 떠오르면서 점점 더 불안정한 상황에 직면할 것이다. 논쟁 중인 영토에 대한 오래전에 약속된 국민투표가 긴장을 완화할 수는 있겠지만, 실시 여부 또는 그 시기가 불확실하다. 아비 총리와 그의 정당은 2026년 6월로 예정된 선거에서 승리할 가능성이 높지만, 선거가 연기될 가능성도 있다. 갈등에도 불구하고 경제는 강하게 성장할 것이다.

주목할 점: 티그라이 불씨. 2022년에 체결된 티그라이 평화 협정이 완전히 이행되지 않을 경우, 북부 지역의 잠재적 긴장이 폭발할 수 있다.

이란

GDP 성장률: -1.8%

1인당 GDP: 3,810달러(PPP: 2만 360달러)

물가상승률: 45.0%

재정 균형(GDP 대비): -3.9%

인구: 9,320만 명

주요 기관들을 장악한 강경파들은 2025년 이스라엘과 벌인 단기간 분쟁에서 크게 패한 후에도 핵무기 관련 양보에 반대할 것이다. 하지만 관심은 86세의 연로한 최고 지도자 아야톨라 알리 하메네이의 후임 선정에 집중될 것이다. 이란에 대한 제재가 완화될 가능성은 작으며, 석유 생산 감소로 경제는 2년 연속으로 위축될 것이다.

주목할 점: 절대적인 신뢰. 최고 지도자 자리가 공석이 될 경우, 아야톨라 하메네이의 아들 모즈타바(Mojtaba)가 후계자가 될 가능성이 있다.

이라크

GDP 성장률: 3.1%

1인당 GDP: 6,320달러(PPP: 1만 5,630달러)

물가상승률: 2.0%

재정 균형(GDP 대비): -5.4%

인구: 4,800만 명

이라크는 정치적 폭력이 잠시 주춤하면서 비교적 안정된 시기를 맞이하고 있다. 2025년 말 선거에서는 이란의 지원을 받는, 시아파 주축의 '조정의 틀(Co-ordination Framework) 연합' 소

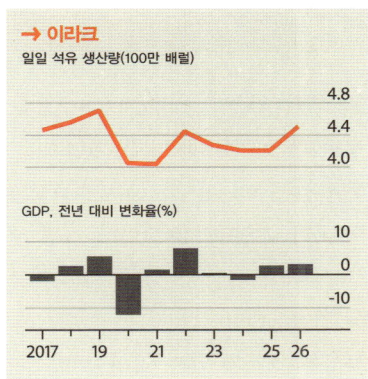

속 정당들이 유리한 고지를 점령하고 있었다. 하지만 시민 불안과 이라크의 개혁 과제에 대한 위협은 여전히 존재한다. 석유 생산 능력이 확대되면서 생산량이 급증하고 있는데, 이는 경제성장률을 끌어올릴 것이다.

이스라엘

GDP 성장률: 4.5%

1인당 GDP: 7만 610달러(PPP: 6만 6,710달러)

물가상승률: 2.2%

재정 균형(GDP 대비): -4.2%

인구: 960만 명

가자지구 휴전이 유지된다면, 전쟁에 지친 팔레스타인과 이스라엘 국민 모두에게 안도감을 줄 것이다. 벤야민 네타냐후 총리가 이끄는 연립정부는 붕괴할 가능성이 높으며, 2026년 초에 선거가 실시될 수도 있다. 이후 협상 과정을 거쳐 이념적으로 다양한 중도 우파 정부가 구성될 가능성이 있지만, 이 경우 의사결정 과정이 어려울 것이다. 대외 분쟁의 완화는 소비자 심리를 끌어올릴 것이다.

요르단

GDP 성장률: 2.5%

1인당 GDP: 5,030달러(PPP: 1만 1,990달러)

물가상승률: 2.0%

재정 균형(GDP 대비): -4.7%

인구: 1,160만 명

군부의 지원을 받는 압둘라 빈 후세인 알 하시미(King Abdullah bin Hussein al-Hashemi) 국왕이 확고하게 권력을 장악하고 있는 관계로, 주요 불안 요인들은 국경 밖에서 찾아야 할 것이다. 경제는 외국인 투자와 다자간 원조, 역내 긴장 완화에 힘입어 성장할 것이다. 관광업의 성장과 IMF 자금 지원은 경상수지 적자를 줄이는 데 도움을 줄 것이다.

케냐

GDP 성장률: 5.4%

1인당 GDP: 2,530달러(PPP: 7,260달러)

물가상승률: 4.8%

재정 균형(GDP 대비): -5.1%

인구: 5,860만 명

임기 마지막 해에 접어든 윌리엄 루토(William Ruto) 대통령은 2027년 선거에서 재당선되는 일에 집중하겠지만, 세금 인상과 경찰 폭력에 분노한 청년들에 대한 부실한 대응은 경쟁 정당들에 힘을 실어줄 것이다. 반면, 인프라 투자, 디지털화, 지역 통합이 성과를 내기 시작하면서 경제는 새로운 성장 모멘텀을 누릴 것이다.

레바논

GDP 성장률: 4.4%

1인당 GDP: 5,590달러(PPP: 1만 3,540달러)

물가상승률: 18.0%

재정 균형(GDP 대비): -1.5%

인구: 590만 명

수년간 레바논을 장악해 온 이란 지원 민병대 헤즈볼라(Hizbullah)의 역량 약화와 인접국 시리아의 정권 교체는 나와프 살람(Nawaf Salam) 총리 하에서의 통치가 개선될 것임을 예고한다. 정치적 교착 상태는 완화되고 있지만 진전은 단편적일 것이며, 경제 회복도 느리게 이루어질 것이다.

리비아

GDP 성장률: 7.5%

1인당 GDP: 6,370달러(PPP: 1만 6,720달러)

물가상승률: 2.3%

재정 균형(GDP 대비): 1.0%

인구: 750만 명

북서부 지역에 있는, 유엔이 인정한 국민통일정부(Government of National Unity)와 동부에 있는, 군 지도자 칼리파 하프타르(Khalifa Haftar)의 리비아 국민군(Libyan National Army)이 권력을 쥐기 위해 경쟁할 것이며, 오랫동안 기다려온 선거는 또다시 늦춰지고 있다. 석유 수익을 둘러싼 분쟁은 지속되겠지만, 생산이 서서히 증가함에 따라 수익은 늘어날 전망이다. 경제 성장은 2025년의 고점에는 미치지 못할 것이다.

모로코

GDP 성장률: 4.1%

1인당 GDP: 5,150달러(PPP: 1만 2,370달러)

물가상승률: 1.9%

재정 균형(GDP 대비): -3.0%

인구: 3,880만 명

높은 실업률 등 해결되지 않은 문제에

대한 대중의 불만에도 불구하고, 정부와 군주는 심각한 위협에 직면하지 않고 있다. 집권 연합은 9월로 예정된 입법부 선거에서 다수 의석을 유지할 것이다. 강력한 인프라 투자와 탄탄한 관광업이 경제를 견인할 것이다.

주목할 점: 수소(H2), 오! 화이트 듄즈(White Dunes) 프로젝트가 시작될 예정이며, 물의 전기분해를 통해 청정 수소를 생산하게 된다.

나이지리아

GDP 성장률: 4.2%

1인당 GDP: 1,360달러(PPP: 9,510달러)

물가상승률: 14.9%

재정 균형(GDP 대비): -4.4%

인구: 2억 4,240만 명

이 나라는 허약한 제도, 민족 및 종교 갈등, 폭력—특히 보코 하람(Boko Haram) 그리고 북서부와 미들 벨트(Middle Belt) 지역에서 활동하는 신흥 무장단체로 인한 폭력—때문에 매우 불안정하다. 볼라 티누부(Bola Tinubu) 대통령은 시급히 필요한 시장 개혁을 단행했지만, 이에 따라 그의 인기는 하락했다. 인플레이션 완화와 대규모인 당고테(Dangote) 정유공장의 생산 증가가 경제 성장을 뒷받침할 것이다.

사우디아라비아

GDP 성장률: 4.5%

1인당 GDP: 4만 3,060달러(PPP: 8만 3,210달러)

물가상승률: 1.9%

재정 균형(GDP 대비): -4.1%

인구: 3,520만 명

실질적 지도자이자 왕세자인 무함마드 빈 살만은 권위주의와 야심 찬 경제 개혁을 병행하고 있다. 제조업과 전기차 생산, 관광, 광업, 물류, 재생에너지, 인공지능(AI) 분야에 대한 투자가 석유 의존도를 줄이고 경제 성장을 지속하는 데 기여할 것이다.

남아프리카공화국

GDP 성장률: 1.9%

1인당 GDP: 6,860달러(PPP: 1만 6,610달러)

물가상승률: 2.7%

재정 균형(GDP 대비): -5.1%

인구: 6,550만 명

2024년 아프리카민족회의(ANC)가 과반을 상실한 다음 구성된 연립정부에는 친기업 성향의 민주연합이 포함되어 있으며, 이는 투자자 신뢰를 높이고 전력 부족 문제 해결을 포함하는 정책들의 추진을 원활하게 만들 것이

2026년의 인물

2025년 3월 취임한 나미비아 최초의 여성 대통령이자 아프리카에서 두 번째로 직접 선출된 여성 국가원수인 **네툼보 난디-은다이트와**(Netumbo Nandi-Ndaitwah)는 자신이 속한 정당의 사회주의적 뿌리와 실용적이며 시장 친화적인 정책을 결합하고 있다. 1952년 남아프리카공화국 아파르트헤이트 시절에 성공회 성직자의 딸로 태어나 소련과 영국에서 교육을 받은 그녀는 정부 효율화를 추진할 것이다. 더불어 청년 고용을 증진하며, 식민지 이후 불평등 문제를 해결하고, 독일과는 1904~1908년 사이 독일령 남서아프리카였던 지역에서 있었던 헤레로-나마 집단학살과 관련한 배상을 협상하고자 할 것이다. 이 모든 일들의 배경에는 어려워진 재정과 무역 적자가 자리하고 있다.

다. 미국의 관세는 수출에 타격을 주겠지만, 소매 판매는 강세를 유지할 것이다.

시리아

GDP 성장률: -1.8%

1인당 GDP: 820달러(PPP: 2,790달러)

물가상승률: -5.2%

재정 균형(GDP 대비): -2.8%

인구: 2,650만 명

아흐메드 알 샤라가 이끄는 과도정부는 경제 안정화를 시작하겠지만, 성장은 1년 후나 가능하며, 현지 통화 부족으로 디플레이션이 발생할 것이다. 하지만 급증하는 수출과 송금은 도움이 될 것이다. 서방이 제재를 완화함에 따라, 외국으로부터의 자금 지원을 바탕으로 광범위한 정치적, 경제적 개혁이 추진될 것이다. 종파 간 폭력과 쿠르드 세력과의 긴장은 여전히 위협으로 남아 있다.

짐바브웨

GDP 성장률: 4.0%

1인당 GDP: 1,450달러(PPP: 4,430달러)

물가상승률: 68.5%

재정 균형(GDP 대비): -1.1%

인구: 1,730만 명

집권 세력인 짐바브웨 아프리카민족연맹-애국 전선(ZANU-PF)은 국민의 3분의 1 이상이 빈곤 속에 살아가고 있음에도 불구하고 권력을 확고히 유지할 것이다. 공공 시위가 통제 불능 상태가 되면 군부가 개입할 것이다. 증가하는 리튬과 금 생산이 경제 성장을 뒷받침할 것이다.

THE WORLD IN NUMBERS INDUSTRIES 세계 주요 지표

2026년 숫자로 본 산업별 전망

별도 표기가 없는 한 2026년 전망치다.
글로벌 총합은 전 세계 GDP의 95% 이상을 차지하는 60개국을 기준으로 산출했다.

출처: london@eiu.com ECONOMIST INTELLIGENCE

2026년 10대 비즈니스 트렌드

1
미국, 영국, 중국에서 금리가 하락하며 은행 대출이 증가한다. 그러나 각국의 금융 규제가 서로 엇갈리면서 글로벌 은행들이 골머리를 앓는다.

미국 연방기금금리, 연말 기준, %
2022: 4.4 2023: 5.4 2024: 4.4 2025: 3.6 2026: 3.1

2
전 세계 무역은 미국의 보호무역주의 때문에 자동차 및 금속 제조부터 해운과 제약에 이르기까지 다양한 산업 분야에 속한 기업들이 어려움을 겪으면서 2% 미만으로 성장한다.

3
전기차 판매가 글로벌 기준 15% 확대되며 이는 중국이 주도한다. 미국의 친환경 정책에 제동이 걸리면서 자동차 업체들의 신형 전기차 출시 계획이 지연된다.

4
북미 남자 월드컵 등 대형 스포츠 이벤트가 예정되어 있어 스포츠 관련 지출이 4,500억 달러로 늘어난다. 광고 수익은 6% 증가하며, 관광 지출은 1조 8,000억 달러에 이른다.

5
청정 기술 제조업(Clean tech manufacturing)이 확산됨에 따라 니켈, 구리, 아연 등 금속 가격이 7% 상승한다. '녹색' 철강(예: 재활용 철스크랩) 역시 수요가 증가한다.

6
러시아와 중국의 군사적 위협에 대응해 NATO 회원국들이 지출을 늘리면서 국방비 지출이 2조 9,000억 달러에 이른다. 미국만 1조 달러 이상을 국방비로 지출한다.

7
정부들이 무기를 구입하고 부채를 줄이면서 의료 예산은 5% 증가했음에도 부족한 느낌이 든다. 비만 치료제 판매 증가로 의약품 매출이 1조 6,000억 달러로 늘어난다.

8
소매 판매는 글로벌 불확실성 속에서 소비자 신뢰가 흔들리면서 2% 성장하는 데 그친다. 온라인 쇼핑몰이 관세로 인해 타격을 입으면서 결과적으로 창고 공간에 대한 수요가 위축된다.

9
재생에너지가 글로벌 전력 생산량의 30%를 담당하며 석탄의 비중을 넘어선다. 그러나 석탄 생산은 여전히 견조하며, 미국은 파리 기후협정에서 탈퇴한다.

전력 생산량, 전체 대비 %
석탄: 33 → 30
수력발전 외 재생에너지: 22 → 29
2022   2026

10
영화 제작부터 보험에 이르기까지 모든 분야에서 인공지능이 활용된다. 5개 기업 중 4개 기업이 생성형 인공지능을 시도해 볼 것이다. 다만 인공지능을 통해 수익을 창출하는 일은 쉽지 않다.

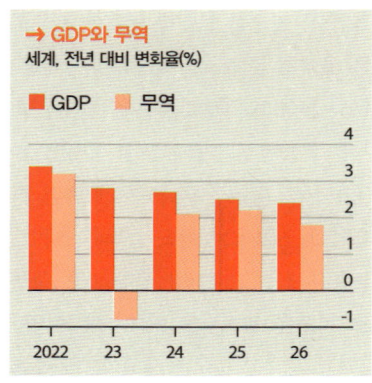

→ GDP와 무역
세계, 전년 대비 변화율(%)

산업 환경

2026년 세계 경제는 둔화할 것으로 보이며, GDP 증가율은 2.4%로 하락할 전망이다. 미국의 관세, 지정학적 갈등, 정책 불확실성으로 투자와 무역이 위축될 것이다. 미국의 GDP 증가율은 잠재적인 취약성을 반영하며 여전히 약할 것이며, 중국도 기대에 미치지 못하는 성과를 보일 것이다. 달러 가치가 하락함에 따라 미국, 영국, 중국의 금리는 하락하는 반면, EU와 일본의 금리는 안정될 것이다.

자동차

상용차 부문은 2026년 전 세계 신규 판매의 부진으로 침체 국면에 머무를 전망이다. 그러나 승용차 부문에서는 전기차에 대한 수요가 높아지며 신차 구매가 2.5% 증가할 것이다. 전기차 판매량은 15% 증가한 2,400만 대로 중국이 이 중 절반 이상을 차지할 것으로 보인다. 다만 미국이 전기차에 대한 보조금을 줄이고 배출가스 규제를 완화함에 따라 자동차 업체들은 전기차 계획을 축소할 것이다. 아우디(Audi)는 내연기관 모델을 출시하지 않고 전기차 전환을 완료하겠다는 당초의 계획을 연기하고, 애스턴 마틴(Aston Martin)은 첫 전기차 공개를 미룰 예정이다. 혼다(Honda)는 오하이오 공장에서 SUV 전기차를 개발 및 생산하려던 계획을 철회할 것이다. 미국 내 전기차 판매 증가율은 2%에 그칠 전망이다.

자동차 제조사들은 관세와 무역 장벽에 대응하기 위해 전략을 바꿀 것이다. 폭스바겐(Volkswagen)과 제너럴 모터스(General Motors)는 미국 내 공장을 확장할 예정이며, 스텔란티스(Stellantis)는 그룹 내 14개 브랜드 판매를 지역 별로 조정할 예정이다. 사실상 미국 진출이 차단된 중국 전기차 제조사들은 미국 외 거의 모든 지역으로 수출을 확대할 것이다. BYD는 브라질, 헝가리, 튀르키예에서 생산을 시작할 것이며 아마 인도네시아에서도 생산을 시작할 것으로 보인다.

유럽은 자동차 제조사들을 보호하기

위해 배출가스에 대한 벌금 부과 시기를 연기하겠지만 미국과 보조를 맞추라는 압박에도 불구하고 배출가스 규정 및 안전 기준을 강화할 것이다. 영국은 런던에서 자율주행차의 운행을 허용할 것이다. 중국산 자동차가 유입되어 유럽의 전기차 판매량은 18% 증가하고 가격은 하락할 것이다. 중국과의 경쟁으로 일자리에 대한 우려가 불거지며 EU와 브라질은 더 높은 무역장벽을 세울 것이다. 캐나다·멕시코와의 무역협정 갱신을 앞두고 미국은 추가 관세를 부과하겠다고 위협하여 자동차 제조사들을 더욱 불안하게 할 전망이다.

국방

2026년 국방비 지출은 사상 최고치인 2조 9,000억 달러에 달할 전망이다. 러시아와 중국이 위협하는 데다 도널드 트럼프 대통령의 압력까지 있어 NATO 회원국들은 2035년까지 국방비 지출을 GDP의 5% 규모로 늘리는 것을 목표로 삼을 것이다. 독일은 차입과 1,000억 유로(1,170억 달러) 규모의 특별 국방 기금을 편성하여 국방비 지출을 늘리는 데 앞장설 것이다. 미국 국방 예산은 정부가 골든 돔 미사일 방어 체계 도입을 검토하면서 1조 달러를 넘어설 전망이다. 동유럽 국가들은 공동 조달 계획을 통해 무기 비축량을 늘릴 것이다. 폴란드는 국방비 지출을 GDP의 5%로 높이겠다는 목표를 9년 일찍 달성할 수 있을 것으로 보인다.

러시아는 인플레이션 때문에 국방비 지출을 줄이려 할 것이다. 반면 중국은 극초음속과 우주 기반 플랫폼을 시험하는 동시에 지휘통제 시스템에 AI를 탑재시키며 연간 국방비 지출을 늘릴 것이다. 일본도 극초음속 미사일과 로봇 공학에 노력을 집중시키며 국방비 지출을 GDP의 2% 수준으로 늘릴 것이다. 호주와 협력해 군함도 건조할 예정이다. 한국은 방산 수출을 확대하고, 북한은 해군력을 증강할 전망이다. 사우디아라비아와 아랍에미리트(UAE)는 합작 투자를 통해 방산 제조역량을 강화할 것이다. 방산 기업들은 수주량이 크게 늘겠지만 이와 동시에 작고 민첩한 기술 기업들은 확장할 기회를 포착할 것이다.

주목할 점: 핵 관련 사업의 폭발적 성장? 신전략무기감축협정(New START treaty)이 만료되면 미국과 러시아는 핵 군비 경쟁을 재개할 수 있게 된다. 우주 핵무기처럼 핵 위협을 일으키는 교묘하고 새로운 기술과 중국의 핵 강국 야망은 위협인 동시에 핵무기 제조업체들에게는 기회가 될 것이다.

에너지

경제 성장이 둔화되고 효율성이 높아지면서 2026년 세계 에너지 수요는 1% 증가할 것으로 보인다. 재생에너지가 확산되면서 화석 연료에서 나오는 탄소 배출량은 0.7% 증가할 것이다. 수력발전을 제외한 재생에너지의 발전 비중은 30%를 넘어 석탄을 앞지를 것이다. 중국에서만 태양광 및 풍력 발전량이 300기가와트 이상 증가(수억 가구에 전력을 공급할 수 있는 규모)할 예정이며, 이에 전 세계 석탄 발전 배출량의 절반 이상을 차지하는 중국의 석탄 발전 배출량은 감소하기 시작할 것이다. 그러나 석탄 사용량이 정점을 지날 것이라는 기대는 사라질 것 같다. 인도의 석탄 발전 배출량이 증가할 것이며, 미국도 석탄 생산량을 늘릴 것이다. 미국의 풍력 및 태양광 프로젝트 지지자들은 연방 정부의 세제 혜택이 단계적으로 폐지되기 전에 사업을 서둘러 추진할 것이다.

화석 연료를 선호하는 트럼프의 정책에도 불구하고 국제 유가가 안정되면서 미국의 석유 시추는 부진해질 전망이다. 국제 천연가스 가격은 생산 비용 상승과 액화천연가스(LNG)의 수요 증가로 상승이 예상되며, 호주와 UAE 등 국가에서는 액화천연가스의 생산량이 확대될 것이다. 유럽은 유럽 내 천연가스 가격이 하락하는 상황에서도 새로운 LNG 수입 터미널을 개설할 예정이다.

AI를 구동하기 위해 데이터센터가 에너지를 대량 소비함에 따라 전 세계 전력 수요는 3% 증가할 전망이다. 프랑스와 일본은 원자력 발전소를 재가동하고 중국은 신규 원전을 가동할 것이다. 그러나 에너지의 미래는 핵융합과 지열 등 새로운 에너지원에 달려 있다.

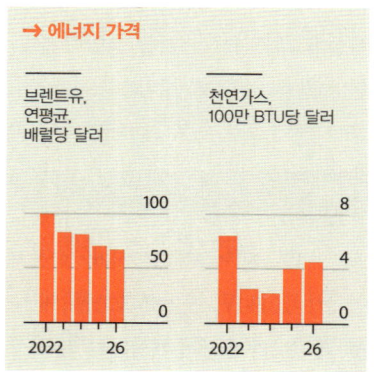

주목할 점: 믿을 수 없다. 1월부터 중국, 러시아, 이란, 북한 등 골칫거리 국가의 공급업체나 자금이 투입된 미국의 재생에너지 프로젝트는 세액공제 혜택을 받지 못하게 된다.

금융 서비스

2026년 금융계는 세계 각국의 정책이

엇갈리며 일부 주요 경제국에서 금리가 하락하고 규제 비용이 상승하는 상황에 직면할 전망이다. 미국, 영국, 중국에서 금리가 하락하면서 글로벌 은행 대출은 달러 기준 약 5% 증가할 것이다. 일본은 새 정부가 경제 성장을 촉진하려 하면서 금리를 인상하기 위한 노력이 둔화될 전망이다. 은행 자본 요건도 국가별로 차이가 있을 것이다. 미국은 '바젤 III 최종안' 규정을 완화해 금융기관이 자체 위험을 평가할 수 있는 여지를 줄 것이며, EU는 새로운 위험 규정을 1년 더 연기했다. 그러나 크레디트 스위스(Credit Suisse)의 붕괴로 충격을 받은 스위스는 시스템적으로 중요한 은행들에 대한 규제를 강화할 것이다.

금융사 간 글로벌 경쟁이 치열해지면서 중국은 증권사와 은행 간 통합을 추진할 것이며, 미국은 반독점 규정이 완화되어 더 많은 은행이 합병할 수 있게 될 것이다. 디지털 결제는 더 안전하고 편리해질 것이다. 영국은 페이팔(PayPal) 등 결제 서비스 제공 기업에 대한 규제를 강화해 고객 자금에 대한 일일 점검을 의무화할 것이다. 남아시아에서는 프로젝트 넥서스(Project Nexus)로 국경 간 결제가 쉬워질 것이다. 일본은 사기를 방지하기 위해 암호화폐를 재분류할 예정이며, 미국은 스테이블코인(기존 자산을 담보로 발행되는 토큰)에 대한 인허가를 준비 중이다. 보험사들은 보험료를 2.6% 인상할 것이다. 기후 혼란부터 AI 오류까지 위험이 증가할 것이다.

주목할 점: 투명한 보고서. 중국, 일본, 브라질, EU에서 지속가능성 보고가 의무화된다. EU는 탄소 국경 조정 규칙(carbon border-adjustment rules)도 도입할 예정이다. 미국의 내부 분열은 심화될 것으로 보인다. 캘리포니아주는 기후 보고를 강제하지만 그 외 많은 주에서 반녹색 정서가 지배적일 것이다.

식량 및 농업

풍작으로 이코노미스트 인텔리전스 유닛(EIU) 식음료 가격 지수는 2025년 초 정점을 찍은 후 하락세를 이어갈 전망이다. 쌀 가격은 2024년 인도 정부가 바스마티 외 품종에 대한 수출 금지를 해제한 때부터 시작된 하락 추세를 유지할 것이다.

쌀 가격이 급등했던 일본에서도 농민의 40%가 2026년 수확하는 쌀에 대해서는 가격 하락을 점치고 있다. 한편, 음료 가격은 아라비카 커피 원두 가격이 4분의 1로 하락하며 크게 떨어질 것으로 예상된다.

풍작 뒤에는 극단적인 기상 이변이 없

는 중립적인 기상 조건이 있다. 엘니뇨나 라니냐 기후 패턴 모두 큰 영향을 발휘하지 않을 전망이다. 그러나 미국 농민들은 불법 이민 단속이라는 또 다른 어려움에 부딪힐 것이다. 미국 농장 노동자의 약 13%가 미등록 이민자(undocumented migrant)다. 도널드 트럼프 대통령의 미국의 인도적 원조 중단 조치로 빈곤국에서는 핵심 식량 프로그램이 무너질 위험에 처해 있다. 아프리카와 중동 지역의 기아는 더욱 악화될 것이다.

건강에 해로운 식품이 규제를 받을 것이다. 이탈리아와 인도네시아는 가당 음료에 세금을 부과할 예정이며, 영국은 지방, 소금, 설탕 함량이 높은 제품의 TV 광고를 금지할 것이다. 미국에서는 네슬레가 식품에서 인공 색소 사용을 퇴출할 것이다.

주목할 점: 환경운동가들. 2026년부터 EU 수입업체들은 카카오 씨부터 팜유에 이르기까지 농산물이 최근 산림이 벌채된 지역에서 생산되지 않았음을 증명해야 한다. 농업은 산림 파괴의 주요한 원인이며 EU는 농산물 무역을 통해 산림을 파괴한다.

 WHAT IF?

상황은 최소한 유동적이다. 전 세계 담수 유량의 약 60%가 여러 국가에 걸쳐 있지만 수자원의 이용과 분배를 규정하는 조약을 체결한 국가는 3분의 1 정도에 불과하다. 심지어 조약을 체결한 일부 국가들 사이에서도 갈등이 불거지고 있다. **만약에 2026년 물 공유 협정이 무너진다면 어떻게 될까?** 도널드 트럼프 대통령은 1944년 조약에 따른 물 공급 의무를 이행하라고 멕시코를 압박하기 위해 미국에서 멕시코 쪽으로 가는 물 공급을 보류했다. 그러나 멕시코는 가뭄에 시달리고 있어 기후 변화가 물 분쟁을 어떻게 악화시키는지를 보여주고 있다. 가자지구 전쟁으로 인해 이스라엘과 요르단의 물 공급 협정도 위태로워졌다. 하지만 2026년 최대 이슈는 갱신 시점을 맞은 방글라데시와 인도 간 갠지스 물 분배 협정이다. 협정이 무너질까? 갠지스 강물은 관개에 필수적이며 방글라데시는 여름 건기에 더 많은 물 공급을 원한다. 인도가 협조할 가능성은 낮아 보인다. 이미 양국 간 관계는 긴장 상태다. 인도는 파키스탄과의 협정을 파기하며 물을 정치와 연결시키겠다는 의지를 보였다. 인도에서 물 공급을 줄이면 방글라데시는 경제적 고통을 겪게 된다. 섬유 산업과 농업이 타격을 입을 것이며, 이는 이미 어려움을 겪고 있는 방글라데시인들에게 심각한 타격이 될 것이다.

11%

↑ 2026년 EIU 글로벌 식음료 가격 지수는 연간 하락할 것으로 예상되며 이는 소비자에게 유리할 것이다.

의료

2026년, 전 세계 의료비 지출은 5% 증가해 약 12조 달러, 전 세계 GDP의 10분의 1에 달할 전망이지만 그럼에도 의료 재원은 부족하게 느껴질 것이다. 그러나 각국 정부는 국방력 증대와 부채 감축을 우선시할 것이다. 의료 수요는 고령화로 증가할 것이다. 노인 인구가 아동 인구의 거의 3배에 달하는 일본은 65세 이상 인구가 전체 인구의 30%를 넘어서는 중요한 분기점에 도달할 전망이다. 로봇과 AI가 도입되어도 전 세계적으로 의료 인력 부족 현상이 심화될 것이다.

미국의 정책 변화는 광범위한 고통을 초래할 것이다. 연방 정부가 저소득층을 대상으로 운영하는 의료보험제도인 메디케이드(Medicaid)가 축소될 예정으로 이에 따라 병원들은 800억 달러 규모의 자금 지원을 잃고 시민들은 의료 보장 혜택을 상실하게 될 것이다. 미국이 아르헨티나와 함께 세계보건기구(WHO)를 탈퇴하며 그동안 미국이 기여하던 WHO 예산의 약 15%가 사라지게 됨에 따라 빈곤국도 타격을 입을 것이다. 에이즈 프로그램과 어린이 백신 접종이 중단될 수 있어 질병이 확산될 수 있다. WHO는 직원을 감축하겠지만 팬데믹 대응을 위한 조약을 체결하는 것을 목표로 하고 있다. 중국은 제15차 5개년 계획에 따라 국민들의 의료 접근성을 개선할 것이다. 제약 매출은 비만 치료제 덕분에 5% 증가한 1조 6,000억 달러에 달할 전망이다. 알약 형태의 비만 치료제는 주사 공포증을 가진 환자들에게도 손쉽게 쓸 수 있다. 한편, 특허가 만료됨에 따라 인도와 중국이 제네릭 버전을 출시할 예정이다. 그러나 제약사들은 전 세계 의약품 매출의 40%를 차지하는 미국이 부과한 관세로 타격을 입을 것이다. 제약사들은 관세를 피하고자 생산 시설을 이전하고 미국 내 가격을 인하하거나, 다른 지역에서 판매를 높이고 가격을 인상하는 방안을 모색할 것이다. 연방 정부가 예산을 삭감함으로써 미국 내 연구 투자가 위축되어 과학자들이 해외로 빠져나갈 것이다.

주목할 점: 필수 백신. 맞춤형 암 백신 임상시험이 2026년 확대될 예정이다. 이 백신들은 (코로나19 팬데믹 기간 중 검증된) mRNA 기술과 영국 국민건강보험(NHS)의 방대한 데이터베

이스를 활용해 개발되고 있다. 반면 미국은 독감 등 호흡기 질환에 mRNA를 활용하려고 하는 22개 프로젝트를 단계적으로 축소할 예정이다. 백신에 대한 잘못된 의심 때문이다.

기반 시설

2026년 인프라 지출의 지표인 총고정투자(gross fixed investment)는 6% 증가해 30조 달러를 넘어설 것으로 예상된다. 다만 교통, 에너지, 디지털, 수자원 인프라를 확충하는 일은 배출가스 목표를 달성하는 것부터 예산 삭감에 이르기까지 다양한 어려움에 부딪힐 것이다. 지출의 약 절반은 아시아에서 이루어질 것이며 노후 도로를 보수하는 것보다는 신규 도로를 건설하는 쪽을 선호할 것이다. 중국과 말레이시아의 철도 프로젝트는 완공을 향해 순조롭게 진행 중이며, 싱가포르는 동부 해안 허브를 개통하고, 베트남은 남북 고속철도 사업을 시작할 예정이다.

지출의 4분의 1은 유럽에서 이루어질 것이다. 유럽은 탄소 배출 제한에 반해 공항을 확장할 예정이다. 다만 유럽 전력망에 대한 새로운 법적 틀이 마련되어 재생에너지 프로젝트가 탄소 배출량 증가분을 상쇄할 것이다. 이에 반해 헝가리와 세르비아는 새로운 송유관 건설을 시작할 예정이다.

중동은 교통 인프라에 투자한다. 아랍에미리트(UAE)는 처음으로 도시 간 철도를 개통하겠지만, 걸프협력회의(GCC) 6개 회원국을 연결하는 야심 찬 프로젝트는 더욱 지연될 것으로 보인다. 시리아는 전쟁으로 파괴된 공항을 재건하고, 리비아는 벵가지에 국제 허브를 열 것이다.

미국은 디지털 인프라 구축에 집중할 것이다. 아마존, 구글, 메타, 마이크로소프트는 AI를 운영하기 위한 데이터 센터에 4,000억 달러를 투자할 예정이며, 에너지 프로젝트에도 추가 자금을 투입할 것이다. 정부의 재정 지원이 고갈됨에 따라 수도 시스템에 대한 지출은 감소할 것이다.

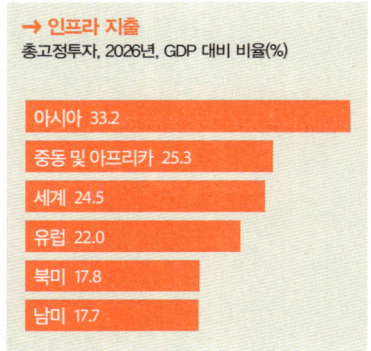

→ 인프라 지출
총고정투자, 2026년, GDP 대비 비율(%)

아시아 33.2
중동 및 아프리카 25.3
세계 24.5
유럽 22.0
북미 17.8
남미 17.7

미디어 및 엔터테인먼트

2026년 TV 시청자의 관심을 사로잡기 위한 경쟁은 새롭지만 왠지 익숙한 에피소드를 시작할 전망이다. 특히 젊은 시청자들이 편성표에 따라 시청하기를 기피하면서 전통적인 TV 방송은 수익이 하락하고 이것이 곧 스트리밍 서비스에 이익으로 돌아갈 것이다. 분석 회사 이마케터(eMarketer)에 따르면, 2026년 미국 성인이 TV 앞에 앉아 있는 시간은 하루 평균 7시간이며 이 중 전통적인 TV 시청에 할애되는 시간은 5분의 2에 불과할 것이라고 한다. 일부 절박한 기존 방송사들은 생각지도 못한 협력자를 찾게 될 것이다.

넷플릭스는 프랑스에서 가장 인기 있는 방송사인 TF1의 일반 편성 TV 프로그램을 구독자에게 제공할 예정이다. 워너브라더스 디스커버리(Warner Bros Discovery)는 케이블 방송 사업부를 스트리밍·스튜디오 서비스 사업부에서 분리하며 자체 분할을 추진할 것이다. 스트리밍·스튜디오 서비스 부문은 해리 포터 시리즈를 제작할 예정이다.

전통적인 영화 제작자들은 휴대폰 스트리밍을 위해 세로로 촬영된 짧은 영상으로 이미 아시아에서 유행 중인 마이크로 드라마와 더욱 심하게 경쟁하게 될 것이다. 영화 스튜디오는 비용을 절감하고 영감을 얻기 위해 AI에 기대를 걸 것이다. 2026년부터 생성형 AI를 사용해도 오스카상 후보에 오를 수 있다. 이에 배우의 이미지와 목소리를 복제하지 않아야 한다는 금기도 사라졌다.

광고업계도 AI에 기반한 대대적인 변화를 맞이하고 있다. 페이스북의 모회사 메타는 2026년까지 광고 생성을 완전히 자동화하는 것으로 목표로 AI가 완전히 처음부터 광고를 만드는 날을 준비하고 있다. 이는 광고 대행사에게 위협이 된다. 그럼에도 광고 대행사 중 하나인 WPP는 대규모 스포츠 이벤트가 열리며 (스포츠 참조) 2026년 세계 광고 매출이 약 6% 증가할 것으로 예상하고 있다.

주목할 점: 보기보다 듣기. 녹음된 라디오 방송의 부상을 인지한 골든글로브는 '최우수 팟캐스트' 부문 후보를 접수할 예정이다. 광고주들도 이를 알아챘다. WARC 미디어는 2026년 팟캐스트 광고 지출이 55억 달러를 넘어설 것으로 예상한다.

770억 달러

↑ 2026년 미국 내 가정용 오디오비주얼 (AV) 장비 예상 판매액, 2020년 대비 50% 증가할 것으로 전망된다.

금속 및 광업

EIU에 따르면 2026년 금속은 가격이 7% 상승함에 따라 더욱 반짝일 전망이다. 니켈 가격은 배터리 수요는 오르고 공급은 부족해지면서 13% 상승할 것으로 예상된다. 인도네시아는 니켈 거래소를 출범하며 수출 금지 조치를 유지할 것이다. 구리, 납, 아연 역시 청정에너지 기업들의 수요 증가로 가격이 상승할 것이며 발레(Vale) 등 광산업체의 투자가 이어질 것이다. 다만 중국의 구리 생산량은 감소할 것으로 보이며, 미국의 관세 정책은 광산업체들의 미국 이전을 유도하는 데 실패할 것이다.

품목별 관세가 부과된 가운데 알루미늄과 철강 가격은 상승할 전망이다. 인도네시아는 중국으로부터 자금을 지원받아 알루미늄 제련소를 추가로 건설할 예정이다. 인도와 미국은 철강 생산량을 늘릴 것이며, 일본제철(Nippon Steel)은 양국 모두에 대한 투자를 검토 중이다. 그러나 중국은 과잉 생산 문제를 해소하기 위해 생산량을 줄일 것으로 보인다. 유럽의 철강 산업 보호 조치는 만료될 예정이지만 탄소 국경세 때문에 수입이 억제될 것

WHAT IF?

2026년 러시아에 대한 서방의 제재로 마침내 러시아가 우크라이나에서 무기를 내려놓아야 할 수도 있다. 적어도 우크라이나의 볼로디미르 젤렌스키 대통령은 그렇게 되길 희망한다. 보다 이성적인 사람들은 러시아의 국부펀드가 고갈되거나 서방이 러시아의 수출을 더욱 제한함에 따라 러시아 경제가 침체될 수 있다고 생각한다. 그러나 어떤 사람들은 평화를 이루기 위해 서방이 경제 제재를 완화해야 한다고 주장하기도 한다. **만약에 2026년 러시아에 대한 제재가 해제된다면 어떻게 될까?** 러시아가 휴전을 받아들인다면 미국은 러시아에 대한 태도를 완화할 수 있고 유럽도 그 뒤를 따를 수 있다. 러시아 개인을 대상으로 한 여행 금지 조치도 곧 해제될 수 있다. 러시아의 식품 및 의약품 수입 제한 조치와 은행 대출 규제도 마찬가지다. 이러한 조치들은 완전한 평화 협정을 향해 나아가는 과정을 원활하게 만들 수 있다. 러시아를 견제하기 위해 서방은 협상 카드가 필요하다. 결제 시스템인 SWIFT 재가입을 보류하거나 에너지 관련 제재 해제를 유보할 수도 있을 것이다. 결과적으로 제재 완화는 러시아의 재정난을 완화할 것이다. 유럽의 에너지 비용은 하락하고, 인도 등 다른 국가들은 2차 제재에서 벗어날 수 있다. 평화의 잠재적 이익은 크지만, 평화로 가는 길은 좁다.

이다. '녹색' 철강 생산량이 증가하고, EU와 인도는 철 스크랩 재활용을 촉진할 것이다.

일부 금속의 가치는 하락할 전망이다. 달러 가치가 안정화된 것처럼 보이고 투자자들이 안도하면서 금과 은 가격은 최근 고점에서 소폭 하락할 것이다. 핵심 광물과 희토류는 희토류 최대 생산국인 중국의 불확실한 무역 정책으로 인해 가격 변동이 억눌린 상태가 될 것이다. 다만 광산업체들이 배터리 산업에 투자하면서 공급원은 보다 다각화될 전망이다. 칠레는 소금 평원(salt flat)에서 더 많은 리튬을 생산하도록 허용하고 있으며, 호주는 희토류 정제량을 늘리고, 마다가스카르는 흑연 생산을 늘릴 것이다.

400만 톤

↑ 배터리의 주요 구성 요소인 니켈의 2026년 글로벌 예상 생산량은 2016년 생산량의 2배에 달할 것으로 전망된다.

부동산

2026년에는 많은 나라에서 금리가 낮아져 부동산 시장이 상승할 전망이지만 모든 부동산이 똑같이 상승하지는 않을 것이다. 소도시 주택 가격은 저렴한 주택담보 대출과 공급 부족으로 견조한 흐름을 보일 것이다. 런던, 뉴욕 등 부동산 가격이 비싼 대도시의 불안한 투자자들은 자신감을 회복할 것이다. 중국의 주택 시장은 부동산업계가 구조 조정되는 가운데 서서히 회복될 것이다. 두바이의 부동산 시장은 주택 재고가 쌓이면서 어두워질 전망이다.

호주와 스페인을 비롯한 여러 정부는 주택 가격 상승에 대처하기 위해 공공 주택을 확대하는 정책을 마련할 것이다. 영국은 도시계획법을 정비할 예정이며, 네덜란드와 코스타리카에서는 단기 임대 숙소에 대해 세금을 부과해 임대 주택 공급이 늘어날 전망이다. 한 집에 사는 구성원은 유럽에서는 2.4명, 전 세계적으로는 3.4명, 중동 및 아

→ 금속 가격
2026년, 전년 대비 변화율(%)

니켈
구리
강철
금
은

프리카에서는 5.3명으로 가구 규모는 비슷하게 유지될 것으로 보인다.

상업용 부동산은 특히 미국에서 금리 인하의 혜택을 누릴 것이다. 사무실 수요는 근로자들이 사무실로 복귀하면서 점진적으로 증가하겠으나 유럽에서 상업용 부동산의 완공 물량은 2017년 이후 최저 수준으로 떨어질 전망이다. 중국 기업들은 공간을 더 효율적으로 사용하는 것을 목표로 삼아 공급 과잉을 가중시킬 것이다. 아시아와 중동 지역의 화려한 쇼핑몰은 소매 방문객 수가 증가하겠지만, 창고 임대 시장은 전자상거래의 성장세가 둔화됨에 따라 위축될 것이다. 호텔 시장은 뜨거울 전망이다. 2026년에는 2,500개 이상 호텔이 문을 열 예정이다.

주목할 점: 녹색 건물(Green building). EU 회원국들은 5월까지 건물 에너지 성능 지침(Energy Performance of Buildings Directive)을 국내법에 반영해야 하며 이는 탄소 감축으로 이어질 것이다. 신규 건물은 에너지 효율적이어야 하며, 기존 건물은 개보수해야 한다. 규제를 따라가지 못할 경우 좌초 자산(stranded assets)이 될 수 있다.

소매업

도널드 트럼프 대통령은 소비자와 소매업체 모두의 신뢰를 훼손하는 데 성공했다. 관세와 무역 마찰을 마주한 전 세계 소비자들은 2026년에도 지갑을 꽉 움켜쥘 것이다. 글로벌 소매 판매 실질 성장률은 2%에 그칠 것으로 보인다. 무역 의존도가 낮은 시장의 소매 판매량은 더 높은 성장세를 보일 것이다. 인도와 필리핀은 각각 5%, 7%의 성장률을 기록할 것으로 예상된다. 이는 젊은 인구 구조 덕분이기도 하다.

무역 전쟁으로 소비재 제조업체들은 공급망을 재구성해야 할 것이다. 스포츠웨어 대기업 나이키(Nike)는 2026년 5월까지 미국 시장에 공급하는 제품의 중국 생산 비중을 16%에서 한 자릿수 후반으로 낮추는 것을 목표로 하고 있다. 무역이 제한되면서 온라인 쇼핑몰의 매출도 둔화될 것이며, 일부 업체는 강화된 규제로 인해 손해를 입기도 할 것이다. 가령, 튀르키예의 새로운 전자상거래 규정은 소비자 보호를 강화하고 일부 전자제품에 대해 무조건적인 반품을 허용한다.

저렴한 중국산 제품에 대해 광범위한 관세가 부과되는 상황은 다른 소매업체들이 시장 점유율을 확보하는 기회가 될 수도 있다. 이케아(IKEA)는 2026년 두 개 매장을 신규 오픈하며 미국 내 오프라인 매장을 확장할 예정이다. 남아프리카공화국에서 가장 큰 의류 소매업체인 펩코르(Pepkor), 포스치니 그룹(The Foschini Group), 미스터 프라이스(Mr Price)도 2026년까지 최대 600개 매장을 열 계획이다. 스페인의 인디텍스(Inditex)는 벨기에에 1만 4,500㎡에 달하는 세계 최대 규모의 자라(Zara) 매장을 열기로 했다.

주목할 점: 자동화된 진열대. 월마트는 2026년까지 상품 진열 및 온라인 주문 포장 작업을 수행할 로봇을 도입하기 위해 5억 달러를 투자 중이다. 이를 통해 비용 절감을 할 수 있고 더불어 수천 개의 일자리가 사라질 전망이다.

1조 6,000억 달러

↑ 2026년 전 세계 가전제품 및 가정용품 매출 전망치는 전년 대비 7% 증가할 것으로 예상된다.

해운 및 물류

2026년 글로벌 해운업계는 위험한 해역을 통과할 것으로 예상된다. 중동은 여전히 위험 지역일 것이다. 이란이 호르무즈 해협을 봉쇄하거나 후티 반군이 홍해에서 공격을 재개한다면 더 많은 화물이 희망봉을 우회할 수밖에 없어 운송 시간과 비용이 증가할 것이다. 미국의 보호무역주의와 세계 경제 침체로 무역량 성장률은 선진국은 1%, 그 외 지역은 3% 수준일 것으로 전망한다. 해운사들의 선대가 급증하고 있는 것도 추가 위험 요인이다. 현재 조선소에서 건조 중인 신규 선박들이 완공되면 표준 컨테이너 수백만 개에 해당하는 운송 능력 증대가 이루어질 것이다.

선주들은 운임 하락을 막기 위해 운항을 대폭 축소할 가능성이 있다. 또한 선주들은 신규 선박을 모두 운항하기에는 선원이 부족하다는 사실도 깨닫게 될 것이다. 국제해운회의소(International Chamber of Shipping)는 2026년까지 훈련된 선원 9만 명이 부족할 것으로 예상한다. 여기에는 안타까운 이유가 있다. 과거 뛰어난 상선 선원이었던 러시아인과 우크라이나인들이 이제는 서로 싸우느라 바쁘기 때문이다. 이러한 지정학적 긴장은 다른 선원들도 이 직업을 덜 매력적으로 느끼게 만든다.

2026년 물류 기업들은 지방 거주민들에게 서비스를 확대하는 데 주 초점을 맞출 전망이다. 아마존은 연말까지 지방 배송 네트워크 규모를 3배로 늘리기 위해 40억 달러를 투자 중이다. 미국 물류업계의 강자인 UPS가 배송 사업에서 아마존에 대한 의존도를 낮추려고 계획하는 것도 당연하다. UPS는 2026년 하반기까지 아마존 배송 물량을 50% 이상 줄일 것으로 예상하고 있다.

스포츠

불화와 탈세계화의 상황 속에서 2026년 스포츠 산업은 국경을 넘는 교류를 통해 번영하는 것을 목표로 할 것이다. 멕시코, 캐나다, 미국은 4년마다 열리는 남자 월드컵을 공동 개최하며 축구의 세계적 성장을 보여줄 것이다. 역대 최다인 48개 팀이 104경기를 치른다(스페인이 우승 후보다). 마드리드에서는 미국 내셔널 풋볼 리그 경기가 열릴 예정이고, 런던에서는 미국 프로 농구 경기가 열릴 예정이다. 캐나다에서 탄생한 아이스하키는 스위스에서 세계 선수권 대회를 연다. 아시안 게임은 '하나의 아시아를 상상하라'는 슬로건 아래 일본에서 개최된다.

광고주들이 팬들의 관심을 확보하기 위해 입찰에 참여하면서 경기장 밖에서도 경쟁이 치열해질 것이다(미디어 및 엔터테인먼트 참조). TV 편성 담당자들은 성과를 얻기 위해 신중하게 계획을 세워야 한다. 2월, 8억 달러 규모의 광고 수익을 창출하는 미국 슈퍼볼은 동계 올림픽과 패럴림픽과 시청자 확보 경쟁을 벌여야 한다.

스포츠 대회 주최 측은 기후 변화로 어려움을 겪을 것이다. 7월 스페인 산악 지역에서 시작하는 투르 드 프랑스(Tour de France)에 참가하는 선수들은 오르막보다 더위와 더 치열하게 싸워야 할 것이다. 산악 스키(Ski mountaineering)는 인공 눈이 널리 사용될 이탈리아 올림픽에서 첫선을 보일 예정이다. 해발 4,267미터에서 열리는 인도의 판공 호수 마라톤(Pangong Frozen Lake Marathon)도 기후 변화에 대한 관심을 불러일으킬 것이다. 2026년에 이 대회에 붙은 별칭은 '마지막 달리기(The Last Run)'가 될 것이다.

기술 및 통신

AI에 대한 흥분과 좌절이 섞인 또 한 해가 될 전망이다. EU의 엄격한 인공지능법(AI Act)이 8월부터 본격적으로 시행된다. 그러나 규제 당국은 기술 발전 속도를 따라잡기 위해 고군분투할 것이다. 챗GPT를 개발한 오픈AI의 CEO 샘 알트먼(Sam Altman)은 AI가 2026년에는 '획기적인 통찰력(novel insight)'을 제공하기 시작할 것으로 내다보고 있다. 컨설팅업체 가트너는 기업의 80%가 생성형 AI 애플리케이션을 사용할 것이라고 예상한다. 이는 2023년 5% 미만에서 크게 늘어난 수치다. 그럼에도 불구하고 AI로 수익을 창출하려면 많은 기업이 노력을 기울여야 할 것으로 보인다. AI의 잠재력을 활용하려면 근로자와 프로세스를 재편성해야 하기 때문이다. 현재 이를 위한 야심 찬 계획들이 추진 중이다. 2026년까지 인도에서만 AI를 활용할 수 있는 훈련된 근로자 100만 명이 필요하다. 미국 컨설팅업체 코그니전트(Cognizant) 역시 100만 명을 훈련시키겠다고 발표했다.

기술 기업들은 컴퓨터를 더 똑똑하게 만들기 위해 차세대 AI 칩을 개발 중이다. AI 붐은 (스마트폰 출하량 감소를 상쇄하며) 반도체 수요를 촉진할 것이다. 삼성은 미국에 첫 반도체 공장을 열 예정이며, 대만의 TSMC는 지배력을 유지하기 위해 서둘러 미국에 있는 두 번째 생산 시설을 가동할 것이다. 대만에서는 컴퓨팅 속도를 10~15% 향상시킬 수 있는 최첨단 2나노미터 칩을 생산할 예정이다.

AI의 발전을 더욱 촉진하는 요인은 인터넷 연결이 확대되는 것이다. 2026년에는 100명 중 85명 이상이 인터넷에 접속할 수 있을 전망이다. 위성 인터넷 서비스가 여기에 기여할 것이다. 다만 아마존의 프로젝트 카이퍼((Project Kuiper) 광대역 네트워크는 7월까지 1,500개 이상의 위성을 발사하겠다는 목표 시한을 지키지 못할 가능성이 크다.

여행 및 관광

2026년 관광 산업은 여행 제한, 배출량 규제, 관광객 몰림에 대한 우려를 극복하고 호조세를 보일 전망이다. 사상 최대인 20억 명의 해외 여행객이 1조 8,000억 달러를 지출할 것으로 예상되며, 이 중 4분의 1은 중국인과 미국인일 것이다. 인도의 해외 여행객 수도 급증할 것으로 보인다. 중국은 레고랜드를 신규 개장하고 일부 국가에 무비자 여행을 허용함으로써 전 세계 해외 방문객 중 8%를 유치할 수 있을 전망이다. 반면 미국을 여행하는 방문객은 국경 통제와 높은 물가로 인해 2% 증가에 그칠 것이다. 다만 북미 월드컵을 관람하기 위해 축구 팬들이 몰려들 가능성이 있다(스포츠 참조).

늘 인기 있는 여행지인 유럽은 생체 인식 기술과 비자 면제 여행자 승인 시스템을 사용해 방문객을 모니터링할 예정이다. 그 밖에 뜨고 있는 핫스팟으로는 동남아시아가 있고, 다소 예상 밖의 지역이 있다. 러시아는 브라질, 남아프리카 공화국 등 일부 국가에 대해 비자 면제 입국을 시범 운영할 예정이다. 사우디아라비아는 럭셔리 관광 단지 아말라(Amaala)가 많은 관광객을 모으길 기대하고 있다.

노르웨이와 캐나다의 배출가스 규제, 바르셀로나와 칸 등 유럽 항구의 방문객 제한에도 불구하고 최소 16척의 신규 크루즈선이 항구를 떠날 예정이다. 항공사들은 국제 항공 탄소 배출량 상쇄 및 감축 제도(CORSIA) 시행 전 자발적인 배출량 목표를 적용하는 마지막 여름을 보낼 것이다. 그동안 항공사들은 탄소를 대량 배출하는 새로운 대서양 횡단 노선을 취항할 예정이다.

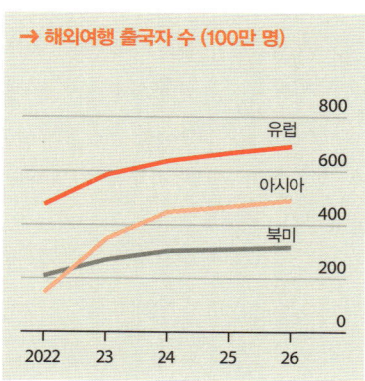

주목할 점: 구원투수로 나선 크루즈. 해운업이 전 세계 탄소 배출량에서 차지하는 비중은 2%에 머물고 있다. 그러나 2026년 세계 최초의 수소 동력 크루즈선 바이킹 리브라(Viking Libra)가 첫 항해에 나설 예정이다. 연료전지로 추진되는 이 선박의 유일한 배출물은 바다에 안전하게 배출할 수 있는 수증기뿐이다.

4조 달러

↑ 2026년 호텔 및 레스토랑 산업의 글로벌 매출 전망. 이 수준에 도달하는 것은 이번이 처음이다.

SPECIAL SECTION

특별 섹션

Mapping 2026

지도로 보는 2026년의 일들

때로 세상에서 일어나는 일을 이해하는 가장 좋은 방법은 지도를 보는 것이다.

다음 8개 지도는 중국의 도시화 현상부터 수단에서 채굴되는 금이 분쟁에 미치는 영향까지 2026년에 주목해야 할 사건과 트렌드를 조명하고 설명한다.

세계에서 가장 큰 도시는 어디일까?

외계인이 우주에서 지구를 내려다보며 정치적 경계는 무시하고 인구 밀도가 높은 연접 지역을 지도에 표시한다면 틀림없이 중국 남부의 도시들이 하나의 거대한 도시권으로 융합된 주장 삼각주 지역을 표시할 것이다. 2026년에는 이 지역을 하나로 이어주는 광역 고속철도망이 완공될 예정이며 인구수는 7,300만 명에 달할 것으로 예상된다.

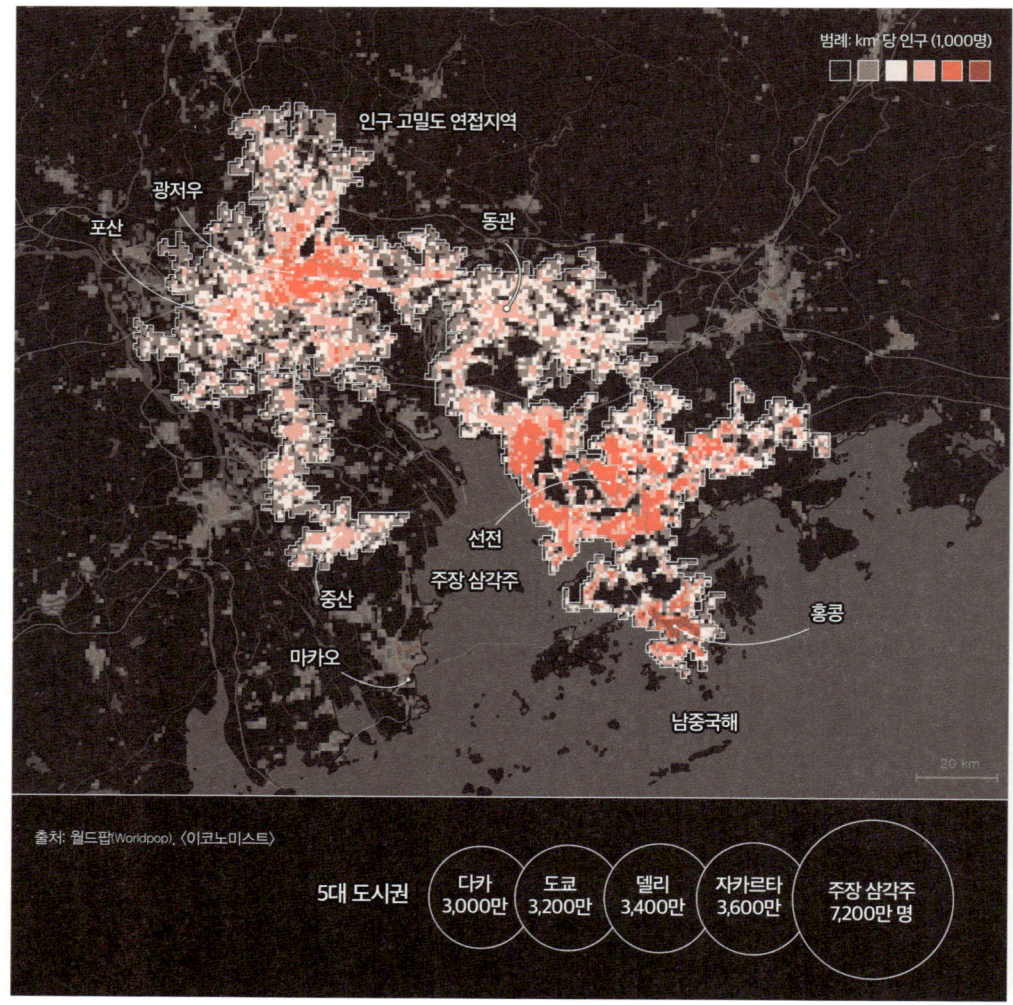

선거구 조정은 미국 중간선거에 어떤 영향을 미칠까?

대부분의 선진 민주국가들과는 달리 미국은 많은 주에서 정치인들이 선거구를 획정할 수 있는 권한을 가진다. 정치인들은 이 권한을 이용해 반대당 유권자들을 소수 선거구에 '몰아넣거나(packing)' 여러 선거구로 '분산시켜(cracking)' 표를 희석시킴으로써 소속 정당의 선거 우위를 극대화한다. 미주리주에서는 공화당이 도널드 트럼프 대통령의 지지를 받으며 민주당 지지세가 강한 캔자스시티 선거구를 분할해 민주당이 확보하고 있던 선거구 하나를 없앴다. 공화당은 텍사스주와 유타주에서도 공화당에 유리한 공격적인 선거구 조정안을 통

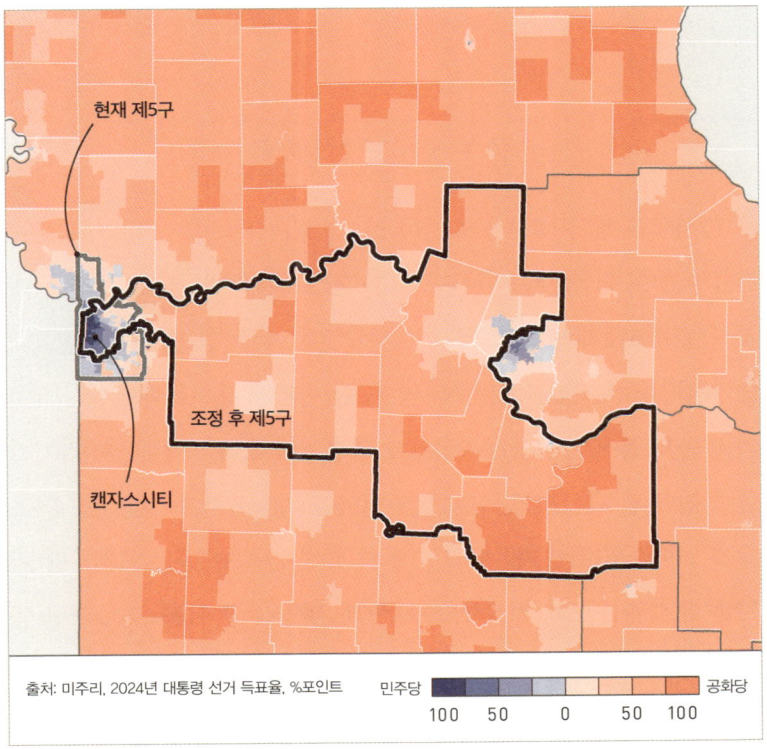

출처: 미주리, 2024년 대통령 선거 득표율, %포인트

출처: 미주리 주 하원, Redistricting data hub

과시켰으며 앞으로 더 많은 주가 이런 흐름을 따를 가능성이 있다. 캘리포니아의 개빈 뉴섬(Gavin Newsom) 주지사를 비롯한 민주당 주지사들은 이에 같은 방식으로 맞대응하겠다고 발표했다. '투표권법(Voting Rights Act)' 제2조는 당파적 선거구 재편에 대해 규정하고 있는 몇 안 되는 법 조항 중 하나로 소수 유권자의 투표 가치를 희석시키는 선거구 획정을 금지하고 있다. 곧 나올 대법원 판결은 이 조항을 약화시킬 수 있으며 그 결과 공화당 지지층이 두터운 남부의 주들은 더 대담한 선거구 조정을 시도해 민주당이 차지하고 있는 6~12개 선거구를 없앨 수 있다. 새로운 선거구가 11월 중간 선거 전에 확정된다면 공화당은 하원에서 무려 5~6%포인트 우위를 점할 수 있을 것이다.

달 남극의 위험한 매력

달 탐사선의 착륙 지점을 표시해보면 놀라운 사실을 발견하게 된다. 착륙 지점이 달 남극 주변에 모여 있다. 2019년 이후 달로 보낸 13대 착륙선 중 5대가 달 남극 주변에 착륙했고, 2026년 발사 예정인 4대의 탐사선 중 2대[미국의 블루문 패스파인더 M1(Blue Moon Pathfinder M1)]과 중국의 창어 7호도 이 지역으로 향할 예정이다. 요컨대, 해당 기간 동안 전체 달 착륙선의 약 40%가 달 표면의 7%에 불과한 위도 60°S 남쪽 지역으로 갔다. 달 남극이 특히 흥미로운 이유는 미래에 달 기지를 유지하고 로켓 연료를 만드는 데 사용할 수 있는 물이 영구 음영 분화구에 얼음 형태로 존재할 것으로 추정되기 때문이다. 하지만 이 지역은 위험하다. 2024년과 2025년에 이 지역으로 보내진 미국

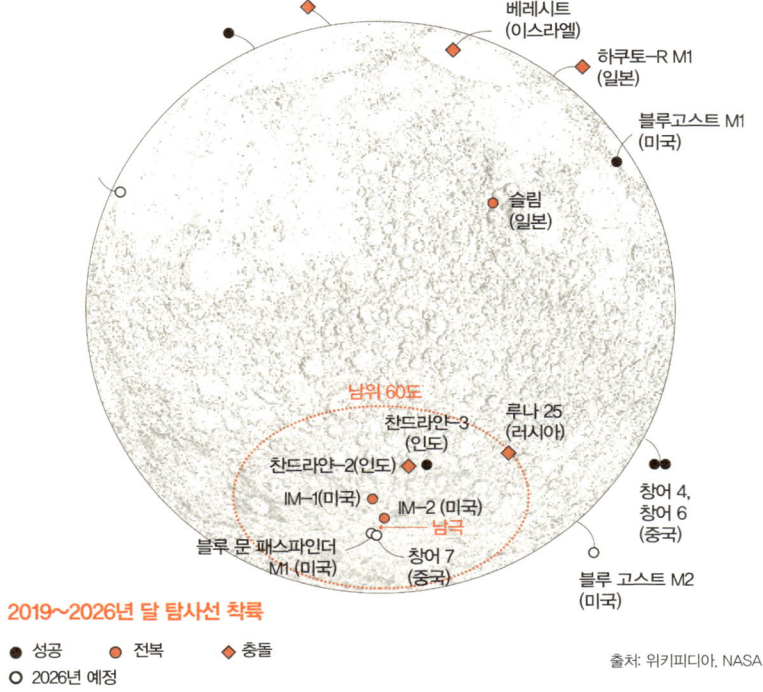

2019~2026년 달 탐사선 착륙
● 성공　● 전복　◆ 충돌
○ 2026년 예정

출처: 위키피디아, NASA

의 탐사선 2대가 울퉁불퉁한 지형에서 넘어졌다. 달 남극을 매력적인 목적지가 되게 한 분화구도 탐사선의 착륙을 어렵게 만드는 요인이다. 그러나 미국과 중국이 향후 몇 년 내에 달 남극에 우주비행사를 먼저 보내려는 경쟁 중에 있으므로 이 지역을 탐험하려는 노력은 2026년에도 계속될 것이다.

대만의 지형이 대만을 취약하게 만드는 이유

대만의 최대 항구들은 대만 해협의 주요 선박 항로와 가깝고 중국 해안을 마주보고 있는 북부 및 서부 해안에 위치해 있다. 이로 인해 대

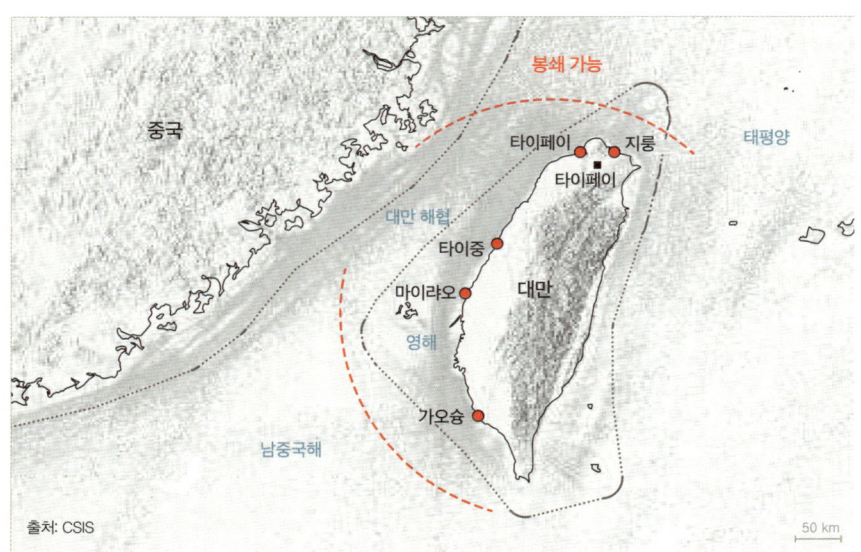

만은 중국의 잠재적 해상 봉쇄에 취약하다. 만약을 위해 동해안의 작은 항구 몇 개를 확장하는 것은 어떨까? 이 전략은 대만의 산악 지형 때문에 실행이 불가능하다. 대만은 다섯 개의 산맥이 국토의 약 70%를 차지하기 때문에 대부분의 인구가 서부와 북부에 거주한다. 개발이 되지 않은 동해안에 큰 항구를 만든다고 해도 이 항구를 대만의 주요 도시들과 연결하기란 매우 어려운 일일 것이다.

만약의 경우에 대비한 중국의 인프라 정책

시진핑은 2027년까지 대만 침공 준비를 완료하길 원한다고 알려져 있으나 전면 침공을 감행하기보다는 대만 섬을 봉쇄할 가능성이 더 높아 보인다(중국 섹션 참조). 그러나 중국의 대만 침공은 어느 쪽이든 대만 동맹국들의 보복을 촉발할 것이며 말라카 해협이 봉쇄되어 걸

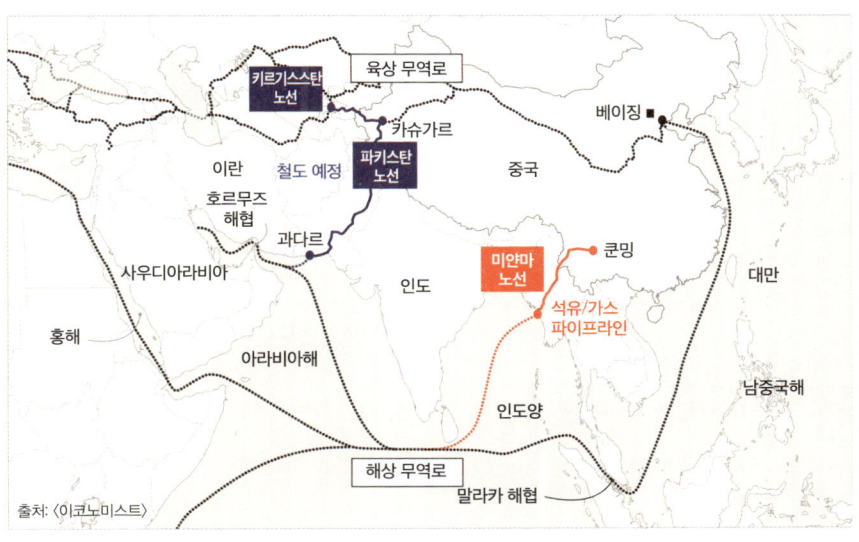

출처: 〈이코노미스트〉

프 지역으로부터 중국으로 오는 에너지 공급이 차단될 수 있다. 따라서 중국은 이러한 시나리오에 대비하기 위한 인프라 투자를 계속해 왔다. 미얀마에서 중국은 자국의 이익을 보호하기 위해 미얀마 내전에서 군부와 반군 사이를 줄타기하며 이익을 추구하고 있다. 여기에는 중국과 인도양을 연결하는 2,500킬로미터 길이의 석유·가스 파이프라인을 보호하는 것도 포함된다. 이 파이프라인을 통해 중국은 걸프 지역에서 수입해오는 에너지의 대체 경로를 확보할 수 있으나 미얀마는 중국의 개입으로 2026년 내전 종식 가능성이 낮아졌다. 같은 맥락에서 중국은 자국 서부 지역에서 아라비아해에 위치한 파키스탄 과다르 항구까지 육상 철도를 개발하려는 노력을 기울이고 있다. 다만 이 프로젝트는 높은 비용과 파키스탄의 부채 증가 우려로 지연 및 축소되었다. 또 다른 보험적 인프라 정책은 다양한 위험에 대비한다. 키르기스스탄과 우즈베키스탄을 통과하는 철도는 러시아를 우회해 중국과 유럽을 더 가깝게 연결한다. 이것은 도널드 트럼프의 관세 정책으로 대미 수출이 어려워지는 상황에서 중국이 유럽으로 더 많은 상품을 수출하는 데 도움이 될 것이다. 또한 중국과 러시아의 관계 악화에 대비한 헤지 수단도 될 것이다.

금은 어떻게 수단 전쟁을 부채질하는가

금 거래를 둘러싼 수단 정부군(SAF)과 준군사조직 신속지원군(RSF) 간 경쟁은 2023년 수단 내전이 발발하게 된 원인 중 하나였다. 금은

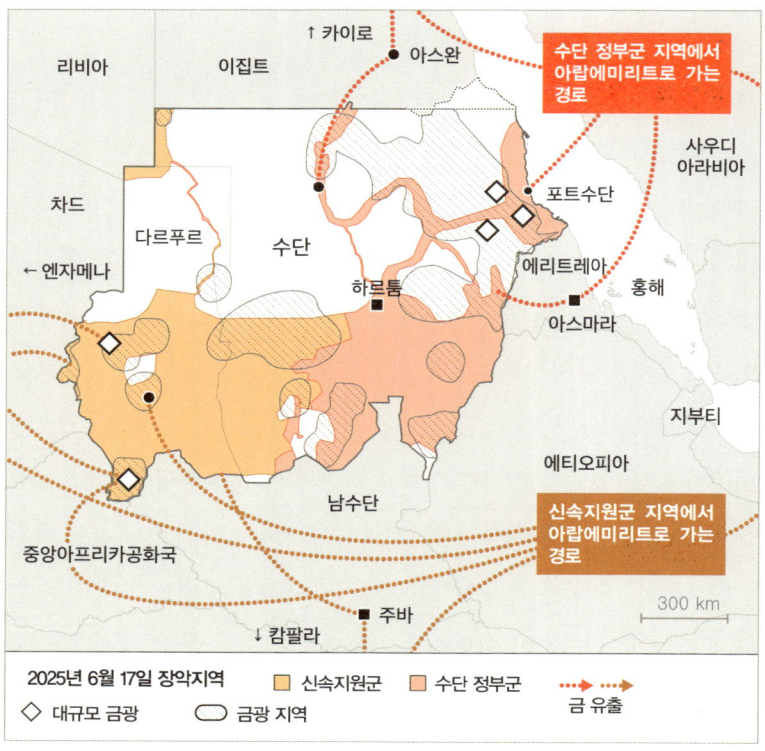

출처: 왕립 국제 문제 연구소(Chatham House), 토마스 반 링게(Thomas Van Linge)

여전히 분쟁에 영향을 미치고 있다. 수단에서는 소규모 금 생산이 급증했으며 SAF와 RSF는 생산된 금을 국외로 밀반출해 무기를 구매하고 영향력을 높이며 부를 축적하는 데 사용하고 있다. 양측 모두 인접국을 통해 금을 밀수출하며 SAF는 이집트, RSF는 남수단과 에티오피아, 차드를 통한다. 이 금은 대부분 아랍에미리트(UAE)에서 판매된다. 금 거래는 지역 역학을 복잡하게 만들고 전쟁을 장기화시킨다. 재정난에 시달리는 이집트는 유입되는 금이 경제에 반가운 활력을 제공하므로 SAF에 대한 지지를 공고히 하고 SAF가 분쟁 종식을 위한 협상에 나서도록 압박하는 일에 미온적인 태도를 보인다. 한편, 아랍에미리트는 수단산 금의 거래 허브이자 수출 시장으로서 중요한 역할을 하므로 SAF의 지도부는 금을 수입하는 대가로 무기를 공급하는 등 RSF를 지원하는 행위를 한 아랍에미리트를 공개적으로 비판하기를 꺼린다(아랍에미리트는 이를 부인한다). 금은 거래가 계속되는 한 수단 내외의 다수 당사자들에게 이익이 되므로 결국 평화로 가는 길을 막는다.

왜 화성에 가기 좋은 해인가

지구에서 화성까지 우주선을 효율적으로 보낼 수 있는 최적의 시기는 화성이 지구보다 태양 궤도를 44° 앞서 있을 때다. 이 시점에 발사된 우주선은 두 행성 궤도에 닿는 타원형 궤도로서 연료 효율이 가장 높은 경로인 호만 전이 궤도(Hohmann transfer orbit)를 활용할 수 있다. 다만 호만 전이 궤도를 활용하기 위해 요구되는 행성의 정렬은 26개월마다 한 번씩 지구가 태양 주위를 공전하며 화성을 '추월'하기 직

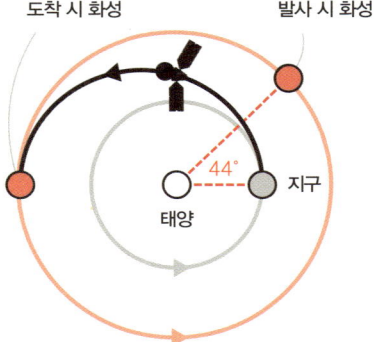

출처: NASA 제트 추진 연구소

전에만 발생한다. 다음 기회는 2026년 말이며 일론 머스크는 이때 무인 스타십 로켓을 한 대 이상 화성으로 보내고자 한다. 이 기회를 놓칠 경우(가능성이 높아 보인다) 그는 2028년 말까지 기다려야 한다.

2026년 일식은 과거 일식과 어떻게 다른가

모든 일식이 똑같이 만들어지는 것은 아니다. 개기일식은 달이 지구와 태양 사이를 정확히 지나갈 때 일어나며 그 동안 달 그림자의 경로는 간혹 육지를 지나가기도 한다. 그 외의 경우, 일식은 이벤트가 일어나는 대부분의 시간 동안 인구 밀도가 낮은 지역이나 해상, 즉 개기일식 경로에 위치한 배 위에서만 관측이 가능하다. 2024년 4월 북아메리카를 관통한 개기일식(The Great North American eclipse)은 멕시코, 미국, 캐나다 일부 지역에서 쉽게 관측할 수 있었다. 그러나 2026년에 찾아오는 두 차례의 일식은 일식을 관측하려는 사람들에게 그리 협조적이지 않을 것이다. 2026년 2월 17일 금환일식(annular eclipse, 태양 가장자리가 달 주위를 고리 모양으로 둘러싸고 보이는 현상)

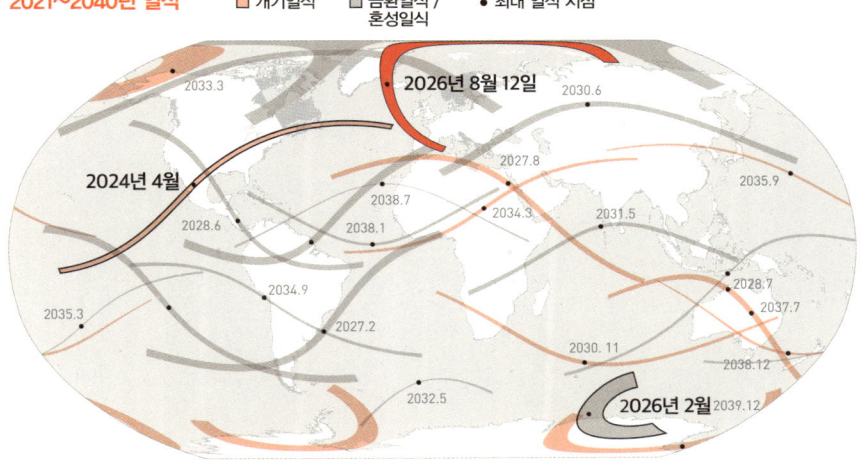

출처: 마이클 자이일러(Michael Zeiler), 자비에르 주비에(Xavier Jubier)

은 가장 좋은 시기조차 접근하기 어려운 남극 대륙에서만 관측 가능할 예정이다. 8월 12일 개기일식 경로는 그린란드, 아이슬란드, 스페인 북부 일부 지역을 통과한다. 최대 일식 지점(개기일식이 가장 오래 지속되는 지점으로 이번 경우에는 2분 이상)은 아이슬란드 서쪽 부근에서 나타날 것이다. 그러나 스페인이 일식을 관측하기에 더 놓은 날씨일 가능성이 높아 일식을 관측하려는 사람들은 스페인을 더 안전한 선택지로 고려할 수 있다. 일식은 수천 년 전에도 미리 예측할 수 있지만 아쉽게도 날씨는 예측이 불가능하기 때문이다.

THE WORLD AHEAD 2026

OBITUARY 부고

페니의 종말

미국의 1센트 동전 생산은 2026년 중단될 예정이다

앤 로(Ann Wroe) | 〈이코노미스트〉 부고 에디터

작은 갈색 동전 하나가 외롭게 화분 창고의 창턱에 놓여 있었다. 동전 위로 가끔 거미나 파리가 지나갔고, 거미줄이 얇게 드리워지고, 먼지가 소복이 쌓였다. 아침 햇살이 그를 따뜻하게 비추다가 사라졌다. 그는 '혹시 몰라' 남겨졌고, 그저 기다리는 수밖에 없었다.

작지만, 그는 여전히 동전으로서의 품격은 있었다. "그"라고 부르는 이유는, 앞면에 엄숙한 표정의 에이브러햄 링컨(Abraham Lincoln)이 수염을 기른 모습으로 새겨져 있었기 때문이다. 그리고 그 옆에는 '우리는 하나님을 믿는다(In God We Trust)'라는 신념을 담은 문구가 있었다. 뒷면에는 링컨 기념관이 새겨져 있었다. 이는 그가 1959년부

터 2009년 사이에 주조되었음을 보여주는 증거였다. 물론, 누군가 궁금해 한다면 말이다. 하지만 아무도 궁금해 하지 않았다. 요즘은 그를 필요로 하는 사람이 거의 없다. 조폐국(Mint)의 사람들은 자주, 상처가 될 정도로 말하곤 했다. 2024년 기준으로 1센트 동전 하나를 만드는 데 3.69센트가 들며, 연간 8,500만 달러의 비용이 발생한다는 것이다. 그래서 그들은 2026년에 1센트 동전의 생산을 중단할 것이라고 설명했다.

그가 예전처럼 붉은 구리 빛을 띠지 않는 건 사실이었다. 왜냐하면 몸속에 구리가 거의 없었기 때문이다. 얇게 도금된 2.5%만이 구리였고, 반면에 1787년에 묵직한 무게로 태어난 그의 초기 조상은 완전히 구리로 만들어졌었다. 하지만 지금의 "그"는 대부분 아연으로 이루어졌고, 이는 욕조나 사료통 같은 데에나 쓰이는 재료였다. 그래도 그는 한때 반짝였고, 드레이프드 버스트 리버티 페니(Draped Bust Liberty Penny, 1796년부터 1807년까지 주조된 미국 초기 동전으로 자유의 여신인 리버티가 묘사되어 있음-옮긴이)를 바라보며, 그녀가 조금만 더 젊었더라면 자신도 어울릴 만한 연인이 될 수 있었을 거라고 생각했을 것이다.

그는 홀로 누워 있었다. 그리고 그것 자체가 이상한 일이었다. 그의 삶은 대체로 딸랑거리는 동전들 사이에서 보내졌기 때문이다. 주머니 속에 대여섯 개가 함께 들어가 보풀이나 껌 종이와 뒤섞여 어울리거나, 지갑 바닥에서 이리저리 굴러다니며 화장품에 부딪혀 멍들기도 하며, 휴지를 뒤집어쓰기도 했다. 낡은 계산대 동전 칸 안에서 앞뒤로 흔들리며 부딪히기도 했다. 나중에는 부엌 선반 위에 놓인 병 속에 아마도 100개쯤 되는 동전들과 함께 꽉 들어차 있었고, 그들의 모서리가 그의 얼굴을 짓누른 채 몇 년은 될법한 시간을 보냈다. 앨라배마의 누군가는 38년에 걸쳐 130만 개의 페니를 모아 차고에 55갤런짜리 드럼통에 보관했다고 한다. 그가 그런 곳에 들어가지 않은 건 정말 다행이었다.

한동안 사람들은 그에게 싫증을 내기 시작했다. 그는 성가신 존재였다. 자동판매기는 그 안의 아연 성분이 마음에 들지 않는 듯 그를 뱉어냈다. 잔돈으로 건네졌을 때, 손님들은 "그냥 가져요"라며 그를 경멸스럽게 밀어내거나 아예 두고 가버리기도 했다. 점점 더 많은 사람들이 카드만 내밀고 그를 무시했다. 공정하게 말하자면, 시끄러운 5센트짜리나 잘난 척하는 10센트짜리도 함께 무시당하긴 마찬가지였다. 그는 점점 더 긴 시간을 아무렇게나 굴러다니며 보내게 되었다.

하지만 항상 그랬던 것은 아니다. 미국 독립혁명 시절에는 1센트로 빵 한 덩어리나 맥주 한 잔을 살 수 있었다. 그 시절의 페니는 활기찼고, 젖은 선술집 계산대나 밀가루 묻은 선반 위에 툭툭 내려놓아졌다. 1825년에는 1센트로 설탕 반 파운드나 감자 5파운드를 살 수 있었고, 1869년에는 성경 소책자, 1909년에는 〈뉴욕트리뷴(New York Tribune)〉지 한 부, 1930년대에는 철도 여행을 약 1마일 할 수 있었다. 하지만 결국 이제 1센트로 살 수 있는 건 투시 롤(Tootsie Roll, 초콜릿 맛의 쫀득한 사탕-옮긴이) 하나뿐이고, 그것마저도 크기가 예전보다 작아졌다.

경제적인 관점에서 그는 여전히 자신이 중요하다고 믿고 싶었다. 예산을 세심하게 짜고 정확하게 계산하도록 돕는 존재였기 때문이다. 자신과 같은 동전이 유통되면 가격을 5센트로 반올림할 필요가 없고, 가격은 가장 작은 단위까지 정밀하게 계산할 수 있다. 반올림은 결국 인플레이션을 부추길 뿐이다. 예를 들어, 도널드 트럼프 액션 피규어가 20달러가 아닌 19.99달러에 책정되었을 때, 더 많은 사람들이 구매하려는 경향을 보였고 이는 경제를 활성화시켰다. 사람들은 1센트 할인이 착시 현상일 뿐 아무 의미 없다고 말했지만, 1946년, 제너럴 모터스의 노동자 17만 명은 자신들이 요구한 임금보다 1센트 적은 인상안을 받고 파업에 돌입했다. 그 1센트는 그들에게 '존엄'을 의미했다.

그리고 자선 활동에도 문제가 있다. "그"와 같은 동전이 없었다면 자선 모금용 깡통과 상자들은 어떻게 되었을까? 여러 도시에서 1센트 동전을 모아 선한 목적에 사용했고, 학생들은 천으로 만든 가방에 동전을 모았다. 그렇게 해서 수천 달러가 조금씩 모였고, 큰돈을 기부하기 꺼려하던 사람들도 기꺼이 주머니 속 페니를 털어냈으며, 그 후 마음까지 가벼워졌다고 느꼈다.

하지만 그런 주장들은 조폐국을 설득하지 못했다. 그렇다면 그의 미래는, 그리고 다른 페니들의 운명은 어떻게 될까? 액세서리로 쓰일지도 모른다. 어쨌든 페니는 행운의 상징이었다. 미국인의 약 70%는 길에서 페니를 보면 여전히 주울 것이라고 응답했다. 존 매케인(John McCain) 상원 의원은 행운의 페니를 왼쪽 바지 주머니에 넣고 다녔다. 물론 그는 행운의 펜, 신발, 돌멩이, 나침반, 깃털도 가지고 있었다. 동전들 중에서도 제법 보기 좋았던 그는 단추나 펜던트로도 쓰일 수 있었다. 분수에 던져지거나, 관광지에서 타원형 개 목걸이로 눌려지는 것 같은 더 나쁜 운명도 있었다.

그는 그렇게 생각에 잠겼고, 주인이 자신을 "만일을 대비해" 따로 두었다는 말의 의미를 곱씹었다. 그러나 생각할수록 그는 자신의 유용함을 깨달았다. 그는 캔의 고리를 따낼 수 있었고, 타일 사이를 벌릴 수 있었으며, 냉장고 온도 조절기를 돌릴 수도 있었다. 흔들리는 의자 다리 밑에 붙이면 의자를 고정시킬 수도 있었다. 만약 자신 안에 구리가 조금만 더 있었더라면, 구리의 항균성 덕분에 잘린 꽃의 수명을 늘릴 수도 있고, 변색된 금속을 닦을 수도 있었을 것이다. 그는 여전히 한번 시도해볼 수 있을지 모른다.

물론 이 모든 것이 그가 만들어진 본연의 목적은 아니었다. 그래서 그는 조용히 사회 속에서의 새로운 역할을 받아들였다. 언젠가 주인이 "그 페니를 간직하길 잘했어"라고 말하는 날이 올지도 모른다. 먼 미래에는 그가 여전히 애틋하게 사랑하는 리버티 페니처럼 희귀해져 가치 있는 존재가 될지도 모른다. 그에게 가장 큰 위안은, 여전히 누군가는 액면가와 진정한 가치는 다르다는 사실을 이해해준다는 점이었다.

슈퍼 예측 Superforecasters

예측의 대가들

2026년 주요 이벤트에 대해 굿저지먼트의
슈퍼 예측가들이 내놓은 전망

정확한 수치를 예측하는 것은 위험하다. 따라서 대부분 사람들은 전망을 내놓을 때 구체적인 수치를 제시하기보다는 모호한 표현을 쓰길 선호한다. 하지만 기꺼이 구체적인 숫자를 제시하는 몇몇 겁 없는 예측가들이 있다. 예측 전문 기관인 굿저지먼트(Good Judgment)에 소속된 '슈퍼 예측가'들이 그렇다. 이들은 2026년을 다음과 같이 전망한다.

↓
2026년 4분기 미국의 실질 GDP 증가율은 전년 동기 대비 얼마나 늘어날 것인가?

0% 미만: 7%
0%에서 2%: 54%
2%에서 4%: 38%
4%에서 6%: 1%
6.0% 이상: 0%

↓
2026년 중간선거에서 어느 당이 미국 의회 양원을 장악할 것인가?

민주당이 하원과 상원을 장악한다: 15%
하원은 민주당이, 상원은 공화당이 장악한다: 62%
하원은 공화당이, 상원은 민주당이 장악한다: 0%
공화당이 하원과 상원을 장악한다: 23%

↓
러시아와 우크라이나는 언제쯤 종전 협정을 체결하거나 발표할 것인가?

2026년 1월 29일 이전: 1%
2026년 1월 30일 ~ 2026년 7월 16일: 10%
2026년 7월 17일 ~ 2026년 12월 31일: 15%
2027년 1월 1일 이후: 74%

↓
모든 소비용 수입품에 대한 2026년 미국의 실효 관세율은 얼마가 될 것인가?

3% 미만: 0%
3% ~ 8%: 5%
8% ~ 14%: 55%
14% ~ 21%: 39%
21% 이상: 1%

↓
스페이스X는 2027년 1월 1일 이전, 궤도에 있는 두 대의 스타십 사이에 연료를 전달하는 기술에 성공할 것인가?

예: 25%   아니오: 75%

↓
국제통화기금(IMF)이 발표하는 2026년 세계 GDP 증가율은 전년 대비 어떻게 될 것인가?

0% 미만: 2%
0% ~ 1.5%: 8%
1.5% ~ 3%: 45%
3% ~ 4.5%: 44%
4.5% 이상: 1%

↓
도널드 트럼프는 2026년 노벨 평화상을 수상할 것인가?

예: 2%   아니오: 98%

↓
2026년 헝가리 총선에서 피데스당이 가장 많은 의석을 차지할 것인가?

그렇다, 과반수 의석을 확보할 것이다:	32%
그렇다, 과반수는 아니더라도 가장 많은 의석을 확보할 것이다:	23%
아니다:	43%
2026년에 선거를 실시하지 않을 것이다:	2%

↓
2026년 브라질 대선에서 누가 승리할 것인가?

루이스 이나시우 룰라 다 시우바:	54%
룰라 외 노동자당(PT) 소속의 다른 후보:	6%
보우소나루 가족 중 한 명:	6%
그 외 기타:	34%

예측 우승자

굿저지먼트와 공동으로 진행한《2025 세계대전망》예측 챌린지에서 우승한 빈에 거주하는 컨설턴트 플로리안 오버후버(Florian Oberhuber) 님께 축하를 보낸다. 새로운 예측가인 오버후버 씨는 이전 우승자들처럼 슈퍼 예측 팀에 합류하도록 초대받을 것이다. 당신도 슈퍼 예측가가 될 수 있을까? gjopen.com/economist에서 2026년 10월까지 진행되는 2026년 챌린지에 참여해 당신의 예측 능력을 시험해보자.

슈퍼 예측가들의 성과

슈퍼 예측가들은 2025년 우크라이나의 종전 합의 실패, 미얀마의 지도자 교체 실패, 달 탐사 임무를 맡은 아르테미스 2호(Artemis II)의 발사 연기, 엔비디아의 시가총액 4조~5조 5,000억 달러 도달, 미국의 대중국 고율 관세, 호주의 선거 결과를 정확히 예측하며 9개 이슈 중 6개를 정확하게 맞췄다. 그러나 중국의 인플레이션율은 1~2%가 될 것으로 예측했으나 실제 이보다 낮았고, 독일의 연방의회 선거 결과 중도보수 기독민주당(CDU)·기독사회당(CSU) 연합이 216~265석을 확보할 것으로 예측했으나 208석을 확보하는 데 그쳤으며, 캐나다에서는 보수당이 패배하며 예측에 실패했다.

2026년 세계 주요 일정

1월

- 불가리아가 불가리아 레프를 대체하여 유로를 자국 통화로 채택하고, 여러 차례 지연 끝에 유로존의 21번째 회원국이 된다.
- 1930년에 처음 등장한 만화 캐릭터 플루토(Pluto)와 베티 붑(Betty Boop)이 미국에서 퍼블릭 도메인에 진입한다. 샘 스페이드(Sam Spade) 캐릭터가 등장한 대실 해밋(Dashiell Hammett)의 탐정 소설 《말타의 매》, 그리고 〈아이 갓 리듬(I Got Rhythm)〉, 〈더 서니 사이드 오브 더 스트리트(The Sunny Side of the Street)〉 같은 노래들도 함께 포함된다.
- 유엔은 2026년을 지속가능한 발전을 위한 국제 자원봉사자의 해, 목초지와 목축업자들의 해, 여성 농민의 해로 선포한다.

2월

- 미국과 러시아 간 신전략무기감축협정(New START)이 만료된다.
- 동계 올림픽이 밀라노와 코르티나에서 개막하고, 3월에는 동계 패럴림픽이 이어진다. 산악 스키(오르막을 오른 뒤 스키를 타고 하강하는 경기)가 올림픽 정식 종목으로 채택된다.
- 2026년 남자 T20 크리켓 월드컵이 인도와 스리랑카에서 시작된다.
- 슈퍼볼 LX가 캘리포니아주 산타클라라에서 열린다. 배드 버니가 하프타임 공연의 메인 무대를 장식할 예정이다.

- 음력설을 시작으로 붉은 말의 해가 열린다. 말띠로 태어난 사람들은 열정적이고 활기차며 카리스마가 있다고 전해진다.
- 방글라데시가 총선을 치른다.

3월

- 경제학자들이 애덤 스미스(Adam Smith)의 《국부론》 출간 250주년을 기념한다. 이 책에서 그는 자유 무역을 옹호하고, '보이지 않는 손'이라는 은유를 탄생시켰다.
- 제98회 아카데미 시상식이 로스앤젤레스에서 열린다. 오스카상은 과연 누구에게 돌아갈까?

4월

- 장난꾸러기들은 신나고, 나머지 사람들은 조심스럽게 하루를 보내는 만우절이 찾아온다. 이 날은 스티브 잡스(Steve Jobs), 스티브 워즈니악(Steve Wozniak), 로널드 웨인(Ronald Wayne)이 설립한 애플 컴퓨터(2007년 이후 컴퓨터 외 사업으로 확장하여 현재 애플로 변경됨)가 설립된 지 50주년이 되는 날이기도 하다.
- 헝가리가 총선을 치른다. 오르반 빅토르가 과연 계속 집권할 수 있을까?

5월

- 노동절 또는 국제 노동자의 날로도 알려진 메이 데이(May Day)가 전 세계적으로 기념된다. 또한 미신과 반계몽주의에 맞서는 것을 목표로 한 비밀결사 단체인 바

- 이에른 일루미나티(Bavarian Illuminati)가 설립된 지 250주년이 된다. 최근 수십 년 동안 일루미나티라는 단체가 비밀리에 세상을 조종한다는 주장은 아이러니하게도 수많은 음모론의 소재가 되어왔다.
- 제70회 유로비전 송 콘테스트 결승전이 빈에서 열린다.
- 인핸스드 게임이 라스베이거스에서 시작된다. 참가 선수들은 금지 약물을 포함한 경기력 향상 약물을 사용하여 경기에 출전할 수 있으며, 심지어 권장된다.

- 재즈 팬들은 마일스 데이비스(Miles Davis)의 탄생 100주년을 축하한다. 어디에서나 <카인드 오브 블루(Kind of Blue)>가 울려 퍼지게 될 것이다.

6월

- 영화 팬들은 마릴린 먼로(Marilyn Monroe)라는 예명으로 덜 잘 알려진 노마 진 모텐슨(Norma Jeane Mortenson)의 탄생 100주년을 기념한다.
- 에티오피아에서 총선이 실시된다.
- 2026년 남자 축구 월드컵이 미국, 멕시코, 캐나다의 공동 개최로 개막한다. 첫 경기는 멕시코시티의 상징적인 에스타디오 아즈테카 경기장에서 열린다.

7월

- 미국이 독립 선언 250주년을 불꽃놀이와 퍼레이드로 기념한다.
- 호메로스 서사시 《오디세이아》를 영화화한 크리스토퍼 놀란 감독의 영화 <오디세이>가 개봉한다. 서사시에 걸맞게 아이맥스 카메라로 촬영됐으며, 맷 데이먼(Matt Damon)이 폭풍에 휩쓸린 오디세우스 역을 맡았다.

- 코먼웰스 게임(영연방 게임 대회)이 글래스고에서 개최된다. 원래 개최지였던 호주 빅토리아주가 유치 계획을 취소하면서 스코틀랜드로 장소를 옮긴 것이다.
- 유엔 난민 협약 체결 75주년을 기념한다. 이 협약은 난민의 정의를 규정하고, 망명을 허가받은 이들의 권리와 이를 허가하는 국가의 책임과 의무를 명시하는 조약이다.
- 카자흐스탄의 수도 아스타나에서 2026년 '미래의 게임'이 열린다. 실제 스포츠와 디지털 게임을 결합한 하이브리드 형식의 대회로, 참가자들은 농구, 복싱, 축구, 카레이싱, 사격 등의 종목에서 실제 경기와 비디오 게임 경기 두 번을 겨루게 된다.

8월

- 12일에 그린란드, 아이슬란드, 스페인 북부 일부 지역에서 올해의 유일한 개기일식이 관측된다.

9월

- 구스타보 두다멜(Gustavo Dudamel)이 뉴욕 필하모닉 오케스트라의 음악 감독으로 취임한다(2025~2026 시즌에는 임시 감독을 역임했다). 그는 레너드 번스타인(Leonard Bernstein)과 자주 비교되어온 지휘자다.
- <바이외 태피스트리(Bayeux Tapestry)>가 런던 대영박물관에서 전시된다. 1066년 노르만 정복을 묘사한 이 11세기 거대한 태피스트리(엄밀히 말하면 태피스트리가 아닌 천에 자수를 놓아 만든 작품)는 노르망디 박물관 보수 기간 동안 처음으로 영국에 공개될 예정이다.

10월

- 인도가 전국 인구 조사의 1단계를 일부 지역에서 시작한다. 2단계는 2027년 3월에 진행된다. 이는 2011년 이후 처음 실시되는 것으로, 인도의 16번째 인구 조사다.
- 브라질은 대통령, 국회의원, 주지사 및 모든 주의 입법의원을 선출하는 선거를 치른다. 필요할 경우 3주 후에 결선 투표가 실시될 예정이다.
- 백 에이커 숲의 주민들이 A.A. 밀른(A.A. Milne)의 《곰돌이 푸》 출간 100주년을 기념한다. 이 아동 문학의 고전은 전 세계 아이들의 사랑을 받아온 푸, 피글렛, 이요르 같은 친구들을 세상에 소개했다.

11월

- 미국에서 중간선거가 실시된다. 하원 435석 전체와 상원 100석 중 35석이 경합의 대상이다.
- 유엔 기후변화협약 COP31이 개최된다. 장소는 어디가 될까? 호주와 튀르키예가 개최지를 두고 경쟁 중이다.
- 여러 차례 연기 끝에 마침내 〈그랜드 테프트 오토(GTA) 6〉가 출시된다. 이 게임은 역사상 가장 큰 비디오 게임 출시(그리고 엔터테인먼트 미디어 출시)이자 2013년 이후 선보이는 차량 강탈 프랜차이즈의 첫 번째 신작이 될 예정이다.
- 인류 역사상 가장 먼 거리를 탐사한 우주 탐사선인 보이저 1호가 1977년 발사된 지 49년 만에, 지구로부터 1광일(빛이 24시간 동안 이동하는 거리, 약 259억 km) 거리에 도달한다.

12월

- 남수단에서 총선이 실시된다. 이는 2011년 독립 이후 처음으로 열리는 선거다.
- 아시아 최초로 대규모의 투모로우랜드(Tomorrowland) 페스티벌이 개최되면서, 전자댄스음악(EDM) 팬들이 태국 파타야의 위즈덤밸리로 몰려들 예정이다.

2026년 어느 시점

- 오랜 지연 끝에 NASA의 아르테미스 2호의 임무가 시작된다. 빠르면 2월 초에 4명의 우주비행사를 태우고 달 주위를 비행할 예정이다. 이는 10년 후 우주비행사를 달 표면으로 다시 보내기 위한 워밍업이 될 것이다.
- 바르셀로나의 사그라다 파밀리아 성당의 주요 구조물이 착공 144년 만에 완공된다. 안토니 가우디의 상징적인 성당에 대한 다른 부분 공사는 최소 2034년까지 계속될 것으로 예상된다.
- 한국을 대표하는 최고의 K팝 그룹 방탄소년단(BTS)이 한국에서 군 복무를 마친 후 새 앨범과 월드 투어로 컴백할 예정이다.
- 롤링 스톤스(The Rolling Stones)가 새 정규 앨범을 발매할 예정이다. 이는 80대 록 밴드의 25번째 앨범이 될 것이다.

ILLUSTRATIONS
Cover | Andrew Rae
Inside | Miguel Porlan, KAL, Lauren Tamaki, Maria Milenko/Senso Art, Fortunate Joaquin, Cristiana Couceiro, Ricardo Tomas, Iris Legendre, Alex Merto, Ben Hickey, Xinmei Liu, Mel Haasch, Petra Péterffy, Lorenzo Gritti, Carl Godfrey, Álvaro Bernis, Cristina Spanò, Mia Angioy, Joël Penkman

PHOTOGRAPHS
©AFP ©AP ©REUTERS ©EPA ©Fervo Energy ©NASA ©Rockstar Games ©Shutterstock
©YONHAP PHOTO ©Pedro Ramirez / Lucas Museum of Narrative Art

이코노미스트
2026 세계대전망

제1판 1쇄 발행 | 2025년 12월 3일
제1판 6쇄 발행 | 2026년 1월 28일

지은이 | 이코노미스트
번 역 | 석혜미·신현승·이상훈·이주영·정유선·황성연
펴낸이 | 하영춘
펴낸곳 | 한국경제신문 한경BP
출판본부장 | 이선정
편집주간 | 김동욱
책임편집 | 이혜영
저작권 | 백상아
홍보마케팅 | 김규형·서은실·이여진·박도현
디자인 | 이승욱·권석중
본문디자인 | 디자인 현

주 소 | 서울특별시 중구 청파로 463
기획편집부 | 02-360-4556, 4584
홍보마케팅부 | 02-360-4595, 4562   FAX | 02-360-4837
H | http://bp.hankyung.com   E | bp@hankyung.com
F | www.facebook.com/hankyungbp
등 록 | 제 2-315(1967. 5. 15)

ISBN 978-89-475-0217-7 03320

책값은 뒤표지에 있습니다.
잘못 만들어진 책은 구입처에서 바꿔드립니다.

한경 MOOK

변화의 파도 속 한국 경제, 우리가 해야 할 일은?
2026 산업대전망

한 권에 모두 담았다!
2026년 국내외 경제 흐름과 산업 투자 전략

☑ **지금 주문하세요**
✓ 구매 문의 02-360-4553, 4556
✓ 이메일 문의 bp@hankyung.com

[2026 산업대전망 🔍]

www.hankyung.com

한국경제신문

AI 3대 강국의 가능성을 키우는 LG

다양한 가능성이 AI를 만나
무한한 꿈을 펼칠 수 있도록
LG는 AI 전문가 육성 프로그램으로
대한민국 AI 경쟁력을 만들어갑니다

LG디스커버리랩
청소년 대상 연간 3만 3천명 이상, 체험형 AI 교육 프로그램 운영

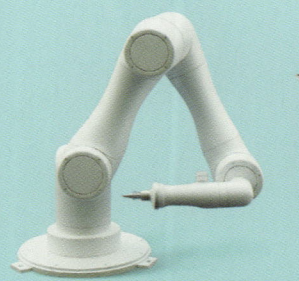 

LG에이머스
청년 대상 연간 5천명 이상, 산업데이터 활용한 실전형 AI 전문가 육성

LG AI대학원
국내 최초 교육부 인가, 글로벌 AI 인재 육성을 위한 사내 대학원 학위과정

미래, 같이

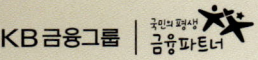

세상을 바꾸는 금융

모두 함께 잘 사는 세상을 위해
국민 모두의 꿈을 키우는 은행

- KB국민은행의 생애 주기별 자산관리 솔루션

투자를 시작하는 사회 초년생을 위한
KB의 AI 투자 포트폴리오 서비스
케이봇쌤

일도 자산도 중요한 당신을 위한
투자전략, 세무, 부동산, 법률 1:1 종합자산관리
KB GOLD & WISE

황금빛 인생을 꿈꾸는 시니어를 위한
연금관리부터 증여, 건강관리까지 은퇴 종합 관리 솔루션
KB 골든라이프

[유의사항] - 금융소비자는 해당 상품 또는 서비스에 대하여 설명 받을 권리가 있습니다. - 상품, 서비스 가입 전 설명서 및 약관을 반드시 읽어보시기 바랍니다. - 기타 자세한 내용은 KB국민은행 고객센터(1588-9999)로 문의하시거나 KB국민은행 홈페이지(www.kbstar.com)를 참조하시기 바랍니다.
[투자상품 유의사항] - 이 금융상품은 예금자보호법에 따라 보호되지 않습니다. - 투자 전 설명 청취 및 (간이)투자설명서, 집합투자규약 필독 - 자산가격변동, 환율변동, 신용등급 하락 등에 따른 원금손실(0~100%) 발생가능 및 투자자 귀속 - 증권거래비용 등 추가 발생 가능 - 투자성향분석 결과 부적합시 가입 불가 - 고객에게 맞는 투자 또는 수익달성 비보장 - 로보쌤(로보 어드바이저) 포트폴리오 테스트베드 통과가 수익 달성 비보장 - AI 포트폴리오(로보 어드바이저) 테스트베드에 참여하지 않음
- KB국민은행 준법감시인 심의필 제2025-2797-6호(2025.07.08), 유효기간 2025.07.08.~2026.06.30.까지 ※ 한국금융투자협회 심사필 제25-02901호 (2025.7.11.~2026.7.10.)